ECHO A Division of Fabio Perini S.p.a.

COMPACT Smart 型/ Score 型

意大利百利怡机械厂是专业生产：加工卫生卷纸、厨房用纸、工业卷纸的世界领导。设计个别不同方案，满足不同地区加工厂的要求。

今天，百利怡艾高分部创造的Compact系列是卫生卷纸生产的综合系统、特别为新兴卫生卷纸市场而设计。

结合复卷、修边封口和分切三种生产功能于单台机器。设计非常简单，成品质量很好，大量减少成品规格转换时间，并能生产整系列生活用卫生卷纸。Compact Smart型能生产无芯卷纸，Compact Score型生产传统带芯卷纸。虽然是基本生产系统，但Compact系列采用百利怡现代最先进的表面复卷技术。两种型号的产品规格均由可编程式逻辑控制系统在电子控制台上设定。这样不但能保证生产灵活性，整个系统的工作效率亦会相应提高。

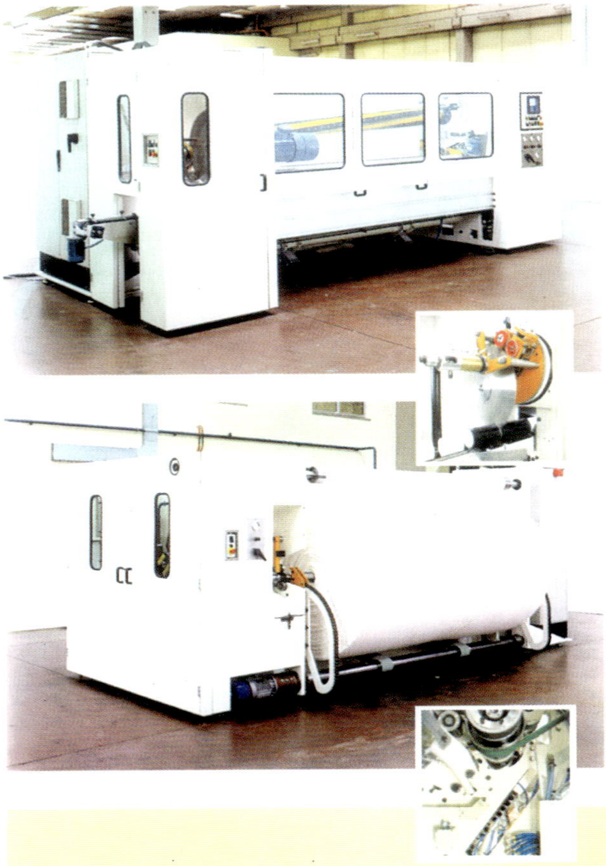

Compact 系列：百利怡可靠的质量

Smart型/Score型

	Smart型	Score型
宽度	2700毫米	2700毫米
产能	110卷/分	180卷/分
段数	每次调节4张	每次调节1张
纸卷分切盘刀	单排	双排
纸卷直径范围	90~130毫米	90~130毫米

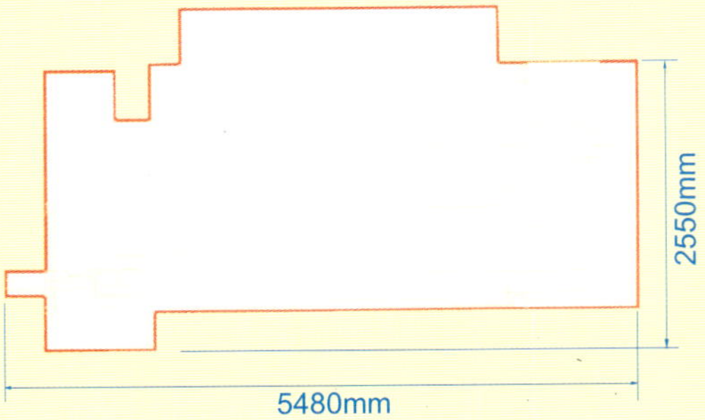

百利怡中国有限公司

香港办事处
香港湾仔港湾道23号鹰君中心十二字楼1209室
电话：852-2827 7287 传真：852-2827 7326
电子邮件：fpcl@perinicn.com.hk

上海代表处
中国上海市黄浦区西藏中路18号港陆广场3205B室
电话：86-21-5385 2100转801 传真：86-21-5385 2107
电子邮件：perinish@public7.sta.net.cn 邮政编号：200001

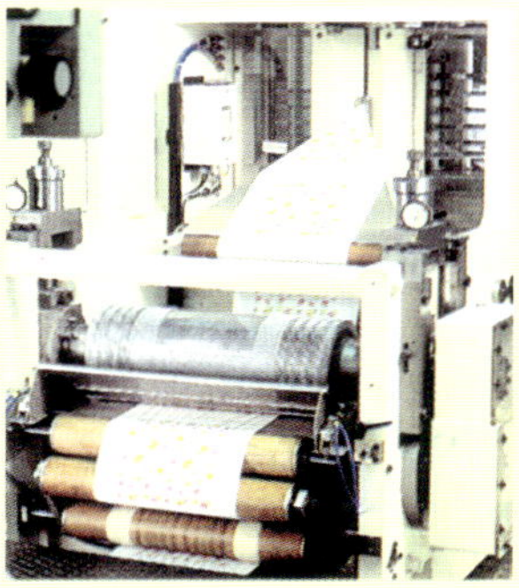

特日欣卫生巾城
特日欣集团

dsg 瑞德卫生纸品
an international force

婴儿纸尿裤

产品特点：
- 强效防漏护边
- 贴身防漏腰围
- 多重腿部防漏橡筋
- 双层干爽垫
- 中央特强吸水层
- 尿湿指示
- 指示腰贴封

产品特点：
- 直立式防漏护边
- 柔护腿部橡筋
- 强力隔水垫
- 特强吸水层
- 尿湿指示
- 趣致卡通腰贴区

成人纸尿裤

产品特点：
- 直立防漏摺边
- 多组橡筋脚边
- 柔软及耐用胶面外层
- 柔软不织布表层
- 特强吸水层
- 特强高份子聚合体
- 两组腰贴
- 随意粘贴区
- 尿湿指示
- 防臭效能

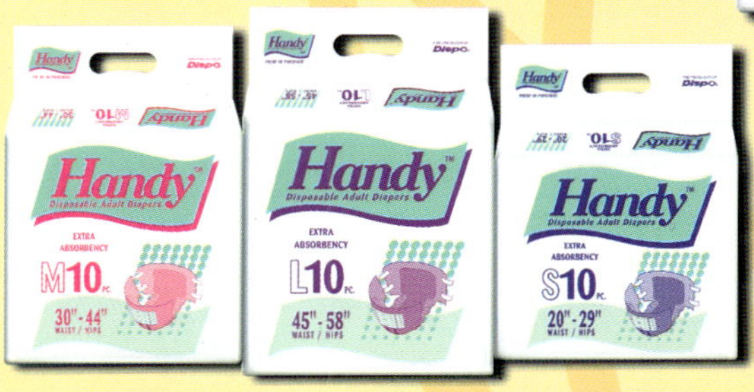

产品特点：
- 多组橡筋脚边
- 柔软及耐用胶面外层
- 柔软不织布表层
- 特强吸水层
- 特强高 分子聚合体
- 两组腰贴
- 随意粘贴区
- 尿湿指示
- 防臭效能

香港办事处
瑞德卫生纸品有限公司
香港葵涌工业街屈臣氏中心十八楼
电话：(852)2427 6951
图文传真：(852)2480 4491

中国办事处
中山瑞德卫生纸品有限公司
中国广东省中山市沙朗镇金昌工业路
邮编528411
电话：(0760)8559866
图文传真：(0760)8558794

类齐全的维达优质产品

广东维达纸业股份有限公司
广东新会会城东侯工业开发区
编码：529100
电话：(0750) 6122846　6125084
传真：(0750) 6120239

维达广州销售公司
广州市西槎路同德花园1座2栋58号商铺
编码：510400
电话：(020) 86486881 86487529
传真：(020) 86487529

维达武汉销售公司
武汉市汉口崇仁路168号
编码：430030
电话：(027) 83751868
传真：(027) 83757567

维达上海销售公司
上海浦东新区茂兴路86号4座16楼D套
编码：200127
电话：(021) 58391828　58391288
传真：(021) 58391398

维达纸业（香港）有限公司
九龙尖沙咀么地道75号南洋中心壹期506室
电话：(00852) 2782 5512　2783 7574
传真：(00852) 2782 5560

份有限公司赞助　排球联赛指定产品－维达卫生用纸系列

FAMECCANICA.DATA S.p.A.

发明家设备公司是世界一流的一次性卫生用品生产设备的设计和制造公司。其产品用于生产婴儿尿裤，妇女卫生巾，成人护垫及床垫。有几百条自动化生产线在世界范围内成功运转。

目前在中国投产的婴儿尿裤机和新型妇女卫生巾机多数是由发明家设备公司制造的。我们提供的设备是根据客户的要求而精心设计制造的，可适应消费市场的各种需求。

发明家公司提供卓越的技术服务：我们可以提供各种能力要求的设备（例如：经济型和中级，高级系列），使我们的用户在激烈竞争的一次性卫生用品业中达到或保持领先地位。

发明家公司具有超过20年的经验。它起步于欧洲最大的一次性卫生用品生产公司Fater S.p.A.的技术部，该公司今天仍处于领先地位。我们懂得通过有效的运作而生产高品质产品的重要性。

发明家公司的座右铭是“不断创新”，及时地开发新产品和技术是为了使我们所有的客户在各自的市场上获得利益。发明家公司将使每一个客户获益并致力于发展长期关系：您们的成功就是我们的成功！

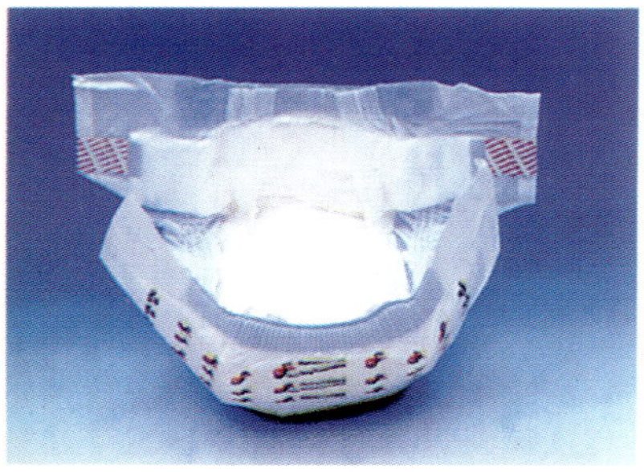

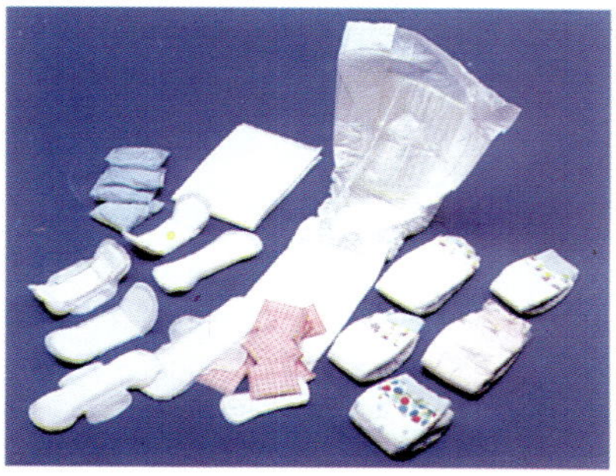

意大利发明家设备公司

Fameccanica.Data S.p.A
Via Aterno,98
66020 Sambuceto di S. Giovanni Teatino(Chieti)-Italy
Phone:39-08545531/4553218
Fax:39-0854553261
E-mail:staff @ fameccanica.com
Internet web:www.fameccanica.com

Authorized Fameccanica.Data Technical Service Center
Far Eastern Contact:
TOMEN CORPORATION
4-2,Akasaka 6 Chome,Minato-ku,
Tokyo 107,JAPAN
Mr.Mark M.Igarashi
Telephone:81-3-5562-6221
Fax:81-3-5562-6225
E-mail:igarashi@tokyo5.tomen.co.jp

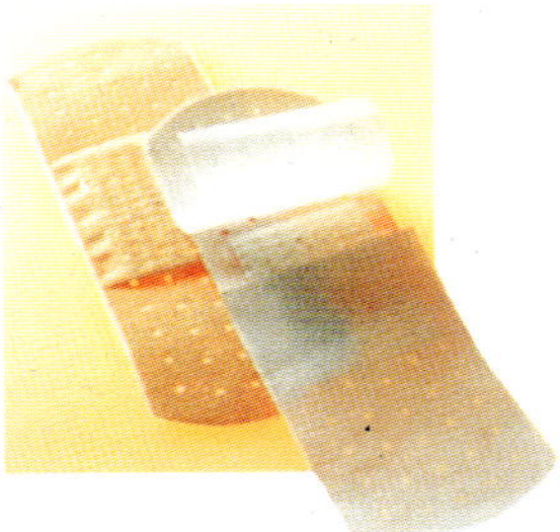

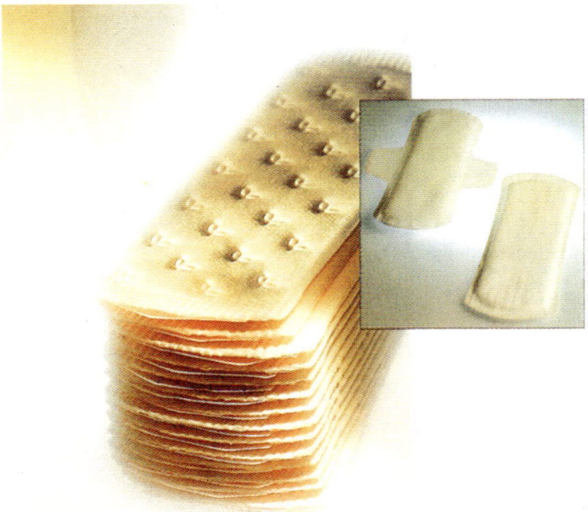

纸巾机械

SINCE 1970

Tissue Paper Converting & Packing Machine

SPM-3105全自动卷筒卫生纸/厨房纸巾机
可选择附压花、双凸压花+上胶、印刷、点对点压花
原纸宽度：1500~3650mm

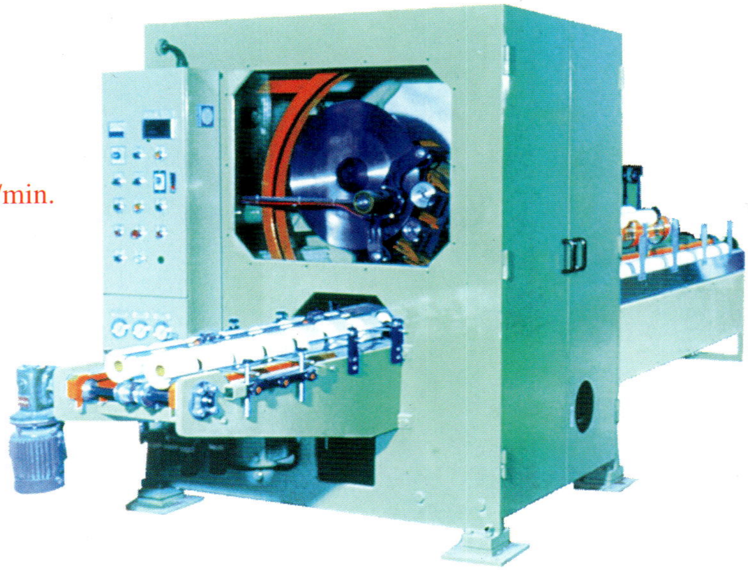

SPM-3125/3125A/3125C
回转式裁断机
裁切速度：180卷/min.280卷/min.450卷/min.
可装电脑控制裁切长度90~300mm
纸卷分切盘刀：双排一次裁切

SPM-2501
全自动卫生纸分条复卷（印刷）机
可分切1~4层原纸，每层基重12~45g/m^2
分切速度：400m/min,800m/min,1200m/min,1500m/min.

SPM-3688/1L-4L
C折擦手纸折叠机(含压花装置)
可选择附印刷装置

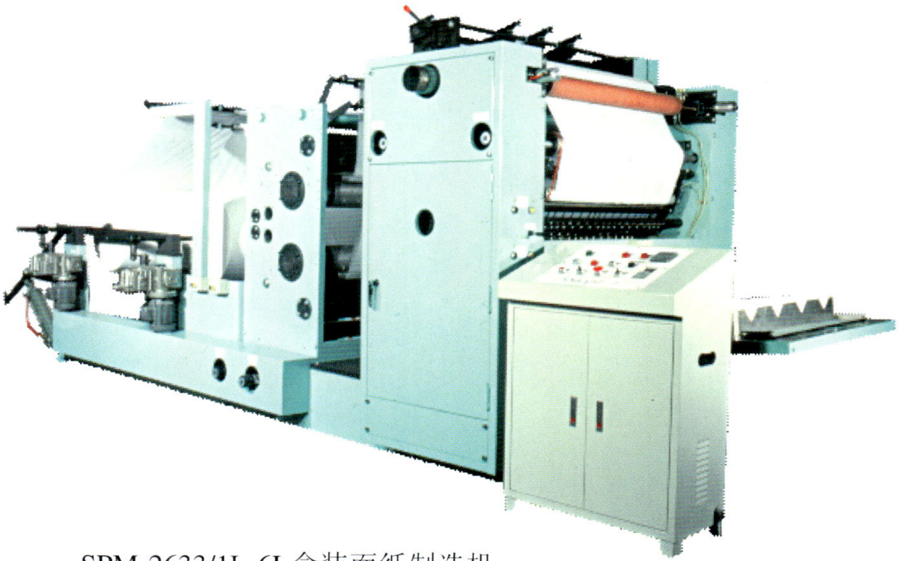

SPM-2633/1L-6L盒装面纸制造机
可选择附压花，印刷装置

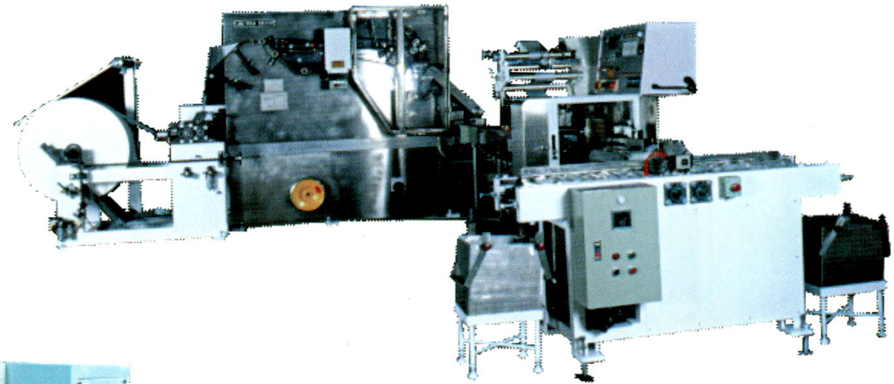

SPM-3681
卷型湿纸巾制造机
可选择附检验台

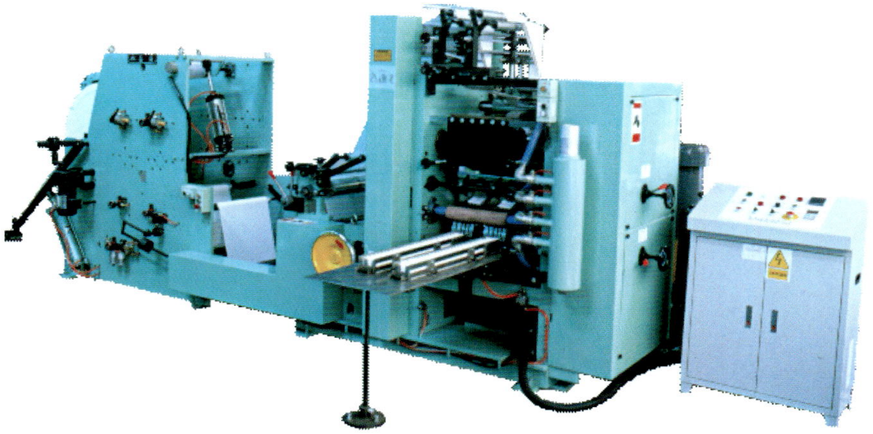

SPM-2702LZ/1L-4L
小包手帕纸折叠机(含压花装置)
可选择附印刷装置

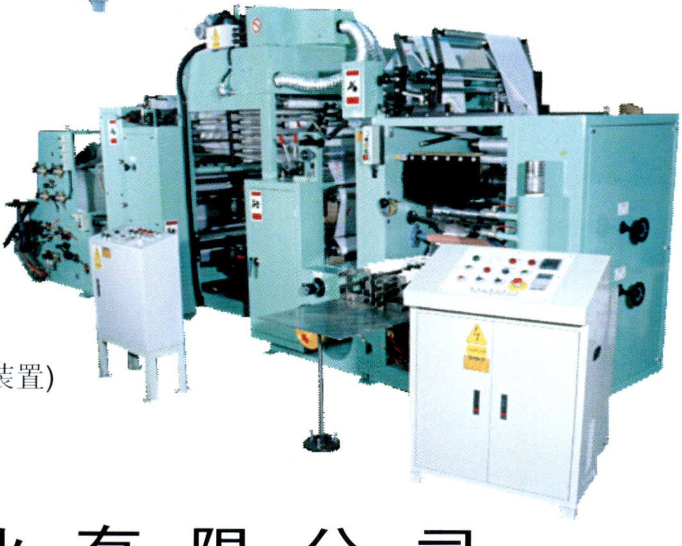

SPM-2804
餐巾纸折叠机
(含自动张力控制+压花+二色印刷+烘干装置)
可选择附1~4色印刷装置

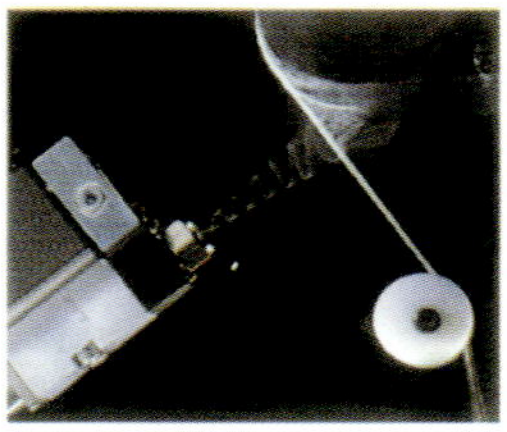

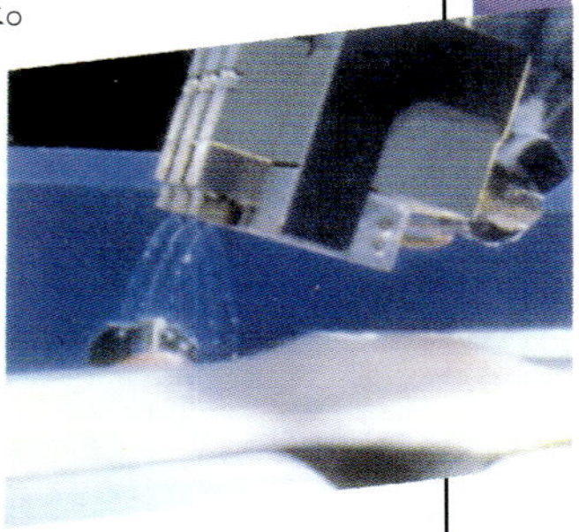

ESSENCE BB 333
your customers say
"IT'S OK!.."
The widest range of solutions.
SANITARY NAPKINS MACHINE
your customers say
"IT'S OK!.."
The widest range of solutions.
your customers say
"IT'S OK!.."
The widest range of solutions.

我们随时期待您！

--通过合作走向成功

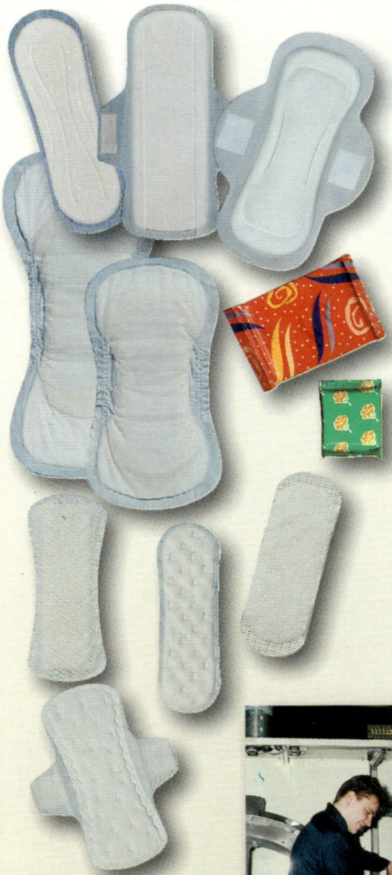

现今的市场要求高质量的卫生产品，为达到该目标，产品顾客与机械厂商的合作是必要的。

我们将继续秉承该亲密关系。

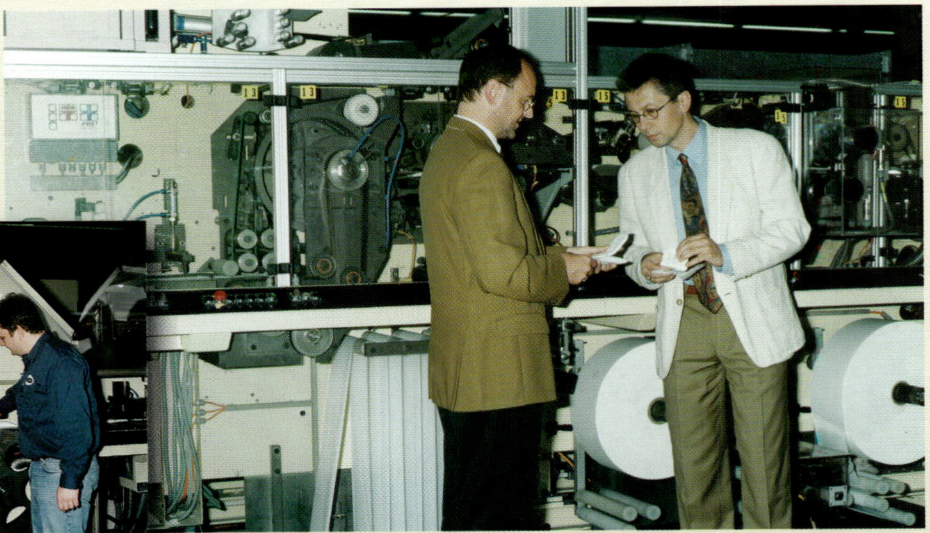

W＋D 在高超的机械技术，良好的服务，长远的合作，及对您与您个人发展的支持方面，是您可信赖的伙伴。

不论是在您所寻求的引导市场的妇女卫生巾机，卫生护垫机，轻薄型失禁产品机，手帕纸机及折叠产品机方面，W+D 是您市场竞争中的理想伙伴。

WINKLER+DÜNNEBIER

Aktiengesellschaft · 56562 Neuwied · Germany
电话：+49 (0) 26 31 84-0 · 传真：+49 (0) 26 31 84-680
Internet: www.w-d.de · E-Mail: w-dhygiene@t-online.de

Superior customer value in the global airlaid nonwoven market
Absorbent
吸水极品
美国BUCKEYE宝爱公司根据最新科技制造的高强度和吸水力特强的干法造纸（国内普遍称为膨化无尘纸）更新了全世界的卫生用品市场。宝爱公司生产的〈美芬〉膨化无尘纸产品种类多样，包括胶合型以及热合型改进过的综合型无尘纸。
〈美芬〉膨化无尘纸是生产高级干、湿纸巾，清洁巾及其他一次性卫生用品的理想材料。
〈美芬〉膨化无尘纸可用作超薄型的妇女卫生巾、婴儿尿裤、成人禁尿垫及其他用途的吸收体。
宝爱集团总部位于美国，在加拿大及爱尔兰设有生产工厂，产品畅销全球。如阁下有意致力于生产新一代美观而又舒适的卫生用品，宝爱公司可为您提供完美服务。
宝爱公司
〈美芬〉无尘纸 - 不是布，胜是布
〈美芬〉膨化纸 - 不是海绵，胜似海绵
Ideas that really hold water
美国总公司及美洲区域销售处：
Buckeye Technologies Inc.
1001 Tillman St., P.O. Box 80407
Memphis, TN, U.S.A. 38108-0407
Tel: 901-320-8100
Fax: 901-320-8385
E-mail: sales@bkitech.com
欧洲区域销售处：
Buckeye Geneva S.A.
Route De Frontenex, 62
1207 Geneva, Switzerland
Tel: 41-22-70-70-200
Fax: 41-22-70-70-275
E-mail: sales@bkitech.com
新加坡亚洲销售代办处：
325 Tampines Street 32
#10-412
Singapore 520325
Tel: 65-787-6627
Fax: 65-426-9858
E-mail: hockkiam@pacific.net.sg
BUCKEYE
ABSORBENT PRODUCTS
VICELL Vizorb®
Supplier of MERFIN® Products

SUND 江蘇雙燈集團

董事长李章武在江苏电视台<<又是春花烂漫时>>
大型文艺晚会上讲话

江苏双灯集团是1993年组建的省级企业集团，主产品"双灯"药物卫生纸，卫生巾连续二次获江苏省名牌产品称号，"双灯"商标连续三届被评为省著名商标，系省妇联推荐用品，中国乒乓球女队唯一指定用品。

从1995年起，年年实现销售超亿元，利税过千万元，成为地方工业的支柱企业。

- 江苏省文明单位
- 江苏省重合同守信用单位
- 江苏省科技适用展交会金奖
- 江苏省优质产品
- 江苏省妇联、省妇女保健学会推荐产品
- 江苏省消费者协会推荐产品
- 江苏省消费者协会信得过产品
- 江苏省著名商标
- 江苏省名牌产品
- 江苏市场消费者购物首选品牌
- 江苏省技术监督局免检产品
- '95 中国国际纸制品博览会金奖
- '95 中国高新技术博览会金奖
- 中国乒乓球女队唯一指定用品

江苏双灯集团赞助中国乒乓球女队签字仪式

右：国家体委副主任徐寅生
中：双灯集团董事长李章武
左：中共滨海县委书记薛维松

双灯高级卫生纸系列

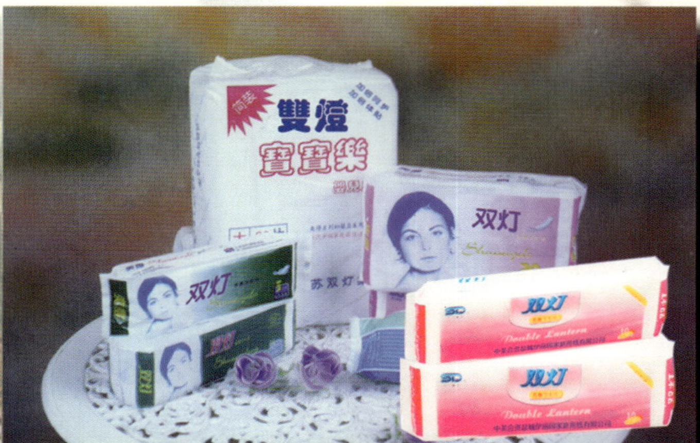

双灯高级卫生巾系列

以科技创造价值
FiberVisions™
维顺亲水性无纺布系列
———滑爽流畅让您舒心
维顺疏水性无纺布系列
———悄然呵护让您安心
维顺（中国）一贯追求产品和服务的质量和价值，致力于成为亚太地区领先的卫生纤维及无纺布供应商。
维顺
更好的产品，更高的价值
我们通过优化生产，提高质量，简化流程，来最大限度满足客户的需求。我们洞悉市场需求和变化，因此不断发展新技术，并与我们的主要客户及供应商分享，以此适应市场需求的变化，技术多样化，合理的市场定位，和强大的竞争能力是促使维顺（中国）在下一个世纪取得长足发展的关键。
维顺（中国）无纺制品有限公司
地址：苏州新区横山路29号
电话：86 512 8231099
传真：86 512 8230576
邮编：215011
维顺公司是赫克力士集团的子公司

Xueda 雪达

浙江省富阳雪达造纸厂

FuYang city.Xue Da paper-making factory,Zhejiang Province

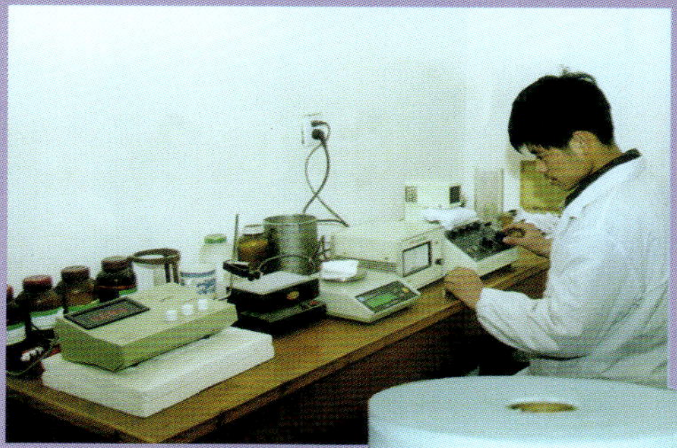

浙江富阳雪达造纸厂座落于山清水秀的富春江畔，是中国生活用纸专业委员会会员，是专业生产卫生巾衬纸、湿强纸、纸尿裤衬纸及系列生活用纸的企业。本厂拥有4台1760型卫生纸机，1997年完成产值5600余万元，税利580余万元，固定资产2800余万元，是目前浙江省规模大、成长快且富有活力的生活用纸生产厂家，产品质量经浙江省质量检验监督站抽检为国家A级产品。雪达牌系列生活用纸被评为浙江省1997~1998购物首选品牌，产品销往北京、上海、广东、广西、天津、西安、福建等地。

我们的质量信条：坚持质量第一，运用自有的全面质量管理体系，从原料采购到投料采取全面的质量跟踪，确保我们的产品质量。

我们坚信，工厂最大的财富是负责、友爱、专业的且具有奉献精神的员工及广大的供应商和客户。我们由衷地感谢给予我们支持的世界各地的朋友，包括所有信任我们的客户。

我们的企业宗旨：给你送去优质的产品，共创美好前景。给所有使用本产品的企业、个人带去生活的方便。

厂长华伟达携全体员工，热诚欢迎全国各新老客户前来莅临指导，洽谈业务。

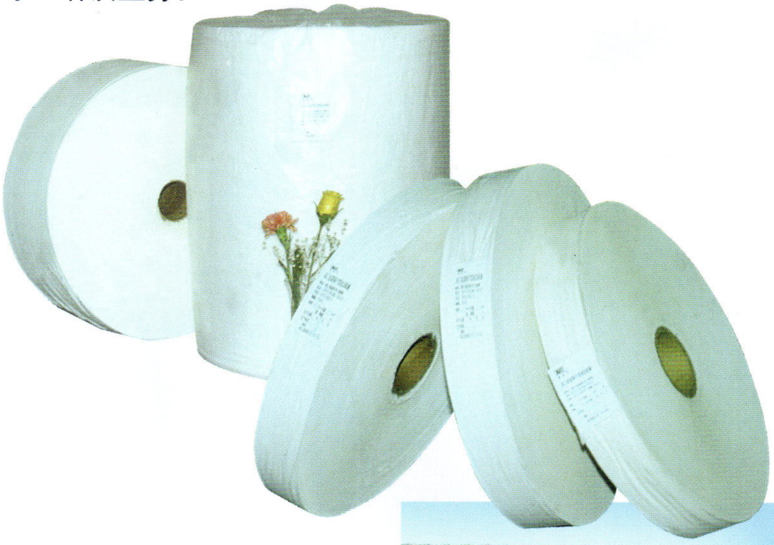

地址：浙江省富阳市大源镇
Address:DaYuan Town,FuYang city,Zhejiang Province
电话Tel:86-571-3591888
传真Fax:86-571-3592777
邮编P.C.:311413

东莞市佳鸣机械制造有限公司
东莞市佳鸣造纸机械研究所
东莞市沙田东江机械制造厂

东莞市佳鸣机械制造有限公司是一家致力于研制开发造纸工艺、造纸机械和纸加工成套设备的民营企业，现有职工70人，厂房占地面积两万多平方米，建筑面积5千多平方米，地处广深珠经济走廊的东莞市沙田镇民田工业区。公司技术先进，设备齐全，集光电、气动、液压综合技术以及自动机械制造经验，融合国内外高新工艺和优点，利用本公司专利技术研制生产先进造纸、纸加工配套设备，到目前为止公司已先后成功地研制生产了具有国际先进水平、国内领先水平或省内领先水平的近20个品种60多种规格产品，产品远销国内大部分省市及香港、马来西亚和泰国等东南亚国家或地区，赢得国内外客户的一致好评。为保证产品质量，公司推行了ISO9002质量体系认证工作，健全和完善了公司管理结构，明确了质量方针和质量目标，建立了文件化的质量保证体系。目前公司共向国家专利局申报且被受理的专利36项，国家已授权26项，列入省、市火炬计划各1项，省级重点新产品试制计划9项，产品曾获广东省专利实施优秀奖，省、市级科技进步奖，全国发明展览会金奖，多次获得上级组织部门表彰，1996年度被东莞市人民政府评为先进民营企业。

本公司认为只有与客户密切的合作，才能获得造纸技术、加工技术的革新，“佳鸣”具有丰富的经验，有多种着眼未来的研究手段，并与客户建立了紧密的联系，“佳鸣”的目标是让佳鸣无以伦比的质量水准得到大众的认可，佳鸣公司必将成为造纸、卫生纸加工工业中的强大合作伙伴，真诚欢迎广大客户惠顾！

HZ-3Z型三折自动盒装面巾纸机

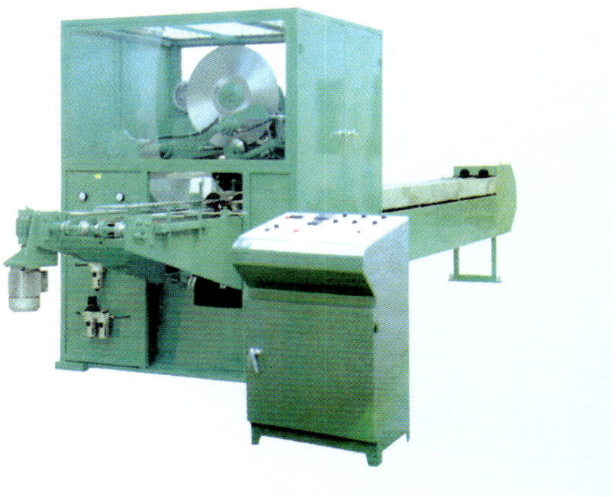

ZDJ-Q型大回旋卫生纸卷切断机

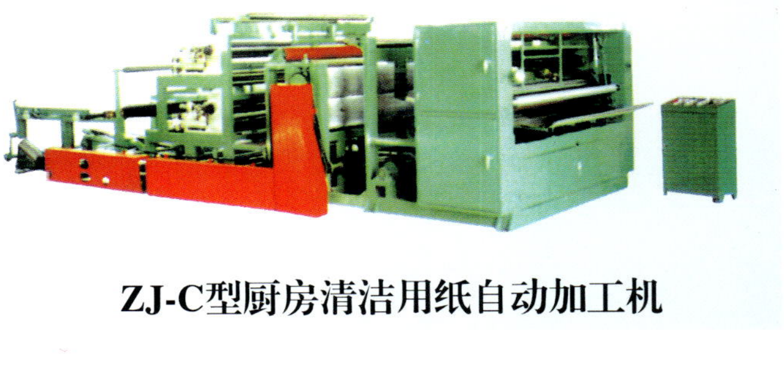

ZJ-C型厨房清洁用纸自动加工机

地址：广东省东莞市沙田镇民田工业区　　邮编：511773
总经理：曾一鸣　　经理：曾建平　郭初　张五河
电话：0769-8862099 8866210　　传真：0769-8862066
E-mail:jmjx@dgsin.gd.edu.cn　　http://www.jiaming.com

东莞市佳鸣机械制造有限公司
东莞市佳鸣造纸机械研究所
东莞市沙田东江机械制造厂

ZDJ-XJ型小卷筒卫生纸自动复卷打孔机

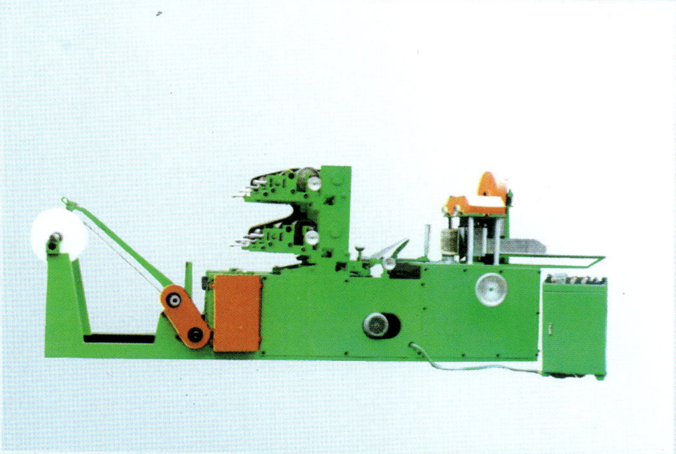
ZYJ型压花（印刷）纸巾折叠机

HZ-218型自动盒装面巾纸机

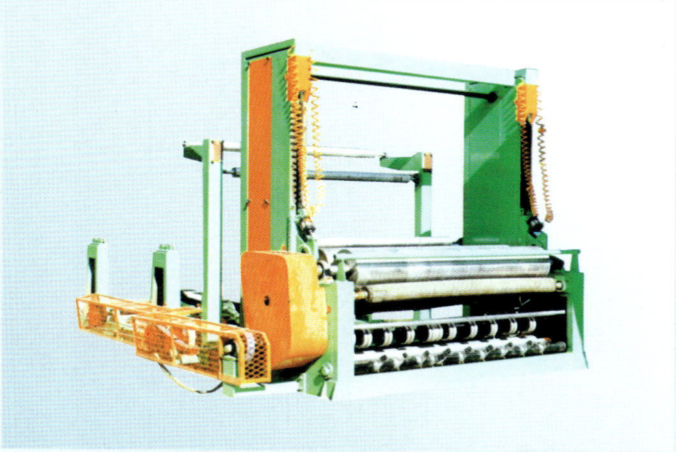
PZJ-II型盘纸分切机

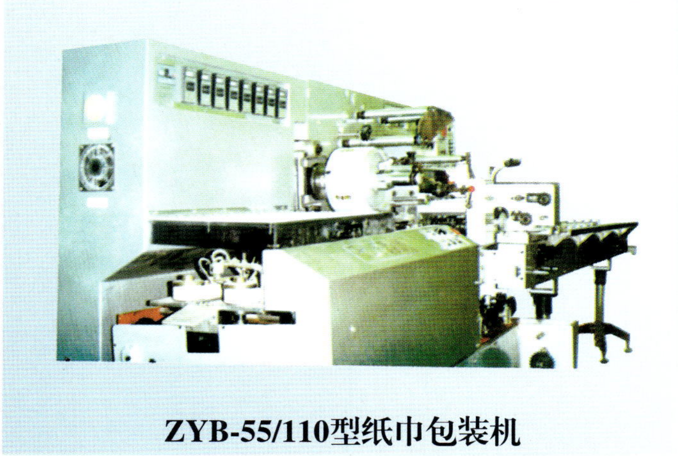
ZYB-55/110型纸巾包装机

ZDJ-F型收卷方包机

东莞佳鸣

维特生活用纸制造机械

RYZ－系列多功能组合彩印压花餐巾、纸巾机

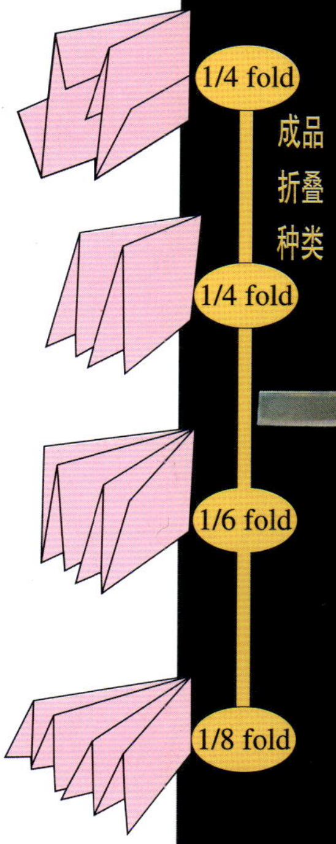

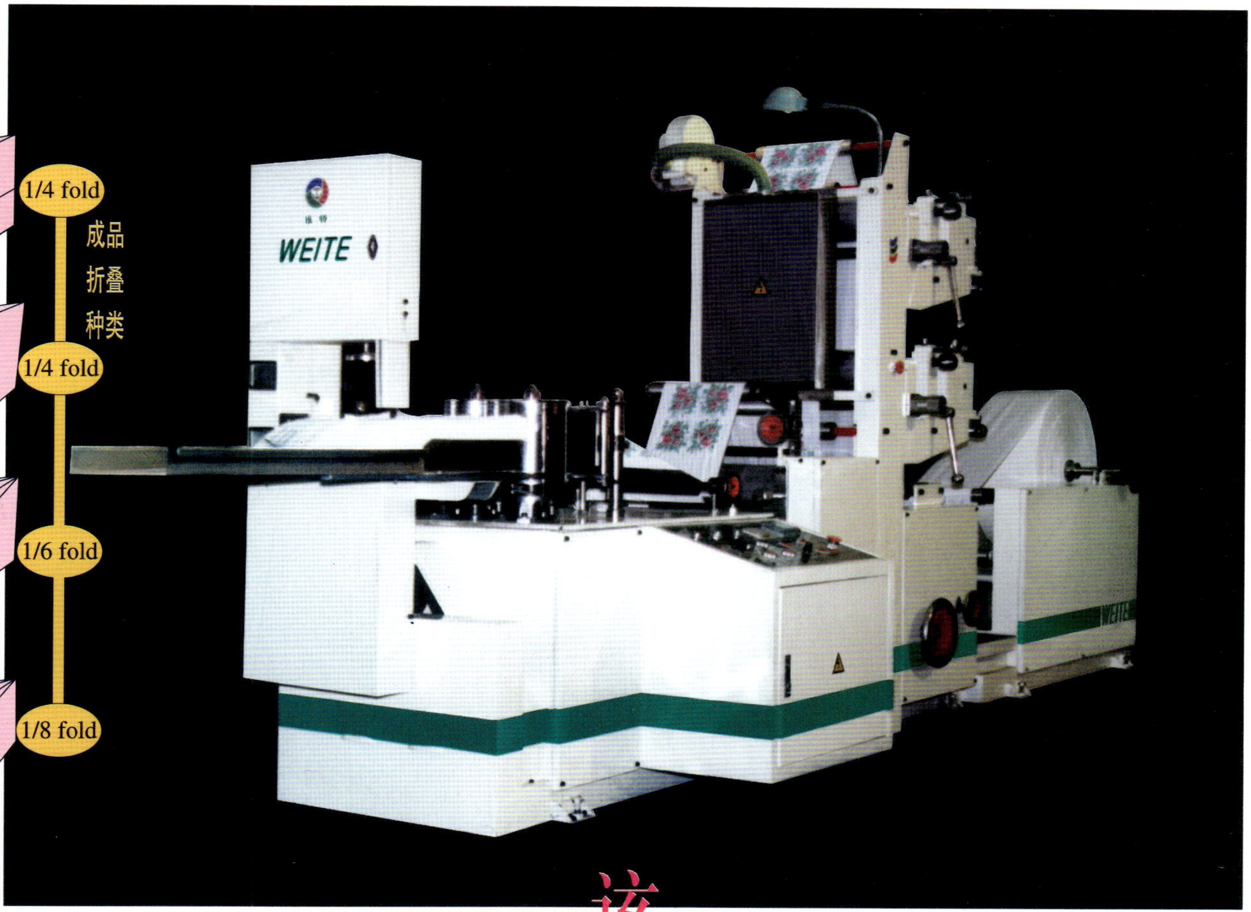

该机由无级调速、浮动辊恒张力输纸、压光、专业柔版印刷、压花、折叠、裁切、断纸自动停机、自动计数分选（10~999 张）等机构组成，可通过更换版辊、折叠辊等少量部件生产 275、210 两系列餐巾、快餐巾、扁薄纸巾、标准纸巾、厕所用纸等 6 种产品。首创国产生活用纸机械一机多用、高精度彩色凸版印刷的先例，生产的纸品已达到进口设备的产品水平，具有很高的性能价格比，并特别适用国产纸生产，为引进吸收、提高创新的典范。

产品名称	餐　巾	纸　巾
产品尺寸 mm	275 × 275	210 × 210
折叠尺寸 mm	137.5 × 137.5 92 × 137.5	105 × 105 105 × 54
生产能力（张/分）	200-300	250-450
原纸层数	1 ~ 3	
印刷装置	1 至 4 色柔版印刷	
原纸宽度 mm	200-310	160-210
原纸直径 mm	1200 (Max)	
动力 kW	主电机 2.2 刀电机 1.5	
机械尺寸 m	5.20(长) × 1.15(宽) × 2.00(高)	
重量 kg	2000	

柳州市维特纸品加工印刷设备厂　　厂长：曹杨
厂址：广西柳州市西江路北二巷 10-1 号　　邮编：545005
电话：(0)1397725985　　传真：0772-3130130

诚信机械—化阁下的理想为现实

诚信妇幼用品机械有限公司是国内一流的一次性卫生巾生产线的设计和制造公司。其生产线用于生产普通护翼、立体护围卫生巾及卫生护垫。每种生产线都从客户需求出发，充分运用世界高新技术，综合电器、机械、电子及控制软件整体开发设计而成。**由始至今，诚信卫生巾机械一直以其卓超的技术保持领先的地位。**

- 94年初率先研制成功国内最先进的护翼卫生巾生产线。
- 96年1月在国内最先推出高速小包装机及快易包装机。
- 97年3月推出国内第一台三片式立体护翼生产线。
- 98年2月推出代表世界高、新技术水平的三片式外翻立体护翼，具有中间厚、四边薄，符合人体曲线的特点。

诚信机械以超卓的综合技术、性能，透过现成品的精彩表现，显露无遗。在今天，我们仍以“精益求精、尽善尽美”的宗旨去服务客户，迎合客户不同的需要。务求我们的每一个客户高效率地生产出高品质的卫生巾产品，使客户在激烈的市场竞争中与时并进，时刻保持领先的地位。

诚信公司为您提供以下设备及服务：

- LD-500型护翼卫生巾设备（生产速度300片/分）
- LP-500型立体护围卫生巾设备（生产速度300片/分）
- WLP-500型外翻立体护围卫生巾设备（生产速度300片/分）
- KY-600型快易三折叠小包装机（生产速度450片/分）
- HP-600型三片式护垫机（生产速度350-450片/分）
- 承接外翻立体卫生巾生产订单
- 提供高性能的长寿合金钢刀

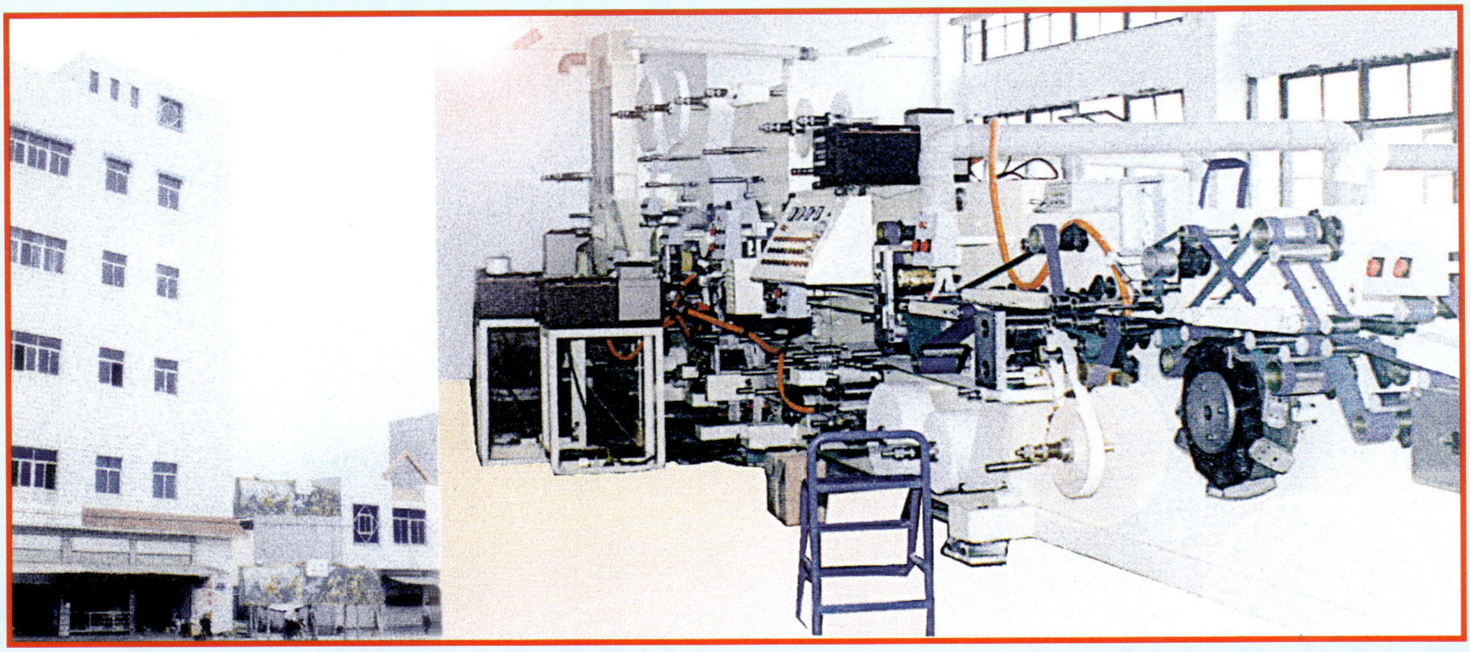

福建诚信妇幼用品机械有限公司

Tel:0598-8264115 8259557 8235971 Fax:0598-8259557

地址：三明市碧湖工业区 Email:Cxgsde88@public.smptt.fj.cn.

泉州培新机械制造实业有限公司

中外合资

PEIXIN

FUJIAN QUANZHOU PEIXIN MACHINERY MAKING INDUSTRIAL CO.,LTD.

专 业 制 造 各 种 生 活 用 纸 设 备

福建泉州培新机械制造实业有限公司，是一家专业制造各种生活用纸设备的中外合资大型企业。公司位于泉州浮桥后坑工业区，占地面积1.8万平方米，厂房面积2万平方米。拥有固定资产5000多万元，流动资金2800万元，现有员工250名，其中，中高级管理人员、技术人员60名。

公司创建于1985年，10多年来，公司全体员工在“以质量求生存，以创新求发展”的精神鼓舞下，团结奋进，逐步形成了具有全面的设计能力，先进的生产工艺，完整的加工设备，科学的管理制度等企业实力。面对激烈的市场竞争，公司面对未来，立足创新，始终严格遵循“质量第一，用户至上”的经营宗旨。以优质先进的机械设备，多元化的产品结构，良好的跟踪服务，赢得广大用户的厚爱，产品畅销全国各地，为此近年来公司先后荣获国家农业部“全面质量管理达标企业”，被评为“省级先进企业”，泉州市“重合同守信用先进单位”，福建省“标准计量验收合格证书”等殊荣。

热忱欢迎新老客户前来洽谈垂购或来电来函联系。

地址：福建省泉州市浮桥后坑工业区　电话：(0595)2458888　2456588　2456988　2456782
传真：(0595)2456781　邮编：362000　电挂：0638　联系人：谢先生　(0)13959580691　3950600988

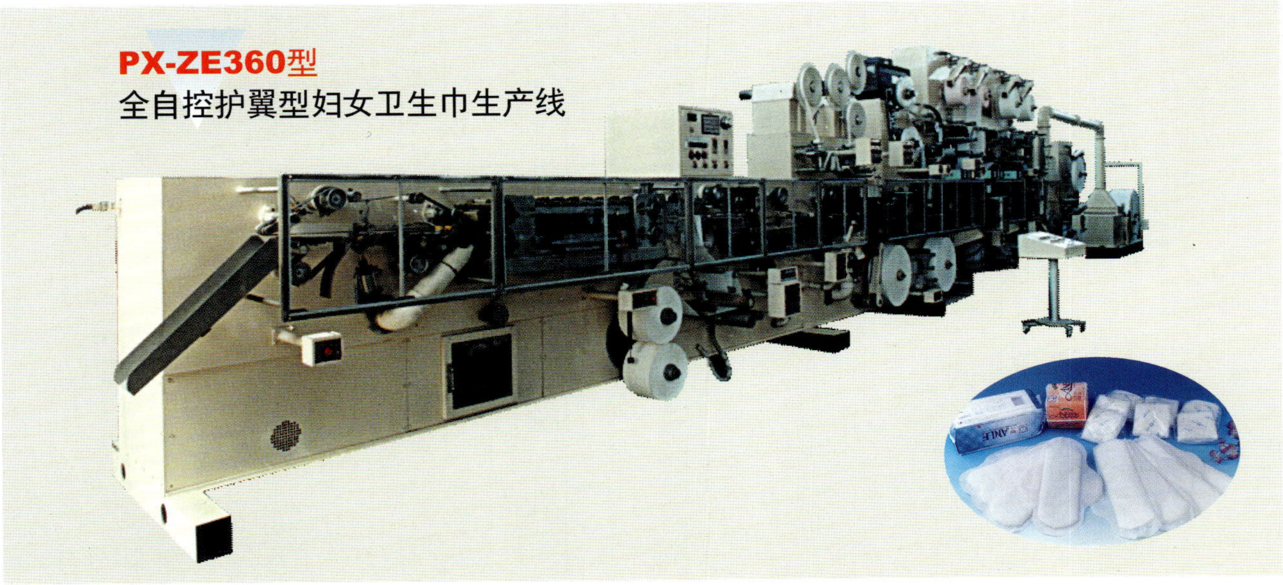

专业制造各种生活用纸设备

PEIXIN
培新机械

PX-HY180型
全自动护翼型妇女卫生巾设备

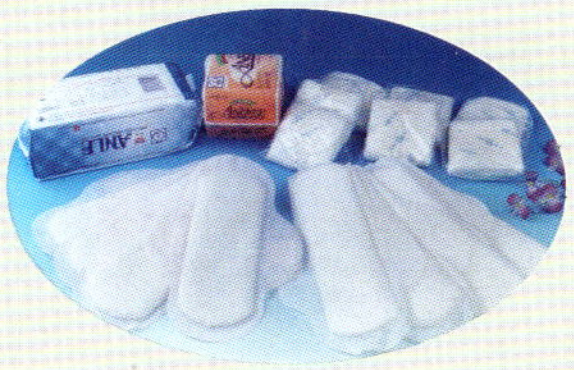

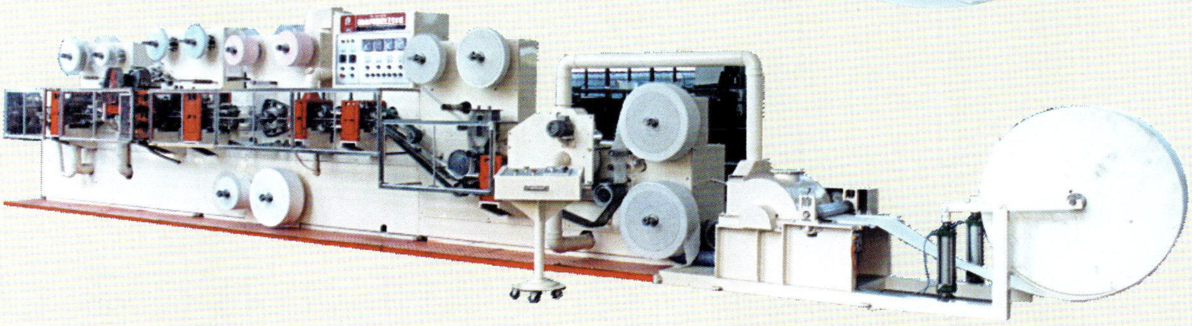

PX-WJ-230/260型
全自动圆头型、直条型妇女卫生巾设备

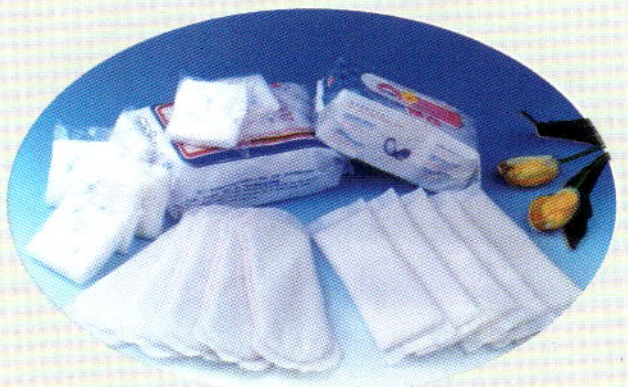

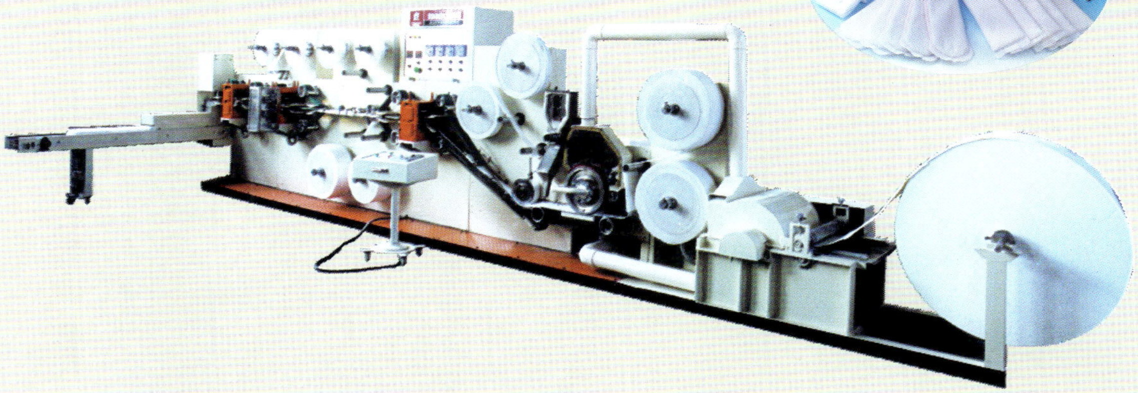

PX-HDJ-400型
全自动卫生护垫机

PEIXIN
培 新 机 械

专业制造各种生活用纸设备

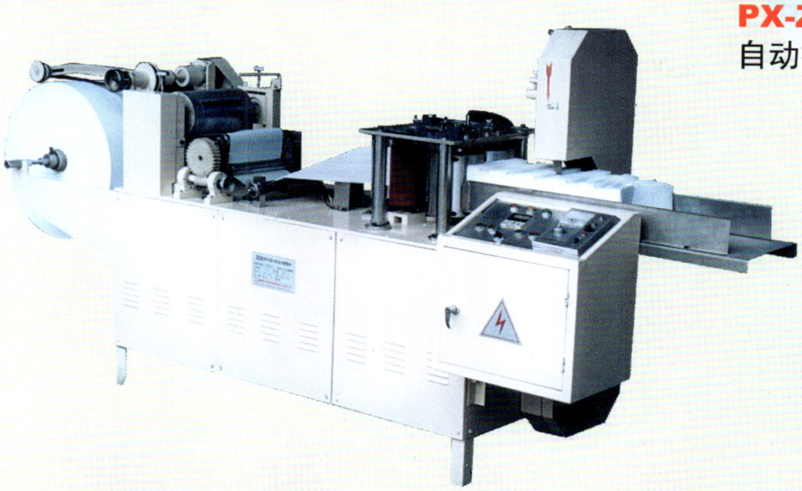

PX-ZJJ-215/240/275型
自动折叠餐巾纸

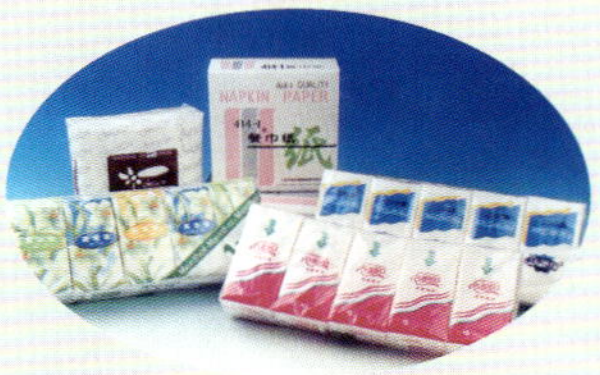

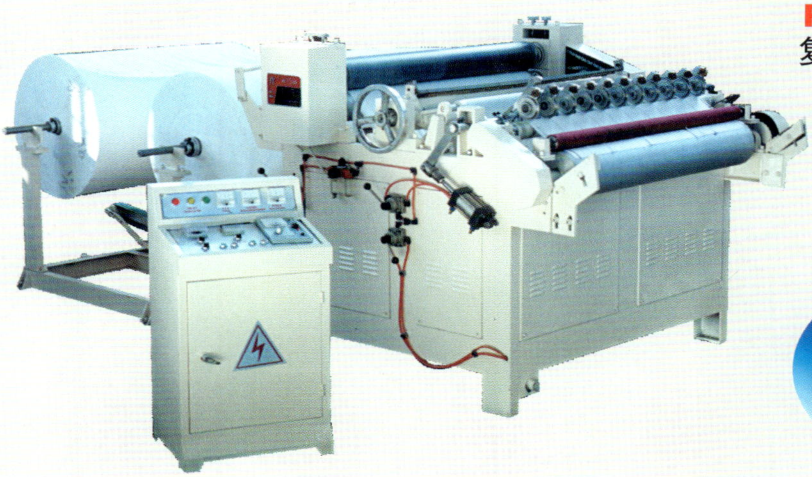

PX-FWJ1092/1575型
复卷打孔卫生纸设备

PX-MZJ-220型
系列面巾纸机

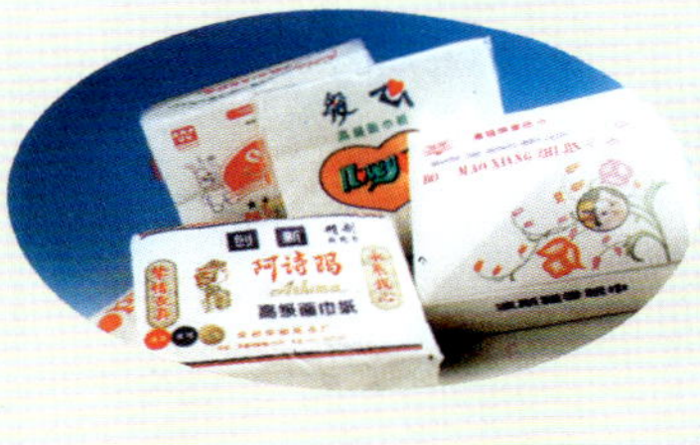

DC

本厂产品以其独特的外型设计、精密的加工技术，以及易于操作，能耗低、占地少的特点，销售覆盖全国十多个省市和地区，远销约旦、新西兰、东南亚部分地区。

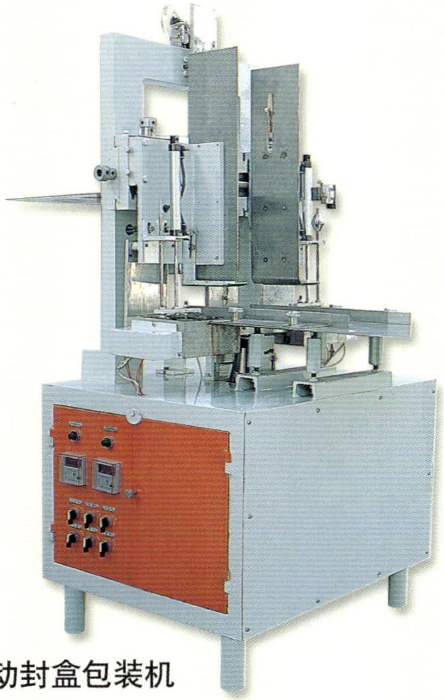

FK-I型自动封盒包装机

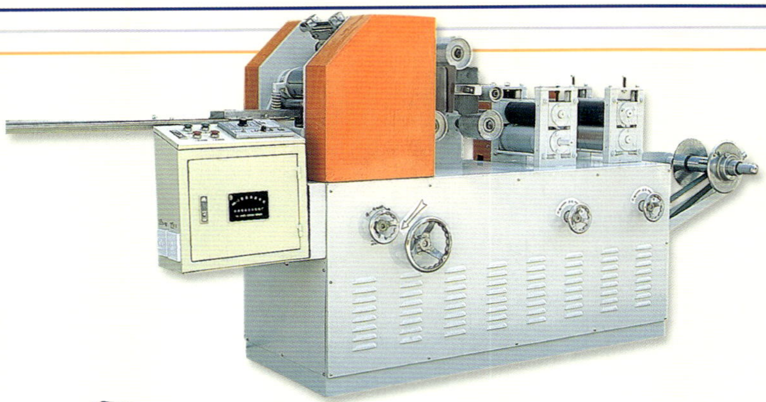

ML-III型迷你压花纸巾机

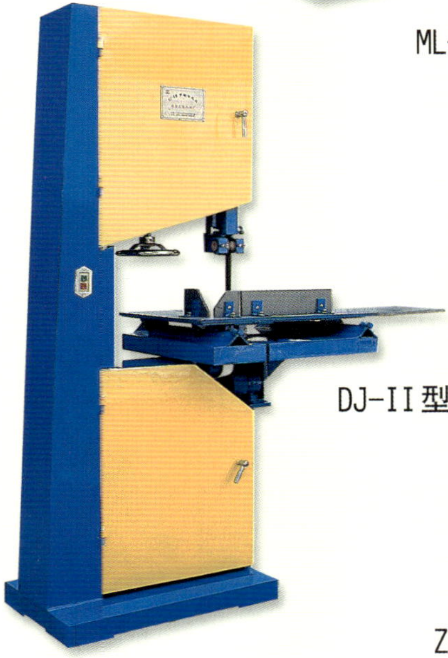

DJ-II型带锯切纸机

CJ200/2型抽式盒装面巾机

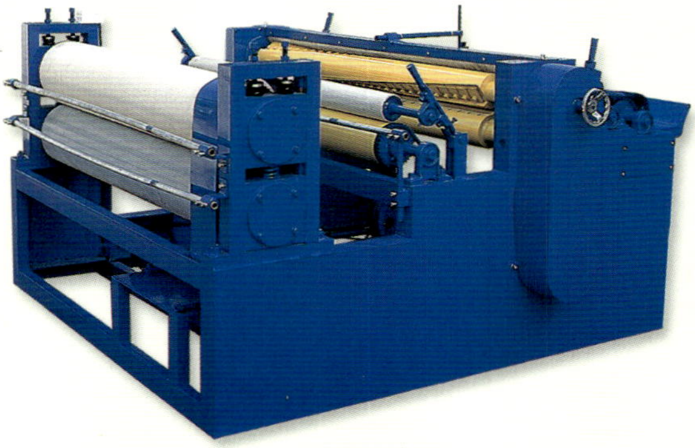

ZQ-III型压花复卷打孔机

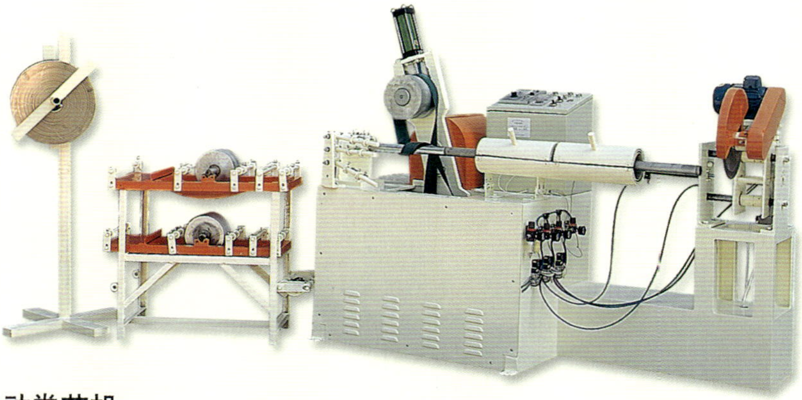

ZX-I型自动卷芯机

主要产品：

- 全自动压花复卷打孔机
- 自动卷芯机
- 抽式盒装面巾机
- 迷你纸巾机
- 水墨彩色印刷纸巾机
- 方巾折叠机
- 盆纸分切机
- 牛皮纸分切机
- 带锯切纸机
- 自动封盒包装机
- 纸巾封口包装机

德昌五金机械厂

De Chuang Hardware Machinery Works

厂址：南海市桂城镇佛平路南海汽车站侧入150米

电话：0757-6221066 6338179 传真：0757-6338179 邮编：528200

ADD:Foping Road Gueicheng Town Nanhai City (On The Nanhai Bus Station's Side,Go 150 Meters)

Tel:0757-6221066 6338179 Fax:0757-6338179 Code:528200

保定市环保实业总公司
保定晨光机械厂
保定晨光纸业有限公司

保定市晨光机械厂位于保定西部，交通十分便利，占地面积12000平方米。现有员工350名；拥有中高级管理人才58名；高级工程师16名；工程师42名；拥有先进计算机微机管理，是承揽污水处理工程及生产造纸机械、卫生纸深加工设备的专业厂家。本企业加工设备齐全，技术力量雄厚。集团采用国内外高新工艺和本企业专利技术设计，如：餐巾纸机、面巾纸机、手帕纸机等。近期新开发产品有：高速卫生纸机、全自动压花打孔机、半自动压花打孔机等设备，并生产高档全木浆卫生纸、面巾纸、餐巾纸等，适应了市场的需求，赢得了广大用户的信赖，并多次荣获省、市名优产品称号。

本企业宗旨：以质量求生存，以品种求发展，以科技求进步，以人才求兴旺，以管理求效益。

真诚欢迎各界朋友来我厂洽谈业务并指导工作。

CHZD型自动折叠餐巾纸机

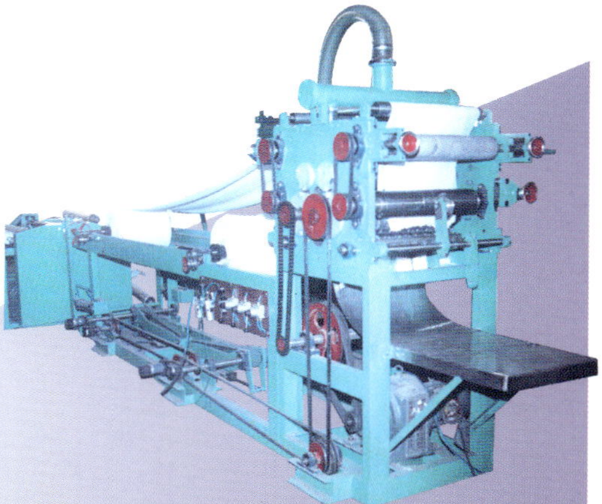
CHZD型盒装面巾纸机

CHZB型全自动高速压花打孔复卷机

CHZJK快速卫生纸机

CHZB型半自动软刀压花打孔复卷机

TWC系列同向流污水处理设备

联系电话及传真

保定市环保实业总公司　电话：0312-3063450
保定市晨光机械厂　电话：0312-3173685
保定市造纸机械厂　电话：0312-3228200
保定市晨光纸业有限公司　电话：0312-3171036　传真：0312-3277554、3172452
邮编：071051

MZJ-210A型全气吸迷你纸巾机采用国际先进技术、款式新颖。该机采用钢辊压花，全真空吸附折纸。速度快、运行稳定、操作简便，是纸巾生产的必要设备。

This MZJ-210A style auto air-blotting paper making machine is adopted the foreign advanced technology and newly designs,with its features of whole-air absorbed,speedcy & stable moving,and convenient operating.It's the ideal equipment for the needs of paper making.

南海市新力机械制造厂

NANHAI XINLI MACHINERY MANUFACTORY

南海桂城新力机械制造厂，地处南海市区，有相邻广州、佛山、中山、江门等城市之地利，交通方便、资讯发达。

我厂始建于80年代，在多年艰苦创业的过程中，不断开拓创新，逐渐成为有独特风格的民营企业。现具有独立设计、规模生产能力，不断向社会推出技术先进、款式新颖、质优价廉的卫生纸品加工设备，产品主要包括：全气吸迷你纸巾机、水墨彩色印花纸巾机、餐巾折叠机、自动压花复卷打孔机、压花面巾纸机、全自动卷芯机、全液压卷管机、卫生盘纸分切机、牛皮纸分切机、带锯切纸机等系列产品及其配套设备。

我厂产品由于拥有先进的机械结构设计，精密的加工技术，因而省电、结构紧凑。并且外形新颖别致，操作简便，因此能在激烈的市场竞争中处于不败之地，在同行业中亦有相当影响力。产品远销全国各地，亦出口到部分周边国家。可靠的产品质量、合理的价格、优质的服务，为企业赢得了用户的赞誉。

本企业将本着“质量第一、热情服务”的一贯宗旨，为客户提供一流的产品。欢迎国内外纸品加工企业莅临指导、洽谈业务。

地址：南海桂澜路侧南约工业区内

Add:In Nanyue Industrial Area by Guilan Rd.Nanhai.

电话(Tel)：0757-6228792　6330981

传真(Fax)：0757-6228792

邮编(P.C)：528200

Located in Nanhai urban district and closed to Guangzhou,Foshan,Zhongshan,Jiangmen,the Mfy is a leading collectively-owned entity which was established in 1980s,with its beneficial land and convenient communications.It has independent designs and strong production capacity and has promoted advanced technology new style,qualified & suitable healthy paper products and processing equipments for the society.

The mainly products include:autorolling cores making machine,inkprinted folding paper machine,paperroll slitting machine,drawing-style & box-packed handkerchief machine,kraft paper roll slitting machine,auto rolling machine,curcular paper sawing machine,etc.

The products are advanced in design,unique in outlook,good workmanship,easy in operation,lower in energy consumption and less space for occupied.And they're well sold in spite of the fierce competition in markets from home and abroad.Being stable in quality low in prices and favourable services offered,the Mfy carries out the principle of "Quality the Best,Customers the First",and has won continuous prizes and are enjoying a good reputation from the customers in all circles.

Welcome friends from interal market and extenal market to come for business and cooperation..

XINLI

广东南海伟昌无纺布厂有限公司

广东南海伟昌无纺布厂有限公司系中外合资企业，专业生产医疗卫生用无纺布。我公司引进热风无纺布生产线、热轧无纺布生产线各一条，利用先进的技术，国内外优质的原料，生产专供尿布用疏水性PP布、亲水性PP布，护翼卫生巾用疏水性热风布、亲水性热风布及普通卫生巾用的ES无纺布等特殊用途的无纺布产品，年产量已达2000多吨。

我公司引进的热风无纺布生产线，采用新的成形工艺，利用低熔点复合纤维的特性在基本无压力的状态下，用热风穿透纤维层加热，使复合纤维的外表自由粘合成为纵横具有一定拉力的热风布，因此热风布工艺有效地解决了无纺布强度与手感之间的矛盾。热风无纺布由于合理地利用复合纤维的物理结构，使产品除具有优良的透水性、抗拉性外，更具有传统热轧无纺布所不能提供的蓬松、柔软和高档面料的质感，热风无纺布具有的点渗透特性，更加能促使表面干爽达到最佳状态，所以热风无纺布是当今世上适合应用于卫生巾的面料，是提高产品档次，增加市场竞争力的理想用料。

本公司具有完善精简的管理，产品价格合理，诚意与国内外厂商客户长期稳定合作，欢迎垂询，并提供宝贵意见。

总经理：钟泰

厂长：赖家坤　招汉

电话：0757-5550966　5562329
传真：0757-5562329
地址：广东南海市大沥区钟边工业区
邮编：528231

温州市毅力包装有限公司

WENZHOU YILI PACKING CO.,LTD

温州市毅力包装有限公司，是在改革开放的大潮中诞生的一家股份制公司，是浙江地区著名的生产卫生巾专用材料的专业企业。

公司经过多年的努力和发展，“毅力”品牌已家喻户晓，深受广大用户的好评。

公司自行制造设备生产的PE打孔膜（网状膜）自投放市场以来以其优良的品质及优惠的价格使各卫生巾生产厂家在激烈的市场竞争中胜券在握，一路领先。

同时公司还生产流延膜、衬膜、亚光膜、自动包装膜等，品种齐全、价廉质优，更为各厂家提供了高质量、高产量的卫生巾生产材料，从而使卫生巾生产厂家得到高效益、高回报。

“毅力”人将以温州人特有的毅力，生产出更多、更好的产品来报答社会各界的支持和厚爱，为我国的卫生用品事业的发展尽心尽责，共创辉煌。

主要产品有：

产品名称	规　　格	颜　色
打孔膜（网状膜）	$22g/m^2$ x170mm	白
流延膜	22~28g/m^2 x170mm	蓝、白、浅红
衬膜（隔水膜）	12~25g/m^2	蓝、白、浅红
亚光膜	$28g/m^2$ x170mm	蓝、白、浅红
自动包装膜	按客户要求	乳白
小包装内袋	按客户要求	透明

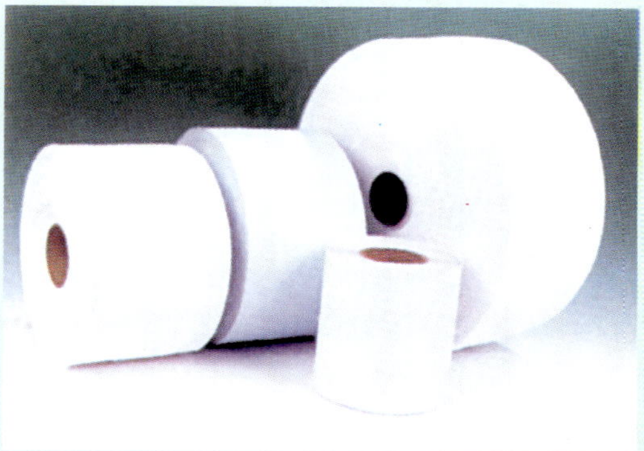

注：以上产品均可按客户要求生产，欢迎国内外广大客户莅临参观指导。

法人代表：杨毅
联系人：潘路耀
地址：浙江温州市横渎工业区A幢
邮编：325027
电话：0577-8322742 8322841（传真）

中国婴儿纸尿裤主要生产企业的地理位置分布情况

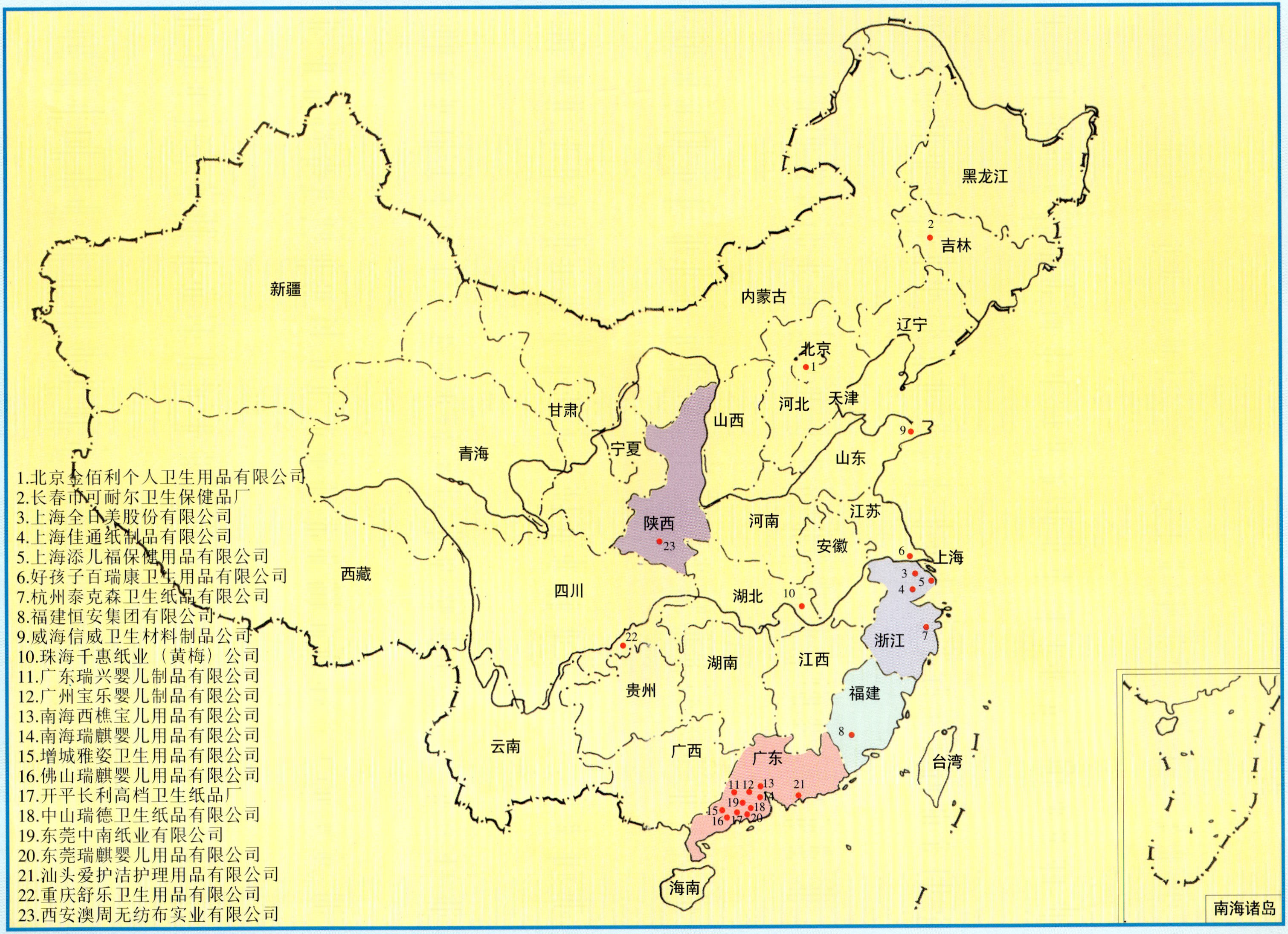

中国卫生纸主要生产企业的地理位置分布情况

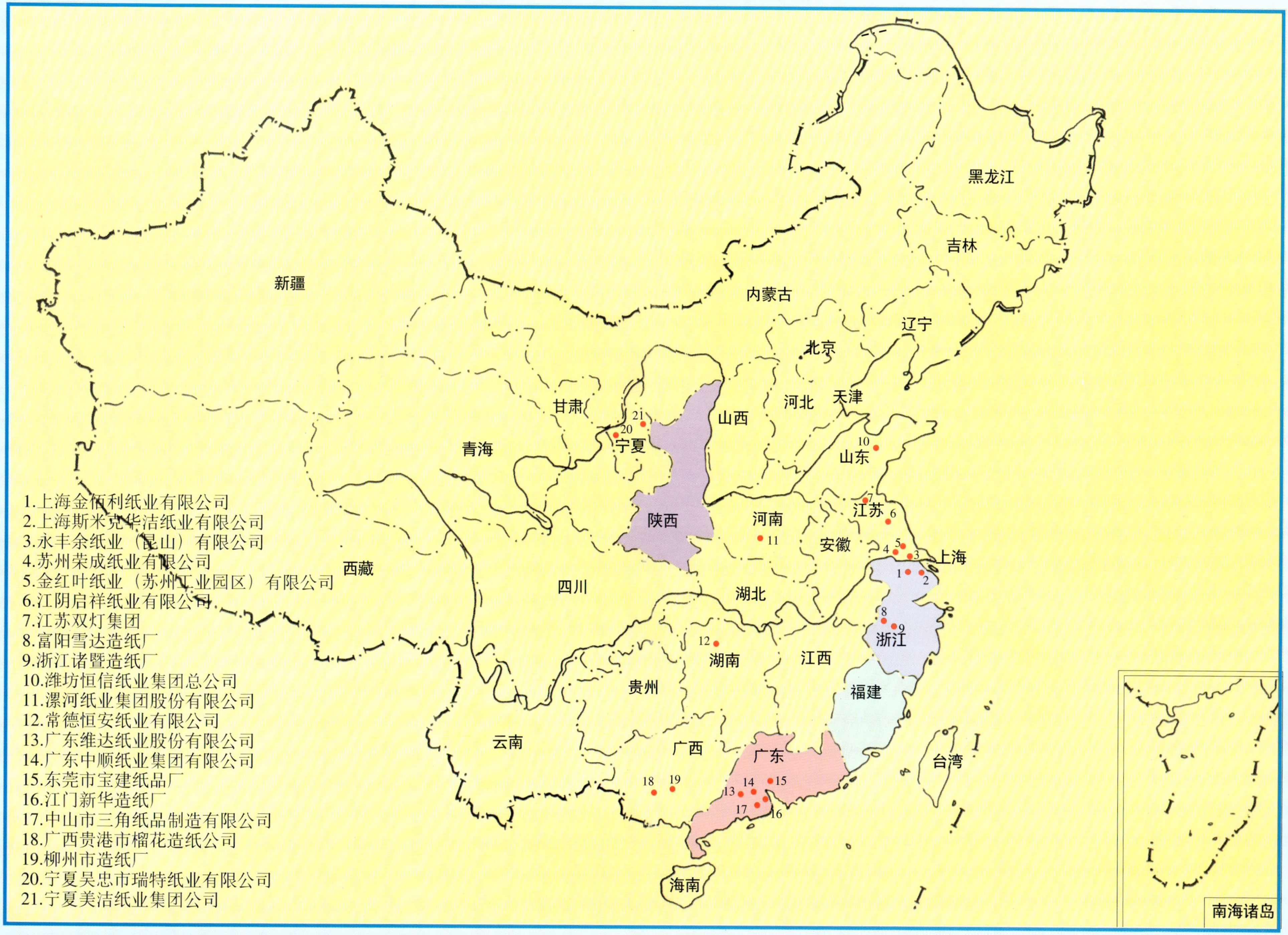

中国卫生巾主要生产企业的地理位置分布情况

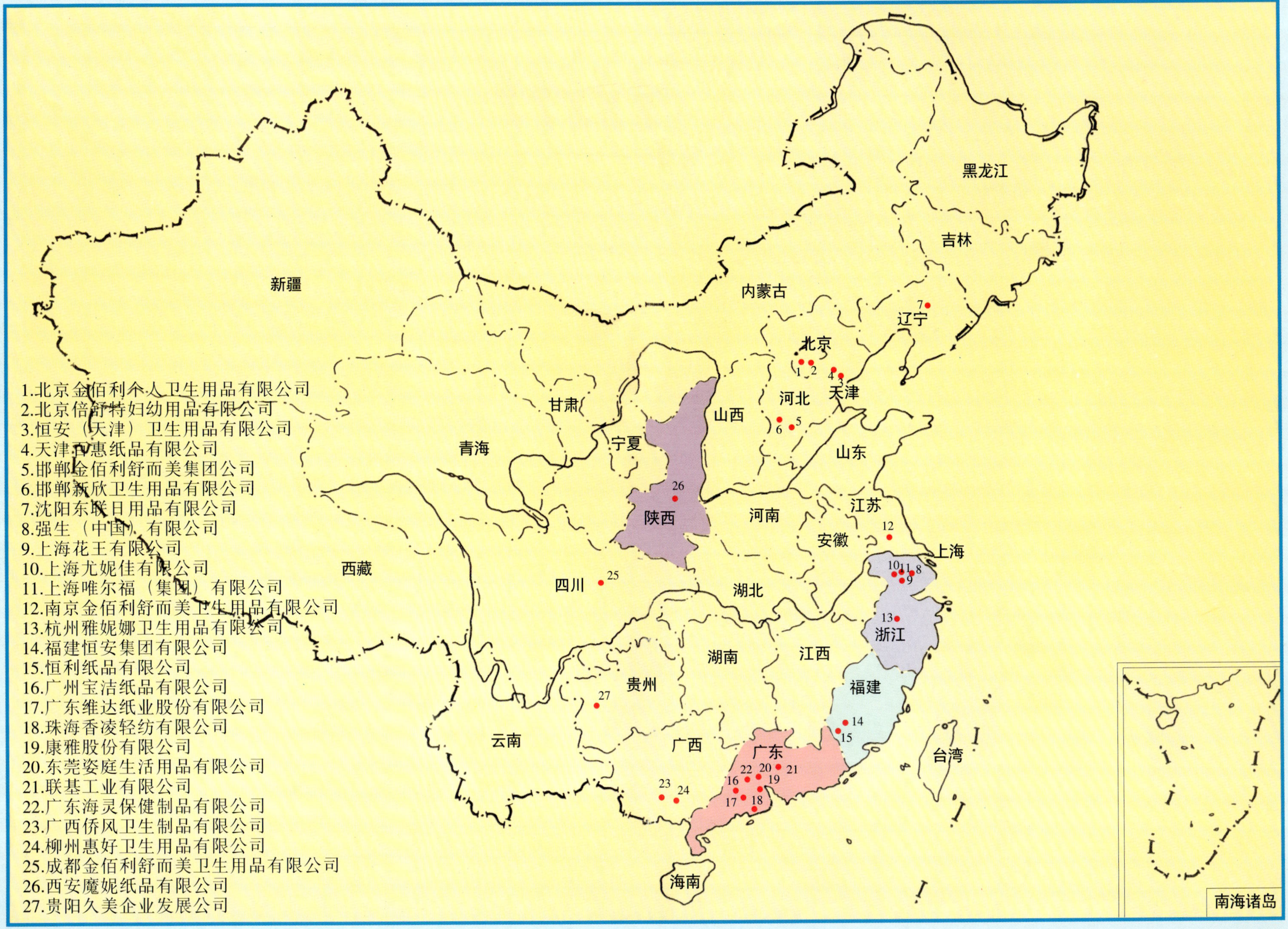

TISSUE PAPER AND DISPOSABLE HYGIENE PRODUCTS(CHINA) 1999 ANNUAL DIRECTORY

中国生活用纸年鉴

1999

中国造纸协会生活用纸专业委员会编

中国轻工业出版社

图书在版编目（CIP）数据

中国生活用纸年鉴 1999/中国造纸协会生活用纸专业委员会编.-北京：中国轻工业出版社，1999.4
ISBN 7-5019-2463-5

I. 中… II. 中… III. 生活用纸-中国-1999-产品目录-年鉴 IV.TS761.6-63

中国版本图书馆CIP数据核字（1999）第08150号

责任编辑：林 媛 责任终审：滕炎福 封面设计：驰源设计所

出版发行：中国轻工业出版社（北京东长安街6号，邮编：100740）
印 刷：汇源彩色印刷公司
版 次：1999年4月第1版 1999年4月第1次印刷
开 本：850X1168 1/16 印张：18.62
字 数：760千字 插页：56 印数：1—2500
书 号：ISBN7-5019-2463-5/TS·1495 定价：150.00元
广告许可证号：京工商广临字99031号

·如发现图书残缺请直接与我社发行部联系调换·

编 写 说 明

由中国造纸协会生活用纸专业委员会编写的《中国生活用纸年鉴》将每1~2年出版一卷。其内容涵盖生活用纸工业的广泛领域，包括一次性卫生用品、卫生纸品、纸餐具及其相关的原材料和机械设备。1994年、1996年和1997年相继编写的三卷《中国生活用纸指南》（内部资料）信息量大，实用性强，是目前国内唯一反映生活用纸行业全貌的资料。资料发布后受到海内外从业人员的欢迎和好评。由于生活用纸行业发展十分迅速，企业变化频繁，加上不少地方的电话号码升位或改动，为全面及时准确地反映我国生活用纸行业的发展和变化，以提供资讯，引导资金投向，促进经贸活动的发展，我会今年编写了第四卷《中国生活用纸指南 》并更名为《中国生活用纸年鉴 1999》，由中国轻工业出版社正式出版，向社会公开发行。

中国生活用纸年鉴1999年版在《1997~1998中国生活用纸指南》的基础上进一步增加新内容，扩大信息量。对企业名录部分做了认真的核实和补充。为便于检索，企业除按地区分列，还按产品类别分列，对生活用纸的主要生产厂和著名品牌有重点介绍。为便于外国人阅读，目录和主要内容增加了英文对照。

FOREWORD

The Annual of Household Paper Industry(China),Sponsored by China National Household Paper Industry Association （CNHPIA）,will be a one-two year publication with a wide range of coverage in household paper industry in China, the industry related to disposable hygiene products, tissue paper ,paper tableware, as well as the raw materials and machinery will be combined into the directory. The directory were published in 1994, 1996 and 1997, both have gotten great success .

It is the only material handbook for China Household Paper Industry with a large amount of information and strong practical applicability. It has draw an international attention. Due to the rapid growth of the household paper industry in China and changes of telephone numbers, in order to give a comprehensive introduction of China's household paper industry in time, supply information, guide foreign investments in the area, and promote trade, CNHPIA edited volume IV of Directory , as 1999 Annual Directory of Tissue Paper and Disposable Hygiene Products (CHINA). It will be published by China Light Industry Press.

1999 Annual Directory of Tissue Paper and Disposable Hygiene Products(CHINA) is based on the 1997~1998 Directory of Household Paper Industry (CHINA), with new statistics and information added. The list of manufacturer will be sorted by product and region. For the convenience of foreign user, the content and main parts will be translated into English.

《中国生活用纸年鉴 1999》编委会

对本书有关的各项业务与意见请与编委会直接联系。

地址：北京市朝阳区光华路12号 邮编：100020

电话：010- 65862003 65060824 65060022-2514

传真：010-65936944

Address:12,Guanghua Road, Beijing 100020,P.R.China

Phone:010- 65862003 65060824 65060022EXT2514

Fax:010-65936944

Any business refers to this book, please contact the editorial board.

目　录

TABLE OF CONTENTS

广告页目录

27.杭州余宏精工机械有限公司
28.维顺(中国)无纺制品有限公司
29.富阳雪达造纸厂
30.31.东莞佳鸣机械制造有限公司
32.常州市东风卫生机械设备制造厂
33.柳州市维特纸品加工印刷设备厂
34.福建诚信妇幼用品机械有限公司
35.上海联胜化工有限公司
36.37.38.39.泉州培新机械制造实业有限公司
40.41.安庆市恒昌机器有限责任公司
42.广东南约德昌五金机械厂
43.广东长粤贸易有限公司
44.泉州市汉威机械制造有限公司
45.保定晨光机械厂
46.南海市新力机械制造厂
47.多米诺喷码机有限公司
48.南海伟昌无纺布厂有限公司
49.温州市毅力包装有限公司
50.宁波市奇兴无纺布有限公司

彩版1/2 页:

51.(1)中山市三角纸品制造有限公司(1/2页)
(2)厦门荣安贸易有限公司(1/2页)
52.(1)厦门市天一精密机械有限公司(1/2页)
(2)广州亿信达工业配件有限公司(1/2页)

1/4页:

长春市大地精细化工厂

协 会 工 作

CHINA NATIONAL HOUSEHOLD PAPER INDUSTRY ASSOCIATION （CNHPIA）

(1)

中国造纸协会生活用纸专业委员会简介

中国造纸协会生活用纸专业委员会是在中国造纸协会领导下的全国性专业组织。英文名称China National Household Paper Industry Association。会址设在北京，挂靠单位为中国造纸开发公司。

生活用纸的范围包括卫生纸及制品、一次性卫生用品、一次性纸容器三大类。为适应生活用纸生产和消费的迅速增长，沟通信息，协调行业发展，生活用纸委员会于1993年6月8日正式成立。目前有国内会员单位316个，海外会员单位17个。通过其成员的积极工作，已在该领域作出了显著成绩。

中国造纸协会生活用纸专业委员会是跨部门、跨地区和不分所有制形式的全国性组织，是由生活用纸有关企业、事业单位自愿组成的社会团体。其宗旨是促进生活用纸行业的技术进步和经济发展，加快生活用纸技术的现代化步伐。

生活用纸专业委员会的主要任务是在企业与政府部门之间起桥梁和纽带作用，为企业提供多种形式的服务。开展技术咨询，发展与海外同行业的联系，加强本行业的国内外信息交流，建立生活用纸行业数据库和信息网。开展国际间技术、经济方面的合作与交流，组织会员单位参加国内外有关展览与技术考察活动，定期出版生活用纸月刊，提供国内外生活用纸发展的技术经济和市场信息，为国内外厂商进行技术合作和合资经营牵线搭桥。

生活用纸专业委员会的最高权力机构为会员代表大会。理事会、常务理事会下设秘书处、卫生纸组、卫生巾组、婴儿尿裤组、生活用纸机械组和原辅材料组等分支机构。

随着工作的开展，根据行业的需要，中国造纸协会生活用纸专业委员会将进一步发展和完善其组织机构，以便更好地协助政府部门完成行业管理、发展规划、组织协调和服务等各项工作。

委员会领导机构

理事长： 谭祖光

副理事长：许连捷 李朝旺 李鸿志 杨传信 邓颖忠

秘书长： 江曼霞

副秘书长：郝 治 张玉兰

专业组

卫生纸组 （组长单位：广东维达纸业股份有限公司）

卫生巾组 （组长单位：福建恒安集团有限公司）

婴儿尿裤组 （组长单位：中山瑞德卫生制品有限公司）

生活用纸机械组（组长单位：杭州余宏精工机械有限公司）

原辅材料组 ［组长单位：维顺（中国）无纺制品有限公司］

会员单位

国内生产企业316家

海外企业17家

刊物

《生活用纸》（月刊）

如需更详细的资料，请与中国造纸协会生活用纸专业委员会秘书处联系

联系人：江曼霞 杜培心 张玉兰 孙静

地址：中国北京朝阳区光华路12号 邮编：100020

电话：010-65060824 65862003 65060022-2514

传真：010-65936944 65004461

E-mail：cnhpia@public.bta.net.cn

Brief Introduction to China National Household Paper Industry Association

China National Household Paper Industry Association under China Paper Association is nationwide organization in China. The site of the association is in Beijing, and the chairman member of the said association is China Paper Industry Development Corp.

The scope of the household paper includes three varieties: tissue paper and products, disposable products, disposable paper container. In order to adapt the rapid growth of production and consumption in household paper field, exchange domestic information, coordinate the said industry development, China National Household Paper Industry Association was established on June 8, 1993, up till now, there are 316 domestic members and 17 overseas members of the association. With the positive efforts of all the members, the said association achieved remarkable success in this field.

China National Household Paper Industry Association is the nationwide organization which members are from different department, different region and different ownership, all the members are voluntary to join the association. The objective of the Association is to promote the technique improvement and economic development of household paper, quicken the technical step of modernization of household paper.

The main function of the association is to act as the bridge between the enterprises and the China Central Government, to offer all the helps for the industry, to provide technical consulting service, to keep in touch with the overseas enterprises, to enhance the communication of information from overseas and home, to set up the data base and information net of household paper industry, to undertake the cooperation on importing advanced technique and equipment, to organize the members to take part in the exhibition and technique investigation, to publish the tissue paper and disposable product information periodically, to provide the technical and market information of household paper both overseas and domestic cooperation and joint venture business for domestic and overseas manufactures, supervisory council of the said association is all member congress.

There are secretariat, Tissue paper Branch, Napkin Towel Branch, Baby Diaper Branch, Equipment Branch and Raw Material Branch under the Council and Standing Council. Along with the development of the work and the requirement of the industry, China National Household Paper Industry Association will develop and perfect its organization to fulfill the functions of industry management, developing programme and service, etc.

Leader of China National Household Paper Industry Association

Chairman of Association:	Tan Zuguang
Vice Chairman of Association:	Xu Lianjie
	Li Chaowang
	Li Hongzhi
	Yang Chuanxin
	Deng Yingzhong
Secretary General	Jiang Manxia
Vice Secretary General	Hao Zhi
	Zhang Yulan

List of specialized group

Tissue Paper Group

Headman: Guangdong Vinda Paper Co. Ltd

Sanitary Napkin Group

Headman: Fujian Heng An Holding Co. Ltd.

Baby diaper Group

Headman: Disposable Soft Goods (Zhongshan) Ltd

Machinery Group

Headman: Hangzhou Yuhong Precision Machinery Co. Ltd

Raw Materials Group

Headman: FiberVisions (China) Textile Products Ltd.

Association Member

Domestic:316 Overseas: 17

Publication: Tissue Paper & Disposable Product (monthly) Directory of Household Paper Industry (China)

If you need more details please contact with the **Secretariat of China National Household Paper Industry Association**

Contact Person: Ms.Jiang Manxia, Ms.Du Peixin, Ms.Zhang Yulan, or Ms.Sun Jing
Address: No.12 Guang Hua Road Chaoyang District Beijing, China Postcode: 100020
Telephone: 8610-65060824, 65862003, 65060022 EXT 2514 Fax: 8610-65936944, 65004461
E-mail: cnhpia@public.bta.net.cn

1992~1999年生活用纸专业委员会重要活动
Important activities of CNHPIA(1992~1999)

1992年12月　生活用纸专业委员会筹备会议
December 1992　Preparatory Meeting for China National Household Paper Industry Association

中国造纸学会生活用纸委员会筹备小组工作会议于1992年12月8~9日在北京举行。来自全国的25个卫生纸、卫生巾生产厂家的代表共38名。中国造纸学会副理事长薛灵山，杨懋暹，中国造纸学会常务理事兼学术委员会副主任顾民达，中国造纸开发公司副总经理谭祖光以及北京造纸包装公司的领导参加了会议。

会议由造纸学会组织委员会主任薛灵山主持。他简要地介绍了生活用纸专业委员会的成立背景，提出了本次筹委会会议的议题，即：(一)讨论并修改组织章程；(二)专业委员会的领导机构；(三)今后的工作。

会议代表对3项议题进行了认真的讨论。一致同意中国造纸开发公司为专业委员会的挂靠单位。

会议决定专业委员会成立大会于1993年5月在北京召开，并确定中国造纸开发公司、北京造纸十一厂、浙江余杭造纸厂、抚顺造纸厂和秦皇岛卫生制品厂为成立大会的筹备组成员。

1993年6月　生活用纸专业委员会成立大会
June 1993　Establishment Conference for China National Household Paper Industry Association

中国造纸学会生活用纸专业委员会成立大会于1993年6月8~11日在北京国谊宾馆召开。来自全国各地的生活用纸生产厂、机械厂、化工厂、造纸公司以及大专院校、科研所共93个单位168位代表参加了大会。会议除成立生活用纸专业委员会以外，还进行了学术交流、产品展示、技贸洽谈等活动，圆满完成了预定的各项任务。

在6月8日上午举行的开幕式上，中国轻工总会会长于珍，中国造纸学会副理事长兼秘书长胡宗渊、副理事长薛灵山、胡受祖，中国造纸开发公司董事长顾民达，中国消费者协会秘书长张明夫出席了大会，全国妇联、卫生部妇幼司、中国造纸协会、国家纸张监督检验中心的代表参加了大会。由日本卫生材料工业连合会、UNI-CHARM株式会社、KAKUTAMA SERVICE株式会社组成的访华团，香港百利怡有限公司，美国ITT瑞安公司，日本INOAC国际公司等也特地赶来参加了成立大会。

于珍会长在百忙之中到会并发表讲话，指出生活用纸专业委员会的成立标志着我国造纸行业正在向着纵深方向发展，生活用纸与人民生活特别是妇幼卫生关系密切。改革开放以来生活用纸的生产在数量和品种方面有了很大的发展，但是与国外先进水平相比，与我国不断增长的市场需求都有较大的差距。专业委员会成立之后要在为人民群众，特别是广大农村人口提供物美价廉的生活用纸方面做好组织协调工作。

全国妇联送来贺信对大会表示祝贺，日本访华团团长村井一雄在开幕式上发表贺词并赠款10万日元以支持委员会的成立。

中国造纸开发公司副总经理谭祖光作为筹备小组组长作筹备工作报告，报告包括以下四个方面的内容：

- 生活用纸的生产、消费现状和发展趋势。
- 成立生活用纸专业委员会的缘由及筹备工作情况。
- 这次大会的主要任务。
- 生活用纸专业委员会成立后的主要工作设想。

根据中国造纸学会成立专业委员会的有关规定，大会期间，与会代表经过认真讨论和修改，一致通过了《筹备工作报告》和《生活用纸专业委员会章程》。经过充分讨论和反复酝酿，完成了专业委员会组织机构的选举工作。选举中国造纸开发公司谭祖光为主任委员，浙江余杭造纸厂钱新民、江苏连云港造纸厂范维强为副主任委员，中国造纸开发公司赵家懋为秘书长，北京造纸十一厂郝治、余杭造纸厂陆根法为副秘书长。选出常务委员15人，委员32人。

全体代表一致同意谭祖光同志在筹备工作报告中提出的专业委员会今后的工作设想；同意筹备小组提出的专业委员会会费缴纳办法；同意由挂靠单位中国造纸开发公司建立生活用纸数据库，成立生活用纸信息网，每月向会员单位发布信息资料并接受会员单位情报信息查询业务。专业委员会拟成立卫生纸，卫生巾和配套原材料、助剂、设备、仪器仪表等3个专业组。鉴于目前情况，暂成立卫生纸、卫生巾2个专业组。卫生纸专业组组长为江苏连云港造纸厂，副组长为山东潍坊造纸厂等5个单位。卫生巾专业组组长为浙江余杭造纸厂，副组长为河北邯郸新雅妇幼用品有限公司等4个单位。

大会组织了14场国内外学术交流和产品介绍，十余个单位进行了产品展示。会议期间，国内外与会代表充分利用大会提供的有利机会进行了广泛的技贸洽谈活动。代表们普遍反映收获很大，会议取得了满意的效果。

1993年7月　出版《生活用纸信息》创刊号(试刊)（内部资料）
July 1993　Household Paper Information Start It's Publication

1994年5月　'94生活用纸技术交流会在京举行
May 1994　'94 China Household Paper Technology Exchange Seminar Holding in Beijing

由中国造纸学会生活用纸专业委员会和中国造纸开发公司联合举办的'94生活用纸技术交流会1994年5月13~15日在北京举行。

本次会议有来自全国各地的116个单位的200多名代表参加。到会的海外公司共17家32人。在技术交流会上讲课和大会发言的有美国瑞安公司，美国3M公司，日本三菱油化公司/丸红公司，香港百利怡公司，意大利艾高公司，意大利莫劳尼公司的专家，有中国国家纸张质量监督检测中心，轻工业部造纸研究所，广西玉华纸业有限公司等单位的技术人员。谭祖光主任委员在开幕式上就生活用纸行业的发展趋势、成立生活用纸专业委员会的意义、生活用纸委员会的主要工作任务、专业委员会成立一年来所做的工作和下半年活动的初步安排等做了工作报告。除技术讲座外，'94生活用纸技术交流会还包括以下3项内容:

一、学会活动

1. 增补副主任委员和常务委员单位，发展会员单位。

2. 分专业组开展活动，充分发挥重点骨干企业的作用，交流经营管理和技术方面的经验。

3. 广泛听取企业代表对专业委员会工作的意见和要求

二、根据海外厂商和国内企业的要求，安排有关的合资、合作和技贸洽谈活动。

三、组织参观纺织总会主办的'94不织布工业展览会。

1994年11月　《首届中国生活用纸专业委员会会刊》出版（内部资料）
November 1994　Publish the First Annual Directory of Household Paper Industry (CHINA)

1994年11月　首届中国生活用纸专业委员会年会暨国际技术研讨会在广东新会举行
November 1994　First Annual Symposium of China National Household Paper Industry Association and International Seminar Holding in Xinhui, Guangdong

由中国造纸学会生活用纸专业委员会主办，中国造纸开发公司和广东维达纸业股份有限公司协办的“首届中国生活用纸专业委员会年会暨国际技术研讨会”于1994年11月17~21日在广东省新会市举行。参加此次会议的有来自全国各地的生活用纸生产厂、机械厂、相关化工厂、造纸公司及科研院校的163个单位261位代表，来自美国、日本、意大利、德国、瑞典、台湾、香港等地的公司77位代表。轻工总会食品造纸部、中国造纸学会、中国造纸协会、中国造纸开发公司、广东省造纸学会及广东省新会市的领导参加了开幕式。开幕式由生活用纸专业委员会执行秘书长、中国造纸开发公司技术部经理江曼霞主持。生活用纸专业委员会主任委员、中国造纸开发公司总经理谭祖光致开幕词，欢迎各界代表，并指出此次会议的目的是使国内生活用纸及相关行业的生产企业更好地了解海内外有关的新技术、新设备和发展趋势，加强企业之间的联系，促进行业协作和经贸活动，提高我国生活用纸行业的整体水平。中国造纸协会理事长陈思亮致贺词，祝贺此次大会的召开。新会市市长何羡松及广东维达纸业股份有限公司总经理李朝旺致欢迎词，热烈欢迎海内外的代表。

本次会议组织了16家海外公司进行技术讲座及交流，并进行广泛的技贸、商务洽谈活动。主要的交流内容包括：卫生纸、卫生巾、婴儿尿布的生产原料、机械，高吸水树脂，毛毯清洗剂、分散剂等相关的化学助剂，热熔胶机，废纸回收再造设备及斜网脱水机等。广东维达纸业股份有限公司、广西贵港市榴花造纸公司、山东省诸城专利造纸机械厂等单位作了技术、管理等方面经验的介绍。

在会员单位参加的学会活动中，主任委员谭祖光作了生活用纸专业委员会工作总结汇报。经过常务委员以上单位代表提议，代表讨论一致通过了专业委员会组织机构人员增补调整的建议；颁发了团体会员证书和常务委员以上人员聘书；吸收了20多家新会员单位；经过讨论初步确定1995年年会将于1995年11月上旬在北京举办。结合1995年的纸林国际展览活动，代表可参观造纸展览，增加活动内容和收获。会议期间还组织代表参观了广东维达纸业股份有限公司、广东省新会维康纸容器公司、新会涤纶厂纸管车间。

1994年12月　生活用纸委员会转为隶属中国造纸协会领导
December 1994　China National Household Paper Industry Association Change to under China Paper Industry Association

1995年6月　'95一次性卫生用品国际研讨会在京举行
June 1995　'95 Disposable Hygiene Products Seminar Holding in Beijing

为配合'95世界妇女大会在北京召开，生活用纸专业委员会于1995年6月27~29日在北京举办了'95一次性卫生用品国际研讨会，会议由舒而美集团公司和常州东风卫生制品厂协办。参加本次会议的代表约250余人。中国造纸协会理事长陈思亮，中国造纸学会理事长兼秘书长胡宗渊，中国造纸开发公司总经理谭祖光，重庆市常务副市长肖祖修，全国妇联宣传部副处长段世荃等出席了会议开幕式。轻工总会潘蓓蕾副会长因去外地出差未能出席，发表了书面讲话。开幕式上日本卫生材料连合会和生活用纸委员会秘书长分别报告了日本和中国卫生用品的市场和发展趋势。研讨会上有美国PCMC公司、日本瑞光株式会社、意大利Fameccanica公司、美国Nordson公司、瑞士Robatech公司等5家海外公司介绍了一次性卫生用品的有关设备和技术；广东维达纸业股份有限公司、常州东风卫生制品厂、丹东福美纺织品有限公司等6个国内企业介绍了自己的产品和技术；全国造纸标准化中心张少玲主任做了关于妇女卫生巾的标准和质量的报告；全国纸张质量检测中心李玉华主任公布了由国家技术监督局组织的对140多个妇女卫生巾的抽检结果。与会代表对产品质量、价格，原材料涨价和使用高吸水树脂SAP等行业热点问题进行了热烈的研讨。在舒而美集团公司、恒安集团公司、上海唯尔福集团公司、广东维达纸业股份有限公司等单位的倡导下，常务委员单位和部分骨干企业的代表还对生活用纸专业委员会转为隶属中国造纸协会领导后，其作用和职能的变化，协会如何在制定行规行约、提高产品质量、协调市场价格、保护民族工业方面发挥作用达成了初步共识。会议取得了圆满的成功。

1995年11月　'95卫生纸及制品国际研讨会在京举行
November 1995　'95 Tissue Paper and Products Seminar Holding in Beijing

'95卫生纸及制品国际研讨会于1995年11月6~7日在北京国谊宾馆举行。参加本次会议的有来自全国各地的卫生纸生产厂、相关化学助剂厂、机械厂等的代表120余人，10家海外厂商的25位代表。国内主要的卫生纸生产厂及生活用纸委员会的常委单位都参加了会议。会议由生活用纸委员会秘书长江曼霞主持，生活用纸委员会主任委员谭祖光致开幕词。

研讨会上百利怡香港有限公司、日本住友精化公司(日本田村驹株式会社)、日本川之江株式会社(日本加商株式会社)、台湾泰舜企业有限公司、美国PCMC公司、经纶全讯(香港)有限公司、美国VTP公司、英国联合胶体(亚洲)有限公司等8家公司做了有关卫生纸生产、加工机械，卫生纸生产的原料，卫生纸生产过程中的化学助剂等的介绍。报告受到与会代表的热烈欢迎，会议取得了圆满成功。

11月7日下午，组织代表参观了每两年一次的大型国际纸展“第五届制浆造纸和林产工业国际展览”。

在11月5日晚召开的预备会上，生活用纸委员会常委单位和部分骨干企业的代表聚集一堂，秘书处汇报了委员会的有关工作情况，介绍了全国卫生纸发展的宏观形势，卫生纸及制品存在的主要质量问题。广东维达纸厂作为组长厂介绍了两台高速卫生纸机的运行情况、技术改造的经验和对卫生纸组下阶段工作的设想。广东中顺纸业公司介绍了他们高效率、低成本占领南方中低档卫生纸市场的情况。其他与会代表也积极踊跃发言，畅谈对卫生纸生产、市场和发展的看法。对生活用纸委员会的工作给予肯定，并提出了改进的建议和意见。

1996年3月　生活用纸代表团赴欧洲及香港考察
March 1996　China Household Paper Delegation Visited Europe and Hong Kong for Investigation

应瑞典VALMET-KARLSTADAB公司、德国WINKLWE-DUNNEBIER公司、德国KORBER集团的生活用纸分支公司——意大利FABIO PERIN S.P.A. CASMATIC S.P.A.、百利怡香港公司等单位的邀请，中国造纸协会生活用纸代表团一行8人于1996年3月9~29日访问了瑞典、德国、意大利、香港。考察的重点是：（1）生活用纸系列产品：卫生卷纸、厨房用卷纸、工业用卷纸、餐巾纸、手帕巾纸和面巾纸等。（2）国外先进的生产工艺，包括抄纸技术、加工技术和包装技术。（3）国外市场信息和潮流。通过百利怡香港有限公司的配合安排，代表团出访期间共参观考察了23个工厂（公司），并分别与德国造纸协会、意大利造纸协会的代表会面，就各自国家制浆造纸工业的发展和相互合作问题进行了交流和探讨。由于此次出访准备工作充分，目的性、专业性、计划性强，代表团全体同志团结协作，顺利完成了考察任务，达到了预期目的。

1996年5月　出版《'96中国生活用纸指南》（内部资料）
May 1996　Publish '96 Directory of Household Paper Industry (China)

1996年5月　'96中国生活用纸专业委员会年会暨国际研讨会在福建厦门举行
May 1996　1996 Annual Symposium of China National Household Paper Industry Association and International Seminar Holding in Xiamen, Fujian

中国造纸协会生活用纸专业委员会于1996年5月21~24日在福建厦门举办了“'96中国生活用纸专业委员会暨国际研讨会”。此次会议由生活用纸专业委员会副主任委员单位福建恒安集团协办。参加此次会议的有来自全国各地生活用纸生产厂、机械厂、原辅材料厂等共计243家企业，372位代表。来自美国、日本、韩国、芬兰、奥地利、新加坡、意大利、法国、瑞士、香港、台湾等国家和地区的公司共计40家，87位代表。

会议由生活用纸专业委员会秘书长江曼霞主持。生活用纸专业委员会主任委员谭祖光致开幕词；恒安集团公司总经理许连捷致欢迎词，欢迎海内外的代表参加此次盛会；生活用纸专业委员会秘书长作了“生活用纸代表团出访欧洲、香港的考察报告”。在3天的研讨会上，有15家海外公司作了技术交流，内容丰富，涉及生活用纸的各个方面。包括卫生纸、卫生巾、婴儿尿裤的生产机械和加工机械、生产过程中的化学助剂及原辅材料等。通过这些研讨，使代表们从不同侧面了解到国外生活用纸的新技术、新设备、新材料及最新发展趋势，受到与会代表们的热烈欢迎。年会上还发行了《'96中国生活用纸指南》。

在5月20日的协会代表座谈会上，中国造纸标准化中心的张少玲主任作了关于ISO-9000质量保证体系的专题报告。张主任还在23日中午向部分代表作了有关卫生巾标准修订的说明，对代表提出的有关荧光增白剂和原辅材料标准等问题作了如下解释：（1）因目前国内对荧光增白剂尚无进行有关毒害性的量的测试，所以，标准中对此一项不做说明。（2）准备将卫生巾的原辅材料(包括绒毛浆、热熔胶、离型纸、无纺布、SAP等)的标准(企业标准或行业标准)附在卫生巾标准后，以供卫生巾生产企业参考。此次会议还对生活用纸专业委员会的组织机构进行了调整，将有一定规模、积极参加协会活动、支持协会工作的企业调整到常务委员或委员单位中，以使协会工作更富活力。

会议期间，组织代表参观了恒安集团。恒安集团公司领导以大企业宽阔的胸怀，向大家展示了有关生产车间，特别是新引进安装的卫生巾机和尿裤机，使代表收获很大。

应代表的要求，5月23日晚召开了生产企业代表座谈会。大家发言踊跃，对协会工作有很高的期望值，提出了许多建设性的意见。在如何振兴民族工业，中小企业如何联合起来参与市场竞争的讨论中，各抒己见，气氛热烈。通过讨论大家认识到：改革开放促进了生活用纸行业的迅猛发展，也使各生产企业面临机遇与挑战并存的局面。随着国际知名企业进入中国市场，市场竞争更为激烈。我们要保护和振兴民族工业，但不能退回到闭关自守的老路上去。市场不相信眼泪，国内企业特别是中小企业只有注重技术水平和质量的提高，联合起来，提高规模效益，多打出几块自己的名牌，才有希望占有更多的市场份额，在激烈的市场竞争中振兴和发展民族工业。

代表们还充分利用本次会议提供的机会，开展宣传展示和技贸洽谈活动。共使用宣传展示板40余块(幅)。不但与海外厂商的技贸洽谈日程安排得很满，国内企业间会上会下的交流也非常活跃。大家一致反映本次会议规模盛大，取得圆满成功。

1996年10月　'96一次性纸餐具研讨展示会在京举行
October 1996　'96 Disposable Paper Tableware Seminar Holding in Beijing

由中国造纸开发公司、中国造纸协会生活用纸专业委员会和中国包装技术协会纸制品包装委员会3个单位联合举办的'96一次性纸餐具研讨展示会于1996年10月30~31日在京召开。与会代表近200人。来自芬兰、美国、法国、荷兰、韩国以及香港地区的国际纸制品生产商、经销商和国内80多家一次性纸餐具生产设备、纸浆纸板及化学助剂等原辅材料的生产企业和销售公司的代表，参加了该研讨会。

会上，中国造纸协会生活用纸专业委员会江曼霞秘书长作了一次性纸餐具的市场和发展趋势的报告。全国造纸标准化中心张少玲主任对关于制定一次性纸餐具国家标准的有关情况进行了介绍。与会的国内外代表分别就一次性纸餐具的产品及其生产设备和工艺技术，纸板、化学助剂等原辅材料的应用以及一次性纸餐具的再回收等问题进行了交流探讨。

此次会议的宗旨是针对目前国内纸餐具市场盲目投产、技术尚不成熟、国内布局欠合理的情况、对广大生产和意欲投资上项目的企业进行引导，集中沟通和交流信息，促进发展。对纸板餐盒与纸浆模塑餐盒及纸杯的生产技术特点及销售情况进行技术和经济的分析，并对我国快餐业的发展进行了回顾和展望。会议正确评价当前的塑纸之争，畅谈两者利弊，谋求共同发展机遇和发展策略。与会代表普遍反映在信息交流和商务方面都有较大的收获。

1996年12月　国产护翼型卫生巾机研讨展示会
December 1996　Domestic Wing Sanitary Machine Seminar Holding in Beijing

为促进护翼卫生巾机的国产化进程，交流技术和市场信息，作为卫生巾组的专题性活动，生活用纸专业委员会于1996年12月19~21日在北京召开国产护翼型卫生巾机研讨展示会。本次会议的协办单位为邯郸金佰利舒而美集团和乐百得（中国）有限公司和丹东丰蕴机械厂。参加会议的国内企业代表217人，海外企业代表18人。会议由生活用纸委员会秘书长江曼霞主持。谭祖光主任委员致开幕词，副主任委员、卫生巾组组长邯郸金佰利-舒而美集团公司李鸿志总经理致欢迎词。秘书长做了关于“国内卫生巾生产和市场发展的近期动态”的报告。舒而美集团，唯尔福集团的技术人员介绍了引进设备的运行情况及与国产设备的比较。丹东丰蕴机械厂、乐百得（中国）有限公司、玳纳特公司、诺信（中国）有限公司的代表在大会上介绍了自己的设备。上海八德实业公司、晋江市永昌机械设备有限公司等近10家设备制造企业做了大会发言。大会分组对国产卫生巾设备存在的主要差距、需要突破的技术关键、各地护翼卫生巾的市场容量和发展预测等问题进行了研讨。会议组织代表现场参观了丹东丰蕴机械厂和常州外贸医保用品设备厂制造的卫生巾机。会议通过宣传板展示等形式，开展了洽谈订货等商贸活动。

1997年3月　生活用纸代表团赴法国、德国、奥地利参观考察
March 1997　China Household Paper Delegation Visited France, Germany and Austria

生活用纸专业委员会和中国贸促会轻工业分会联合组团一行22人参观了在法国尼斯市举办的“Tissue World '97”卫生纸专业国际展览并参观了奥地利卫生纸机制造商Voith以及德国的W+D公司(卫生巾设备及卫生纸加工设备制造商)。

1997年4月 '97中国造纸协会生活用纸年会暨国际研讨会在昆明举行
April 1997 1997 Annual Symposium of China National Household Paper Industry Association and International Seminar Holding in Kunming

生活用纸专业委员会1997年4月22~25日在昆明召开了“'97中国造纸协会生活用纸年会暨国际研讨会”。此次会议由生活用纸专业委员会副主任委员单位邯郸金佰利-舒而美集团协办。本届年会规模盛况空前。据不完全统计，参会的国内单位343家,570人；海外公司53家(来自15个国家和地区)110人。年会通过交流、研讨和宣传板展示等方式提供了广泛的信息，创造了很多合作、交流以及商贸机会，受到与会海内外来宾的交口赞誉。会议通过了机构调整名单，确定了明年换届选举及年会协办单位等事宜。会议还邀请专家对一次性使用卫生用品标准进行了宣讲。

1997年10月 生活用纸委员会主任委员扩大会在京举行
October 1997 The Chairmen of Household Paper Industry Association conference Holding in Beijing

为按照国家经贸委规定的行业基本职能把协会的工作做得更符合广大会员的要求，生活用纸专业委员会于1997年10月22日在北京华都饭店召开了主任委员扩大会，共商协会工作如何适应新形势的重大事宜。应邀参加主任委员扩大会的代表23人。上下午的会议分别由李朝旺和杨传信主持，谭祖光主任作总结发言。轻工总会纸张质量监督检验中心姬厚礼副主任和卫生部全国卫生产业企业管理协会办公室田副主任列席会议。

会议讨论研究的主要议题是:

1. 1998年年会事宜。
2. 关于协会换届选举的具体事项，主任委员和常委单位的职数和资格规定。
3. 如何制定切实可行的行规行约。
4. 关于规范协调市场，保护生产者和用户的合法权益，维护行业整体利益，避免不正当竞争问题的具体对策。
5. 关于积极参与制定、修订本行业各类标准工作和组织贯彻实施的意见。
6. 关于加强行业统计工作的具体办法。
7. 关于加强与卫生部和无纺布协会的联系及协作事宜。

此外由中国轻工总会纸张质量监督检验中心姬副主任介绍了今年三季度全国卫生巾质量统检的情况。部分代表还参观了'97国际纸林展览会。

此次会议全国生活用纸知名企业的老总们济济一堂，研讨活动紧凑热烈。在重要问题上达成了共识，秘书处将大家的意见逐项落实。主要包括:

1. 1998年年会初定于4月10日左右在杭州(绍兴)举行，协办单位唯尔福集团。
2. 在明年年会之前，在会员范围内进行主任委员和常委单位的书面差额选举工作。
3. 负责起草遵守行规行约的倡议书，并由发起单位签名。
4. 年底发表格进行行业统计工作。

1997年11月 出版《1997~1998中国生活用纸指南》
November 1997 Publish 1997~1998 Directory of Household Paper Industry (China)

1997年11月 生活用纸信息交流暨技贸洽谈会在沪召开
November 1997 Household Paper Industry Technology & Trade Seminar Holding in Shanghai

为加强国内企业间的信息交流，促进商贸活动，以《1997~1998中国生活用纸指南》和SINCE '97第七届上海国际非织造布展览会为契机，生活用纸专业委员会于1997年11月2~4日在上海召开了生活用纸信息交流暨技贸洽谈会。本次会议的协办单位为上海唯尔福集团。参加会议的国内外代表330余人。会议由生活用纸副秘书长、北京造纸十一厂厂长郝治主持。谭祖光主任委员致开幕词，上海唯尔福集团公司杨传信总裁致欢迎词。秘书处公布了1996年度生活用纸主要生产企业和知名品牌排序情况。江曼霞秘书长简要汇报了生活用纸委员会1997年的工作和1998年活动的初步安排。并就《1997~1998中国生活用纸指南》的出版做了编辑说明。

本次会议侧重国内的交流，由秘书处组织了先进企业的技术和管理经验介绍。主要有:

1. 恒安集团-科技兴企，质量创新，发挥规模聚集效益(发言人副总裁张汉来)。
2. 广东维达纸业股份有限公司-企业发展和技术、管理经验介绍(发言人副总经理董义平)。

3. 唯尔福集团-如何做好生产过程质量控制与质量体系文件化工作(发言人副总经理孙江远)。
4. 福建永昌机械设备有限公司-如何提高国产卫生巾设备的水平(发言人副总经理谢继华)。

在大会上发言的公司如下:

1. 诺信(中国)有限公司-热熔胶机。
2. 香港百利怡公司-卫生纸加工及包装设备。
3. 国民淀粉化学有限公司-热熔胶的新技术：一次性卫生产品的应用。
4. 玳纳特公司-热熔胶机。
5. 乐百得公司-热熔胶机。
6. 美国CHICOPEE公司-PE打孔膜。

日本卫生材料连合会派出以专务理事井尻时雄和专务取缔役佐藤圣雄为首的一行十多人参加了会议。专务理事井尻时雄先生在会上发表了题为“日本成人失禁用品的现状和未来”的演讲，引起与会代表的广泛兴趣。原定11月2日在大会上发表的秘书处关于行业最新进展情况专题报告(生活用纸市场孕育新潜力)因时间关系改为书面发表。

11月3日会议组织代表参加了SINCE '97第七届上海国际非织造布展览会开幕式并参观了展览。SINCE '97展览国内外厂商云集，规模盛大，令代表眼界大开。会上开展了各种商贸洽谈活动。会议还组织部分代表参观了上海唯尔福集团环氧乙烷消毒系统和位于苏州的Fiber Visions(中国)纺织品有限公司。

为方便代表交流和洽谈，本次会议特地安排了展示洽谈室，全天免费开放，受到代表的广泛欢迎。新出版的《1997~1998中国生活用纸指南》也以其实用性广受青睐。

1998年4月　第五届生活用纸年会在浙江杭州举行
April 1998　The 5th China International Household Paper Conference Holding in Hangzhou, Zhejiang

为展示国内生活用纸行业的发展，沟通国内外信息，加强企业间交流，促进行业发展，生活用纸委员会于1998年4月8~11日在浙江杭州市举办了第五届生活用纸年会暨国际研讨会。自1993年6月8日中国造纸协会生活用纸专业委员会成立以来，在协会广大成员单位的支持和积极参与下，生活用纸年会已连续举办5次，规模逐年扩大，在国内卫生纸品和用即弃产品行业颇具影响。本届年会规模宏大，主要生产厂家基本都有代表到会。会议注册的代表约680人，实际到会人数估计达1000人。参会的海外公司或其在华办事处有63家（来自14个国家和地区）。年会通过技术交流、研讨、秘书处报告、广告板展示、样机现场演示、参观工厂、贸易洽谈等方式提供了广泛的信息，创造了很多合作和商贸的机会，受到海内外来宾的交口赞誉。主任委员扩大会议通过了委员会领导机构换届名单。确定了有关协会工作计划和改进协会工作的方案。会议取得了圆满成功。

1998年4月　生活用纸代表团赴美国考察
April 1998　China Household Paper Delegation Visited U.S. for Investigation

应美国无纺布工业协会和美国PCMC公司、惠好公司、GP公司、加拿大BUCKEYE公司等单位的邀请，生活用纸委员会赴美、加参观访问团一行18人于1998年4月22日至5月4日出访美国、加拿大。考察团出访期间参观了在美国马里兰州巴尔的摩市举办的IDEA '98国际无纺布会议及博览会。访问了生产纸浆、绒毛浆及生活用纸机械的5个公司（工厂），考察了美国加拿大的生活用纸市场。美国、加拿大的有关公司对本次以谭祖光主任委员为团长的生活用纸参观访问团十分重视，所到之处受到热情友好的接待。除参观考察外，双方还就各自国家生活用纸行业的情况和加强技术、贸易方面的相互合作问题进行了广泛的交流和探讨。

IDEA是美国无纺纤维工业协会INDA（ASSOCIATION OF THE NONWOVEN FABRICS INDUSTRY）主办的三年一届的国际无纺布会议及博览会。IDEA的寓意是将概念变为现实。1998年是INDA成立30周年纪念。IDEA '98博览会有来自世界各地的300多家公司参展，堪称无纺布工业界的一大盛事。我国有中国无纺布技术协会、上海纺织研究院、北京大源无纺布有限公司、杭州新华集团等11个单位参展，与会代表五六十人。考察团在4月23日上午参观了IDEA '98，既见到了一些熟悉的公司和老朋友，又结识了一些过去了解甚少的公司和新朋友，看到了该领域最新研究开发的各种新产品的样品以及相关的原辅材料、机械设备，为今后进一步的技贸活动打下了基础。

本次出访共参观访问了5个企业:

1. 美国纸产品加工机器公司（PCMC）
2. 美国乔治亚-太平洋公司的布朗斯维克工厂（Georgia-Pacific Brunswick Operation）
3. 美国惠好公司(Weyerhaeuser Company)
4. BUCKEYE加拿大公司(BUCKEYE CANADA INC.)
5. 好声浆纸公司(Howe Sound Pulp and Paper LTD.)的Port Mellon厂

1998年8月　生活用纸委员会常委扩大会议在汕头举行
August 1998　The Members of CNHPIA conference Holding in Shantou, Guangdong

生活用纸委员会于8月26~28日在广东汕头市成功召开了1998年度常委扩大会议。本次会议由广东汕头市新业集团爱护洁护理用品厂有限公司协办。参加常委扩大会议的代表82人。在与会代表的共同努力下，会议取得了圆满成功。

8月26日的常委扩大会议上、下午分别由李鸿志副主任委员和杨传信副主任委员主持。会议应到常委31人，实际到会常委或常委委托的代表24人。广东维达纸业股份有限公司等5个单位的常委因有其他重要公务来电请假，邯郸金佰利舒而美公司和上海金佰利纸业公司的常委缺席。

根据会议日程安排，上午的会议首先由谭祖光主任委员做题为“面向市场 迎接挑战”的工作报告，然后由郝治副秘书长宣读了“生活用纸委员会工作条例”（讨论稿）和“文明竞争公约”（讨论稿）两个文件。江曼霞秘书长介绍了关于设立咨询服务站，更好地为会员单位服务的构想以及建立通讯员网络，进一步办好生活用纸刊物和指南的具体意见，同时向到会代表汇报了生活用纸委员会1998年4季度和1999年的工作计划。

下午的会议是审议谭主任的工作报告和上午宣读的两个文件，同时交流各地市场情况，讨论企业如何面对市场经济的激烈挑战。

与会代表以主人翁的态度踊跃发言，积极发表意见。通过讨论，会议一致通过了谭主任的工作报告。在讨论修改后通过了“工作条例”和“文明竞争公约”。许多代表发言认为，文明竞争公约是一种行业自律性的约定，对于规范市场行为，遏止恶性竞争，打击假冒伪劣产品，发展和保护民族工业有非常现实和积极的意义，所有会员单位都应该自觉遵守，每个企业都从自己做起，形成良性竞争的氛围，促进行业的健康发展。关于市场竞争，各个企业的领导现在都有比较深刻的认识，无论是生活用纸生产厂家还是原辅材料、设备厂商都十分关注行业的发展。市场竞争国际化的趋势使大家都有很强的赶超意识。在一次性卫生用品方面，近两年竞争的焦点从普通型卫生巾转到护翼型卫生巾，目前又转到护垫方面。不但是卫生巾产品，而且在设备制造、原辅材料方面都在不断地进行研究开发，落后就要挨打，就要被市场无情地淘汰已是不争的事实。增城雅姿卫生用品厂、北京造纸五厂等企业介绍了他们在开发新产品，扬长避短、发挥自身优势，提高质量、降低成本、努力创造自我生存和发展的条件等方面的情况。基于对生活用纸委员会的信任和期望，广州宝洁公司、珠海香凌公司、开平长利卫生纸品制造厂、北京金鱼如意公司等单位的代表对有关一次性卫生用品的卫生标准问题、准销证问题、知识产权保护问题等提出许多看法和意见，希望委员会代表企业利益与有关部门沟通。谭祖光主任在总结发言中说：紧张热烈的讨论反映了到会常委和骨干企业厂长经理对生活用纸委员会非常热爱，对秘书处工作非常支持和信任。他代表秘书处工作人员对到会代表表示衷心感谢。他说：常委扩大会日程紧凑，效率高，大家谈了很多实实在在的意见和建议。反映了当前企业在生产和经营方面的有利因素和困难问题，这些意见和反映的情况对改进协会工作，团结广大会员，发展中国生活用纸行业有非常积极的意义。秘书处将不负众望，尽全力把工作做得更好。

1999年3月　生活用纸代表团赴欧洲考察
March 1999　China Household Paper Delegation Visited Europe

每两年一届的世界生活用纸展于1999年3月23~25日在法国尼斯举行。该展览会为世界唯一的以生活用纸为主要内容的大型展览会。展出内容为与生活用纸有关的造纸机械、包装机械、印刷机械和化学原料等。与展览会同时举行的还有许多大型技术座谈会及学术会议。

为使企业及科研单位能够直观地了解到国内外最先进的技术和设备，以提高我国生活用纸的质量和档次，加强我国纸制品及造纸机械在国际市场上的竞争能力，中国造纸协会生活用纸专业委员会和贸促会轻工业分会组织生活用纸代表团前往法国尼斯参观1999年世界生活用纸展，访问意大利、瑞士等国有关的生产厂家，如百利怡公司、PCMC在欧洲的工厂等，并进行商贸考察活动。

考察团一行24人。由谭祖光理事长任团长，团员有生活用纸秘书处孙静以及贸促会轻工业分会、广东省中顺纸业集团有限公司、广西贵港市榴花造纸公司、北京市金鱼如意日用品有限公司、广西柳州造纸厂、广东中山市三角纸制品制造有限公司、广西南宁糖厂、湖北枝江市造纸厂、湖北松滋市工贸合营生活用纸厂、山东寿光市兴华造纸厂、广东东莞市华兴纸业实业有限公司、江苏常州东风卫生制品厂、山东沂春机械股份有限公司、四川宜宾市造纸化工总公司、广东东莞市佳鸣机械制造有限公司等单位的代表。

1999年5月　第六届生活用纸国际研讨会暨展示会(CIHPC '99)在西安举行
May 1999　The 6th China International Household Paper Conference/Show (CIHPC '99) Holding in Xi'an, Shaanxi

1998年生活用纸企业经受了严峻的市场考验，为展示国内生活用纸行业的发展，沟通国内外信息，加强东西部企业间的交流，促进行业发展，生活用纸委员会于1999年5月6~9日在著名古都陕西西安市举办第六届生活用纸国际研讨会暨展示会。本次会议由邯郸新欣卫生用品有限公司和西北轻工业学院协办。为适应市场经济的要求，会议除继续搞好技术交流外，还加大了展示、宣传和业务洽谈以及产品交易的力度，以满足生活用纸行业各种业务的多方面要求。

第二届生活用纸委员会领导机构及秘书处成员名单

主任委员(1人): 谭祖光 (中国造纸开发公司)

副主任委员(5人): 许连捷 (恒安集团有限公司)
李朝旺 (广东维达纸业股份有限公司)
李鸿志 (邯郸新欣卫生用品有限公司)
杨传信 (上海唯尔福集团有限公司)
邓颖忠 (广东中顺纸业集团有限公司)

秘书长: 江曼霞 (中国造纸开发公司)

副秘书长: 郝 治 (北京市造纸包装工业公司)
张玉兰 (中国造纸开发公司)

常务委员(29个单位，30人):

* 企业常务委员为法定代表人或其委托的其他负责人。法定代表人变更时，企业应报告秘书处，由秘书处下文调整确认。

中国造纸开发公司	谭祖光
	江曼霞
福建恒安集团有限公司	许连捷
广东维达纸业股份有限公司	李朝旺
上海唯尔福(集团)有限公司	杨传信
广东中顺纸业集团有限公司	邓颖忠
邯郸新欣卫生用品有限公司	李鸿志
广州宝洁纸品有限公司	高瑞欣
恒利纸品有限公司	吴加能
上海金佰利纸业有限公司	彭盛龙
沈阳东联日用品有限公司	刘明丰
潍坊恒信纸业集团总公司	杨广英
广西侨凤卫生制品有限公司	韦力清
贵阳久美企业发展公司	孔 农
杭州雅妮娜卫生用品有限公司	黄国权
西安魔妮纸品有限公司	谢延红
江苏双灯集团	李章武
宁夏美洁纸业股份有限公司	李瑾明
漯河纸业集团总公司	王长河
广西市贵港榴花造纸公司	罗联光
中山瑞德卫生纸品有限公司	王大正
东莞中南纸业有限公司	张秀红
东莞姿庭生活用品有限公司	莫俊燊
北京倍舒特妇幼用品有限公司	李秋红
珠海香凌轻纺有限公司	李 强
北京造纸五厂	景来明
杭州余宏精工机械有限公司	李世锦
东莞佳鸣机械制造有限公司	曾一鸣
维顺(中国)无纺制品有限公司	田 雨
吴江市浦江树脂厂	张福观

顾问委员: 郝芸田 陆根法 王 勃

专业组机构名单:

一、卫生纸组

组长:	广东维达纸业股份有限公司
副组长:	广东中顺纸业集团有限公司
	江苏双灯集团

二、卫生巾组

组长:	福建恒安集团有限公司
副组长:	上海唯尔福(集团)有限公司
	广州宝洁纸品有限公司

三、婴儿尿裤组

组长:	中山瑞德卫生纸品有限公司
副组长:	东莞中南纸业有限公司

四、生活用纸机械组

组长:	杭州余宏精工机械有限公司
副组长:	东莞佳鸣机械制造有限公司

五、原辅材料组

组长:	维顺(中国)无纺制品有限公司
副组长:	吴江市浦江树脂厂

秘书处成员名单

江曼霞
郝　治
杜培心
张玉兰
孙　静
刘　燕

The Second Session Board of Directors and Secretary of CNHPIA

Chairman of Association : 1 Person

Tan Zuguang China Paper Industry Development Co.

Vice Chairman of Association:5 Persons

Xu Lianjie Fujian Heng An Holding Co.Ltd

Li Chaowang Guangdong Vinda Paper Co.Ltd

Li Hongzhi Handan Xin Xin Hygiene Products Co.Ltd

Yang Chuanxin Shanghai Welfare Group

Deng Yingzhong Guangdong Zhong Shun Paper Industry Group Co.Ltd

Secretary General :

Jiang Manxia China Paper Industry Development Co.

Vice Secretary General:

Hao Zhi Beijing Paper & Package Industry Co.

Zhang Yulan China Paper Industry Development Co.

Member of the Standing Committee:29 units,30 persons

China Paper Industry Development Co.	Tan Zuguang
China Paper Industry Development Co.	Jiang Manxia
Fujian Heng An Holding Co.Ltd	Xu Lianjie
Guangdong Vinda Paper Co.Ltd	Li Chaowang
Shanghai Welfare Group	Yang Chuanxin
Guangdong Zhong Shun Paper Industry Group Co.Ltd	Deng Yingzhong
Handan Xin Xin Hygiene Products Co.Ltd	Li Hongzhi
P&G Paper (Guangzhou) Ltd	Gao Ruixin
Heng Li Paper Products Co.Ltd	Wu Jianeng
Kimberly-Clark Paper (Shanghai)	Ronbenson
Shenyang Dong Lian Daily Use Groods Co.Ltd	M.F.Liu
Weifang Heng Credit Paper Industry Group Company	Yang Guangying
Guangxi Qiao Feng Hygiene Products Co.Ltd	Wei Liqing
Guiyang Joume Enterprise Expansion Co.	Kong Nong
Hangzhou Yanina Health Products Co.Ltd	Huang Guoquan
Xi'an Mo Ni Paperware Co.Ltd	Xie Yanhong
Jiangsu Shuang Deng Group	Li Zhangwu
Ningxia Mei Jie Paper Co.Ltd	Li Jinming
Luohe Paper Group Stock Co.	Wang Changhe
Guangxi Gui Gang Liu Hua Paper Co.	Luo Lianguang
Disposable Soft Goods (Zhongshan)Ltd	T.C.Wang
Dongguan Chong Nam Paper Co.Ltd	Zhang Xiuhong
Dongguan Shietine Articles for Daily Use Co.Ltd	Mo Junshen
Beijing Best Maternity & Child Articte Co.Ltd	Li Qiuhong
Zhuhai Xiang Ling Light& Textile Industry Co.Ltd	Li Qiang
No.5 Paper Mill Beijing	Jing Laiming
Hangzhou Yu Hong Precision Machinery Co.Ltd	Li Shijin
Dongguan Jia Ming Machinery Co.Ltd	Zeng Yiming
Fibervisions (China) Textile Products Ltd	Tian Yu
Wu Jiang Pu Jiang Rosin Factory	Zhang Fuguan

Adviser:

Hao Yuntian

Lu Genfa

Wang Bo

List of Specialized Group:

Tissue Paper Group
Headman:Guangdong Vinda paper Co.Ltd
Vice Headman:Guangdong Zhong Shun Paper Industry Group Co.Ltd
Jiangsu Shuang Deng Group

Sanitary Napkin Group
Headman:Fujian Heng An Holding Co.Ltd
Vice Headman: Shanghai Welfare Group
P&G Paper (Guangzhou) Ltd

Baby Diapers Group
Headman:Disposable Soft Goods(Zhongshan) Ltd
Vice Headman:Dongguan Chong Nam Paper Co. Ltd

Machinery Group
Headman: Hangzhou Yu Hong Precision Machinery Co.Ltd
Vice Headman: Dongguan Jia Ming Machinery Co.Ltd

Raw Materials Group
Headman: Fibervision (China) Textile Products Ltd
Vice Headman:Wu Jiang Pu Jiang Rosin Factory

List of Secretariat of China National Household Paper Industry Association

Jiang Manxia
Hao Zhi
Du Peixin
Zhang Yulan
Sun Jing
Liu Yan

生活用纸专业委员会会员名单（1999年）

Namelist of Domestic and Overseas Membership of CNHPIA in 1999

格式举例:
Example:
单位（中文名） ★卫生纸及加工产品制造商
Title (in Chinese) Tissue paper and converting products manufacturers
单位英文名 ●一次性卫生用品制造商
Company Disposable hygiene products manufacturers
地址 ◆设备和原材料供应商
Address Equipment and raw materials suppliers
电话 ▲其他
Telephone Others
传真
Telefax

▲中国制浆造纸工业研究所
Pulp and Paper Industrial Research Institute of China
No.12 Guanghua Rd, Chaoyang District, Beijing, 100020
010-65060022
010-65005677

★◆北京东方贵族纸业公司
Beijing East Noble Paper Corp.
No.10 Jiu Xian Qiao Rd, Chaoyang District, Beijing, 100016
010-64375699
010-64372185

●北京康那春福利纸巾厂
Beijing Kang Na Chun Welfare Towel Factory
East of Niu Lan Shan Zhen, Shunyi Xian, Beijing, 101301
010-69412185
010-69412185

◆北京市第一轻工业研究所
Beijing No.1 Light Industry Research Institute
No.7 Ju Er Hu Tong, Dong Cheng District, Beijing, 100009
010-64041397
010-64019752

●北京倍舒特妇幼用品有限公司
Beijing Best Maternity & Child Article Co. Ltd.
Miyun Industry Development Zone, Beijing, 101500
010-69061748
010-69061747

★北京康碧成生物工程有限公司
Beijing Kangbicheng Bioengineering Co.Ltd.
No.197 Bei Tu Cheng Xi Lu, Haidian District, Beijing, 100083
010-62364759

●北京市金桥妇幼用品工程技术开发部
Beijing Jin Qiao Baby and Woman Products Technology Development Department
No.7 Bai Shu Hu Tong, Deng Shi Kou, Beijing, 100006
010-65231392

★北京市琉璃河兴河造纸厂
Beijing Liu Li He Xing He Paper Mill
Liu Li He No.2 Nan Men Wai, Fang Shan District, Beijing, 102403
010-89381498
010-89382785

★北京赛妙健康科学技术有限公司
Samuel Health Science & Technology (Beijing) Inc.
Rm 2217, 2/F Jing Min Building, No.10 Huayanli, Chaoyang District Beijing, 100029
010-62020011-2828
010-62071149

★北京加来腾保健品股份有限公司
Beijing Canaton Health Products Co.Ltd
No.88 Shu Cun Hou Ying, Hai Dian District, Beijing, 100094
010-62985654
010-62983151

◆中国国旅旅游贸易中心
China International Tourist and Trade Center
2nd Floor International Convention Centre, No.8 Bei Chen East Rd, Beijing, 100101
010-64933322
010-64933339

◆国民淀粉化学（广东）有限公司北京办事处
National Starch & Chemical (Guangdong) Ltd. Beijing Office
Rm1515-1517, Tower B, HuiBin Offices, No.8 Beichen Dong Street, Chaoyang District, Beijing, 100028
010-64993861
010-64993949

★●北京爱华妇幼卫生制品有限公司
Beijing Ai Hua Woman & Baby Hygiene Products Co.Ltd
East Xisanqi Rd, Haidian District, Beijing, 100085
010-82917373
010-82910628

★ 北京造纸七厂
Beijing No.7 Paper Mill
No.126 Bin He Rd Tongzhou District Beijing 101149
010-61563101-2251
010-61563376

★●北京安美尔工贸集团
Beijing Empire Industry Trade Group
No.326 An Mei Er Building, Zheng Chang Zhuang, West Si Huan Rd, Beijing, 100039
010-68158390
010-68155032

★北京造纸五厂
Paper Mill No.5 Beijing
West Xing Zheng Street, Huangcun Town, Da Xing County, Beijing, 102600
010-69258484
010-69258483

★北京市金鱼如意日用品有限责任公司
Beijing Gold Fish-Ruyi General Merchandise Co.Ltd
No.20 Bei-Tu-Cheng Rd West, Chaoyang District, Beijing, 100029
010-62033439
010-62033442

◆多米诺喷码技术有限公司
Domino Coding Ltd
Beijing Tianzhu Airport Industrial Zone, 12 Tianzhu West St., Beijing, 101312
010-64576618
010-64576619

◆北京化学工业集团有限责任公司东方化工厂
Beijing Eastern Chemical Works 101149
No.143 Binhe Rd Tong County,Beijing
010-69544901-6766
010-69547272

●天津百惠纸品有限公司
Tianjin Bai Hui Paper Products Co.Ltd
Yan Ji Rd, Bei Chen District, Tianjin, 300400
022-26391523
022-26393616

◆天津市启迪商贸有限公司
Tianjin Qi Di Trade Co.Ltd
1st Door, Room 101, Fuze No.19 Building, Da Zhi Gu Rd, 6th Wei Rd, He Dong District, Tianjin, 300170
022-24132185
022-24132185

◆天津市造纸技术研究所
Tianjin Papermaking Research Institute of Light Industry
No.4 Tian Wei Rd, Dong Jian Dao, He Bei District, Tianjin, 300141
022-26353617
022-26355102

▲天津轻工业学院
Tianjin Institute of Light Industry
No.1038 South Da Gu Rd, Tianjin, 300222
022-28340965
022-28341536

●天津百利纸品有限公司
Tianjin Bai Li Paper Products Co.Ltd
No.2 Rd Xin Gang, Tang Gu District, Tianjin, 300456
022-25709764
022-25709764

★天津市宏业纸制品加工厂
Tianjin Hong Ye Paper Products Factory
No.178 Jin Tang Rd, Tianjin, 300300
022-24390555
022-24391040

●天津市依依卫生用品厂
Tianjin Yi Yi Hygiene Products Factory
Zhang Jia Wo Zhen Jing Fu Rd, Xi Qing District, Tianjin, 300380
022-23792304
022-23792304

◆天津市造纸机械厂
Tianjin Paper Machinery Plant
Chong Guang Rd, Ge Xin Rd, Wang Chuan Chang, He Bei District, Tianjin, 300250
022-26320771
022-26320671

★唐山市第四造纸厂
Tangshan No.4 Paper Mill
Hangu Farm, Lutai, Tianjin, 301501
022-25503240

★天津麦吉克纸业有限公司
Tianjin Magic Paper Trade Co.Ltd
No.10 Ningbo Dao, Hexi District, Tianjin, 300202
022-23264128
022-23264128

●邯郸金佰利舒而美卫生用品（集团）有限公司
Kimberly-Clark C.B.G(HanDan) Hygienic Products Co.Ltd
Feng Shou Rd, Handan, Hebei, 056004
0310-7020908
0310-7029055

◆●河北省安国市造纸厂
Hebei An Guo Paper Mill
Hebei Rd, Anguo, Hebei, 071200
0312-3552231

★●邯郸新欣卫生用品有限公司
Handan Xin Xin Hygienic Products Co.Ltd
Feng Shou Rd, Handan, Hebei, 056004
0310-7022258
0310-7028811

★◆保定市晨光实业发展总公司
保定市晨光纸业有限公司
Baoding Chen Guang Industry Development General Co.
Baoding Chen Guang Paper Co. Ltd
Xin Bao Man Lu Dong Duan, Baoding, Hebei, 071051
0312-3171036
0312-3277554

★●忻州市第二造纸厂
Xin Zhou No.2 Paper Mill
No.10 Yun Zhong East Rd, Xinzhou, Shanxi, 034000
0350-2023710

★●山西洪洞县造纸厂
Shanxi Hongdong Paper Mill
No.1 Nan Ban Street, Hongdong Xian, Shanxi, 031600
0357-6222412
0357-6222412

★山西八同纸业有限公司
Shanxi Ba Tong Paper Co.Ltd
No.17 Xiaojingyu Street, Taiyuan, Shanxi, 030024
0351-6048294
0351-6174134

★太原五羊生活用纸厂
Taiyuan Wuyang Household Paper Mill
Da Ma Industry Zone, Xiao Dian District, Taiyuan, Shanxi, 030002
0351-7022443

★通辽市第二造纸厂
Tongliao No.2 Paper Mill
No.194 Zhong Xin Street, Tongliao, Inner Mongolia, 028007
0475-8233894

●内蒙古昭君集团有限公司
Inner Mongolian Zhao Jun Group Co.Ltd
Zhao Jun Group Industry Zone, Jinchuan Development Zone, Huhehaote, Inner Mongolian Autonomous District, 010080
0471-3901136
0471-3901137

★●抚顺市造纸有限公司
Fushun Paper Ltd
No.2 Liang Zhan Rd, Xin Fu District, Fushun, Liaoning, 113008
0413-2622487
0413-2614644

◆抚顺圣洁工贸有限公司
Fushun Sheng Jie Industry & Trade Co.Ltd
100 Gao Shan Rd, Xin Fu Qu, Fushun, Liaoning, 113006
0413-7587437
0413-7678496

★沈阳市为民造纸厂
Shenyang Wei Min Paper Mill
No.15 Zhong Shan Rd Ping Mu Gong Dong Xiang, Shen He District, Shenyang, Liaoning , 110013
024-22848503

◆丹东市造纸机械厂
Dandong Paper Machinery Plant
No.429 Lang Tong Street, Dandong, Liaoning, 118009
0415-6155324
0415-6155448

★锦州市海林造纸厂
Jin Zhou Hai Lin Paper Mill
No.120 He Le Li, Tai He District, Jinzhou Liaoning, 121004
0416-5179152

★辽宁省清原满族自治县造纸二厂
Liaoning Qing Yuan Man Zu Zi Zhi Xian No.2 Paper Mill
Tian Qiao Street, Qingyuan Xian, Liaoning, 113300
0413-3022569

▲大连绿山包装有限公司
Dalian Lu Shan Packing Co.Ltd
15/F,No.61 Ren Min Rd, Dalian, Liaoning, 116021
0411-3626424
0411-3621620

●沈阳东联日用品有限公司
Shenyang Dong Lian Daily Use Goods Co.Ltd
Qingshanhu Rd, Economic And Technological Development Zone, Shenyang, Liaoning, 110141
024-25814302
024-25819114

★朝阳市恒升纸业有限公司
Chaoyang Heng Sheng Paper Co.Ltd
No.33 Shuang Ta Street, Chaoyang, Liaoning, 122000
0421-2809356
0421-2809359

★辽阳市太子河区望水台乡纸制品总厂盛华纸制品厂
Liaoyang Shi Taizihe District Wangshuitai Xiang Paper Products
General Mill
Shenghua Branch Mill
Taizihe District, Liaoyang, Liaoning, 111004
0419-3306115

★锦州双德女儿河纸业有限责任公司
Jinzhou Shuang De Nuerhe Paper Industry Co.Ltd
No.69 Tang He Zi Xin Xing Li, Tai He District, Jinzhou, Liaoning, 121005
0416-5139229
0416-5139229

★吉林省石岘造纸厂
Jilin Shi Xian Paper Mill
Shi Xian, Tu Men, Jilin, 133101
0433-3868516
0433-3868254

●吉林省长春市卫生纸巾厂
Jilin Changchun Sanitary Factory
No.32 Xiang Yang Street, Nan Guan District, Changchun, Jilin, 130042
0431-8973537

★吉林省东丰县制浆造纸厂
Jilin Dong Feng Xian Pulp & Paper Mill
No.40 Nan Zhan Rd, Dong Feng Xian, Jilin, 136300
0437-6223623

●吉林省康兰保健品开发有限公司
Jilin Kang Lan Health Products Development Co.Ltd
No.24 An Da Street, Chaoyang District, Changchun, Jilin, 130061
0431-8521696

◆长春市大地精细化工厂
Changchun Da Di Fine Chemical Factory
No.159 Ren Min Street, Changchun, Jilin, 130022
0431-5682536
0431-5689440

◆黑龙江省造纸公司
Heilongjiang Provincial Paper Making General Corp.
No.3 Hua Yuan Street, Nan Gang District, Harbin, Heilongjiang, 150001
0451-2522368
0451-2522367

★齐齐哈尔市光大纸品有限责任公司
Qiqihar Guang Da Paper Co.Ltd
No.35 Shuang Hua Rd, Qiqihar, Heilongjiang, 161006
0452-2553901

◆黑龙江省北安市旭光化工总厂
Heilongjiang Bei An Xu Guang Chemical Industry Factory
No.100 Jian Hua Rd, Zheng Fa Street, Beian, Heilongjiang, 164000
0456-6662737

★▲哈尔滨晶琦纸业有限公司
Harbin Jing Qi Paper Co.Ltd
No.209 Xue Fu Rd, Harbin, Heilongjiang, 150080
0451-6680141
0451-2640251

★●▲大庆市欧迪特纸器有限公司
Da Qing Oriental Union Int'l Paper Vessel Co.Ltd
No.8 Jiefang Street, Hong Gang District, Daqing, Heilongjiang, 163459
0459-6099139
0459-6099139

●大庆市庆馨卫生保健用品有限公司
Daqing Qing Xin Hygiene Products Co.Ltd
16 North Zhongxing Street, Sa Er Tu Qu, Daqing, Heilongjiang, 163312
0459-4680322
0459-4680311

★●上海唯尔福（集团）有限公司
Shanghai Welfare (Group) Co.Ltd
No.351 Tian Shan Rd, Shanghai, 200335
021-62592082
021-62748234

◆联宾塑胶工业有限公司（上海）
Shanghai Lian Bin Plastics Industry Co.Ltd
No.1739 Wu Zhong Rd, Shanghai, 201103
021-64061772
021-64061776

★上海造纸公司
Shanghai Paper Corporation
No.881 Wu Ding Rd, Shanghai, 200040
021-62561516
021-62568231

◆上海易迈纤维有限公司
Shanghai Filotec Fiber Co.Ltd
1488 Cang Yuan Rd, Min Hang District, Shanghai, 200240
021-64350220
021-64350830

★上海金佰利纸业有限公司
Kimberly-Clark Paper (Shanghai)
14/F New Caohejing Tower, No.509 Cao Bao Rd, Shanghai, 200233
021-64956878
021-64951866

★上海大昭和国际纸业有限公司
Shanghai Dai Showa International
Xing Huo Development Zone, Feng Xian County, Shanghai, 201419
021-57502726
021-57502726

◆上海联胜化工有限公司
Shanghai Liansheng Chemical Co.Ltd
No.5569 Shang Chuan Rd, Pudong Gu Lu, Shanghai, 201209
021-58633248
021-58631479

★●◆上海日立行卫生用品有限公司
Shanghai Ri Li Hang Sanitary Necessities Co.Ltd
No.47 Weifang Rd, Financial Trading Area, Lujiazui, Pudong, Shanghai, 200122
021-58202125
021-58202126

●上海坤龙卫生用品有限公司
Shanghai Kun Long Hygiene Products Co.Ltd
Jia Ding Xi Men Wai Qing Feng Qiao Nan Tu, Shanghai, 201800
021-64715406
021-64715054

◆上海橡胶制品研究所特种胶带厂
Shanghai Institute of Rubber Product-Special Tape Factory
No.381 Pan Yu Rd, Shanghai, 200052
021-62811028
021-62816790

◆上海马可胶粘制品有限公司
Shanghai Marco Adhesive Products Co.Ltd
No.703-409 Post Box Shanghai, 201703
021-59754641
021-59754117

★上海市新民造纸厂
Shanghai Xin Min Paper Mill
Xin Min Zhen Jin Yi Cun, Chong Ming Xian, Shanghai, 202156
021-59371600
021-59371680

◆上海新达化工厂
Shanghai Xin Da Chemical Factory
No.888 Zhou Chuan Rd, Pudong Xin Qu, Shanghai, 201205
021-58942136
021-58942136

★上海东宝永联纸业有限公司
Shanghai Dong Bao Yong Lian Paper Industry Co.Ltd
No.397 Xing Nan Hua Yuan, Yi Yuan D-6/F, Zhao Jia Bang Rd, Shanghai, 200032
021-64167147
021-64162551

◆上海美坚无纺布有限公司
Shanghai Meijian Nonwoven Co.Ltd
Lian Xi Rd, Xichen Town, Qing Pu Xian, Shanghai, 201721
021-59291352
021-59293556

◆I.T.W玳纳特公司上海代表处
I.T.W Shanghai Office
Room 120, No.20 470 Nong, Xian Xia Rd, Shanghai, 200335
021-62754861
021-62754861

◆上海惠龙特种胶粘材料有限公司
Shanghai Wellong Special Adhesive Materials Co.Ltd
3/F, 457, Jiangxi Rd, Shanghai, 200002
021-63237533
021-63299099

★上海斯米克华洁纸业有限公司
Shanghai CIMIC Fort James Tissue Co.Ltd
Gu Lu Industrial Zone, Gu Lu Town, Pudong New Area, Shanghai, 201209
021-58636606
021-58639315

★●上海月月舒妇女用品有限公司
Shanghai Yue Yue Shu Woman Products Co.Ltd
No.38 She Bei Rd, She Shan Bei Bu Industry Zone, Song Jiang Xian, Shanghai, 201602
021-57654190
021-57651606

◆上海天鹅无纺织物有限公司
Shanghai Swan Nonwoven Fabrics Co.Ltd
No.2189 Yang Gao Rd, Pudong, Shanghai, 201208
021-58652645
021-58652644

◆上海正扬实业有限公司
Shanghai Zheng Yang Industry Co.Ltd
Room 2302, No.181 Nong No.2 Office Bld., Wenshui Dong Rd, Hongkou District,Shanghai, 200437
021-65168703
021-65168703

★上海白猫有限公司
Shanghai Whitecat Co.Ltd
No.1800 Long Wu Rd, Shanghai, 200231
021-64700249-384
021-64756025

◆上海紫泉包装有限公司
Shanghai Zi Quan Packing Co.Ltd
No.1055 Qixin, Rd Shanghai, 201100
021-64922442
021-64924373

●上海好贴卫生用品有限公司
Shanghai Haotie Health Products Co.Ltd
No.830 Pusan Rd, Pudong, Shanghai, 200127
021-58810056
021-58811071

◆上海锦达纸品机械制造有限公司
Shanghai Jinda Paper Products Machang-Making Co.Ltd
No.5 Bld, Fu Kang Rd, Yuan Shun Rd, Jiang Hai Economic Zone, Fengpu, Shanghai, 201400
021-57101788
021-57101778

◆上海日昕工贸有限公司
Shanghai Ri Xin Industry and Trade Co.Ltd
Room 501, International Light Industry Bld., 198 Si Ping Rd, Shanghai, 200080
021-65078343
021-65078347

◆3M中国有限公司
3M China Co.Ltd
17 Floor, 300 Tian Cun Rd, Shanghai, 200233
021-64855220-626
021-64853969

●上海添儿福保健用品有限公司
Shanghai Tian Er Fu Health Articles Co., Ltd.
No.353 Ao Dai Li Rd, Jinqiao, Shanghai, 201206
021-58541714
021-58546010

◆徐州工业用呢厂
Xuzhou Industry Fabrics Factory
No.4 Hu Bei Rd, Xuzhou, Jiangsu, 221006
0516-5793934
0561-5796891

◆姐妹卫生制品（苏州）有限公司
Jeje Hygienic Products (Suzhou) Co.Ltd
6 Baihe Street, Suzhou, Jiangsu
0512-7412550
0512-7418535

★南京秦淮纸业有限公司
Nanjing Qin Hui Paper Co.Ltd
Zhe Tang Zhen, Lishui Xian, Nanjing, Jiangsu, 211215
025-7240045
025-7240045

★●江苏双灯集团
Jiangsu Shuangdeng Group
No.1 Zhong Shi South Rd, Bin Hai, Jiangsu, 224524
0515-4221162
0515-4541258

★镇江金河纸业有限公司
Zhenjiang Golden River Pulp and Paper Co.Ltd
Zhenjiang, Jiangsu, 212006
0511-3361361
0511-3361362

★江阴启祥纸业有限公司
Jiangyin Dransfield Paper Co Ltd
Huaxi Cun, Jiangyin, Jiangsu, 214421
0510-6216598
0510-6201351

▲苏州紫兴纸业有限公司
Suzhou Papyrus Paper Industry Co.Ltd
No.159 Bin He Rd, Suzhou New Zone, Jiangsu, 215011
0512-8251060
0512-8251711

◆●常州市东风卫生机械设备制造厂
Changzhou Dong Feng Sanitary Machinery Factory
No.190 Wu Qing Rd, Changzhou, Jiangsu, 213003
0519-8112181
0519-8112181

◆常州新区新桥卫生机械厂
Changzhou Xin Qu Xin Qiao Sanitary Machinery Factory
Xin Qiao Zhen, Xin Qu Changzhou, Jiangsu, 213121
0519-5910508

◆●南京舒雅乐纸制品有限公司
Nanjing Shu Ya Le Paper Products Co.Ltd
Tao Wu Zhen, Zhong Hua Men Wai, Nanjing, Jiangsu, 211151
025-2736846
025-2736418

●常州宁花卫生用品公司
Changzhou Ning Hua Hygiene Products Corp.
Li Jia Zhen, Wujin City, Jiangsu, 213176
0519-6231233
0519-6232149

◆张家港市沪港机电设备厂
Zhang Jia Gang Hu Gang Machinery Factory
San Xing Zhen, Zhangjiagang, Jiangsu, 215624
0520-8570629
0520-8570561

◆连云港市机电设备总厂
Lian Yungang Machinery Factory
No.55 South Kangtai Road, Xinpu, Lianyungang, Jiangsu, 222004
0518-5413716
0518-5413716

★●金湖造纸厂
Jin Hu Paper Mill
No.120 Jian She Rd, Jinhu Xian, Jiangsu, 211600
0517-6882961
0517-6882875

★●昆山锦泉卫生用品有限公司
Kun Shan Jin Quan Sanitary Goods Co.Ltd
Xin Zhen, Kunshan, Jiangsu, 215337
0520-7661269
0520-7661264

★扬州造纸厂
Yangzhou Paper Mill
Dong Jiao, Wan Tou Zhen, Yangzhou, Jiangsu, 225001
0514-7293976

●江苏省扬中市江洲卫生用品厂
Jiangsu Yang Zhong Jiang Zhou Hygiene Products Factory
No.133 Yangzi East Street, Yangzhong, Jiangsu, 212200
0511-8324279

◆常州胜新卫生设备有限公司
Changzhou Sheng Xin Sanitary Equipment Enterprise Co.Ltd
Xin Qiao Zhen, Xin Qu Changzhou, Jiangsu, 213032
0519-5910035
0519-5910035

★张家港市富乐纸制品厂
Zhang Jia Gang Fu Le Paper Products Factory
Chang Qing Rd, Zhao Feng Zhen, Zhangjiagang, Jiangsu, 215622
0520-8652539
0520-8650989

●泰州远东纸业有限公司
Taizhou Far East Paper Industry Co.Ltd
Dai Yao Industry Zone, Xinghua, Jiangsu, 225741
0523-3841888
0523-3841094

◆江苏省海门市造纸毛毯厂
Jiangsu Hai Men Papermaking Felt Factory
San Tiao Qiao, Haimen, Jiangsu, 226132
0513-2662800
0523-2662688

◆宜兴市分水第三助剂厂
Yixing Fen Shui No.3 Chemical Factory
Henan Cun, Fen Shui Zhen, Yixing, Jiangsu, 214262
0510-7551970
0510-7551869

◆维顺（中国）无纺制品有限公司
Fibervisions (China) Textile Products Ltd
No.29 Hengshan Rd, Xinqu Suzhou, Jiangsu, 215011
0512-8231099
0512-8230021

◆江苏省金湖县宏大轻工机械厂
Jiangsu Jin Hu Xian Hong Da Light Industry Machinery Factory
No.288 Yuan Lin Rd, Jinhu Xian, Jiangsu, 211600
0517-6889234
0517-6883014

◆常州市外贸医保用品设备厂
Changzhou Wai Mao Yi Bao Products Machinery Factory
No.27 Bei Huan Rd, Changzhou, Jiangsu, 213017
0519-5311785
0519-8101843

◆武进市唯爽卫生用品有限公司
Wu Jin Wei Shuang Hygiene Products Co.Ltd
Nan Jie, Ban Shang Zhen, Nan Jiao, Changzhou, Jiangsu, 213165
0519-6731337
0519-6731529

◆南通嘉宏塑胶有限公司
Nan Tong Jia Hong Plastic Co.Ltd
No.8 Zhen Xing Rd, Nantong Development Zone, Jiangsu, 226009
0513-3596307
0513-3596756

◆南京江宁县雨花纸业公司
Nanjing Jiangning Yu Hua Paper Industry Corp.
No.14 Xin Bei Rd, Jiangning, Jiangsu, 211100
025-2281181
025-2281181

◆常州经济技术开发区余丰贸易公司
Yuhong (Chang Zhou) Trading Co.
Room 802, Unit Bing, No.1 Bld., He Hua Chi Gong Yu, Changzhou, Jiangsu, 213003
0519-6635723
0519-5319608

◆南京金利源纸品厂
Nanjing Jin Li Yuan Paper Products Mill
No.6 Youfang Qiao, Ningwu Rd, Zhong Hua Men Wai, Nanjing, Jiangsu, 210041
025-2406515
025-2406515

★苏州荣成纸业有限公司
Suzhou Long Chen Paper Co.Ltd
No.15 Lion Hill District, the New District of Suzhou, Jiangsu, 215011
0512-8258526
0512-8259395

●好孩子百瑞康卫生用品有限公司
Good Baby Paragon Hygienic Products Co.Ltd
Fumin Rd, Kunshan Economic Technology Development Zone, Jiangsu, 215331
0520-7671798
0520-7671558

◆吴江市浦江树脂厂
Wu Jiang Pu Jiang Rosin Factory
Beishe Zhen, Wujiang, Jiangsu, 215214
0512-3242912
0512-3241577

◆武进市无纺机械设备厂
Wu Jin Nonwoven Machinery Factory
Mahang Zhen, Dong Men Wai, Changzhou, Jiangsu, 213000
0519-8815354
0519-6689474

★◆●杭州市余杭造纸厂
Hangzhou Yu Hang Paper Mill
Bao Ta Industry Zone, Yu Hang Zhen, Hangzhou, Zhejiang, 311121
0571-8662603
0571-8662517

◆杭州木材总厂浆粕分厂
Hangzhou Wood General Mill (Pulp Branch)
No.190 Qiu Tao Rd, Hangzhou, Zhejiang, 310008
0571-6061677
0571-6051806

●浙江采风卫生用品有限公司
Zhejiang Cai Feng Hygiene Products Co.Ltd
Bao Ta Industry Zone, Yu Hang Zhen, Hangzhou, Zhejiang, 311121
0571-8663674
0571-8662443

◆杭州市化工研究所造纸化学品技术开发中心
Hangzhou Research Institute of Chemical Technology
No.7 Shi Hui Ba, Hu Shu Zone, Hangzhou, Zhejiang, 310014
0571-8314811
0571-8314435

◆余杭华茂复合材料厂
Yu Hang Hua Mao Composite Material Factory
Huang Shan Guan, Yu Hang Zhen, Xi Jiao, Hangzhou, Zhejiang, 311121
0571-8663223
0571-8662526

★温州蜡纸厂
Wenzhou Waxed Paper Mill
No.205 West Xi Shan Rd, Wenzhou, Zhejiang, 325006
0577-8412961
0577-8413280

★诸暨造纸厂
Zhu Ji Paper Mill
No.93 South Huan Dong Rd, Zhuji, Zhejiang, 311800
0575-7222783
0575-7221178

★浙江临安富临造纸厂
Zhejiang Linan Fu Lin Paper Mill
San Yan Qiao, Jin Cheng Zhen, Lin'an, Zhejiang, 311300
0571-3726419

◆●浙江平湖市南国实业有限公司
Zhejiang Pinghu Nan Guo Industry Co.Ltd
Liu Dian Industry Development Zone, Pinghu, Zhejiang, 314200
0573-5112385
0573-5112385

◆杭州城西胶业有限公司
Hangzhou West Rubber Industry Co.Ltd
Long Wu Industry Zone, Xi Hu Qu, Hangzhou, Zhejiang, 310024
0571-7421225
0571-7421225

◆●瑞安市瑞乐卫生巾设备厂
Ruian Rui Le Sanitary Machinery Factory
Jin Qian Cun, Ting Tian Zhen, Ruian, Zhejiang, 325206
0577-5521649
0577-5521649

◆浙江西湖化学品有限公司
Zhejiang West Lake Chemical Co.Ltd
San Dun Dang Heng Tou, Xihu District, Hangzhou, Zhejiang, 310030
0571-8951089
0571-8957989

◆杭州余宏精工机械有限公司
Hangzhou Yuhong Precision Machinery Co.Ltd
Pingyao, Hangzhou, Zhejiang, 311115
0571-8541156
0571-8543365

★浙江双星纸业总公司
Zhejiang Double Star Papermaking Co.Ltd
Huang Tan Kou, Quzhou, Zhejiang, 324005
0570-3064981
0570-3062883

★嘉善永泉纸业有限公司
Jiashan Yongquan Paper Co.Ltd
Feng Tong Nan Shu Wei Tang Zhen, Jiashan, Zhejiang, 314100
0573-4161843
0573-4161522

◆温州市瓯海轻工机械六厂
Wenzhou Ou Hai No. 6 Light Industry Machinery Factory
Gao Xiang Industry Zone, Xin Qiao Zhen, Wenzhou, Zhejiang, 325006
0577-8411571
0577-8411571

★●台州帝邦洁品有限公司
Taizhou Di Bang Sanitary Products Co.Ltd
Huang Yan, Nan Cheng Economic Development Zone, Taizhou, Zhejiang, 318020
0576-4181001
0576-4181003

●杭州泰克森卫生制品有限公司
Hangzhou Texson Sanitary Products Co.Ltd
No.1091 Moganshan Rd, Hangzhou, Zhejiang, 310011
0571-8097498
0571-8096200

★◆富阳雪达造纸厂
Fu Yang Xue Da Paper Mill
Da Yuan Zhen, East Ting Shan Rd, Fuyang, Zhejiang, 311413
0571-3591888
0571-3592777

◆浙江精细化工发展公司
Zhejiang Fine Chemical Development Corporation
Quzhou Economic Development Zone, Zhejiang, 324002
0570-3082843
0570-3082846

●杭州雅妮娜卫生用品有限公司
Hangzhou Yanina Health Product Co.Ltd
Xiaoshan, Hangzhou, Zhejiang, 311262
0571-2411492
0571-2411491

◆宁波市北郊机械变速器厂
Ningbo Beijiao Machinery Variator Manufacturer
Shuang Qiao, Zhuangshi, Ningbo, Zhejiang, 315201
0574-7604606

◆浙江三门县春光同步带厂
Zhejiang San Men Xian Chun Guang Timing Belt Manufacturer
Gao Jian, Sanmen Xian, Zhejiang, 317102
0576-3117071
0576-3117071

◆宁波市奇兴无纺布有限公司
Ningbo Qixing Nonwoven Co.Ltd
Zhangqi Town, Industry Zone, Cixi, Zhejiang, 315313
0574-3742609
0574-3742606

●浙江豪乐保健针织有限公司
Zhejiang Holiday Health-Caretextile Co.Ltd
16/F, Zhejiang Commerce Inspection Bld., 2 Wensan Rd, Hangzhou, Zhejiang, 310012
0571-8383460
0571-8382849

◆●杭州希安达抗菌用品有限公司
Hangzhou Xianda Antibiotic Products Co.Ltd
No.62-1 North Qiu Tao Rd, Hangzhou, Zhejiang, 310016
0571-6039549
0571-6039549

◆安徽省造纸印刷联合公司
Anhui Provincial Papermaking & Printing Industry Corp.
No.90 Shou Chun Rd, Hefei, Anhui, 230001
0551-2674847
0551-2653068

◆安庆市恒昌机器有限责任公司
Anqing Heng Chang Machinery Co.Ltd
Du Jiang Rd, Anqing, Anhui, 246003
0556-5510793
0556-5522593

★●安庆市高河造纸厂
Anqing Gao He Paper Mill
Gao He Zhen, Bei Jiao, Anqing, Anhui, 246121
0556-4856019
0556-4857888

★安徽省铜陵市恒业造纸有限责任公司
Anhui Tongling Heng Ye Paper Co. Ltd
Tong Gang Rd, Tongling, Anhui, 244011
0562-3811569

●★◆福建恒安集团有限公司
Fujian Hengan Holding Co. Ltd
Heng-an Industrial City, Anhai Town, Jinjiang, Fujian, 362261
0595-5708888
0595-5708666

●◆恒利纸品有限公司
Heng Li Paper Produce Co. Ltd
Sheng New Industrial Area, Nan-an, Fujian, 362300
0595-6251768
0595-6252099

◆福建省轻工业机械厂
Fujian Light Industry Machineries Factory
No.6 Huang Lin Rd, Nanping, Fujian, 353000
0599-8806112
0595-8806416

●★福建莆田佳通纸制品有限公司
GT Paper Co.Ltd Putian Fujian
Hai Xing Street, Jiang Kou Zhen, Putian, Fujian, 351115
0594-3697690
0594-3697692

●★泉州市鲤城双峰妇女卫生用品厂
Quan Zhou Li Cheng Shuang Feng Woman Hygiene Products Factory
No.88 Shuang He Cun, Xi Ling, Luo Xi Zhen, Li Cheng, Quanzhou, Fujian, 362015
0595-2058168
0595-2058588

◆泉州市东湖轻工机械厂
Quanzhou Dong Hu Light Industry Machinery Factory
134 Ren Feng He An, Quanzhou, Fujian, 362000
0595-2784179
0595-2767311

◆福建诚信妇幼用品机械有限公司
Fujian Cheng Xin Woman & Baby Products Machinery Co. Ltd
Bi Hu Industry Zone, Sanming, Fujian, 365000
0598-8259557
0598-8264115

◆泉州培新机械制造实业有限公司
Quanzhou Pei Xin Machinery Making Industrial Co.Ltd
Fu Qiao Hou Keng Industry Zone, Quanzhou, Fujian, 362000
0595-2456588
0595-2456781

●南平延江工贸有限公司（南平延江卫生巾厂）
Nanping Yanjiang Industry & Trade Co.Ltd
B2 B Bld, Si He Building, Nanping, Fujian, 353000
0599-8631594

◆泉州市新达机械制造有限公司
Quanzhou Xin Da Machine Manufacture Co.Ltd
Wu Rong Industry Zone, Feng Zhou Zhen, Nan-an, Fujian, 362333
0595-6782978
0595-6782978

●▲聚龙（泉州）轻工有限公司
Julong (Quanzhou) Light Industry Co.Ltd
Qingmeng Industry Zone, Quanzhou, Fujian, 362005
0595-2486789
0595-2182985

★●漳浦县光阳纸业有限公司
Guang Yang (Zhangpu) Paper Industry Co.Ltd
Hou Luo Industry Zone, Cheng Guan, Dongmendou, Zhangpu Xian, Fujian, 363200
0596-3107129
0596-3109206

◆建亚保达（厦门）卫生器材有限公司
Ko Asia(Xiamen)Sanitary Material Co.Ltd
24C Ming Zhu Ge, Xiang Jiang Park, Xiamen, Fujian, 361000
0592-5131607
0592-5133952

★●江西赣州金凤股份有限公司
Jiangxi Ganzhou Golden Phoenix Co.Ltd
No.32 Shui Dong Gang Shang, Ganzhou, Jiangxi, 341000
0797-8223638
0797-8229918

★江西南昌市造纸厂
Jiangxi Nanchang Paper Mill
No.205 Qian Jin Rd, Nanchang, Jiangxi, 330002
0791-6405159

★江西樟树市临江造纸厂
Jiangxi Zhang Shu Lin Jiang Paper Mill
Lin Jiang Zhen, Zhangshu, Jiangxi, 331211
0795-7811007

★江西兴达纸业有限公司
Jiangxi Xing Da Paper Co.Ltd
Peng Qiao Industry Zone, East Beijing Rd, Nanchang, Jiangxi, 330029
0791-8325654
0791-8501065

●萍乡市爱蝶卫生用品厂
Pingxiang Shi Ai Die Hygienic Products Factory
No.6 Dingjiachong, Bayi Street, Pingxiang, Jiangxi, 337000
0799-6811556

★●潍坊恒信纸业集团总公司
Weifang Heng Credit Paper Industry (Group)Co.
No.30 Min Sheng East Street, Weifang, Shandong, 261041
0536-8233981
0536-8237466

★泰安市造纸厂
Taian Paper Mill
No.1 North Zao Zhi Chang Rd, Taian, Shandong, 271000
0538-8333913
0538-8228186

●★济南鲁澳纸业有限公司
Jinan Lu Ao Paper Products Co.Ltd
No.37 Ji Wei Rd, Jinan, Shandong, 250022
0531-7964438
0531-7964437

●威海信威卫生材料制品有限公司
Weihai Xin Wei Hygienic Material Products Co.Ltd
East Yantai Rd, Weihai Shandong, 264209
0631-5622185
0631-5622460

◆山东沂春机械有限公司
Shandong Yi Chun Machinery Co.Ltd
Sheng Li Street, Fei Xian, Shandong, 273400
0539-5221136
0539-5221036

◆山东诸城市造纸机械厂
Shandong Zhu Cheng Paper Machinery Factory
No.26 Mi Zhou Rd, Zhucheng, Shandong, 262200
0536-6213740
0536-6213221

★山东省东平县造纸总厂
Shandong Dong Ping Paper Mill
No.018 Xi Shan Rd, Dongping, Shandong, 271500
0538-2821432
0538-2828877

◆山东造纸机械厂
Shandong Paper Machinery Plant
No.65 He Hua Rd, Jinan, Shandong, 250100
0531-8963149
0531-8963129

▲山东省医疗器械研究所
Shandong Medical Instrument Institute
No.32 Qi Li He Rd, Jinan, Shandong, 250100
0531-8910924
0531-8937545

★莱州通亚纸业有限公司
Lai Zhou Tong Ya Paper Industry Co.Ltd
Hai Miao, Laizhou, Shandong, 261400
0535-2480447
0535-2480640

★●青岛卫生纸二厂
Qingdao No.2 Tissue Mill
Xi Fu Zhen, Cheng Yang District, Qingdao, Shandong, 266106
0532-7881026
0532-7881026

★日照造纸厂
Rizhao Paper Mill
Da Po, Dong Gang District, Rizhao, Shandong, 276813
0633-8691088
0633-8691168

★●漯河纸业集团股份有限公司
Luo He Paper Group Stock Co.Ltd
Jianshe Rd, Luohe, Henan, 462000
0395-2123483
0395-2123462

★漯河银河纸业有限公司
Luo He Yin He Paper Industry Co.Ltd
Xiang Jiang Lu, Dong Duan Technology Development Zone, Luohe, Henan, 462000
0395-2635701
0395-2635532

★●河南新乡市第二造纸厂
Henan Xin Xiang No.2 Paper Mill
Dong Jiao, Luo Tuo Wan, Xinxiang, Henan, 453003
0373-3052379

★驻马店市金马集团实业总公司造纸厂
Zhu Ma Dian Jin Ma Group Industry General Corp. Paper Mill
Nan Hai Rd, Nan Duan, Zhumadian, Henan, 463000
0396-3814499
0396-3814499

★河南省许昌造纸厂
Henan Xuchang Paper Mill
No.7 Gong Nong Rd, Xuchang, Henan, 461000
0374-3311370

◆河南省沁阳市造纸设备厂
Henan Qin yang Paper Machinery Factory
Jianshe Lu, Nan Duan, Qinyang, Henan, 454550
0391-5611696
0391-5611636

●河南省梦娜实业有限公司
Henan Meng Na Industry Co.Ltd
Meng Na Industry Zone, Tangyin, Henan, 455000
0372-6213709
0372-5954738

★●洛阳市纯静纸业公司
Luoyang Chun Jing Paper Industry Corp.
No.4 Guang Hua Rd, Luoyang, Henan, 471000
0379-3934156

★河南西峡县黎明造纸厂
Henan Xixia Li Ming Paper Mill
No.226 Guan He Rd, Xixia, Henan, 474500
0377-4666818
0377-4666818

●河南永康卫生材料有限公司
Henan Yong Kang Sanitary Stuff Co.Ltd
Xiang Jiang Lu, Dong Duan, Tie Dong Development Zone, Luohe, Henan, 462000
0395-2624406
0395-2621207

●郑州月月舒妇女用品有限公司
Zhengzhou Yue Yue Shu Woman Products Co.Ltd
No.38 Yangjunliu Liulin, Jinshui District, Zhengzhou, Henan, 450045
0371-5692698
0371-5692138

◆郑州精艺花辊制造有限公司
Zhengzhou Jing Yi Embossing Rolls Manufacturer Co.Ltd
Rm302, No.3 Bld. Huang He Hotel, Zhengzhou, Henan, 450052
0371-7971005-3302
0371-7430802

●河南省周口地区妇幼卫生用品厂
Henan Zhoukou District Women and Baby Hygienic Products Factory
No.24 Zhen Zhi Rd, Luyi Xian, Henan, 477200
0394-7221156
0394-7222424

★孝感市卫生纸厂
Xiaogan Tissue Mill
No.65 Huan Dong Rd, Xiaogan, Hubei, 432100
0712-2822312
0712-2822312

★●中国轻工总会卫生制品质量监督检测站
China National Council of Light Industry Quality Supervise and Examine Central of Toilet Paper Products
No.1 Jian Gang 3rd Rd, Hanyang District, Wuhan, Hubei, 430052
027-84520318
027-84523440

★●湖北松滋工贸合营生活用纸厂
Hubei Songzi Household Paper Mill
Bei Jiao, Songzi, Hubei, 434200
0716-6225549
0716-6225549

★湖北省枝江市造纸厂
Hubei Zhi Jiang Paper Mill
No.49 Xin Zheng Street, Dong Shi Zhen, Zhijiang, Hubei, 443214
0717-4360470
0717-4360008

★湖北省襄樊市卫生纸厂
Hubei Xiangfan Tissue Mill
No.1 Han Jiang Rd, Xiangfan, Hubei, 441002
0710-3224534

★●武汉市新华造纸厂
Wuhan Xin Hua Paper Mill
No.9 Tan Hua Lin, Wuchang, Wuhan, Hubei, 430061
027-88915970

★湖北省宜昌舒云纸业有限公司
Hubei Yichang Shu Yun Paper Co.Ltd
No.438 Hu Ting Street, Hu Ting Development Zone, Yichang, Hubei, 443007
0717-6516747
0717-6516765

◆武汉市化学助剂总厂
Wuhan Chemical Industry Plant
No.174 Xin Hua Rd, Hankou, Wuhan, Hubei, 430022
027-82314079
027-82312834

★活力28（集团）联发纸业有限公司
Power 28 Group Lian Fa Paper Co.Ltd
East Changgang Rd, Jingsha, Hubei, 434000
0716-8312580

★●湖北省蒲圻市星汇造纸厂
Hubei Pu Qi Xing Hui Paper Mill
No.3 Gui Hua Shu Rd, Puqi, Hubei, 437321
0715-5512998
0715-5512998

◆湖北省通山轻机厂
Hubei Tong Shan Light Industry Machinery Manufacturer
No.3 Luo Han Wan, Tongshan Xian, Hubei, 437600
0715-2394533
0715-2394532

●老河口市娇洁卫生用品有限公司
Laohekou Jiao Jie Hygiene Products Co.Ltd
No.28 Chemical Industry Rd, Laohekou, Hubei, 441800
0710-8224941
0710-8220694

★涟源市皇后纸业公司
Lianyuan Queen Paper Industry Corp.
No.2 Ren Min Rd, Lianyuan, Hunan, 417100
0738-4423298
0738-4424807

★湖南省造纸研究所
Hunan Paper Industry Research Institute
No.7 Middle Jian She Rd, Xiangtan, Hunan, 411104
0732-8527581
0732-8561602

★湖南大庸造纸厂
Hunan Da Yong Paper Mill
Xian Ren Xi, Yong Ding Qu, Dayong, Hunan, 416600
0744-8222828
0744-8222828

★长沙市湘建造纸厂
Changsha Xiang Jian Paper Mill
No.85 Feng Zui Rd, Changsha, Hunan, 410008
0731-4480248

★株洲市响石造纸厂
Zhuzhou Xiang Shi Paper Mill
Xiang Shi Cun, Qingshui Xiang, Zhuzhou, Hunan, 412005
0733-8332570

★株洲市淦田造纸厂
Zhuzhou Gan Tian Paper Mill
Gan Tian Zhen, Zhuzhou, Hunan, 412107
0733-7257332

▲长沙正和百货有限公司
Changsha Zheng He Depatmentstore Co.Ltd
No.457 Shu Yuan Rd, Changsha, Hunan, 410002
0731-5134271
0731-5129619

▲长沙市和业贸易有限公司
Changsha He Ye Trade Co.Ltd
No.2 West Wu Yi Rd, Changsha, Hunan, 410005
0731-4424955
0731-4424955

★●广东维达纸业股份有限公司
Guangdong Vinda Paper Co.Ltd
Dong Hou Industry Development District, Xinhui, Guangdong, 529100
0750-6122846
0750-6120239

★高明市高洁纸业有限公司
Gao Ming Gao Jie Paper Co.Ltd
No.24 Yan Jiang Rd, Gaoming, Guangdong, 528500
0757-8822345
0757-8881723

●广州宝洁纸品有限公司
Procter & Gamble Paper (Guangzhou)
2/F, Aether Squere, 986 Jie Fang Bei Rd, Guangzhou, Guangdong, 510030
020-86698828-3359
020-86688682

●广东省国营澄海保健用品厂
Guangdong Chenghai Health Products Factory
Near Bei Guo Dao, Lian Yang Qiao, Chenghai, Shantou, Guangdong, 515834
0754-5161256
0754-5160793

●广东省康雅股份有限公司
Guangdong Kang Ya Stock Co.Ltd
Xin Wei Cang Shixing, Guangdong, 512500
0751-3333799
0751-3331099

●佛山威龙卫生用品公司
Foshan Wei Long Sanitary Articles Corp.
Foshan Da Dao, Foshan, Guangdong, 528000
0757-2216885
0757-2217243

◆顺德市勒流造纸厂
Shun De Le Liu Paper Mill
Dong Feng Xi Zha, Le Liu Zhen, Shunde, Guangdong, 528322
0765-5566430
0765-5565049

●★深圳信威纸品有限公司
Shenzhen Xin Wei Paper Products Co.Ltd
EA1 Easten Industry Zone, Hua Qiao Cheng, Shenzhen, Guangdong, 518053
0755-6602711
0755-6901710

◆●广东省普宁市无纺布制品工业公司
Guangdong Puning Nonwoven Products Industry Corp.
Zhan Long Yang Wei Shan Industry Zone, Puning, Guangdong, 515321
0663-2348272
0663-2347495

●★珠海市高达纸业（集团）公司
Zhuhai Gao Da Papermaking (Group) Corp.
No.1 Industry Rd, Tang Jia Town, Zhuhai, Guangdong, 519080
0756-3312073
0756-3311222

★中山市海棠造纸厂
Zhongshan Hai Tang Paper Mill
Hai Zhou Da Ma Lu, Gu Zhen, Zhongshan, Guangdong, 528422
0760-2318440

◆广州精细化学工业公司
Guangzhou Fine Chemical Industry Corp.
No.11 Shi Gang Rd, Industry Street, Guangzhou, Guangdong, 510280
020-84320321
020-84352112

●东莞中南纸业有限公司
Dongguan Chong Nam Paper Co. Ltd
Yu Feng Industry, Zhang Mu Tou Zhen, Feng Men Administrative, Dongguan, Guangdong, 511741
0769-7713742
0769-7712747

●广东东莞美亚无纺布制品有限公司
Guangdong Dongguan Pacific Nonwoven Products Co.Ltd
Shun Jing Bld., West Xing Long Rd, Shi Long, Dongguan, Guangdong, 511721
0769-6615655
0769-6615657

★●揭西县兴华保健品有限公司
Jiexi County Xing Hua Health Care Products Co.Ltd
Mian Hu, Ling Ding Industry Zone, Jiexi, Guangdong, 515438
0663-5257031
0663-5262258

◆广州市坚红化工厂造纸增白剂分厂
Guangzhou Jian Hong Chemical Factory Paper Whitener Branch Factory
Che Po, Huangpu Da Dao, Guangzhou, Guangdong, 510660
020-85525849
020-85525829

●★东莞姿庭生活用品有限公司
Dongguan Shietine Articles For Daily Use Co.Ltd
Qiaotou, Dongguan, Guangdong, 511738
0769-3343868
0769-3342786

●广州宝乐婴儿制品厂有限公司
Guangzhou Baole Baby Products Manufactory Co.Ltd
3/F, Huazi Bld, Hongyinggang, Shahe, Guangzhou, Guangdong, 510507
020-87743990
020-87741022

●广东海灵保健制品有限公司
Guangdong Hai Ling Health Products Co.Ltd
6/F, Yi Hua Business Center, 3rd Zhongshan Rd, Zhongshan, Guangdong, 528400
0760-8313018
0760-8301023

★澄海市莲上洋新造纸厂
Chenghai Shi Lian Shang Yang Xin Paper Mill
Yong Xin Industry Zone, Lian Shang Zhen, Chenghai, Guangdong, 515833
0754-5743173
0754-5742402

●★珠海市香凌轻纺有限公司
Zhuhai Xiangling Light & Textile Industry Co. Ltd
4/F, Huacheng Bld, Cuiwei Industry Area, Qian Shan, Zhuhai, Guangdong, 519070
0756-8616905
0756-8614969

●★开平市长利高档卫生纸品制造厂
Cheung Lee Sanitary Paper MFG Kaiping City
Qiao Yuan Rd, West Suburb of Chang Sha, Sanbu Town, Kaiping City, Guangdong, 529300
0750-2333971
0750-2323686

◆东莞佳鸣机械制造有限公司
Dongguan Jia Ming Machinery Co.Ltd
Mintian Industry Zone, Sha Tian Zhen, Dongguan, Guangdong, 511773
0769-8862099
0769-8862066

◆东莞佳鸣造纸机械研究所
Dongguan Jian Ming Paper Machinery Research Institute
Mintian Industry Zone, Sha Tian Zhen, Dongguan, Guangdong, 511773
0769-8862099
0769-8862066

◆东莞市沙田东江机械制造厂
Dongguan Sha Tian Dong Jiang Machinery Factory
Mintian Industry Zone, Sha Tian Zhen, Dongguan, Guangdong, 511773
0769-8862099
0769-8862066

★广东省中顺纸业集团有限公司
Guangdong Zhong Shun Paper Industry Group Co.Ltd
Shalang Town,High T & S Development Zone, Zhongshan, Guangdong, 528412
0760-8508066
0760-8508066

●中山瑞德卫生纸品有限公司
Disposable Soft Goods (Zhongshan) Ltd
Jin Chang Industrial Rd, Sha Lang, Zhongshan, Guangdong, 528411
0760-8559866
0760-8558794

●雅姿卫生用品有限公司
Archie Sanitary Products Co.Ltd
Industrial Park, Chemico-industry Group, Zeng Tan Rd, Zengcheng, Guangdong, 511330
020-82922138
020-82925837

◆广州兴世贸易有限公司
Guangzhou Xing Shi Trade Co.Ltd
21/F, G-1, No.472 Yue Hai Bld., East Huan Shi Rd, Guangzhou, Guangdong, 510075
020-87779688-2122
020-87788374

★◆广东省造纸研究所
Guangdong Paper Reserach Institute
No.154 Xin Gang Xi Lu, Guagnzhou, Guangdong, 510300
020-84459051
020-84455613

★广东潮州中洁纸业有限公司
Guangdong Chaozhou Zhong Jie Paper Co.Ltd
No.2 Bei Mei Rd, Chaozhou, Guangdong, 521000
0768-2237340
0768-2256232

◆广州市金威龙实业股份有限公司
Jin Wei Long Industrial Co.Ltd
No.12 Nanshi Rd, Hai Zhu District, Guangzhou, Guangdong, 510285
020-84337951
020-84364447

●南海市西樵宝儿用品有限公司
Nanhai Xi Qiao Baby Products Co.Ltd
Hegang Industry Zone, Xiqiao, Nanhai, Guangdong, 528211
0757-6821997
0757-6821998

★新会市威宝造纸企业有限公司
Xinhui Wei Bao Paper Co.Ltd
No.8 Ziyun Rd, Huicheng Zhen, Xinhui, Guagndong, 529100
0750-6698673
0750-6694702

★●南海市罗村佩安婷卫生用品实业有限公司
Nanhai Luo Cun Pei An Ting Hygienic Products Co.Ltd
Jie Bian Industry Zone, Dongxi Da Dao, Nanhai, Guangdong, 528226
0757-6447418-13
0757-6447418

★中山市三角纸品制造有限公司
Zhongshan Shi San Jiao Paper Co.Ltd
Ai Guo Industry Zone, Sanjiao Zhen, Zhongshan, Guangdong, 528445
0760-5542328
0760-5541038

★番禺日畅纸巾制品有限公司
Panyu Ri Chang Sanitary Products Co.Ltd
Xiao Luo Tang, Shatou, Panyu, Guangdong, 511490
020-84870317
020-84878544

◆南海市桂城南约德昌五金机械厂
Nanhai Guicheng Nanyue De Chang Wu Jin Machinery Manufacturer
Fo Ping Rd, Guicheng Zhen, Nanhai, Guangdong, 528200
0757-6221066
0757-6338179

◆●广东省芬兰馨实业有限公司
Guangdong Fenlan Qing Industry Co.Ltd Guangdong Province
1/F, Di Li Building, No.100 Middle Xian Lie Rd, Guangzhou, Guangdong, 510070
020-87673055
020-87673054

◆万江汇华染纸原料购销部
Wan Jiang Hui Hua Dye & Paper Materials Purchase and Sale Division
No.3, Pu B Zuo, Xin Hua Industry Cun, Wan Jiang, Dongguan, Guangdong, 511711
0769-2272839
0769-2172089

●★汕头市新业集团爱护洁护理用品厂有限公司
Sun Yip Group Eleaine Treatment Co.Ltd
No.10 District, Jin Yuan Industry Zone, Chaoshan Rd, Shantou, Guangdong, 515041
0754-2909933
0754-8101939

◆佛山市塑料七厂
Foshan No.7 Plastic Plant
No.7 Light Industry, No.3 Rd, Foshan, Guangdong, 528000
0757-2214727
0757-2217295

★顺德市广进纸业制造有限公司
Shunde Guang Jin Paper Co.Ltd
Rongbian Industry Zone,Guizhou Zhen, Shunde, Guangdong, 528305
0765-8802826
0765-8802826

◆广州卓德嘉薄膜有限公司
Guangzhou Tredegar Films Co.Ltd
No.1 Binhe Rd, Guangzhou Economic & Technology Development District, Guangzhou, Guangdong, 510730
020-82218828-2502
020-82220715

◆潮阳市三木森纸业有限公司
Chaoyang Sanmusen Paper Industry Co.Ltd
Xuxiang Industry Bld., Wenmei Manufacturing District, Simapu, Chaoyang, Guangdong, 515149
0661-7739118
0611-7738966

◆东莞龙升行
Lonsson
No.5, Front C2 Hong Yuan Fu Shi Pin Market, Dongguan, Guangdong, 511700
0769-2811740
0769-2811740

◆新力机械制造厂
Xin Li Machinery Manufacturer
Nan Yue Industry Zone, Guicheng District, Nanhai, Guangdong, 528200
0757-6228792
0757-6228792

★东莞白天鹅纸业有限公司
Dongguan Bai Tian Er Paper Industry Co.Ltd
Guyong Industry District, Wanjiang, Dongguan, Guangdong, 511717
0769-2271163

●中山市川田生活用品有限公司
Zhongshan Chuan Tian Hygiene Products Co.Ltd
3rd Industry Zone, Wu Gui Shan Zhen, Zhongshan, Guangdong, 528458
0760-8203336
0760-8203293

◆广州市东山区中联科工贸发展公司
Guangzhou Dong Shan District Zhong Lian Science & Trade Development Corp.
Room 109, No.1 Zhu Zi Hou Street, Pan Fu Rd, Guangzhou, Guangdong, 510180
020-81361834
020-81361834

★●广西侨凤卫生制品有限公司
Qiao Feng Sanitary Products Co.Ltd
Overseas Chinese Development Zone, Nanning, Guangxi, 530105
0771-6301311
0771-6301309

★广西贵港市榴花造纸公司
Guangxi Guigang Liu Hua Paper Corp.
West Ren Min Rd, Guigang, Guangxi, 537102
0775-4212863
0775-4214835

★●南宁科宝纸业有限公司
Nanning Ke Bao Paper Industry Co.Ltd
No.137 Qi Xing Rd, Nanning, Guangxi, 530012
0771-2825575
0771-2802828

★●南宁市龙邦迷尔生活用纸厂
Nanning Long Bang Mier Living Paper Mill
No.156 West Ming Xiu Rd, Nanning, Guangxi, 530003
0771-3152376
0771-3838366

★广西河池市造纸厂
Guangxi He Chi Paper Mill
No.1 Cheng Nan Rd, Hechi, Guangxi , 547000
0778-2284980

●两面针集团
柳州惠好卫生用品有限公司
Liuzhou Hui Hao Hygiene Products Co.Ltd
No.2 Chang Feng Rd, Liuzhou, Guangxi, 545001
0772-2616844
0772-2513419

★两面针集团柳州市造纸厂
L.M.Z Group Liuzhou Paper Mill
No.8 Liu Yong Lu, 2nd Qu, Liuzhou, Guangxi, 545005
0772-3831241
0772-3831784

◆柳州市维特纸品加工印刷设备厂
Liuzhou Wei Te Paper Converting & Printing Machinery Factory
No.10 Bei Er Xiang, Xi Jiang Rd, Liuzhou, Guangxi, 545007
0772-3130130
0772-3130130

◆重庆西泉造纸厂
Chongqing Xi Quan Paper Mill
Xi Quan Zhen, Tong Liang Xian, Chongqing, 402568
023-45511341
023-67608097

◆中国核工业总公司峨眉特种汽车改装厂（国营五二五厂）
Emei Special Vehicle Refitting Factory of China Nuclear Industry General Co.
No.2 Post Box, Emei Shan, Sichuan (No.80E Jiu Rd), 614200
0833-5522834-2209
0833-5522834-2383

◆●重庆华渝电气仪表总厂
Chongqing Hua-Yu Electronic Instrument Plant
Nangqiaoshi,Jiangbei District,Chongqing 400021
023-67660411
023-67660402

●重庆卫生巾厂
Chongqing Sanitary Factory
No.1 Xin Jian Rd, Ji Jiang Zhen, Jiangjin, Chongqing, 402266
023-47522339

●重庆卫生用品厂
Chongqing Hygiene Products Factory
No.159 Nan Qu Rd, Yu Zhong Qu, Chongqing, 400013
023-68806345
023-68806462

◆●重庆制线厂（重庆渝港卫生制品有限公司）
Chongqing Thread Making Mill
No.1 Da Ping Hu Tou Yan, Sha Ping Ba, Chongqing, 400042
023-68813772
023-68817728

◆简阳市轻工机械厂
Jian Yang Light Industry Machinery Factory
Jianyang, Sichuan, 641400
0832-7222209
0832-7222430

★●四川省乡镇企业造纸协会
Sichuan Xiang Zhen Enterprise Paper Industry Association
No.2 Cheng Hua Street, Chengdu, Sichuan, 610081
028-3337608

★成都市玉虹造纸厂
Chengdu Yu Hong Paper Mill
Cheng Xiang Wai Dong Guan Shan Qing Bai Jiang District, Chengdu, Sichuan, 610306
028-3302464
028-3302464

★四川汶江纸业有限公司
Sichuan Wen Jiang Paper Co.Ltd
No.49 Da Bei Street, Huang Tu Zhen, An Xian, Mianyang, Sichuan, 622652
0816-4621263
0816-4621263

●兴运实业（成都）有限公司
Xing Yun Industry (Chengdu) Co.Ltd
12 A1 B1 C1 Gao Xin Zone, South Yong Feng Rd, Chengdu, Sichuan, 610041
028-5184809
028-5184551

▲四川省成都日杂总公司纸品分公司
Sichuan Chengdu Articles of Daily Use Corp.
No.8 Dong Yu Street, Chengdu, Sichuan, 610016
028-6663593
028-6658704

▲四川省日用杂品总公司纸品分公司
Sichuan Articles of Daily Use Corp.
No.122 Luo Guo Xiang, Chengdu, Sichuan, 610017
028-6620913
028-6618267

●成都联益集团思菲尔高级卫生用品有限责任公司
Chengdu Lian Yi Group Si Fei Er Hygiene Products Co.Ltd
Shuangliu Xian, Sichuan, 610200
028-5825825
028-5825825

★成都星星纸业公司
Chengdu Xing Xing Paper Co.Ltd
Xiu Cheng Rd, Pengzhou, Sichuan, 611930
028-3871974

●德阳市吉庆卫生制品厂
Deyang Ji Qing Hygiene Products Factory
Shang Ye Street, Jiqing Zhen, Zhongjiang Xian, Sichuan, 618112
0838-7900190
0838-7900197

●德阳市鸿发实业有限公司卫生制品厂
Deyang Hong Fa Industrial Co. Ltd. Hygienic Product Factory
Ba Jiao Industrial Zone, Deyang, Sichuan, 618003
0838-2600418
0838-2600418

◆●希安达涪陵抗菌用品有限责任公司
Xianda Fuling Antibiotic Products Co.Ltd
No.110 Quntuozi Street, Jiangdong, Fuling, Chongqing, 408000
023-72263117
023-72263517

★成都米斯特州纸业有限公司
Chengdu Mi Si Te Zhou Paper Industry Co.Ltd
Xin Feng Zhen, Xin Du Xian, Chengdu, Sichuan, 610501
028-3071186
028-3071186

◆贵阳无纺布厂
Guiyang Nonwoven Factory
No.45 Xin Zhai Rd, Guiyang, Guizhou, 550002
0851-5796885
0851-5792682

●贵阳久美企业发展公司
Guiyang Joume Enterprise Expansion Corp.
No.6 Xinlian Department, 227 Out Roud East Rd, Guiyang, Guizhou, 550001
0851-6768848
0851-6765605

●贵州坤润保健用品有限公司
Guizhou Kun Run Health Products Co.Ltd
No.90 Tu Yun Guan, Nan Ming, Guiyang, Guizhou, 550005
0851-5515007
0851-5515004

★贵州省惠水盛发造纸厂
Guizhou Huishui Sheng Fa Paper Mill
No.1 Branch Mill Huishui Paper Mill
Cheng Guan, Huishui, Guizhou, 550600
0854-6221588
0854-6224922

★●云南省安宁市造纸厂
Yunnan Anning Paper Mill
Xin Fa Cun, Anning, Yunnan, 650300
0871-8699374

★●昆明市造纸厂
Kunming Paper Mill
No.217 West Ren Min Rd, Kunming, Yunnan, 650106
0871-8181450
0871-8181340

★曲靖市造纸厂
Qujing Paper Mill
No.2 Tian Sheng Rd, Xi Ping Zhen, Qujing, Yunnan, 655031
0874-3163952

★●开远市造纸厂
Kai Yuan Paper Mill
Dong Cheng District, Kaiyuan, Yunnan, 661000
0873-7123348

★●西安魔妮纸品股份有限公司
Xi'an Mo Ni Paperware Co.Ltd
Ma Hu Tuo Zhu Hong Rd, Hong Miao Po, Xi'an, Shaanxi, 710016
029-6265158
029-6153913

★●西安可心日用制品实业有限公司
Xi 'an Kexin Articles for Daily Use Industry Co.Ltd
Dong Fang Hong Rd, Gaoling, Xi'an, Shaanxi, 710200
029-6913414
029-6050148

◆西北轻工业学院制浆造纸工程系
North-west Institute of Light Industry
No.49 West Ren Min Rd, Xianyang, Shaanxi, 712081
0910-3579510
0910-3579700

●西安澳周无纺布实业有限公司
Xi'an Uniwin Fanshin Co.Ltd
Zhouzhi, Xi'an, Shaanxi, 710400
029-8811346
029-8811050

★●兰州洁宝卫生用品有限责任公司
Lanzhou Jie Bao Hygienic Products Co.Ltd
No.691 Dashaping, Lanzhou, Gansu, 730046
0931-8368577

★甘肃省平凉市造纸厂
Ping Liang Paper Mill
Si Shi Li Pu, Pingliang, Gansu, 744024
0933-8410019

★宁夏美洁纸业股份有限公司
Ningxia Mei Jie Paper Co.Ltd
No.90 East Street, Helan Xian, Yinchuan, Ningxia, 750200
0951-8065588
0951-8061553

●宁夏宁成卫生制品有限公司
Ningxia Ning Cheng Hygiene Products Co.Ltd
Pingluo, Ningxia, 753401
0952-6681630
0952-6681193

★宁夏永宁造纸厂
Ningxia Yong Ning Paper Mill
Hong Xing Qiao, Yongning Xian ,Ningxia, 750100
0951-8011421
0951-8013808

◆●宁夏吴忠瑞特纸业有限公司
Ningxia Wu Zhong Excell Co.Ltd
Economic Trade Development Zon,e Wuzhong, Ningxia, 751100
0953-2018413
0953-2018410

★新疆哈密火箭农场造纸厂
Xinjiang Hami Huo Jian Farm Paper Mill
West of Hami Railway Station, Xinjiang, 839001
0902-2390060

●昌吉州福鑫制袋厂
Chang Ji Zhou Fu Xin Bag Factory
No.32 East Wu Yi Rd, Changji, Xinjiang, 831100
0994-2342718
0994-2343145

●昌吉州皇后卫生巾厂
Chang ji Zhou Huang Hou Sanitary Factory
No.53 Yan Bei Rd, Changji, Xinjiang, 831100
0994-2332308
0994-2349806

★乌鲁木齐造纸总厂
Wulumuqi Paper Mill
No.59 Qi Dao Wan Rd, Wulumuqi, Xinjiang, 830028
0991-4641521
0991-4641329

★新疆车排子造纸厂
Xinjiang Che Pai Zi Paper Mill
Kui Tun, Xinjiang, 833208
0992-3923201-73130

香港、台湾及国外会员单位:

日本卫生材料工业连合会
JAPAN HYGIENE PRODUCTS INDUSTRIAL ASSOCIATION
36-12, TAKADA 3-CHOME, TOSHIMA-KU, TOKYO, JAPAN
03-3971-0452
03-3983-3403

永丰余/经纶全讯（香港）有限公司
SYNTAX COMMUNICATION (HK) LTD
SUITE 1502, CHINACHEM GOLDEN PLAZA, 77 MODY Rd, T.S.T.EAST, KOWLOON, HONG KONG
852-27236930
852-27244235

日商岩井株式会社
NISSHO IWAI CORPORATION
5-8 Imabashi 2-chome, Chuo-ku, Osaka 541 Japan
06-209-3071
06-209-4313

瑞安中国有限公司
RAYONIER CHINA LIMITED
Room 917, Hotel Equatorial, 65 Yan'an Rd West, Shanghai, 200040
021-62482510
021-62488929

康那香企业股份有限公司
KANG NA HSIUNG ENTERPRISE CO., LTD
77-1 Minam Block, Chiali Town, Tainan District, Taiwan
886-6-7222173
886-6-7222495

日本秋子公司
AKIKO & COMPANY
日本大阪市中央区本町1-5-7-204
06-6263-1742
06-6263-1047

诺信（中国）有限公司
NORDSON (CHINA) CO., LTD
828 Xin Jin Qiao Rd, Pudong, Shanghai China, 201206
021-58542345
021-58540679

百利怡（中国）有限公司
FABIO PERINI HONG KONG LTD
Suite 1209, 12/F, Great Eagle Centre, 23 Harbour Rd, Wanchai, Hong Kong
852-28277287
852-28277326

华忆工业股份有限公司
FAIRY MACHINE CORPORATION
台湾台北县瑞芳镇中山路340号
02-497-9876
02-497-6174

乐百得（中国）有限公司
ROBATECH (CHINA)CO., LTD
Block B, 6/F, Bld. Win Industrial Building, 16-18 Wah Sing Street Kwai Chung N.T.H.K.
852-24287344
852-24275988

联合造纸包装材料（香港）有限公司
UPM-PACK (HK) LTD
Rm, 2606, Mega Trade Centre, 1-6 Mei Wan St., Tsuen Wan, N.T. Hong Kong
852-24130900
852-26119337

意大利发明家公司
FAMECCANICA.DATA S.p.A
Via Aterno, 98-66020 Sambuceto(CH) ITALY
39-0854553407
39-0854553261

泰舜企业有限公司
THAI SHUENN ENTERPRISE CO., LTD
33 WUCHUEN 2ND RD., WUKU HSIANG TAIPEI HSIEN, TAIWAN, 24822
886-2-2996435
886-2-2993666-7

池上交易株式会社
IKEGAMI KOEKI CO., LTD
7-22 MATUGAECHO KITA-KU OSAKA JAPAN
06-3580846
06-3580856

美国惠好纸业公司
WEYERHAEUSER
P.O.Box 1391 Washington Post Rd, New Bern, North Carolina 285631-1391 USA
919-6337639
919-6337617

BBA亚太无纺布公司
BBA NONWOVENS ASIA PACIFIC LIMITED
Room 2312 China Aerospace Tower, Concordia Plaza, Science Museum Rd, Kowloon, Hong Kong
852-26205677
852-26205662

芬兰维美德公司
VALMET CORP.
Rm760, Hong Kong-Macau Centre, Beijing, China 100027
010-65011587
010-65012588

中国造纸协会生活用纸专业委员会工作条例
The articles of CNHPIA
（1998年修订稿）

第一章 总则

第一条 中国造纸协会生活用纸专业委员会是在中国造纸协会领导下的全国性专业组织，是有关生活用纸方面的企业家和科技工作者的群众团体。是中国造纸协会的组成部分，受中国造纸协会理事会的直接领导。

第二条 生活用纸专业委员会(以下简称专委会)的宗旨是：促进生活用纸行业的技术进步和经济发展，加快生活用纸技术的现代化。

第二章 任务

第三条 专委会完成下列任务

1. 在企业与政府部门之间起桥梁和纽带作用，为企业提供多种形式的服务。
2. 组织领导生活用纸方面的学术及技术交流，组织技术协作。
3. 邀请专家、学者和有经验的同志讲学，办培训班、组织国内外有关展览和技术考察活动。
4. 提出与生活用纸专业有关的技术经济政策和发展规划，搞好行业统计与市场调查。为企业正确地进行决策提供依据，建立生活用纸行业信息网和数据库，定期出版生活用纸有关资料、刊物。
5. 开展信息反馈、技术咨询、企业诊断和技术改造等多种技术服务。
6. 参与制定、修订生活用纸行业各类标准的工作。
7. 为国内外厂商进行技术合作和合资经营牵线搭桥。
8. 根据需要，开展其他各项有利于提高生活用纸水平的活动。

第三章 会员

第四条 凡是生活用纸生产企业同意专委会工作条例，向专委会提出申请，经专委会或常委会批准后即成为专委会会员单位，另外，根据发展情况和工作需要，与生活用纸有关的单位，亦可提出申请，其批准程序与上述相同。

第五条 会员单位的代表者，应为该单位的法人代表或法人代表委托的其他负责人，若人事更动，应及时将人员变更情况通知专委会。

第六条 对与本专业有关的专家、学者(包括已离退休者)，经专委会同意可以作为本委员会特邀个人会员。

第七条 对与本专业有关的外国和港台地区厂家，经专委会同意可以作为专委会海外会员。

第四章 会员的权利与义务

第八条 权利

1. 有选举权和被选举权。
2. 对专委会有权提出意见和建议。
3. 有权参加专委会组织的学术交流和技术经贸活动及获得有关资料。
4. 有权要求专委会帮助组织技术协作。

第九条 义务

1. 遵守专委会条例。
2. 执行专委会的决议和委托的工作。
3. 受专委会的委托，派出人员参加有关单位的技术协作。
4. 按时交纳会费，会费在每年第三季度内(7月~9月)交清，无故拖欠者，经常委会通过取消会员资格。

第五章 机构

第十条 专委会的组织原则实行民主集中制。

第十一条 专委会的最高权力机构为常务委员会议或委员全会。其主要职能是：

1. 讨论和修改专委会工作条例及有关文件。
2. 审议和批准专委会的工作报告及活动方案。
3. 按民主程序选举和产生专委会领导成员。
4. 审议批准专委会新成员。
5. 审议和决定其他重要事项。

第十二条 常务委员会设主任委员1人，副主任委员2~6人，常务委员若干人，常务委员会每年召开1次会议。主任委员、副主任委员由常务委员会协商推选产生。任期4年，可连选连任。设秘书长1人、副秘书长2人，负责日常工作并与各副主任委员及常务委员单位搞好联系工作。

第十三条 专委会的挂靠单位一般为当任的主任委员单位。秘书处设在挂靠单位。

第十四条 为了便于活动，专委会设1个办事机构(秘书处)和5个专业组：

1. 卫生纸组(包括厕纸、厨房纸、餐面巾纸、湿纸巾等)。
2. 卫生巾组。

3. 婴儿尿裤组。
4. 原辅材料组(包括绒毛浆、化学助剂等)。
5. 生活用纸机械组。

第十五条 各专业组推选组长1名，副组长1~3名，负责本组的联络、协调工作，原则上每年活动1次，若会员单位有较大技术问题，提出申请后，由组长报秘书处组织协作。

第十六条 主任委员、副主任委员、秘书长、常委报中国造纸协会核准备案。

第六章 活动经费

第十七条 本专委会的活动经费有以下来源:
1. 会员单位交纳的会费。
2. 接收有关单位对部分专项活动的赞助费。
3. 挂靠单位对日常工作费用给予一定补贴。
4. 其他收入。

经费的收支情况定期向会员单位公布。

第七章 附则

第十八条 本条例经常委扩大会讨论通过后执行，并报中国造纸协会备案，其解释权属于常务委员会。

第十九条 本条例如与上级规定有抵触时，按上级规定执行。

中国生活用纸行业文明竞争公约
The joint pledge of China household paper enterprises

近年来，我国生活用纸行业发展迅速，市场竞争日趋激烈，市场竞争推动了生活用纸企业乃至整个生活用纸行业的迅速发展，随着中国生活用纸行业的发展壮大，规范竞争行为，共创公平竞争环境，成为每个企业的迫切要求，也是我国生活用纸行业健康发展的需要。

第一章 总则

第一条 为树立良好的行业风气，建立和维护公平、依法、有序的生活用纸竞争环境，保护经营者和消费者的正当权益，依照国家有关法律、法规特制订此中国生活用纸行业文明竞争公约(以下简称公约)。

第二条 本公约是行业内各企业自律性公约，是企业文明竞争、自我约束的基准。

第三条 现代企业不仅是社会物质的生产者、社会的服务者，同时也应是社会进步的推动者、现代文明的建设者。建立良好的竞争环境，树立文明竞争新风尚是每个生活用纸企业应肩负起的社会职责。

第二章 文明竞争道德规范

第四条 文明竞争道德规范的基本点即诚实、公平、守信用，互相尊重、平等相待、文明经营、以义生利、以德兴业。

第五条 每个企业都要把文明竞争观念作为企业文化的重要组成部分，提高文明竞争意识，正确处理竞争与协作、自主与监督、经济效益与社会效益等关系。

第六条 企业要依靠科学技术进步和科学管理，不断提高生产经营水平，用优质产品、满意的服务质量和良好信誉树立自己的企业形象。

第七条 企业在市场交易中要遵循自愿、平等、诚信的原则，遵守公认的商业道德和市场准则，自觉维护消费者合法权益并尊重其他经营者的正当权益，自觉接受市场和广大消费者的评价和监督。

第八条 企业应加强对职工进行职业责任、职业道德、法律及职业纪律教育，促使职工用道德信念支配自己的行为，树立职业责任感和职业荣誉感，更好地完成本职工作。

第九条 企业要有文明竞争、共同发展的胸襟。

——提倡在平等协商、互惠互利、优势互补的前提下，广泛开展合作、协作、联合，优化本行业产业结构。

——倡导企业间以各种形式，向消费者提供联合服务，提高行业为社会及消费者服务的整体水平。

——发扬大事共议，协调发展的风气，树立良好的行业形象。

第三章 文明竞争准则

第十条 企业应严格执行《中华人民共和国产品质量法》、《中华人民共和国消费者权益保护法》、《中华人民共和国广告法》、《中华人民共和国反不正当竞争法》、国家颁布的各类生活用纸的产品标准和卫生标准，让购买生活用纸产品的消费者能够满意、放心和安心。

第十一条 企业销售人员和其他业务人员在任何场合都应避免发生损害其他企业的行为。营销人员为消费者介绍产品，不应借向消费者介绍产品之机，做有损其他企业同类产品的不恰当宣传。

第十二条 宣传自己的企业及产品、服务，不夸大其辞。不得在文章、广告、各种宣传品中有影射、贬低其他企业及其技术、产品和服务。不侵犯其他企业的商业信誉，不损害其他企业知识产权，不损害其他企业的合法权益。切实履行自己的广告承诺与义务。

第十三条 严格执行《中华人民共和国统计法》，按照有关规定，认真负责、客观地向国家主管部门、行业协会提供真实的统计数据，不得虚报或故意错报、漏报各类数据。

——向有关主管部门和行业协会如实上报各项经济指标的统计数据，为国家和行业提供准确的信息。

——不断章取义地利用某些统计资料，做有损于其他企业的宣传。

——企业的统计工作接受统计管理部门、行业协会和社会公众的监督。

第四章 公约实施及违约责任

第十四条 本公约由中国造纸协会生活用纸专业委员会常委会提出，向全国所有生活用纸企业倡议共同遵守。

第十五条 凡生活用纸专业委员会的会员单位都必须承诺、自觉遵守和维护本公约并接受社会各界对遵守公约情况做公正的监督、评议。

第十六条 凡违反第四章文明竞争准则的各项条款，视为违约。

第十七条 企业如果发生违约行为，将承担违约责任。违约企业及当事人(或代表)有责任向受到损害的单位或其代表，在受到损害的范围内，通过一定的形式公平赔礼道歉，对违约行为造成的直接经济损失，依照有关法规给予经济赔偿。

第十八条 企业有责任向全体职工进行遵守和维护本公约的宣传和教育，当发现有违约行为时，要严肃处理。

第十九条 严重违约的企业，应在行业内(会议、会刊)公开检讨。

第二十条 在竞争行为是否违约难以界定时，当事双方(或多方)应本着自觉遵守公约的态度解决矛盾。

第二十一条 在需要第三方对竞争行为是否违约进行界定时，可由中国造纸协会生活用纸专业委员会邀请国家有关部门组成临时机构进行界定。

第二十二条 严重违约，但又不承担违约责任者，中国造纸协会生活用纸专业委员会提请国家反不正当竞争主管部门处理，并向社会舆论曝光和清除出协会。

面向市场 迎接挑战

在中国造纸协会生活用纸专业委员会 1998年度常委扩大会上的工作报告

Walk into market and face up the gauntlet

(1998 Report of CNHPIA)

代表们、同志们:

中国造纸协会生活用纸专业委员会自1993年6月8日成立以来，一步一个脚印，一年一个台阶，在促进生活用纸工业生产建设和科技进步，推动国内生活用纸市场的健康发展，推动与相关行业的协同发展，为行业和企业服务，为政府经济主管部门提供有关基础数据和献计献策等方面发挥了卓有成效的作用。今天我们在风光秀丽的汕头海滨召开生活用纸委员会1998年度常委扩大会，在座的各位都是生活用纸委员会常委单位和骨干企业的领导和代表。多年来，你们把委员会视为娘家，一贯支持协会的各项工作，在不同的岗位上为生活用纸工业的发展和科技进步努力地工作。我作为中国造纸协会生活用纸专业委员会第一届和第二届领导机构的两任主任委员，和你们一样对生活用纸行业和委员会有着深厚的感情。今天和各位副主任委员、各位常委、各位领导和代表一起聚会，感到十分高兴，并借此机会由衷地向支持和关心委员会工作的代表们、同志们表示诚挚的感谢。

去年10月份，我们在北京召开了主任委员扩大会，协商研究了有关换届选举和协会工作如何适应新形势的问题，会上全国生活用纸知名企业的老总们聚集一堂，研讨活动紧凑热烈，在重要问题上达成了共识，大家反映会议花时间不多但效果很好。今后生活用纸委员会除了召开国际研讨会外，准备每年召开一次常委扩大会，大家集中精力交流、总结、研究和解决一些实际问题。对有了共识的事情，就要去办，对有些值得探索的问题，一定要积极探索。按照协会团结、协作、创新、求实的会风去把事情办好。

生活用纸专业委员会在今年4月份杭州会议上进行了换届，由于第五届生活用纸年会暨国际研讨会重点是技术研讨和交流，到会的非会员单位代表很多，因此协会工作报告安排在本次常委扩大会上进行。下面，我就生活用纸行业的基本情况和中国造纸协会生活用纸专业委员会几年来的工作做一简要总结，并对今后的工作要点讲几点意见和看法，请到会的代表审议。

一、生活用纸行业的基本情况

生活用纸委员会和生活用纸行业的发展同步。近年来，生活用纸行业呈现新的活力和持续、快速、健康发展的势头。回顾对比生活用纸委员会成立之初和目前的情况，我们每个人都亲身感受到行业的发展变化。

卫生纸品和用即弃产品是与消费者关系密切的日常用品之一，凡有人群，特别是有妇女、儿童、老人的地方就有潜在的消费市场，属日不落工业。90年代以来，随着经济的发展和人们在思想文化观念以及消费习惯上的变化，中国卫生纸品和用即弃产品市场异军突起，市场消费潜力得到了空前的提升。1997年，这类产品的生产和消费继续稳步增长，在经济发达地区和大城市已呈现小康型特征。

1997年全国生活用纸产量228万吨(其中卫生纸199万吨)，占1997年纸和纸板总产量2744万吨的8.3%，卫生纸年人均消费量达到1.63公斤(1985年人均0.4公斤，1990年人均0.6公斤，1993年人均0.99公斤)。1997年妇女卫生巾产量255亿片，市场渗透率41.8%(1985年为2%，1990年5%，1993年21.6%)；1997年婴儿尿裤产量约4亿片，比1996年增长42.8%，市场渗透率4.2‰。

从经济的大环境看，中国目前正处于低通胀、高增长的稳定发展时期，但与此同时，也存在失业率上升，下岗职工增多，市场需求不旺，市场疲软形势严峻的困难，在投资者感到什么都难做，看好的项目不多的情况下，由于中国生活用纸市场潜力巨大，遂成为关注的热点之一。随着外国投资者的进入和国内主要骨干企业技术改造、扩大再生产以及新制造商的加入，卫生纸品和用即弃产品的生产能力迅速扩大，在产品品种和质量档次方面逐渐与国际接轨，制造商之间为争夺市场份额，竞争也日趋激烈。虽然就全国来说，这类产品的市场渗透率仍不高，但由于国民收入水平较低，也出现了局部性的供过于求的现象。下一阶段，行业内部的经济增长点，应是立足于规模经营和开发适销对路的新产品以及农村市场。

生产适销对路的名特优新产品是企业得以生存的关键所在。目前行业面临的最突出的问题是消费不旺，市场竞争日趋激烈，利润日趋平均化，利润率普遍下降，投资机会减少。关于如何面对市场，如何面对市场竞争国际化的形势，这是本次会议要重点交流和研讨的问题。我希望大家在这次会上敞开肺腑畅所欲言，重点交流如何提高经济效益，互相借鉴，共同发展。

二、协会工作的简要回顾

在1993年生活用纸委员会的成立大会上，我在筹备工作报告中曾提出专业委员会成立后主要工作方向的设想，通过五年来的实践，我们高兴地看到，各项工作正是围绕当初的设想如期展开的。生活用纸委员会各项工作的出发点是与企业贴近，为企业服务，使企业感到离开协会不踏实，协会本身也就有了生命力。

1. 生活用纸经济信息的传播。

行业协会应进行经济信息的传播，包括整个行业的总体发展，政府有关宏观调控等等信息的传播。协会要在企业市场竞争中发挥作用，为企业服务，一个重要的方面，就是要沟通本专业的国内外信息。在“知识经济”的时代，企业的发展离不开信息，而信息的传播需要载体。1993年7月我们创办了《生活用纸信息》刊物（内部资料），到目前已发行29期。发行量从最初的不足300份发展到目前的2000份，在行业内已有较大影响并起到传递信息、为广大会员单位服务的作用。与此同时，还分别于1994年、1996年和1997年出版了3卷《生活用纸指南》（内部资料），为生活用纸从业人员提供了资料性的实用手册，在了解资讯，引导资金投向，促进经贸活动的发展等方面起到积极的作用。

2. 组织国内外生产技术交流,通过生产要素(包括设备、资金、原辅材料、人才)的交流，沟通信息，提高行业总体水平。

从1993年成立大会以来，生活用纸委员会先后召开了五届年会暨国际研讨会，历届年会得到广东维达纸业股份有限公司、福建恒安集团、邯郸金佰利舒而美集团、上海唯尔福集团等会员单位的大力支持。除年会外，还不失时机有针对性地召开过3次专题研讨会。研讨会交流的内容一年比一年丰富，参加人数也从成立大会时的一百多人增加到目前的七八百人。通过国内外的技术交流，使企业能及时了解国内外生活用纸行业发展的全貌，了解国内外最新的技术和设备，了解市场行情，从而在企业发展生产，购置设备或购买原辅材料时可以纵观全局，货比三家，在技术开发和新产品研制方面减少盲目性。

3. 组织代表团出访,实地考察发达国家生活用纸工业情况和参观有关展览,开阔了眼界，促进了有关的经贸活动。

从1996年以来，共组织了3次出访，其中欧洲2次，北美1次，累计47人次。考察活动得到有关海外公司的大力协助，代表们通过实地考察，对发达国家同类企业的技术装备水平有了更直观的认识，也具体促成了有关的经贸活动。

4. 收集、整理、分析全行业统计资料，建立生活用纸行业的数据库和信息网，一年两次向会员发布行业最新动态。

对于生活用纸行业，国家没有明确的归口统计部门，一些基础数据很难得到，针对这一情况，委员会十分重视数据资料的积累和统计工作，并逐年加大工作力度，力求更加规范，此项工作也得到大部分骨干企业的积极协助和支持。我们对行业调查统计的数据也提供给行业主管部门和国家计委，作为制定行业发展规划的参考依据。

5. 促进中外合资合作，促进机械设备的国产化。

几年来，委员会在开展技术咨询的基础上，为生活用纸行业的中外合资合作牵线搭桥，促进机械设备的国产化进程，如日本川之江株式会社和辽阳造纸机械厂合作生产卫生纸机项目，湖北通山机械厂研制干法纸机等。

6. 发挥企业和政府间的桥梁作用。

维护行业整体利益，及时反映企业的意见，如卫生纸品出口配额，一次性卫生用品的卫生标准、进口废尿布等有关问题。

7. 向社会推荐生活用纸名优产品，促进企业平等竞争。

今年在中央电视台半边天栏目和中国妇女、中国妇女报上推荐了9种生活用纸产品。

8. 发展会员，扩大影响，搞好协会自身建设。

随着生活用纸行业的发展，生活用纸委员会重视及发展有活力的企业入会，目前已有国内会员349家，海外会员17家。同时对各会员单位的情况平时不断追踪考察，在推荐确定副主任委员和常委单位时，保证了其影响力和代表性，使副主任委员和常委单位能真正发挥作用，从而加强了协会的凝聚力。

三、今后工作要点的初步意见

随着国家机构改革和企业改革的深入，行业协会面临新的历史使命，将在促进行业发展，促进技术进步，促进技术与经济结合方面做出更大的贡献。

国家经贸委1997年对行业协会的职能作出了明确的规定，主要有6个方面：

1. 根据行业的特点，制定本行业的"行规行约"，以建立行业自律性机制，规范行业自我管理行为，政府部门要赋予行业协会制定、管理"行规行约"的权力和职能。

2. 对本行业新办工业企业申报进行前期咨询调研，行业协会签署论证意见，作为工商管理部门审批的重要依据。

3. 参与制定、修订本行业各类标准的工作，包括技术标准、经济标准、管理标准。组织推进标准的贯彻实施。开展行检、行评工作。承担本行业生产许可证发放的有关工作，对不符合质量标准和其它标准的产品和企业，进行督促整顿，以至建议政府有关部门采取有关措施。

4. 进行行业内部价格协调。对于行业内的价格争议，组织同行议价。对行业内协定的商品价格进行指导、监督、协调。

5. 按照本行业的实际要求，加强行业统计工作。布置、收集、整理、分析全行业统计资料，为政府制定产业政策提供依据，为企业经营决策服务。

6. 受政府或有关公司委托，对行业内重大的投资、改造、开发项目的先进性、经济性、可行性进行前期论证，并参与项目责任监督。组织国内、国际的行业技术协作和技术交流。推荐行业内的高新技术产品、名牌产品。组织行业技术成果的鉴定和推广应用。

国家经贸委原则规定了行业协会的6项职能，但具体如何做，与机构改革和政府职能转变密切相关，难度较大，有些职能目前还不能落实。因此，去年国家经贸委布置了行业协会试点工作，还在进一步探索。根据这种情况，我对生活用纸委员会今后的工作要点提出以下设想：

1. 进一步加强信息交流，为企业做好服务工作。《生活用纸信息》刊物今年下半年改为月刊，并从9月份起更名为《生活用纸》，以容纳更多技术和管理方面的内容。要克服困难继续把刊物办好，使其更贴近市场，更适合企业的需要。建立通讯员制度，各常委单位和骨干企业要及时向秘书处反映情况，提供资料。要多方做工作，争取早日公开发行。

《中国生活用纸年鉴1999》由中国轻工业出版社正式出版，目前已开始编辑工作，预计在明年5月份出版。

2. 办好每年一届的国际研讨展示会和常委扩大会。

3. 促进公平有序的市场竞争，制订行业自律公约，本次会议上将讨论行业自律公约草案，会后要不断修订完善，并组织实施。

4. 扩大国内外技术交流的深度和广度，有针对性地搞好出访外国代表团的组织和活动安排，讲求实效。

5. 促进企业依靠技术进步，增强创新能力，生产符合市场需求的优质产品，在北京建立生活用纸名优产品展示室，向市场推荐介绍会员单位产品。

6. 促进企业之间联系，以名牌产品和龙头企业为主，通过兼并、收购、联合等多种形式建立企业集团，实现规模生产，集约化经营。

7. 做行业的发言人，企业的代言人，积极向政府有关部门和新闻单位反映行业情况，维护企业利益。反对倾销行为，保护民族工业。

8. 进一步做好技术咨询服务，准备建立卫生纸和一次性卫生用品两个咨询服务站，组织技术力量帮助企业解决技术难题和实施技术改造。

四、会费收支情况

截止到1998年7月底，生活用纸专业委员会全部在册会员单位：国内349家(包括倒闭和停产企业约50家)，海外17家。

1. 自生活用纸专业委员会1993年成立至1998年6月底，会员单位共交会费累计461213.20元，具体统计情况如下：

年 份	数量(元)
1993年	38700
1994年	50607
1995年	40000
1996年	105092.10
1997年	164779.90
1998年(至6月底)	62034.20
共计	461213.20

2. 自成立至1998年6月底，累计支出费用共计403500元，其中印刷费、制版费、邮寄费、稿费、通讯费和其它办公费用支出353500元，新增办公用品，包括添置计算机、传真机、电话机、空调、文件柜等支出50000元。

3. 以上收入减支出，截止1998年6月底，会费累计结余为57713.20元。

在生活用纸委员会会费收支中需要特别说明两点：

1. 常委单位和骨干企业是委员会的中坚力量，大家以实际行动支持协会工作，不仅积极参加活动，经常与秘书处互通情况，而且按时交纳会费，借此机会，我再次对各位表示感谢！

2. 生活用纸委员会的挂靠单位中国造纸开发公司为保证秘书处工作的正常有序，配备了强有力的工作班子，而且提供了办公室及设施，同时负担人员工资、福利费、管理费等开支。我作为中国造纸开发公司的总经理，在此也保证今后将一如既往地重视和全力支持秘书处的工作，把生活用纸委员会的工作做得更好！

以上报告，提请各位代表审议。

最后祝愿所有的生活用纸企业在改革的大潮中，通过你们的努力能够立于不败之地，以雄健的姿态参与国际竞争。祝各位身体健康，工作顺利！谢谢大家！

谭祖光

1998年8月

生产和市场

PRODUCTION AND MARKET

(2)

全国纸和纸板的生产和消费（1990~1997年）

PRODUCTION AND CONSUMPTION OF PAPER AND PAPERBOARD NATIONWIDE(1990~1997)

单位：1000t

产品名称 Grade	1990年		1991年		1992年		1993年		1994年		1995年		1996年		1997年	
	产量 Production	消费量 Consumption	产量 Production	消费量 Consumption	产量 Production	消费量 Consumption	产量 Production	消费量 Consumption	产量 Production	消费量 Consumption	产量 Production	消费量 Consumption	产量 Production	消费量 Consumption	产量 Production	消费量 Consumption
纸及纸板产量 Paper & Paperboard	13718.7	14428.5	14786.9	15888.3	17250.7	19480.1	18678.7	20874.5	21382.7	24301.1	28123.0	30621.6	26392.4	30669.9	27331.9	32587.1
1新闻纸 Newsprint	509.2	520.3	516.5	498.5	571.2	628.3	659.6	774.2	733.0	819.3	791.4	739.1	901.4	1255.9	729.9	1180.8
2书写印刷纸 P&W Paper	3269.8	3312.8	3387.8	3545.2	4172.7	4480.1	4383.6	4688.0	5254.2	5736.0	6064.5	6532.1	5601.8	6434.3	5197.2	6214
3 生活用纸 Household Paper	689.4	649.4	808.4	808.4	1041.3	1068	1212.3	1179.8	1468.0	1441	2093	2063	2120	2148	2284. 9	2249. 4
4 包装及其他用纸 Packaging Paper and Other	3955.1	4158.3	4294.1	4657	5481.5	5777	5268.2	5636	5739.1	6239	3262.5	3555.3	6990.2	7425.7	6857. 4	7590. 8
5纸板 Paperboard	5295.2	5787.7	5780.1	6379.2	5984.0	7526.7	7155.0	8596.5	8188.4	10065.8	15929.6	17732.1	10779.0	13406	12262.5	15352. 1

全国纸和纸板的主要品种产量和结构(1997年)

PRODUCTION AND STRUCTURE OF PAPER AND PAPERBOARD GRADES NATIONWIDE (1997)

产品名称 Grade	产量/t Production	所占比重/% Proportion
纸及纸板合计 Paper and Paperboard	27331900	100
新闻纸 Newsprint	729900	2.67
书写印刷纸 P& W paper	5197200	19.02
包装用纸 Packaging paper	3983600	14.57
生活用纸 Household paper	2284900	8.32
纸板 Paperboard	12262500	44.87
其他 Other	2873800	10.55

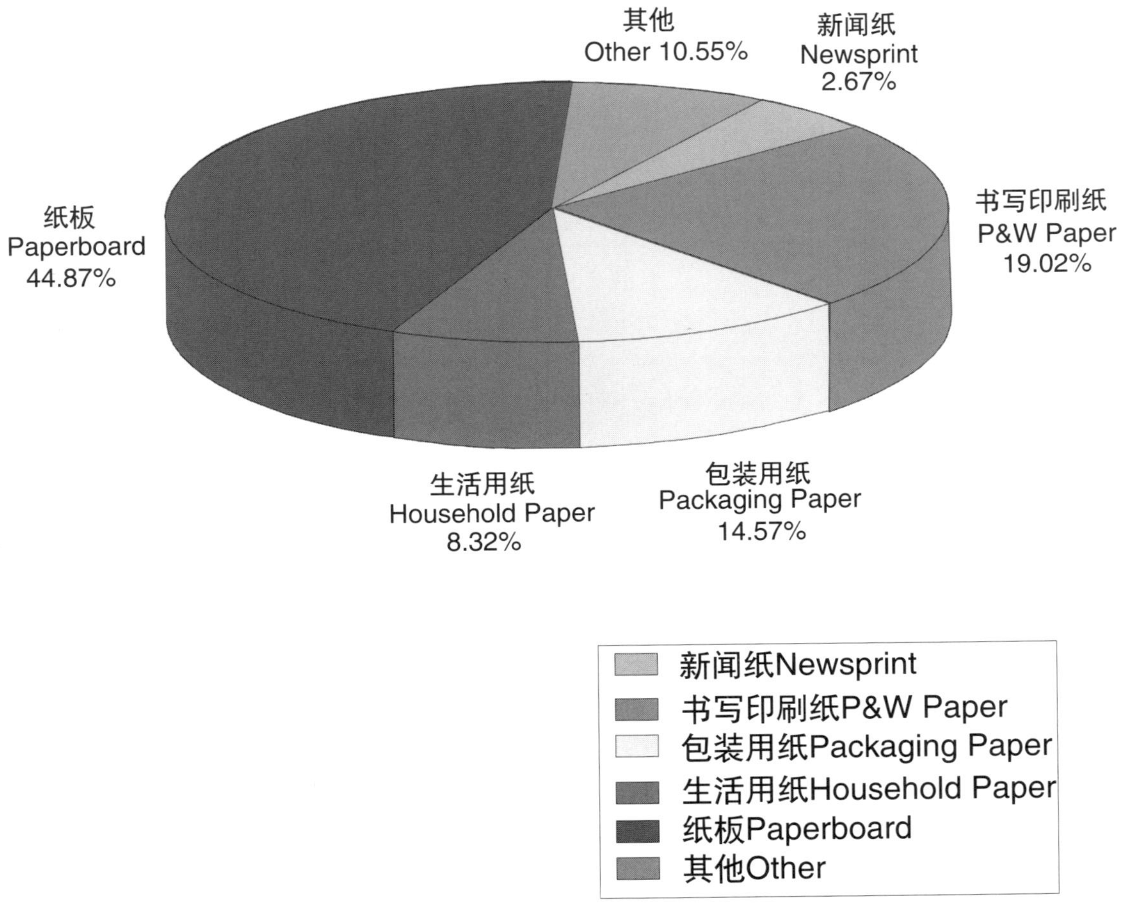

全国生活用纸产量(1990~1998年)

HOUSEHOLD PAPER PRODUCTION NATIONWIDE(1990~1998)

单位：t

China Household Paper Production 1990~1998年 Year	卫生纸 Tissue	卫生巾 Sanitary Napkin	尿裤 Diaper	总量 Total
1990	679000	20440		689440
1991	750000	58400		808400
1992	961000	80300		1041300
1993	1121000	91250	1440	1213690
1994	1358500	109000	3600	1471100
1995	1836000	139900	5400	1870100
1996	1946000	167900	11200	2125100
1997	2080700	186200	18000	2284900
1998	2200000	200750	22500	2423250

中国生活用纸进出口情况(1990~1998年)

IMPORT AND EXPORT OF CHINA HOUSEHOLD PAPER IN CHINA(1990~1998)

年度 Year	进口 Import		出口 Export	
	数量/t	金额/1000 US$	数量/t	金额/1000 US$
1990		2562.2		46217.4
1991		4940		3882
1992	65107.19	12319.2	38363.74	47272.6
1993	9905.46	13063	42382.64	58362
1994	11746.8	16364	38687.1	53052
1995	16641.7	20876	46150.9	69927
1996	20589.9	20884	48515.9	72817.3
1997	19605.6	20414.9	55146.2	75522.5
1998	33799.4	35189.1	58489.9	71082.3

中国各类生活用纸进出口情况(1998年)

IMPORT AND EXPORT OF MAJOR HOUSEHOLD PAPER GRADES IN CHINA (1998)

一、进口 IMPORT	数量 /kg	金额/US$
总量	33799432	35189059
1.超过36cm宽成卷的或为矩形的卫生纸、面纸、餐巾纸等家庭生活用纸Tissue Paper(>36cm)	26722621	22891261
2.不超过36cm宽的 Household Paper(<36cm)	7076811	12297798
其中:(1) 卫生纸类Toilet Tissue	1184197	755615
(2) 纸手帕及面巾纸Handkerchief ,Facial Tissue	553554	634822
(3) 纸台布及纸餐巾 Paper Napkin	240338	259274
(4) 卫生巾、婴儿纸尿布及类似卫生用品 Sanitary Napkin, Baby Diaper etc.	4049150	7775413
(5) 衣服及衣着附件Clothes	466474	1747907
(6) 纸床单及其他家庭卫生或医院用品 Other hygiene products for home and hospital	583098	1124767
二、出口EXPORT	**数量 /kg**	**金额/US$**
总量	58489888	71082252
1.超过36cm宽成卷的或为矩形的卫生纸、面纸、餐巾纸等家庭生活用纸 Tissue Paper (>36cm)	13776001	12417845
2.不超过36cm宽的 Household Paper(<36cm)	44713887	58664407
其中: (1)卫生纸类Toilet Tissue	21930772	19899420
(2) 纸手帕及面巾纸Handkerchief ,Facial Tissue	12317878	15154526
(3) 纸台布及纸餐巾 Paper Napkin	4296212	5444608
(4) 卫生巾、婴儿纸尿布及类似卫生用品 Sanitary Napkin, Baby Diaper etc.	3558128	9412355
(5) 衣服及衣着附件Clothes	994620	2797058
(6) 纸床单及其他家庭卫生或医院用品 Other hygiene products for home and hospital	1616277	5956440

中国纸餐具进出口情况（1998年）

IMPORT AND EXPORT OF PAPER TABLEWARES IN CHINA（1998）

	数量 /kg	金额/US$
一、进口IMPORT	1234531	1962295
1.纸或纸板制的盘、盆杯及类似品 Paper cups, trays, bowls etc.	323299	647699
2. 压制或模制纸浆制品 Pulp Molded Products	911232	1314596
二、出口EXPORT	5425985	8775177
1. 纸或纸板制的盘、盆杯及类似品 Paper cups, trays, bowls etc.	4664681	7190471
2 .压制或模制纸浆制品 Pulp Molded Products	761304	1584706

中国生活用纸主要产品的产量和所占比重 (1997年)

PRODUCTION OF MAJOR HOUSEHOLD PAPER GRADES IN CHINA（1997）

	产量/ t Production	所占比重/% Proportion
生活用纸 Household Paper	2284900	100
卫生纸（厕纸） Toilet Tissues	1553400	68
餐巾纸 Table Napkins, Paper Towels	303500	13
面巾纸 Handkerchiefs, Facial Tissues	223800	10
妇女卫生巾 Sanitary Napkins	186200	8
纸尿裤 Baby Diapers	18000	1

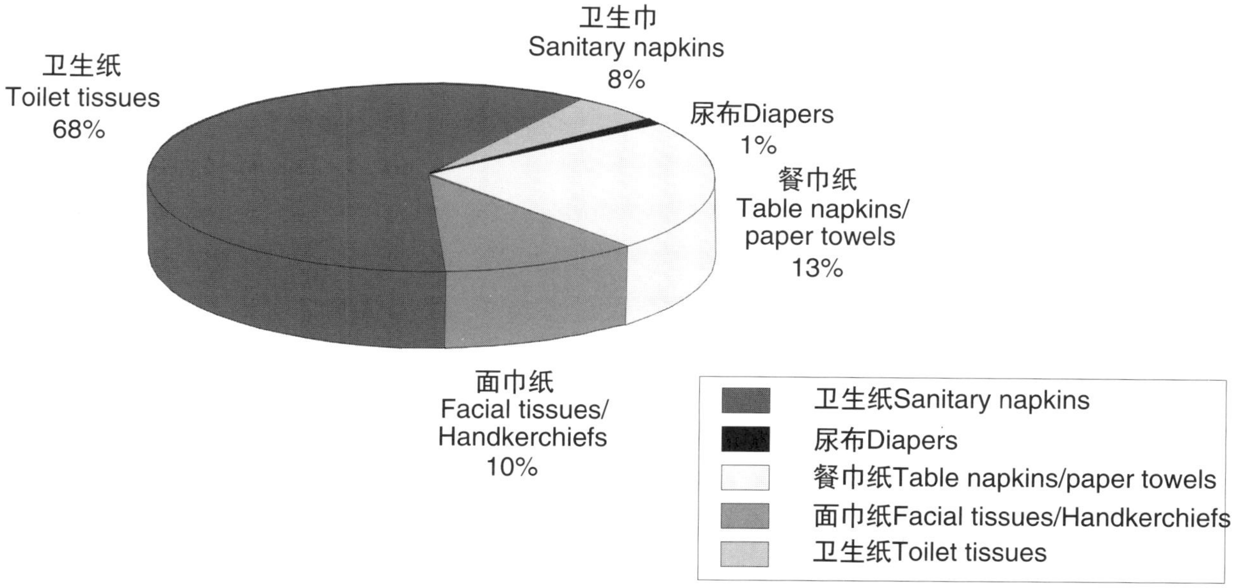

中国卫生纸主要产品结构(1997)

Structure of Major Tissue Grades in China(1997)

	产量/t Production	所占比重/% Proportion
卫生纸 Tissue	2080700	100
厕纸 Toilet tissue	1553400	74
餐巾纸 Table napkins/Paper towel	303500	15
面巾纸 Facial tissue/Handkerchief	223800	11

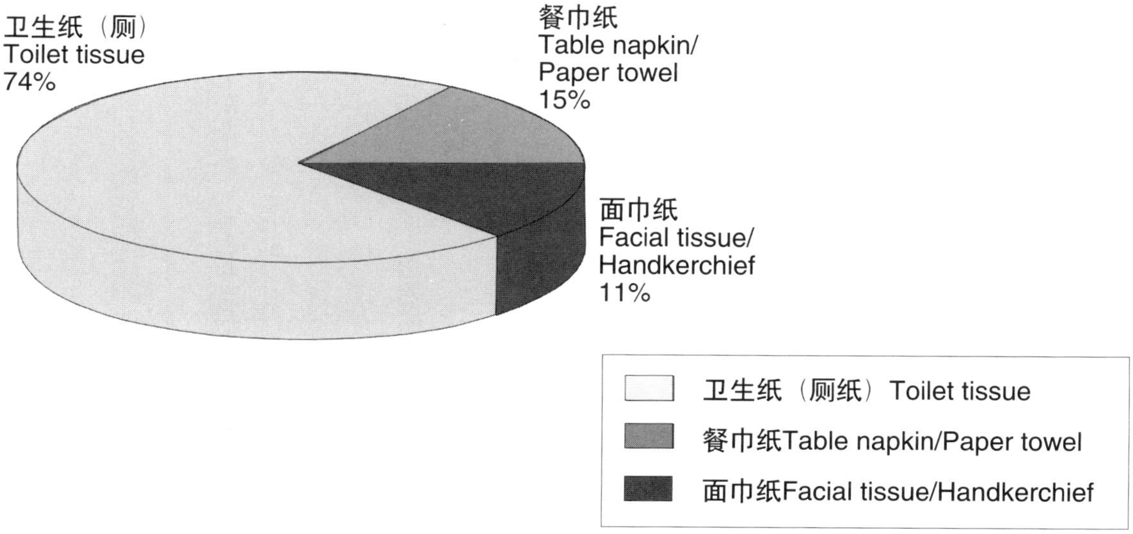

全国卫生纸及后加工产品产量及消费量（1990~1998）

TOTAL TISSUE PAPER PRODUCTION NATIONWIDE （1990~1998）

单位：1000t
指数：1990年=100

年度 Year	产量 Production	产量指数 Production Indices	进口量 Import	出口量 Export	消费量 Consumption	人口总数/10^6人 population	人均消费/kg·(人·年)$^{-1}$ Per Capita Consumption
1990	679	100			679	1143. 33	0.59
1991	750	110			750	1158. 23	0.65
1992	961	142	6.5	38.4	929.1	1171. 71	0.79
1993	1121	165	99.1	42.4	1177.7	1185. 17	0.99
1994	1358.5	200	11.7	38.7	1331.5	1198. 50	1.11
1995	1836	270	16.6	46.2	1806.4	1211. 21	1.49
1996	1946	287	20.6	48.5	1918.1	1223. 89	1.57
1997	2081	306	15.5	31.9	2064.6	1236. 26	1.67
1998	2200	324	33.8	58.5	2175.3	1248. 00	1.74

卫生纸 Tissue Paper
产量 Production 1000t
消费量Consumption 1000t

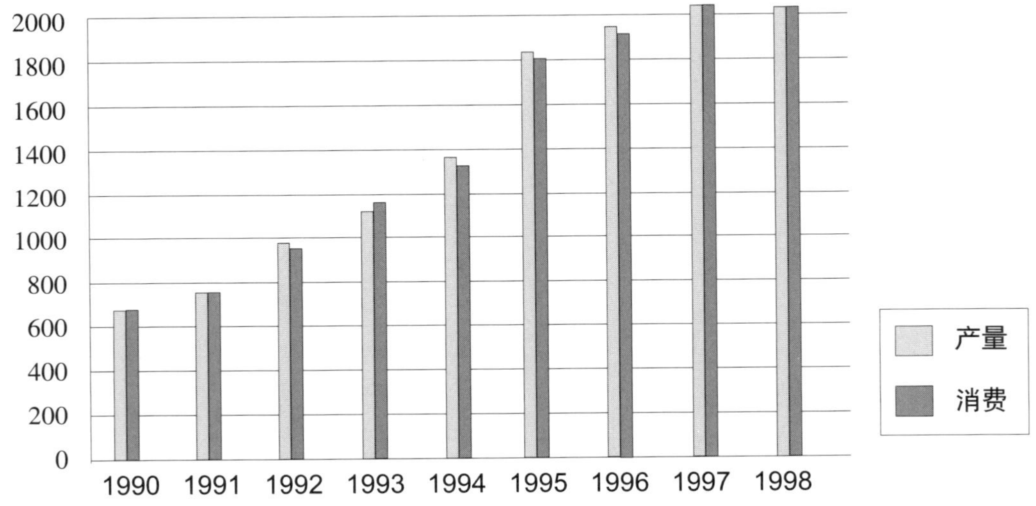

卫生纸Tissue Paper
人均消费量/kg·(人·年)$^{-1}$
Per Capita Consumption

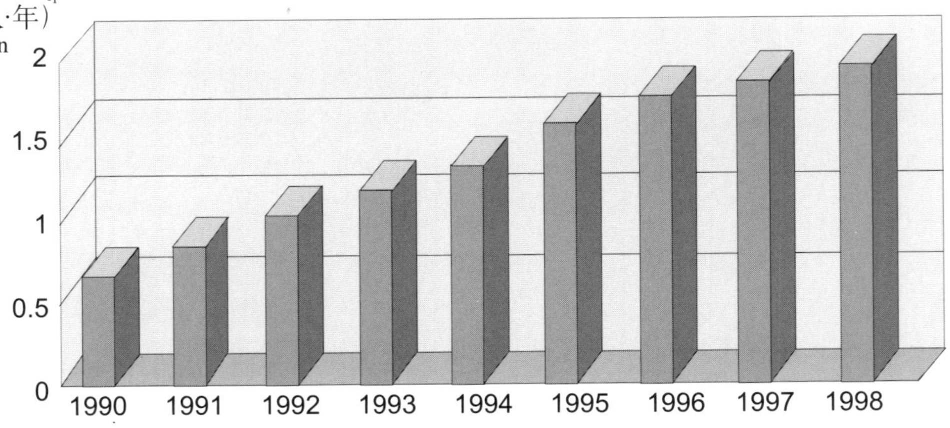

中国与其它国家和地区人均卫生纸消费量的比较(1993~2005)
PER CAPITA CONSUMPTION OF TISSUE PAPAER IN VARIED COUNTRY/AREA(1993~2005)

国家或地区 Country/Area	人均消费/kg·(人·年)$^{-1}$ Per capita consumption			
	1993年	1995年	2000年	2005年
西欧 West Europe	10.2	11.0	12.6	14.3
东欧 Ease Europe	0.98	1.1	13.5	15.1
北美 North America	20.5	20.8	22.4	23.4
南美洲 South America	2.9	3.1	3.6	4.2
日本 Japan	12.1	12.8	14.8	16.7
中国 China	0.99	1.49	2.1	2.6
亚洲其他地区 Other Asia Region	0.46	0.51	0.63	0.75
非洲Africa	0.28	0.32	0.36	0.40
大洋洲 Australia	8.5	8.9	10.0	11.1
世界Global	2.7	2.9	3.2	3.5

人均消费(1995年)/ kg·(人·年)$^{-1}$
Per Capita Consumption

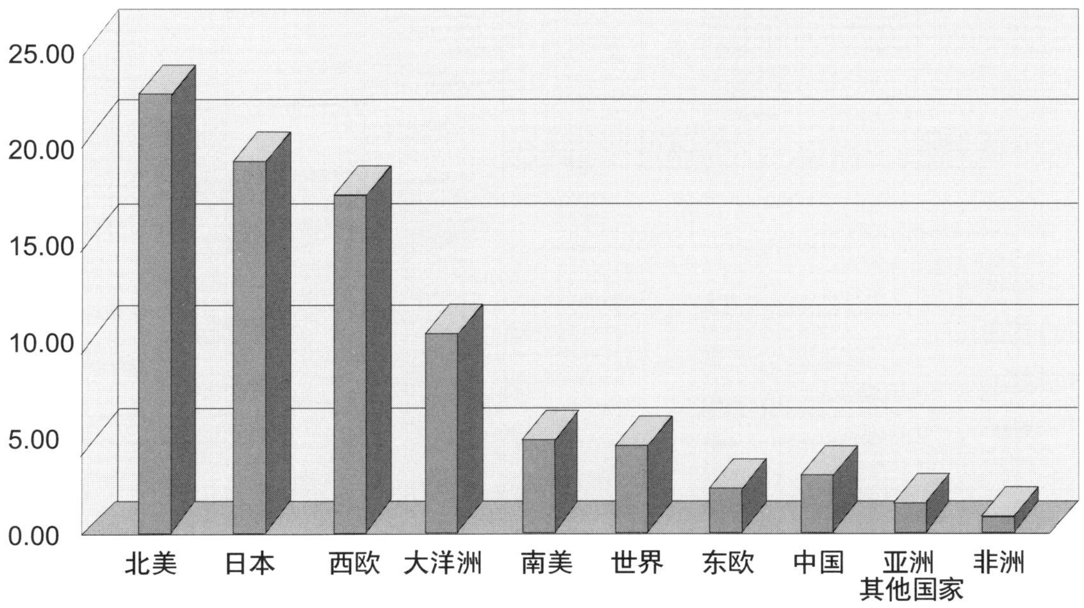

中国市场妇女卫生巾的普及率(市场渗透率)
CHINA-MARKET PENETRATION OF SANITARY NAPKIN

中国大陆适龄妇女（按15~49岁）实际人均需用妇女卫生巾180片/年
The women at childearing age (age 15~49)of using sanitary napkin is about 180 pieces per year

年份 Year	1985	1990	1993	1995	1996	1997	1998
适龄妇女（15~49岁）人数/10^6人 Women at Chindearing age (age 15~49)/million	278.0	311.1	321.5	330.0	336.2	338.7	342.1
消费量/10^9片 Consumption/billion pieces	1.0	2.8	12.5	18.6	23.0	25.5	27.5
市场渗透率/% Market penetration/%	2	5	21.6	31.3	38	41.8	44.7

卫生巾Sanitary Napkin
市场渗透率/%Market Penetration

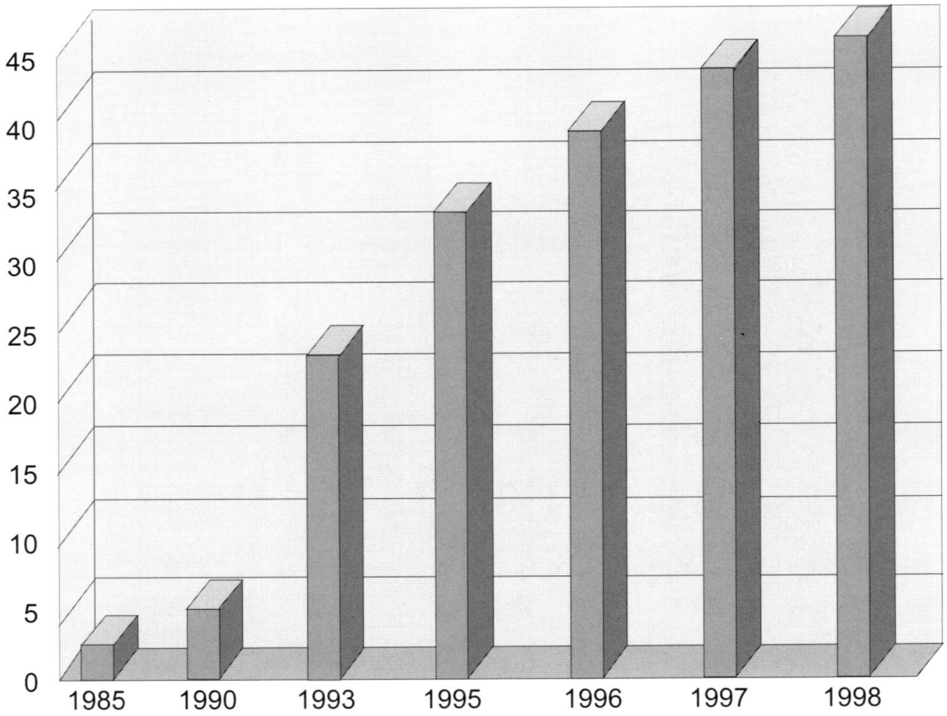

中国市场婴儿纸尿裤的普及率(市场渗透率)
CHINA-MARKET PENETRATION OF BABY DIAPER

按中国大陆0~2岁婴儿人均需用纸尿裤3片/天计
The baby (age 0~2) using 3 pieces of baby diaper per day

年份 Year	1993	1994	1995	1996	1997	1998
0~2岁婴儿/10^6人 Age 0~2 / million	47.5	48.1	48.8	49.2	49.4	49.5
总消耗量/10^9片 Consumption/billion pieces	0.04	0.1	0.15	0.28	0.40	0.50
市场渗透率/% Market Penetration	0.07	0.2	0.28	0.56	0.75	0.92

婴儿尿裤 Baby diaper
中国市场渗透率/% China- Market Penetration

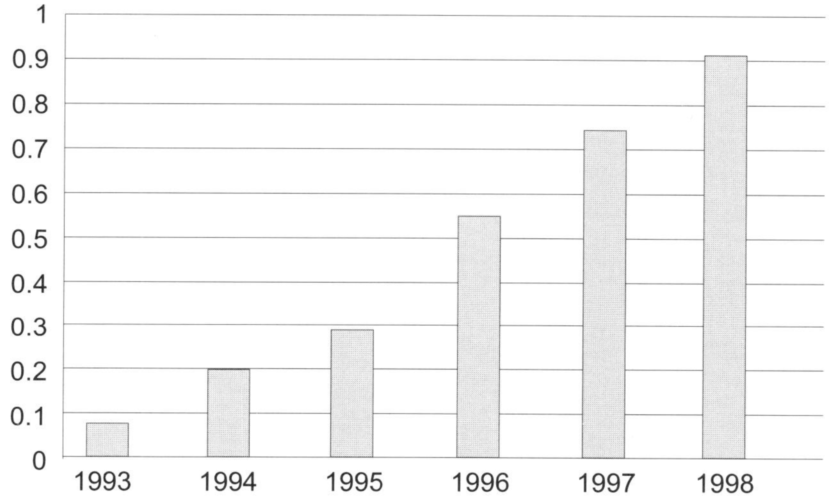

婴儿尿裤 Baby diaper
市场渗透率/% Market Penetration
(1996年)

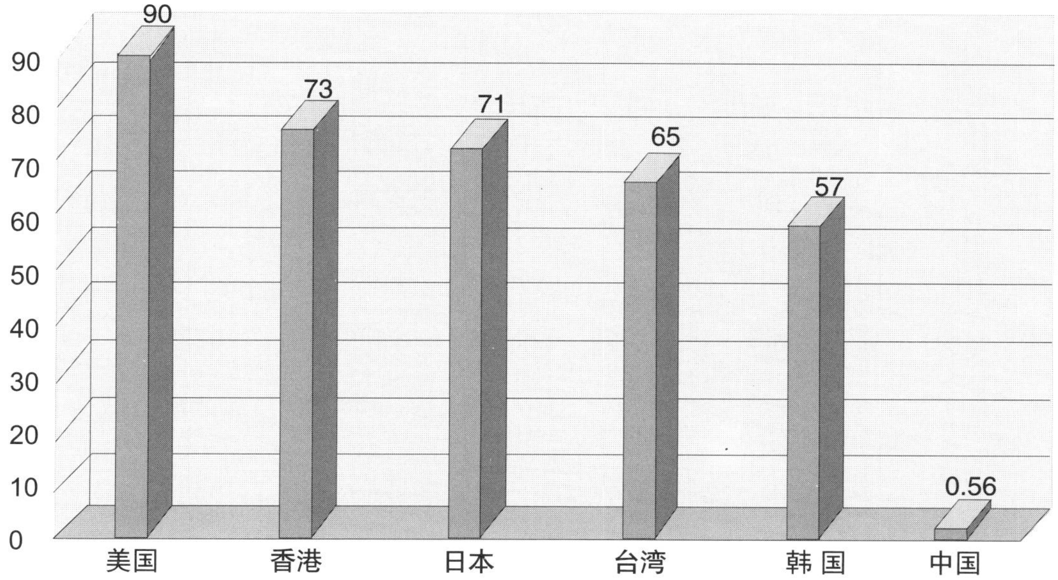

中国生活用纸生产和市场发展形势
Situation of Production and Market for Tissue Paper & Disposable Hygiene Products in China

背景

在以往20年中,中国经济实现了世人瞩目的高速增长,创造了亚洲乃至世界范围内的经济奇迹。在迈向21世纪进程中，中国经济继续实现高速增长，存在巨大潜力。3个趋势即城市化、市场化和国际化所创造的客观需求和供给潜力，是中国经济长期高速增长的基本动力源。

下表列出中国国内生产总值增长率、通货膨胀率、在1985年、1990年及1993年至1997年的中国市区家庭人均年收入及市区家庭人均年生活开支。

年　份	1985	1990	1993	1994	1995	1996	1997
国内生产总值增长率/%（与前一年相比）	13.5	3.8	13.5	12.6	10.5	9.6	8.8
通货膨胀率 /%	9.3	3.1	14.7	24.1	17.1	8.3	2.8
市区家庭人均年收入/人民币元	749	1523	2583	3502	4288	4845	5160
市区家庭人均年生活开支/人民币元	673	1279	2111	2851	3537	3920	4186

随着中国经济的发展，中国的消费品市场发展异常迅速，特别是出现了一个以中国情况而言属购买力相当强的消费群。1997年的消费品零售额从1996年的人民币24774亿元升至人民币27299亿元，增长10.2%。过去10年中国经济增长，致使对消费品（包括个人卫生用品）的需求亦有强劲增长，对水准较高、品质较佳的产品的需求亦有增加。

中国是全球人口最多的国家。在1986年至1998年期间，人口以1.25%的复合年率增长。中国人口总数由1986年的10.75亿人增加至1998年的12.48亿人。

卫生纸品和用即弃产品是与消费者关系密切的日常用品之一，凡有人群，特别是有妇女、儿童、老人的地方就有潜在的消费市场，属日不落工业。90年代以来，随着经济的发展和人们在思想文化观念以及消费习惯上的变化，中国卫生纸品和用即弃产品市场异军突起，市场消费潜力得到了空前的提升。1998年我国国民经济继续保持稳定增长的良好态势，国内生产总值（GDP）比上年增长7.8%，城乡居民收入稳定增长，市场销售平稳，市场物价继续低位运行。1998年，卫生纸品和用即弃产品的生产和消费总量继续稳步增长，在经济发达地区和大城市已呈现小康型特征。

从经济的大环境看，中国目前正处于低通胀/负通胀、高增长的稳定发展时期，但与此同时，也存在失业率上升，下岗职工增多，市场需求不旺，买方市场形势严峻的困难。近两年，随着外国投资者的进入和国内主要骨干企业技术改造、扩大再生产以及新的制造商的加入，卫生纸品和用即弃产品的生产能力迅速扩大，在产品品种和质量档次方面逐渐与国际接轨，制造商之间为争夺市场份额，竞争也日趋激烈。虽然就全国来说，这类产品的人均消费量或市场渗透率仍不高，但由于国民收入水平较低，消费市场已进入有效需求不足的相对过剩阶段。呈现出以下特点:

▲产品市场增长率从年均两位数的增长趋缓回落

▲消费者对产品价格变动敏感性提高，中低价位产品更受欢迎

▲集团购买力明显下降

下一阶段，行业内部的经济增长点，应立足于规模经营、技术改造、开发适销对路的新产品，拓展海外市场和农村市场。

一、 卫生纸品

卫生纸是生活用纸的主导产品，20年前即使是上海、北京等大城市，人们上厕所，也只用非常粗糙的，用废纸或造纸厂尾浆生产的手纸，在内地城镇，有的人甚至不用手纸，而现在在超市中到处可见精美包装的卷筒卫生纸、盒装面巾纸、手帕纸、餐巾纸等。为制造这些最终产品的卫生纸原纸的生产也在快速发展。中国卫生纸1997年的产量208万吨，居世界第2位，占全世界1997年估计总产量1920万吨的10.8%。1998年估计中国卫生纸产量为220万吨。1990~1998年期间，中国卫生纸的消费量从1990年的68万吨，增长至1998年的218万吨，复合年增长率15.7%，年人均消费量也从0.59公斤增长至1.74公斤。但与发达国家水平仍相距甚远。大约是北美的1/14,西欧的1/7,世界平均水平的一半。而且如果以国外标准看，我国真正符合卫生纸要求的卫生纸的产量仅为30%左右。

中国目前有卫生纸生产企业700多家，大多是日产量1~5吨的小型企业，卫生纸机的型式以抄宽1092~1760mm，车速60~120米/分的圆网纸机和长网纸机为主。生产原料多为经简单脱墨漂白处理的混合废纸浆、

白纸边、稻麦草浆、蔗渣浆、造纸尾浆、废棉浆等。从国外引进的卫生纸机及少量国产圆网纸机、长网纸机用进口木浆为原料生产中高档卫生纸。下表为卫生纸厂原材料使用的大致情况。

原材料	质量	市场占有率/%
100%进口木浆或国产棉浆	最佳	10
30%进口木浆70%木浆废纸 或优质漂白蔗渣浆	佳	20
白纸边、漂白稻麦草浆	一般	20
混合废纸、一般草浆、纸厂尾浆	差	50

目前中国市场上卫生纸品的品种和形式日益增多，包括：卫生卷纸，平装或折叠装卫生纸，餐巾纸，面巾纸，厨房纸抹布，擦手纸以及无尘纸做成的餐巾纸，纸抹布，湿纸巾等。

1988年至1992年，卫生纸品中，厕纸所占比例在95%以上，随着消费水平的提高，1995年工业普查中，厕纸占88%，纸巾纸所占比例达到12%。1997年厕纸占74.7%，纸巾纸所占比例继续攀升到25.3%,其中餐巾纸约占15%,面巾纸约占11%。

中国卫生纸品质量档次的提高和花色品种的增加除了引进设备所发挥的领先示范作用之外，主要得益于现有纸机的技术改造和工艺技术的改进。包括成形部的配置，网槽改造，使用高精度网笼，具中高伏辊，生产工艺上控制纤维配比，打浆度，上网浓度，网速与浆速比，真空度，起皱效果，以及分散剂，柔软剂等化学助剂的使用等。中国以较小的投资，在过去的7~8年时间内增加了约140万吨的产量，基本上满足了市场的需求，并积累了小造纸企业的生产经验，但小卫生纸厂、小机台也存在用工多，效率低，质量不稳定等问题，随着国际上卫生纸集约化生产大趋势的影响，今后生产卫生纸的大企业和大机台将逐步增加，而大小卫生纸制造商并存的局面短时间不会改变。

1998年之前中国进口了7台卫生纸机，现仍在运行的有6台，属80年代初技术水平。由于成形部多为真空圆网成形器或斜网成形器，成纸的柔软度、松厚度、表面平滑度等方面虽然比圆网成形或短长网成形要好，但远不及先进的多层流浆箱配新月型成形器（Crescent Former）的成纸性能。而在相同使用性能下，这些纸机抄造的卫生纸定量要比新型纸机高，加之一般都是用同一机台上既生产低定量高要求的面纸、化妆纸，又生产定量较高相对要求较低的卫生卷纸，在效率方面没有充分发挥纸机的优势，相对运行成本较高。

这7台卫生纸机的具体情况如下表：

生产厂	引进时间/年	纸机制造商	成形方式	纸幅宽度/m	设计速度/(m/min)	现运行速度/(m/min)	现使用原料	原使用原料	主打浆设备
山东潍坊恒信纸业	1988	日本 KAWANOE	真空圆网	2.38	500	485	NBKP+LBKP	草浆	DDR
江苏连云港造纸厂	1989	意大利 OVER	夹网	1.80	600	停机		棉浆	槽式+DDR
维达纸业（湖北）有限公司	1990	意大利 TOSCHI	斜网	1.85	500	350	NBKP+LBKP	棉浆	槽式+DDR
广东维达纸业	1992	日本 KAWANOE	真空圆网	2.38	500	530	NBKP+LBKP	NBKP+LBKP	DDR
广东维达纸业	1994	日本 KAWANOE	真空圆网	2.66	900	850~900	NBKP+LBKP	NBKP+LBKP	DDR
上海金佰利纸业	1994	VALMET	新月型成形	2.40	1100	630~800	NBKP+LBKP	NBKP+LBKP	DDR
河南漯河银河纸业	1995	意大利 OVER	斜网	2.66	500	350	NBKP+LBKP	棉浆	槽式+DDR

1998年后投产或进入项目实施阶段的卫生纸机配置了更先进的多层流浆箱和新月型成形器，预计在2~3年内可形成30万吨生产能力，占据中高档卫生纸产品的大部分市场，并形成品牌优势。项目具体情况如下：

投资商	地点	纸机	纸机车速/(m/min)	纸机幅宽/m	生产能力/(万t/a)	品牌	进展
金红叶（APP）	苏州	Andritz	2000	5.6	12	唯洁雅、清风	其中1台在1999年5月投产
台湾永丰余	昆山	意大利Acelli	1400	2.18	1.5	五月花	1998年7月投产
台湾荣成纸业	苏州	意大利Ricard	1400	2.66	1.8	柔情	1998年8月投产
香港启祥集团	江阴、新会				3		筹建
广东维达纸业	新会	Beloit	2200	2.70	3.5	维达	建设中
恒安集团	湖南常德	Andritz	1600	3.65	3.4	心相印	1998年9月投产
宁夏美洁纸业	宁夏贺兰	Valmet	1100	2.40	1.5	美洁	建设中
柳州造纸厂	广西柳州				1.5	立士洁	筹建
广西贵港榴花造纸公司	广西贵县				3.4	榴花	筹建
上海斯米克华洁纸业	上海				1.8	洁云	筹建

广东维达纸业有限公司是目前中国最大的专业卫生纸制造商,广东中顺纸业则以用国产小纸机生产中高档卫生纸见长,1998年产量也达到了3万吨。中国目前的卫生纸市场仍是由多个制造商组成。但高档卫生卷纸和纸巾纸市场的原纸制造商比较集中,主要品牌有：维达、洁柔、咪猫、玉牌、舒洁等。预计1999年心相印、唯洁雅/清风、五月花、柔情、美洁等品牌在高档产品市场的份额也将增加。由于运输费用原因，中低档产品市场仍以地方品牌为主。同时，由于原纸制造商的增加，各地卫生纸加工厂和妇女卫生巾、纸尿裤制造商，对卫生纸原纸的选择余地变大，原纸价格趋低。

中国的卫生纸市场属自给型，出口量略大于进口量，净出口量约占总产量的1%，出口量呈上升趋势。

根据发展形势，2000年前后中国卫生纸集约化生产的趋势明显。强有力的市场竞争者有：维达纸业、恒安集团、金红叶纸业（APP）、中顺纸业、永丰余、荣成、美洁纸业等。市场销售中商销的比例也将从1998年的11%逐步上升。

二、妇女卫生巾

1985~1998年期间，中国妇女卫生巾的消费量从1985年的10亿片增长至1998年的275亿片，复合年增长率29%。卫生巾市场渗透率也从1985年估计的2%增长到44.7%。到1998年底，中国有1000多家卫生巾制造商，其中直条型卫生巾产品生产线约1000条，护翼型卫生巾产品生产线约300条，护垫生产线约60条。

中国妇女卫生巾的市场渗透率虽然增长迅速，但与发达国家和地区相比仍有较大差距。中国是世界上人口最多的国家，1998年中国年龄介乎15~49岁妇女人数约占中国总人口的28%。卫生巾产品是妇女生活中的消费必需品，因此中国的卫生巾市场具有潜力成为世界上最大的卫生巾市场之一。

中国的卫生巾市场属自给型。据海关统计数据测算，进口的卫生巾仅占中国1997年卫生巾总消耗量的1%以下。原因其一是卫生巾的体积大且重量轻，长途运输成本高；其二是目前中国进口卫生巾征收关税税率为24%，并按产品价值征收17%增值税，除非走私，否则进口商无利可图。由于跨国公司进入中国建厂，绝大部分在中国销售的国际品牌卫生巾是在中国境内生产的。中国城市、乡郊地区、沿海地区和内陆地区的经济发展水平差异较大，因此卫生巾的售价、产品种类及销售方式在各地区有所不同。小型生产规模的卫生巾制造商一般在附近地区销售产品。

中国卫生巾的分销渠道分散，目前尚无一个专门的覆盖全国市场的个人卫生用品分销渠道。卫生巾制造商在中国一般通过多种渠道分销卫生巾，包括批发商、分销商、零售商及便民店。

目前中国卫生巾产品可分为3类：（a）护翼卫生巾产品属中高档产品，售价较高。在中国，这类产品的生产始于90年代初期，目前主要集中在家庭收入较高的城市及沿海地区出售。1998年，护翼卫生巾的总产量约55亿片，约占中国卫生巾产品总产量的20%。（b）直条卫生巾产品与护翼卫生巾相比，售价普遍较低。1997年直条卫生巾产品的产量约占中国卫生巾总产量的79%。（c）护垫在中国自1992年开始生产，消费者主要是家庭收入较高及个人卫生意识较强的城市消费者。1998年护垫的总产量约占中国卫生巾总产量的1%。

中国卫生巾市场的渗透率及消费者对产品种类的选择视市场的地点有所不同。市场渗透率在城市较农村地区为高，主要原因是城市的个人卫生意识及收入水平均较农村地区高，卫生巾产品市场在农村地区尚属发展时期。此外，主要因收入水平有别，所以护翼卫生巾产品及优质直条卫生巾产品在经济发达地区（如城市及沿海地区）的受欢迎度比农村地区高。1997年情况见下表：

	年龄在15 49岁妇女的估计人数/10^6人	估计卫生巾渗透率/%	估计家庭人年收入/人民币元	估计卫生巾销售额所占比重/数量/10^9片		
				直条	护翼	护垫
城市	101.3	85	5160	50%/10.69	98%/3.92	100%/0.08~0.1
乡郊地区	237.4	25	2090	50%/10.73	2%/0.08	无
合计	338.7	41.8		100%/21.42	100%/4.00	100%/0.08~0.1

大城市和经济发达地区卫生巾消费呈小康型特征，据抽样调查,4个直辖市卫生巾的市场渗透率基本上接近100%(不含50岁以上妇女)，具体数字如下:

北京　97.2%
上海　97.5%
广州　98.2%
重庆　95.7%

大城市消费者在选购卫生巾时，最注重的因素是质量的可靠性，其次是价格和品牌。在大中城市和经济发达地区妇女个人卫生用品市场在超薄型卫生巾和护垫方面发展较快。超薄卫生巾和护垫趋向使用无尘纸作芯层。护翼型卫生巾在包覆层和防漏PE底膜方面也在不断改进，如包覆层采用三片式，PE打孔膜和无纺布复合，水刺无纺布等，PE防漏膜也向透气型方向发展。

就全国来说,直条型卫生巾产品仍占主导地位。经过技术改造的新型直条卫生巾生产线做出的产品增加了结构胶，导流槽，使用更好的包覆层材料，有些做成圆头形，这些产品因价廉物美受到工薪阶层的欢迎，占有较大的市场份额。

恒安集团是目前中国最大的卫生巾制造商。中国卫生巾的市场集中由几个主要的品牌占有大部分的市场。主要名牌有：安尔乐、安乐、护舒宝、舒而美、高洁丝、娇爽、乐而雅、苏菲、舒爽、好舒爽、唯尔福、雅妮娜、舒雅、柔柔、维达、舒婷、特日欣、佳期等。1998年跨国公司国际品牌的卫生巾约占护翼卫生巾销售量的40%，占高档护翼卫生巾销售量的80%。国产卫生巾销售量占直条型卫生巾市场的95%，护翼卫生巾市场的60%。

三、婴儿纸尿裤和成人失禁用品

中国纸尿裤和成人失禁用品市场正处于发展初期,产品型式有:直条型,裤型,超薄型,普通型婴儿尿布,医院护理垫,检查垫,成人尿裤,成人失禁垫片等。1998年全国有28条婴儿纸尿裤生产线，23家制造商。主要制造商和品牌计有：东莞中南纸业有限公司（BB宝，新宠儿）、福建恒安集团有限公司（安儿乐）、中山瑞德卫生纸品有限公司（FITTI，PETPET），全日美实业（上海）有限公司（嘘嘘乐）、山东威海信威卫生材料制品公司（威乐宝）、南海西樵宝儿用品有限公司（帝儿宝）、广州宝乐婴儿制品有限公司（得而妙）、金佰利（中国）投资有限公司（好奇）等。1998年婴儿尿裤总产量约5亿片，前5位制造商占1998年总产量的约74%，在中国生产一次性婴儿纸尿裤的国际制造商有金佰利（K-C）和瑞德（DSG）两家。

以下圆形图所示为中国一次性婴儿纸尿裤市场中前4位的制造商及其他制造商以1998年估计总产量计算的估计市场占有率。

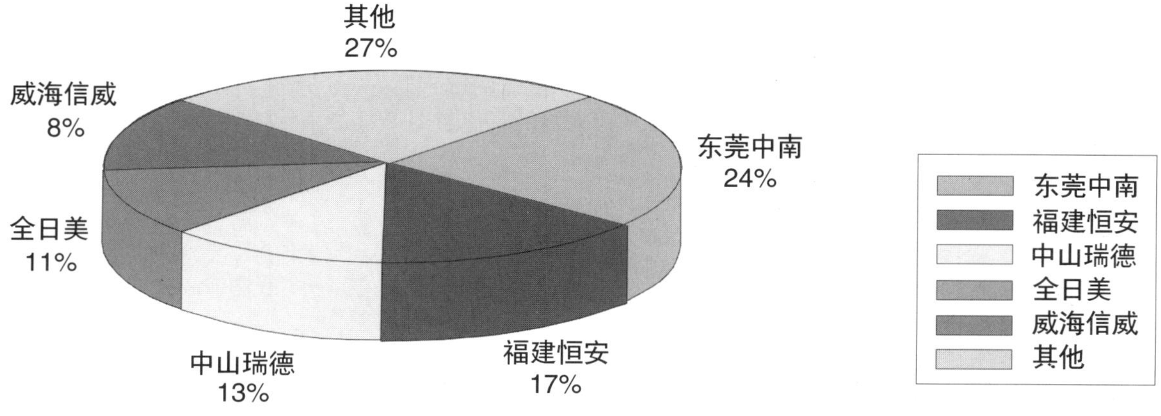

目前向中国进口的一次性婴儿纸尿裤须缴付24%关税，及按产品价值征收17%的增值税（包括应付的进口关税）。从境外进口的尿裤品牌主要有帮宝适（P&G）、花王（KAO）、乒乓(资生堂)。1993~1998年期间，中国婴儿纸尿裤的消费量从1993年的0.4亿片增长至1998年的5亿片,复合年增长率高达65.7%。中国婴儿纸尿裤的市场渗透率虽增长很快，但仍低于1%，与发达国家和地区相比，相差悬殊。

目前一次性婴儿纸尿裤的购买者主要集中在家庭收入较高的特大城市和沿海地区的大中城市。调查研究表明人均月收入在700~800元/月，纸尿裤可进入家庭，年轻父母有此承受力。而在内陆的中、小城市及乡郊地区，几乎没有一次性婴儿纸尿裤的消费，婴儿纸尿裤被当做昂贵的奢侈品。由于中国的婴儿纸尿裤市场仍属发展初期，竞争不如卫生巾激烈。中国每年约有2000万名新生婴儿出生，因此中国婴儿产品市场（包括一次性婴儿纸尿裤）具有庞大增长潜力。中国政府一直实施的一对父母生一个孩子的政策促使中国的父母投入更多的注意力和花费更多的金钱在孩子身上。加上近年来中国经济增长及生活水平的提高，这些因素将促进中国未来婴儿纸尿裤市场的迅速发展，这种趋势在1998年已初见端倪。

上海新创意公司调查研究的结果表明：在上海93.23%的3岁及以下婴儿家庭具有使用婴儿纸尿裤的经验，而使用纸尿裤的婴儿又以12个月及以下的为最多，约占65%，其次是13至24个月大的婴儿。由于受价格因素的影响，目前使用婴儿尿裤的高峰季节为冬季。另外，约有72.17%的婴儿父母习惯在夜晚使用纸尿裤，约有3成的家庭则在外出时使用婴儿纸尿裤。从这组数据可以看出，目前还处在初级阶段，市场的成熟需要一段渐进的过程。在研究中发现：照顾婴儿的成员年龄、文化程度与婴儿纸尿裤的使用率有很大的关系；在21至29岁的年轻父母中，约8成以上的人习惯使用纸尿裤；而仅有8.11%婴儿的祖父母或外祖父母赞同使用婴儿纸尿裤。另外，随着婴儿父母文化程度的提高，纸尿裤的使用率也将随之提高，大专及以上文化程度的父母使用婴儿纸尿裤的比例高达96.27%。由此可以得知，年轻、高学历的年轻父母是婴儿纸尿裤的主要消费对象。

消费者在选购婴儿纸尿裤时，最注重的因素是质量的可靠性（占73.59%），其次是使用方便与安全、价格合理等；而注重品牌知名度的消费者不到1成，主要原因是，相当部分（占总数的45.85%)的消费者是因医院搭售或推荐而开始使用婴儿纸尿裤的。对于婴儿纸尿裤的价格，约有68.19%的消费者希望每片的价格控制在1.51元至2.50元间；另外，消费者对婴儿纸尿裤的最大不满是婴儿使用后易得尿布疹，还有少数消费者认为使用纸尿裤会影响婴儿腿部骨架的正常成长。

从消费者曾经或正使用的纸尿裤品牌上看，品牌数为25个左右，而具有知名度的品牌不到10个。国际上婴儿纸尿裤的发展趋势如下：（1）更像内衣：有弹性、透气性、柔软；（2）使用尽量少的原材料；（3）变薄；（4）使用小苏打控制气味；（5）底膜更像布：采用无纺布底膜；（6）采用透气性底膜；（7）采用大包装形式；（8）中性尿裤——不再分性别。中国纸尿裤的生产也将适应这一趋势。

婴儿纸尿裤自90年代初进入北京、上海、广州等特大城市和沿海大中城市以来，在短短的几年里已为很多婴儿家庭所接受。可以说，从尿布到纸尿片是一次过渡，从纸尿片到纸尿裤则是一次飞跃，婴儿纸尿裤的问世与发展推动了人们消费习惯的改变；而婴儿纸尿裤的多样化又培育了一个层次分明的消费市场，具尿湿显示、防漏功能及透气良好的产品倍受年轻父母欢迎。但较之婴儿产品，成人纸尿裤市场发展更加缓慢。目前由于中国社会老龄化的趋势和人们对卫生保健的日益重视，成人纸尿裤等成人失禁用品市场也有启动趋势。

据资料显示，我国有60岁以上的老年人约1.2亿，其中全瘫或半瘫的老人超过百万。全国20~60岁之间的瘫痪和半瘫痪病人的总数也超过百万。两者相加总量超过200万。

因为有如此之多的瘫痪病员，应该说全国用于瘫痪病人尿布的市场较大。若以这些病人每天人均需换2~3次尿布计算，年需求总量超过20亿片。如果再加上其他的失禁病人，国内成人尿布（垫片）的年需求总量约170亿片。

上海市卫生局和老龄委有关人士指出，全瘫或半瘫病人使用一次性尿布，既卫生清洁又不会导致疾病的传染，有利于护理人员的身体健康。国外一些发达国家如日本等早在20年前都已普遍使用成人一次性尿布，因此我国完全有必要也应该推广使用成人一次性尿布，同时鼓励厂家生产。

由于消费习惯和认识上的原因，成人纸尿裤的推广举步维艰。据对上海一家老人医院的调查，在86位住院老人中，使用成人纸尿裤的不足10%，并且有50%以上的病人或家属不知何谓成人纸尿裤；即便在使用纸尿裤的老人中，有相当部分的也是使用特大号或大号的婴儿纸尿裤。同样是纸尿裤产品，选购者对婴儿用与成人用的认识存在着明显的差异，选购人看前者是日用消费品，看后者则认为是病人护理用品，在对86位住院老人或家属的访问中，有40%以上的认为尿裤不属报销范围，病人及其家属无力承受这笔不菲的开支。当然也有不少病人或其家属认为，婴儿与老人的“价值”不同，婴儿没有主体意识，理应受到父母的疼爱与关心；而老人或失禁病人已成为家庭的“累赘”，在花费上能省则省。另外，生产企业对成人纸尿裤的宣传及推广力度也不如婴儿产品。不少产妇在住院期间即受到医院的推荐，为未出生或刚出生的宝宝准备婴儿纸尿裤，这为婴儿纸尿裤的迅速推广与普及提供了极好的途径。新创意公司的调查数据也表明，很多婴儿家庭是因为医院搭售而开始使用纸尿裤的。显然，生产企业未为成人纸尿裤找到一个好的市场切入点。

目前中国大陆尚无正规成人纸尿裤的制造商，市面上销售的“包大人”、“康宝”等品牌成人纸尿裤是在台湾或泰国等地生产的。为适应市场需求，上海添儿福保健用品有限公司用婴儿尿裤生产线制造简易型成人纸尿裤在上海地区销售，另有上海唯尔福集团和天津杏林白十字公司等制造商生产成人纸尿片。医院护理垫、检查垫的用量也很大，1997年全国医院、卫生院的床位数达到290万张。目前使用的大多是不织布和卫生纸复合成的简易型护理垫，只有少量使用无尘纸绒毛浆做芯层。

中国生活用纸市场需求预测

CHINA-MARKET FORECASTING OF HOUSEHOLD PAPER

由于经济的发展和人民生活水平的提高，生活用纸市场在今后十几年内仍处于成长期，将持续繁荣，总量稳步增长，并逐渐呈现小康型消费特征。消费层次出现多样化且向中高档过渡，消费领域不断扩展，国内市场竞争更加激烈。

从整体上看，今后十几年城镇市场和农村市场将日趋融合，但仍然存在着明显差距，尚不能同步快速发展。

对中国生活用纸市场分品种的需求预测如下：

A.卫生纸 Tissue Paper

年度 Year	消费量/1000t Consumption	年平均增长率/% Growth Rate Per Year	人口/10⁴人 Population	人均消费/kg·(人·年)⁻¹ Per Capita Consumption
1998	2180	15.7(1990~1998)	124810	1.74
2000	2700	9	128000	2.1
2010	4000	4	140000	2.85

B.妇女卫生巾 Sanitary Napkin

年度 Year	消费量/10^8片 Consumption	年平均增长率/% Growth Rate Per Year	15~49岁妇女人数/10^4人 Population Women Age 15~49	市场渗透率/% Penetration
1998	275	29(1985~1998)	34210	44.7
2000	310	6.7	34560	50
2010	425	3.2	36400	65

注:计算基准按15~49岁妇女每人每年用180片计

C.婴儿尿裤 Baby Diaper

年度 Year	消费量/10^8片 Consumption	年平均增长率/% Growth Rate Per Year	估计出生率/% Birth Rate	2岁以下婴儿人数/10^4人 Population (Age 0~2)	市场渗透率/% Penetration
1998	5	65.7(1993~1998)	16.57	4950	0.92
2000	12	44	15	5400	2
2010	36	11.6	8	3350	10

注:计算基准按0~2岁婴儿每人每天用3片计

主要生产企业

MAJOR MANUFACTURERS OF HOUSEHOLD PAPER

(3)

主要生产企业和知名品牌
LIST OF MAJOR MANUFACTURERS AND WELL-KNOWN BRANDNAMES IN CHINA

卫生巾

1. 福建恒安集团有限公司	安尔乐，安乐
2. 广州宝洁纸品有限公司	护舒宝
3. 金佰利(中国)投资有限公司	舒而美，高洁丝
4. 恒利纸品有限公司	舒爽, 好舒爽
5. 上海唯尔福(集团)有限公司	唯尔福
6. 杭州雅妮娜卫生用品有限公司	雅妮娜
7. 广西侨风卫生制品有限公司	舒雅
8. 沈阳东联日用品有限公司	柔柔
9. 贵阳久美企业发展公司	舒婷
10. 邯郸新欣卫生用品有限公司	特日欣
11. 广东维达纸业股份有限公司	维达
12. 东莞姿庭生活用品有限公司	姿庭
13. 广东海灵保健制品有限公司	佳期

以下排名不分先后:

珠海市香凌轻纺有限公司	千惠
珠海市高达纸业有限公司	爱丽丝
天津百惠纸品有限公司	百惠
西安魔妮纸品有限公司	魔妮
河南梦娜实业有限公司	梦娜
济南鲁澳纸业有限公司	月舒宝
北京倍舒特妇幼用品有限公司	倍舒特
泰州远东纸业有限公司	安洁尔

注：以下外商独资企业未参加排序:

强生(中国)有限公司	娇爽
上海花王有限公司	乐而雅
上海尤妮佳有限公司	苏菲

卫生纸

1. 广东维达纸业股份有限公司	维达，威牌
2. 广东省中顺纸业集团有限公司	中顺，洁柔
3. 东莞市万江宝建纸品厂	宝明，三鱼
4. 中山市三角纸品制造有限公司	三角，活力
5. 漯河纸业集团股份有限公司	咪猫
6. 诸暨造纸厂	三花
7. 潍坊恒信纸业集团总公司	玉牌
8. 上海金佰利纸业公司	舒洁
9. 宁夏鑫汇集团美洁纸业股份有限公司	美洁
10. 日照市造纸厂	阳城
11. 新会威宝造纸企业有限公司	威宝
12. 江苏双灯集团	双灯

婴儿纸尿裤

1. 东莞中南纸业有限公司	BB宝，新宠儿
2. 福建恒安集团有限公司	安儿乐
3. 中山瑞德卫生纸品有限公司	FITTI，PETPET
4. 全日美实业(上海)有限公司	嘘嘘乐，小淘气
5. 威海信威卫生材料制品公司	威乐宝
6. 广州宝乐婴儿制品有限公司	得而妙
7. 南海市西樵宝儿用品有限公司	帝儿宝
8. 杭州泰克森卫生制品有限公司	宝贝2000

生活用纸企业按销售额排序前十名

1. 福建恒安集团有限公司
2. 广州宝洁纸品有限公司
3. 金佰利(中国)投资有限公司
4. 广东维达纸业股份有限公司
5. 恒利纸品有限公司
6. 广东省中顺纸业集团有限公司
7. 东莞中南纸业有限公司
8. 上海唯尔福(集团)有限公司
9. 沈阳东联日用品有限公司
10. 杭州雅妮娜卫生用品有限公司
    贵阳久美企业发展公司 （并列）

主要企业介绍
INTRODUCTION OF MAJOR MANUFACTURES

福建恒安集团有限公司
Fujian Hengan Holding Co. Ltd

地址：福建省晋江市安海镇恒安工业城
Address: Hengan Industry City, Anhai Town, Jinjiang, Fujian
邮编(P.O.)：362261
法人代表：施文博
总裁：许连捷
President: Xu Lianjie
电话Phone：0595-5708888
传真Fax：0595-5708666

主要产品及品牌：

产　品	品　牌
妇女卫生巾,卫生护垫	安乐,安尔乐
婴儿尿裤	安儿乐
卫生纸及后加工产品	心相印
热风无纺布	
PE打孔膜,PE流延膜	

主要设备：
妇女卫生巾生产线115条（护翼型卫生巾生产线从意大利、日本等国引进）
婴儿尿裤生产线2条（意大利发明家公司,日本纸工机制造）
大型卫生纸机1台（奥地利安德里兹公司制造）

广州宝洁纸品有限公司
Procter & Ganble Paper (Guangzhou) Ltd

地址：广东省广州经济技术开发区滨河路1号
Address: 1 Bin He Rd, Guangzhou Economic Technology Development District, Guangzhou, Guangdong
邮编(P.O.)：510730
法人代表：马福祥
General Manager: Fuxiang Ma
电话Phone：020-82218828
传真Fax：020-86688682

主要产品及品牌：

产　品	品　牌
妇女卫生巾,卫生护垫	护舒宝

主要设备：
妇女卫生巾生产线 日本、美国制造

金佰利(中国)投资有限公司
Kimberly-Clark (China) Investment Co. Ltd

地址：北京市朝阳区光华路7号汉威大厦东区27-28层
Address: 27-28/F, East Wing Hanwei Plaza, No.7 Guanghua Rd, Chaoyang District, Beijing
邮编(P.O.)：100020
法人代表：Ted Revis
President: Ted Revis
电话Phone：010-65616688
传真Fax：010-65614280

主要产品及品牌：

产　品	品　牌
妇女卫生巾,卫生护垫	舒而美，高洁丝
婴儿尿裤	好奇
卫生纸	舒洁

主要设备：

妇女卫生巾设备	意大利、美国
婴儿尿裤机	法国
卫生纸机	芬兰Valmet

广东维达纸业股份有限公司
Guangdong Vinda Paper Co., Ltd

地址：广东省新会市会城东侯工业开发区
Address: Dong Hou Industrial Development District, Xinhui, Guangdong
邮编(P.O.)：529100
法人代表：李朝旺
General manager: Li Chaowang
电话Phone：0750-6122846
传真Fax：0750-6120239

主要产品及品牌：

产　品	品　牌
高档卫生原纸,卷纸,面巾纸,厨房纸抹布,餐巾纸,湿纸巾	维达,威牌,伊斯丽,雪宝
妇女卫生巾	维达

主要设备：

BF-10卫生纸机1台	日本川之江制造
BF-12卫生纸机1台	日本川之江制造
斜网卫生纸机	意大利制造
卫生卷纸,纸巾,面巾,湿纸巾设备	从德,意,日,台湾地区,土耳其引进

恒利纸品有限公司
Heng Li Paper Produce Co., Ltd

地址：福建省南安市省新工业区
Address: New Industry Area, Nan-an, Fujian
邮编(P.O.)：362300
法人代表：吴加富
General Manager: Wu Jiafu
电话Phone：0595-6252666
传真Fax：0595-6252099

主要产品及品牌：

产　品	品　牌
妇女卫生巾	舒爽、好舒爽
无纺布	

主要设备：
妇女卫生巾生产线52条，其中2条护翼型卫生巾生产线分别从意大利发明家公司和卡尔迪罗来公司引进。

广东省中顺纸业集团有限公司
Guangdong Zhongshun Paper Industry Group Co.Ltd

地址：广东省中山市沙朗镇高科技开发区
Address: Shalang Town, High T & S Development Zone, Zhongshan, Guangdong
邮编(P.O.)：528411
法人代表：邓颖忠
General manager: Deng Yingzhong
电话Phone：0760-8553333
传真Fax：0760-8553006

主要产品及品牌：

产　品	品　牌
卫生纸原纸,卷纸,面巾纸,餐巾纸,手帕纸	中顺,乐新,洁柔
卫生巾	月尔爽

主要设备：
1092mm卫生纸机36台　　国产

东莞中南纸业有限公司
Dong Guan Chung Nam Paper Co., Ltd

地址：广东省东莞市樟木头镇裕丰管理区
Address: Yu Feng Industry Zone, Zhang Mu Tou Zhen, Feng Men Administrative Office, Dongguan, Guangdong
邮编(P.O.)：511741
法人代表：张茵
General Manager: Yan Cheung
电话Phone：0769-7712880
传真Fax：0769-7713747

主要产品及品牌：

产　品	品　牌
婴儿尿裤	BB，BB宝，新宠儿
妇女卫生巾	丝月

主要设备：

婴儿尿裤生产线1条	意大利制造
婴儿尿裤生产线1条	日本瑞光制造
护翼型卫生巾生产线1条	日本瑞光制造

上海唯尔福集团
Shanghai Welfare (Group) Co. Ltd

地址：上海市天山路351号
Address: 351 Tian Shan Rd. Shanghai
邮编(P.O.)：200336
法人代表：杨传信
General Manager: Yang Chuanxin
电话Phone：021-62592082
传真Fax：021-62748234

主要产品及品牌：

产　品	品　牌
妇女卫生巾,卫生护垫,成人尿布,卫生卷纸	唯尔福
无纺布	

主要设备：
妇女卫生巾生产线38条，其中护翼型卫生巾生产线1条从意大利卡尔迪罗来公司引进。
成人尿布生产线从美国引进。

沈阳东联日用品有限公司
Shenyang Tong Lian Daily Use Goods Co., Ltd

地址：辽宁省沈阳经济技术开发区青山湖街11号
Address: 11 Qingshanhu St., Economic and Technological Development Zone, Shenyang, Liaoning
邮编(P.O.)：110141
法人代表：刘明丰
General Manager: M. F. Liu
电话Phone：024-25814302
传真Fax：024-25819114

主要产品及品牌：

产　品	品　牌
卫生巾	柔柔

主要设备：
妇女卫生巾生产线7条，其中护翼型卫生巾生产线2条（日本、台湾地区制造）

杭州雅妮娜卫生用品有限公司
Hangzhou Yanina Health Product Co., Ltd

地址：浙江省萧山市
Address: Xiaoshan, Zhejiang
邮编(P.O.)：311262
法人代表：黄伟权
General Manager: Huang Weiquan
电话Phone：0571-2411492
传真Fax：0571-2411491

主要产品及品牌:

产 品	品 牌
妇女卫生巾	雅妮娜

主要设备:
普通妇女卫生巾生产线11条　国产
护翼型卫生巾生产线1条　意大利发明家制造

贵阳久美企业发展公司
Guiyang Joume Enterprise Expansion Co.

地址: 贵州省贵阳市外环城东路227号(新联大厦6楼)
Address: 6/F, Xinlian Department, 227 Out Rout East Rd., Guiyang, Guizhou
邮编(P.O.): 550001
法人代表: 孔农
General Manager: Kong Nong
电话Phone: 0851-6768848
传真Fax: 0851-6765605

主要产品及品牌:

产 品	品 牌
妇女卫生巾	舒婷

主要设备:
普通妇女卫生巾生产线5条　国产
护翼型卫生巾生产线4条　国产

东莞市万江宝建纸品厂
Dongguan Wanjiang Baojian Paper Mill

地址: 广东省东莞市万江筒沙洲管理区
Address: Jianshazhou Zone,Wan Jiang Dongguan, Guangdong
邮编(P.O.): 511717
法人代表: 胡宝明
General Manager: Hu Baoming
电话Phone: 0769-2270703
传真Fax: 0769-2177628

主要产品及品牌:

产 品	品 牌
卫生纸, 卫生卷纸,面巾纸,餐巾纸,卫生巾用纸	宝明,三鱼,丝巾

主要设备:
1092mm卫生纸机20余台　国产

中山市三角纸品制造有限公司
Zhongshan Sanjiao Paper Co., Ltd

地址: 广东省中山市三角镇爱国工业区
Address: Aigo Industry Zone, Sanjiao Town, Zhongshan, Guangdong
邮编(P.O.): 528445
法人代表: 杨法坤
General Manager: Yang Fakun
电话Phone: 0760-5400728
传真Fax: 0760-5541038

主要产品及品牌:

产 品	品 牌
卫生纸, 卫生卷纸,面巾纸,餐巾纸	三角,活力,太阳

主要设备:
1092mm卫生纸机16台　国产
1575mm卫生纸机4台　国产
卫生纸后加工设备20台　国产

广西侨凤卫生制品有限公司
Guangxi Qiao Feng Hygienic Product Co., Ltd.

地址: 广西南宁华侨投资区(武鸣里建)
Address: Nanning Overseas Chinese Development Zone, Guangxi
邮编(P.O.): 530105
法人代表: 韦力清
General Manager: Wei Liqing
电话Phone: 0771-6301311
传真Fax: 0771-6301309

主要产品及品牌:

产 品	品 牌
妇女卫生巾	舒雅
护翼型卫生巾	新舒雅,蝶丽安

主要设备:
妇女卫生巾及卫生护垫生产线18条, 大陆及台湾产

中山瑞德卫生纸品有限公司
Disposable Soft Goods (Zhongshan) Ltd

地址: 广东省中山市沙朗镇金昌工业路
Address: Jinchang Industrial Rd., Shalang, Zhongshan, Guangdong
邮编(P.O.): 528411
法人代表: 王大正
General Manager: T. C. Wang
电话Phone: 0760-8559866
传真Fax: 0760-8558794

主要产品及品牌:

产 品	品 牌
婴儿尿裤	FITTI,PETPET

主要设备:
婴儿尿裤生产线2条　意大利制造

威海信威卫生材料制品公司
Weihai Xin Wei Hygienic Materials & Product Co., Ltd

地址: 山东省威海市烟台东路
Address: Yantai Rd., Weihai, Shandong
邮编(P.O.): 264209
法人代表: 秦绍民
General Manager: Qin Shaomin
电话Phone: 0631-5622185
传真Fax: 0631-5622460

主要产品及品牌:

产　品	品　牌
婴儿尿裤,妇女卫生巾,护理垫	威乐宝

主要设备:

婴儿尿裤生产线1条　意大利CCE制造
妇女卫生巾生产线1条　意大利CCE制造
护理垫生产线1条　意大利CCE制造

全日美实业(上海)有限公司
Everbeauty Industry (Shanghai) Co., Ltd

地址：上海市松江县新桥镇工业区民益路7号
Address: No.7 Min-Yi Rd., Xinqiao Town, Industry Park, Songjiang, Shanghai
邮编(P.O.)：201612
法人代表：王正钱
General Manager: Wang Zhengqian
电话Phone：021-57641951
传真Fax：021-57643550

主要产品及品牌:

产　品	品　牌
婴儿尿裤	嘘嘘乐,小淘气
妇女卫生巾	蒂妮

主要设备:

婴儿尿裤生产线2条　日本制造
妇女卫生巾生产线1条　台湾制造

广东海灵保健制品有限公司
Guangdong Hai Ling Health Products Co. Ltd

地址：广东省中山市中山三路怡华商业中心613
Address: 6/F, YiHua Business Centre, 3rd Zhongshan Rd., Zhongshan, Guangdong
邮编(P.O.)：528400
法人代表：杨桂海
General Manager: Yang Guihai
电话Phone：0760-8313018
传真Fax：0760-8301023

主要产品及品牌:

产　品	品　牌
妇女卫生巾	佳期

主要设备:

妇女卫生巾生产线6条　国产

漯河纸业集团股份有限公司
Luohe Paper Group Stock Corp.

地址：河南省漯河市建设路
Address: Jianshe Rd., Luohe, Henan
邮编(P.O.)：462000
法人代表：王长河
General Manager: Wang Changhe
电话Phone：0395-2123861
传真Fax：0395-2123462

主要产品及品牌:

产　品	品　牌
卫生纸,餐巾纸	咪猫
卫生巾	健而美

主要设备:

卫生纸机1台　意大利OVER公司制造
湿纸巾制造机2台　台湾制造
餐巾纸制造机　台湾制造
妇女卫生巾生产线1条　意大利制造

邯郸新欣卫生用品有限公司
Handan Xin Xin Hygienic Products Co. Ltd

地址：河北省邯郸市丰收路
Address: Feng Shou Rd., Handan, Hebei
邮编(P.O.)：056004
法人代表：李鸿志
General Manager: Li Hongzhi
电话Phone：0310-7022258
传真Fax：0310-7028811

主要产品及品牌:

产　品	品　牌
妇女卫生巾,卫生护垫	特日欣

主要设备:

妇女卫生巾生产线6条　自制
卫生护垫生产线2条　自制

东莞姿庭生活用品有限公司
Dongguan Shieting Articles for Daily Use Co. Ltd

地址：广东省东莞市桥头镇桥丰工业城
Address: Qiao Feng Industry Zone, Qiao Tou Town, Dongguan, Guangdong
邮编(P.O.)：511738
法人代表：莫俊燊
General Manager: Mo Junshen
电话Phone：0769-3343868
传真Fax：0769-3342781

主要产品及品牌:

产　品	品　牌
妇女卫生巾,卫生护垫,餐巾纸,手帕纸	姿庭

主要设备:

妇女卫生巾生产线5条，其中护翼型三片式卫生巾生产线1条,从美国PCMC引进，4条为德国和日本制造。
卫生护垫生产线，意大利制造。
餐巾纸、面巾纸加工设备为台湾地区、意大利制造。

珠海市香凌轻纺有限公司
Zhuhai Xiang Ling Light & Textile Industrial Co. Ltd

地址：广东省珠海市前山新涌工业区华成大厦4楼
Address: 4/F, Huacheng Bld, Cuiwei, Zhuhai SEZ, Guangdong
邮编(P.O.)：519070
法人代表：李强
General Manager: Li Qiang
电话Phone：0756-8616905
传真Fax：0756-8614969

主要产品及品牌：

产品	品牌
妇女卫生巾,卫生护垫,婴儿尿裤	千惠

主要设备：
护翼型妇女卫生巾生产线4条，其中1条为日本瑞光(株)制造
意大利婴儿尿裤生产线1条

浙江诸暨造纸厂
Zhejiang Zhuji Paper Mill

地址：浙江省诸暨市浣东南路93号
Address: No.93 Huan Dong Nan Rd., Zhuji, Zhejiang
邮编(P.O.)：311800
法人代表：何吉华
General Manager: He Jihua
电话Phone：0575-7222783
传真Fax：0575-7221178

主要产品及品牌：

产品	品牌
卫生纸原纸,卷纸,面巾纸,餐巾纸,手帕纸,纸抹布	三花

主要设备：

卫生纸机8台	国产
卫生纸后加工设备10台	大陆及台湾产

潍坊恒信纸业集团总公司
Weifang Heng Credit Paper Ind. (Group) CO.

地址：山东省潍坊市民生东街30号
Address: 30 Min Sheng East Street, Weifang, Shandong
邮编(P.O.)：261041
法人代表：杨广英
General Manager: Yang Guangying
电话Phone：0536-8233981
传真Fax：0531-8237466

主要产品及品牌：

产品	品牌
卫生纸原纸,卷纸,餐巾纸,面巾纸	玉牌,风筝
卫生巾	芳馨

主要设备：

卫生纸机1台	日本川之江制造
卫生纸机3台	国产
分切机1台	台湾制造
卫生卷纸生产线1条	意大利百利怡制造
纸巾包装机1台	韩国制造
妇女卫生巾生产线1条	国产

宁夏鑫汇集团美洁纸业股份有限公司
Ningxia Xin Hui Group Mei Jie Paper CO., LTD

地址：宁夏贺兰县城东街90号
Address: No.90 East Street, Helan City, Ningxia
邮编(P.O.)：750200
法人代表：李瑾明
General Manager: Li Jinming
电话Phone：0951-8061280
传真Fax：0951-8061553

主要产品及品牌：

产品	品牌
卫生卷纸,面巾纸,餐巾纸	美洁,滩羊,双喜

主要设备：

1575mm卫生纸机15台	国产
卫生纸后加工设备	国产

江苏双灯集团
Jiangsu Shuang Deng Group

地址：江苏省滨海通榆中堆北闸口
Address: Bei Zha Kou, Zhong Dui, Tongyu, Binhai County, Jiangsu
邮编(P.O.)：224524
法人代表：李章武
General Manager: Li Zhangwu
电话Phone：0515-4105928
传真Fax：0515-4101738

主要产品及品牌：

产品	品牌
卫生纸	双灯,爽得
卫生巾	双灯,爽得

主要设备：

1092mm卫生纸机2台	国产
1575mm卫生纸机10台	国产
妇女卫生巾生产线5条	国产

以下企业详见企业名录

金红叶纸业（苏州工业园区）有限公司
上海金佰利纸业公司
上海尤妮佳有限公司
上海花王有限公司
强生(中国)有限公司
苏州荣成纸业有限公司
永丰余纸业（昆山）有限公司

主要企业地理位置分布图（见彩页）
Location Maps Of Major Manufaturers (See color page)

LIST OF MAJOR MANUFACTURERS

Manufacturer	Director	Address	Phone	Fax
Sanitary Napkin				
Fujian Hengan Holding Co. Ltd	Xu Lianjie	Hengan Industry City, Anhai Town, Jinjiang, Fujian	0595-5708888	0595-5708666
Procter & Gamble Paper (Guang zhou) Co.Ltd	FuXiang Ma	1 Binhe Rd. Guangzhou Economic Technology Development District Guangzhou,Guangdong	020-82218828	020-86688682
Kimberly-Clark(China) Investment Co.Ltd	Ted Revis	27-28/F, Eastwing Hanwei Plaza No.7 Guanghua Rd. Chaoyang District, Beijing	010-65616688	010-65614280
Heng Li Paper Produce Co. LTD	Wu Jiafu	New Industry Area ,NanAn, Fujian	0595-6252666	0595-6252099
Shanghai Welfare (Group) Co. Ltd	Yang Chuanxin	351 Tian Shan Rd. Shanghai	021-62592082	021-62748234
Hangzhou Yanina Health Prduct Co. Ltd	HuangWeiquan	Xiaoshan ,Zhejiang	0571-2411492	0571-2411491
Guangxi Qiao Feng Hygienic Product Co. Ltd	Wei Liqing	Nanning Overseas Chinese Development Zone ,Guangxi	0771-6301311	0711-6301309
Shenyang Tong Lian Daily Use Goods Co. Ltd	M.F.Liu	11,Qingshanhu St.Economic and Technological Development Zone Shenyang, Liaoning	024-25814302	024-25819114
Guiyang Joume Enterprise Expansion Co.	Kong Nong	6/F Xinlian Depatment 227 Out Rout East Rd. Guiyang, Guizhou	0851-6768848	0851-6765605
Handan Xin Xin Hygienic Products Co. Ltd	Li Hongzhi	Feng Shou Rd. Handan, Hebei	0310-7022258	0310-7028811
Guangdong Vinda Paper Co. Ltd	Li Chaowang	Dong Hou Industrial Development District, Xinhui, Guangdong	0750-6122846	0750-6120239
DongGuan Shieting Articles For Daily Use Co. Ltd	Mo Junsheng	Qiao Feng industry Zone Qiao Tou Town Donggua, Guangdong	0769-3343868	0769-3342781
Guangdong Hai Ling Health Products Co.Ltd	Yang Guihai	6/F Yi Hua Business Centre 3rd Zhongshan Rd.Zhongshan, Guangdong	0760-8313018	0760-8301023
Zhuhai Xiang Ling Light & Textile Industrial Co.Ltd	Li Qiang	4/F Huacheng Bld,Cuiwei Zhuhai SEZ,Guangdong	0756-8616905	0756-8614969
Zhuhai Gao Da Papermaking (Group) Co.	TangGuangming	No.1 Industry Rd Tang Jia Town Zhuhai,Guangdong	0756-3312073	0756-3311222
Tianjin Bai Hui Paper Products Co.Ltd	He Zhanghui	Yan Ji Rd Bei Chen District, Tianjin	022-26391523	022-2639316
Xi'an Mo Ni Paperware Co.Ltd	Xie Yanhong	Ma Hu Tuo Zhu Hong Rd Hong Miao Po Xi'an Shaan xi	029-6265158	029-6153913

Henan Meng Na Industry Co.Ltd	Song Yaofu	Meng Na Industry Zone Tangyin, Henan	0372-6213709	0372-5954738
Jinan Lu Ao Paper Products Co.Ltd	Li Wensheng	No.37 Ji Wei Rd Jinan ,Shandong	0531-7964438	0531-7964437
Beijing Best Maternity& Child Article Co.Ltd	Li Qiuhong	Miyun Industry Development Zone, Beijing	010-69061748	010-69061747
Taizhou Far East Paper Indutry Co.Ltd	Feng Yuansong	Daiyao Industry Zone Xinghua, Jiangsu	0523-3841888	0523-3841888
Dongguan Chung Nam Paper Co.Ltd	Zhang Xiuhong	Yu Feng Industry Zone Zhang Mu Tou Zhen Feng Men Administrative office Dongguan, Guangdong	0769-7712880	0769-7713747
LMZ Group Liuzhou HuiHao Hygiene Products Co.Ltd	Xu Weisi	No.2 Chang Feng Rd Liuzhou, Guangxi	0772-2616844	0772- 2513419
Johnson & Johnson(China) Ltd	Jesse Wu	No.3285 Dong Chuan Rd,Minhang Shanghai	021-64305264	021-64300297
Shanghai Uni-Charm Co.Ltd	Ge Wenyao	No.500 Panzhong Rd Xu Jing Zhen Qingpu .Shanghai	021-63742980	021-63742982
Kao Corporation Shanghai	Sakada	Rm 2202,Shanghai International Trade Centre 2200 Yan An Rd (west) .Shanghai	021-62199999	021-62193333
Baby Diapers				
Dongguan Chung Nam Paper Co.Ltd	Zhang Xiuhon	Yu Feng Industry Zone,Zhang Mu Tou Zhen,Feng Men Administrative Office,Dongguan,Guangdong	0769-7712880	0769-7713747
Fujian Hengan Holding Co.Ltd	Xu Lianjie	Hengan Industry City,Anhai Town Jinjiang,Fujian	0595-5708888	0595-5708666
Disposable Soft Goods (Zhongshan) Ltd	T.C.Wang	Jinchang Industrial Rd,Shalang, Zhongshan,Guangdong	0760-8559866	0760-8558794
Everbeauty Industry (Shanghai) Ltd	Wang Zhengqian	No.7 Min-Yi Rd Xinqiao Town Industry Park,Songjiang,Shanghai	021-57641951	021-57643550
Weihai Xin Wei Hygiene Materials & Product Co.Ltd	Qin Shaomin	Yantai Rd.Weihai. Shandong	0631-5622185	0631-5622460
Guangzhou Baole Baby Products Manufactory Co.Ltd	Zeng Fu	3/F Huazi Bld Hongyinggang Shahe,Guangzhou ,Guangdong	020-87743990	020-87741022
Nanhai Xi Qiao Baby Products Co.Ltd	Li Baishi	Hegang Industrial Zone Xiqiao Nanhai ,Guangdong	0757-6821997	0757-6821998
Hangzhou Texsan Sanitary Products Co.Ltd	Yang Zhenfa	No.1091 Mo Gan Shan Rd Hangzhou,Zhejiang	0571-8097498	0571-8096200
Tissue Paper				
Guangdong Vinda Paper Co.Ltd	Li Chaowang	Dong Hou Industrial Development District,Xinhui,Guangdong	0750-6122846	0750-6120239
Guangdong Zhong Shun Paper Industry Group Co.Ltd	DengYingzhong	Shalang Town,High T&S Development Zone,Zhongshan, Guangdong	0760-8553333	0760-8553006

Dongguan Wanjiang Baojian Paper Mill	Hu Baoming	Jianshazhou Zone,Wanjiang Dongguan Guangdong	0769-2270703	0769-2177628
Zhongshan Sanjiao Paper Co.Ltd	Yang Fakun	Aigo Industry Zone,Sanjiao Town, Zhongahan,Guangdong	0760-5400728	0760-5541038
Luo He Paper Group Stock Co.	Wang Changhe	Jianshe Rd.Luohe Henan	0395-2123861	0395-2123462
Zhejiang Zhuji Paper Mill	He Jihua	No.93 Huan Dong Nan Rd.Zhuji, Zhejiang	0575-7222783	0575-7221178
Weifang Heng Credit Paper Ind.(Group)Co.	Yang Guangying	No.30 Min Sheng East Street, Weifang, Shandong	0536-8233981	0531-8237466
Kimberly-Clark Paper (Shanghai)	Ronbenson	14/F New Caohejing Tower No 509 Cao Bao Rd,Shanghai	021-64956878	021-64951866
Ningxia Xin Hui Group Mei Jie Paper Co.Ltd	Li Jinming	No.90 East Street Helan City, Ningxia	0951-8061280	0951-8061553
Rizhao Paper Mill	Qin Sihai	Da Po Donggang District Rizhao, Shandong	0633-8691088	0633-8691168
Xinhui Wei Bao Paper Co.Ltd	Chen Nengqiang	No.6 Ziyun Road Huicheng Zhen Xinhui, Guangdong	0750-6698673	0750-6694702
Jiangsu Shuang Deng Group	Li Zhangwu	Bei Zha Kou,Zhong Dui,Tongyu, Binhai County, Jiangsu	0515-4105928	0515-4101738
Jiang Men Xi Hua Paper Mill	Yu Zhuorao	Wenchangsha Jiangmen, Guangdong	0750-3333279	0750-3354176
Ning Xia Yong Ning Paper Mill	Na Hongfu	Hong Xing Qiao Yongning Xian, Ningxia	0951-8011421	0951-8013808
LMZ Group Liuzhou Paper Mill	Liang Yingqi	No.8 Liu Yong Lu 2nd Qu Liuzhou, Guangxi	0772-3831241	0772-3831784
Gansu Karmy Industry Co.Ltd	ZhangYongping	No.111 Geng Jia Zhuang Lanzhou, Gansu	0931-8835451	0931-8835454
Guangxi Guigang Liu Hua Paper Co.	Lu Xizhang	West Ren Min Road Guigang, Guangxi	0775-4212863	0775-4214835
Fu Yang Xue Da Paper Mill Road Fuyang	Hua Weida	Da Yuan Zhen East Ting ShanRd Fu Yang. Zhejiang	0571-3591888	0571-3592777
Gold Hong Ye Paper (Suzhou Industry Park) Co.Ltd	Huang Zhiyuan	No.1 Jin Sheng Rd Sheng Pu Suzhou Industrial Park,Suzhou, Jiangsu	0512-2810228	0512-2818276
Suzhou Long Chen Paper Co.Ltd	Zheng Yingbin	No.15 Lion Hill District the New District of Suzhou, Jiangsu	0512-8258526	0512-8259395
Yuen Foong Yu Paper (Kun Shan) Co.Ltd	Lu Jiaxiang	Yong Feng Yu Rd Cheng Bei Zhen, Kuanshan, Jiangxu	0520-7791088	0520-7791699

生活用纸企业名录
（按产品和地区分列）

DIRECTORY OF HOUSEHOLD PAPER MANUFACTURERS IN CHINA

Company-by-company complete listings (sorted by product and region)

(4)

一次性卫生用品
DISPOSABLE HYGIENE PRODUCTS

北京市

金佰利（中国）投资有限公司
地址：北京市朝阳区光华路7号汉威大厦东区27-28层
邮编：100020　电话：010-65616688
法人代表：Ted Revis　传真：010-65614280
主要产品：卫生巾，婴儿尿裤，卫生纸及后加工产品
品牌：高洁丝，好奇，舒洁

北京金佰利个人卫生用品有限公司
地址：北京市经济技术开发区宏达北路8号
邮编：100176　电话：010-67881358
联系人：吕玲　传真：010-67881360
主要产品：卫生巾，婴儿尿裤
品牌：高洁丝，好奇

金佰利舒而美（邯郸）卫生用品有限公司
地址：河北省邯郸市丰收路西段
邮编：056004　电话：0310-7020908
联系人：程亚利　传真：0310-7029055
主要产品：卫生巾，卫生护垫
品牌：舒而美

金佰利舒而美沈阳分公司
地址：辽宁省沈阳市沈河区西顺城街157号165门
邮编：110010　电话：024-24781552
联系人：刘学农
主要产品：卫生巾　品牌：舒而美

南京金佰利舒而美卫生用品有限公司
地址：江苏省南京市江宁县东山镇石马村
邮编：211101　电话：025-2410700
联系人：吴勇
主要产品：卫生巾　品牌：舒而美

成都金佰利舒而美卫生用品有限公司
地址：四川省成都市外南太平寺
邮编：610043　电话：028-5196499
联系人：王维利　传真：028-5172651
主要产品：卫生巾　品牌：舒而美

昆明金佰利舒而美卫生用品有限公司
地址：云南省昆明市西郊黑林铺海源寺
邮编：650106　电话：0871-8186732
联系人：周华　传真：0871-8185574
主要产品：卫生巾　品牌：舒而美

北京月月舒妇女用品有限公司
地址：北京市七里渠豆各庄326号
邮编：102206　电话：010-80711511
法人代表：冯超俊　传真：010-69732215
主要产品：卫生巾　品牌：月月舒

北京市金桥妇幼用品技术开发部
地址：北京市灯市口柏树胡同7号
邮编：100006　电话：010-65231392
法人代表：刘江涌
主要产品：卫生巾　品牌：蓝梦

北京爱华妇幼卫生制品有限公司
地址：北京市海淀区西三旗东路
邮编：100085　电话：010-82917373
法人代表：谢大伟　传真：010-82910628
联系人：何平妹
主要产品：卫生巾，卫生护垫，餐巾纸，面巾纸，卫生卷纸
品牌：一片云

北京迪欣医疗卫生用品有限公司
地址：北京市朝阳区安慧里274号国家卫检所二层
邮编：100101　电话：010-64929899
法人代表：赖弘基　传真：010-64922866
联系人：顾捷　主要产品：医用敷料

北京小小保健用品公司
地址：北京市西城区二龙路12号
邮编：100032　电话：010-66039507
法人代表：张雪平　传真：010-66016073
联系人：舒军
主要产品：卫生护垫　品牌：小小

北京埃克森纸制品有限公司
地址：北京市石景山区苹果园东口
邮编：100041　电话：010-68882090
法人代表：洪格斯　传真：010-68865072
主要产品：尿片　品牌：轻松宝

北京医科大学第三医院芙露尔皮肤用品联合厂
地址：北京市海淀区北医三院
邮编：100083　电话：010-62051716
法人代表：李仲敏　传真：010-62051716
主要产品：卫生巾　品牌：少女，金瑞士

北京倍舒特妇幼用品有限公司
地址：北京市密云工业开发区
邮编：101500　电话：010-69061748
法人代表：李秋红　传真：010-69061747
联系人：谢继华
主要产品：卫生巾，卫生护垫
品牌：倍舒特，倍舒洁

北京恩威妇女儿童保健品联合公司
地址：北京市朝阳区三源里街甲19号
邮编：100027　电话：010-64642497
法人代表：荣金民　传真：010-64625797
联系人：高大山
主要产品：卫生巾　品牌：洁尔阴

北京中科微公司科果卫生保健用品厂
地址：北京市房山区崇各庄乡果各庄村
邮编：102401　电话：010-60321451
法人代表：王先业　传真：010-68155568
联系人：种翠玲
主要产品：卫生巾，尿片
品牌：洁丽爽

北京康那春福利纸巾厂
北京吉利富卫生用品有限公司
地址：北京市顺义区牛栏山镇东
邮编：101301　电话：010-69412185
法人代表：李清　传真：010-69412185
主要产品：卫生巾　品牌：环球，天美

北京得佑医洁制品有限公司
地址：北京市丰台区三路居路252号
邮编：100073
电话：010-63264643　传真：010-63495710
主要产品：成人护理垫　品牌：得佑

北京赛文斯科贸有限责任公司
地址：北京市左安门外成寿寺二分公司
邮编：100075　电话：010-67884148
法人代表：阎秀琴　传真：010-67638135
主要产品：卫生巾　品牌：福斯特

北京富川妇婴用品有限公司
地址：北京市丰台区芳城园14号楼甲门2507号门
邮编：100078　电话：010-67612416
法人代表：杨台川　传真：010-67612416
主要产品：纸尿片　品牌：童贝贝

北京爱馨保健用品有限责任公司
地址：北京市大兴县南各庄工业区
邮编：102600　电话：010-69214519
法人代表：段军
主要产品：卫生巾　品牌：佳柔

北京兴岛纸制品有限公司
地址：北京市密云云西工业区
邮编：101509　电话：010-61019567
法人代表：张长江　传真：010-69045821
主要产品：失禁垫，复合纸，尿裤

北京爱佳卫生保健品厂
地址：北京市朝阳区十八里店周庄路64号
邮编：100023　电话：010-64380852
法人代表：万海英
主要产品：卫生护垫　品牌：爱佳

天津市

天津百惠纸品有限公司
地址：天津市北辰区延吉道东头
邮编：300400　电话：022-26391523
法人代表：何章惠　传真：022-26393616
主要产品　卫生巾　品牌：百惠

天津百利纸品有限公司
地址：天津市塘沽区新港二号路卡子门内（储运公司院内）
邮编：300456　电话：022-25709764
法人代表：杨世樵　传真：022-25709764
主要产品：卫生巾　品牌：假日约会

天津市依依卫生用品厂
地址：天津市西青区张家窝镇
邮编：300380　电话：022-23792304
法人代表：高福忠　传真：022-23792304
联系人：卢俊美
主要产品：卫生巾，卫生护垫
品牌：依依

天津市万家卫生用品有限公司
地址：天津市河北区北站外水产前街2号（北宁造纸厂内）
邮编：300241　电话：022-26415678
法人代表：刘忠浩　传真：022-26415666
产要产品：卫生巾

天津杏林白十字公司
地址：天津市西青区经济开发区
邮编：300381　电话：022-23972036
法人代表：石学敏　传真：022-23972012
主要产品：成人尿片　品牌：洒露把

天津西青宝洁公司
地址：天津市西青经济开发区2号路7支路
邮编：300381　电话：022-23978828
法人代表：白格尔
主要产品：卫生巾　品牌：护舒宝

天津妮娅卫生用品有限公司
地址：天津市宁河县造甲城东
邮编：301508　电话：022-25519193
法人代表：郭保忠
主要产品：卫生巾　品牌：天宁

天津宁河娜丝卫生巾厂
地址：天津市宁河县大北乡船沽
邮编：301509　电话：022-25549153
法人代表：李忠新
主要产品：卫生巾　品牌：娜丝

天津清华卫生巾有限公司
地址：天津市宁河县造甲城东
邮编：301508　电话：022-25519191
法人代表：孙志华　传真：022-25519661
主要产品：卫生巾　品牌：娟丝、舒妮

天津市韵丝卫生巾厂
地址：天津市宁河县芦台镇光明路24号
邮编301500　电话：022-25592186
法人代表：许士庚
主要产品：卫生巾　品牌：樱丝

天津市威尼妇女用品公司
地址：天津市大同道20号
邮编：300040　电话：022-23301433
法人代表：绳贺存　传真：022-23301456
主要产品：卫生巾　品牌：威妮

天津市康宝妇幼保健卫生制品有限公司
地址：天津市宁河县芦汉路9号
邮编：301500　电话：022-25521114
法人代表：贾德茂
主要产品：卫生巾　品牌：馨馨

天津宝宏医疗卫生制品有限公司
地址：天津市津宝开发区
邮编：301800　　电话：022-29243848
法人代表：张宇臣
主要产品：卫生巾　　品牌：舒宝娜

天津日商卫生保健用品有限公司
地址：天津市河东区万新村18区嵩山道东
邮编：300162　　电话：022-24570678
法人代表：杨印海　　传真：022-24712819
主要产品：卫生巾　　品牌：小护士

天津旺达纸制品厂
地址：天津市红桥区光荣道51号
邮编：300130　　电话：022-26371492
法人代表：李忠
主要产品：卫生巾，面巾纸
品牌：舒特宝，马头

利发塑料制品（天津）有限公司
地址：天津市宝坻县袁罗乡康家庄村
邮编：301800　　电话：022-29623380
法人代表：宁学杰　　传真：022-29221555
主要产品：卫生巾　　品牌：妹妹，温馨

津宝峰华卫生巾制品厂
地址：天津市宝坻县袁罗乡俭字沽村
邮编：301800　　电话：022-29623135
法人代表：常俊
主要产品：卫生巾　　品牌：女儿红

天津市洁雅妇女保健制品有限公司
地址：天津市宝坻县石桥乡松树庄
邮编：301800　　电话：022-29230162
法人代表：徐文河　　传真：022-29230162
主要产品：卫生巾　　品牌：芳柔

天津市康安卫生保健内衣厂
地址：天津市河东区七纬路25号
邮编：300012　　电话：010-24214235
法人代表：张书堂
联系人：董双芝

河北省

邯郸新欣卫生用品有限公司
地址：河北省邯郸市丰收路西段
邮编：056004　　电话：0310-7022258
法人代表：李鸿志　　传真：0310-7028811
联系人：高金龙
主要产品：卫生巾，卫生护垫，卫生卷纸
品牌：特日欣

邯郸市可丽安集团有限公司
地址：河北省邯郸市成安县乾侯工贸城
邮编：056700　　电话：0310-7210802
法人代表：王玉有　　传真：0310-7210802
主要产品：卫生巾，卫生护垫，离型纸，衬膜
品牌：可丽安

河北广来纸业有限公司
地址：河北省邯郸市广平工业区
邮编：057650　　电话：0310-2524099
法人代表：孟献德　　传真：0310-2524099
主要产品：卫生巾　　品牌：月月静

河北双利达高级保健卫生用品厂
地址：河北省柏乡县县城内北街
邮编：055450　　电话：0319-7722748
法人代表：杨金录
主要产品：卫生巾　　品牌：舒宝娜

石家庄市悦尔馨卫生用品有限公司
地址：河北省石家庄市深泽桥头开发区
邮编：052560　　电话：0311-3598466
法人代表：庞亚龙
主要产品：卫生巾，护垫，尿片

保定三利报业纸品有限公司
地址：河北省保定市学府胡同1号
邮编：071000　　电话：0312-2035413
法人代表：吴江晶　　传真：0312-2033085
联系人：王宏亚
主要产品：卫生巾　　品牌：淑逸

辛集市惠达纸业有限公司
地址：河北省辛集市西华路北段19号
邮编：052360　　电话：0311-3221975
法人代表：王胜祥
主要产品：卫生巾，尿片，餐巾纸，卫生卷纸
品牌：惠达

安国市造纸厂
地址：河北省安国市河北大路
邮编：071200　　电话：0312-3552231
法人代表：赵学拥
主要产品：婴儿尿片　　品牌：美佳

安国市亚邦轻化产品有限责任公司
地址：河北省安国市安兴南大街138号（西环路）
邮编：071200　　电话：0312-3518567
总经理：党志强
主要产品：卫生巾，婴儿尿片
品牌：安期，宝乐

沧州市生华卫生制品厂
地址：河北省沧州市北环路大化东侧
邮编：061000　　电话：0317-3022539
法人代表：齐功国
主要产品：卫生巾，餐巾纸
品牌：巧妹

邯郸邱兴妇幼用品有限公司
地址：河北省邱县新城街281号
邮编：057450　　电话：0310-8362606
法人代表：郭元春
主要产品：卫生巾　　品牌：洁丽丝

保定卫生用品厂
地址：河北省蠡县城隍庙街45号
邮编：071400　　电话：0312-6211969
法人代表：张小铁
主要产品：卫生巾，尿片
品牌：舒乐，清友

河北双利达高级保健卫生用品厂
地址：河北省邢台市柏乡县北街30号
邮编：055450　　电话：0319-7722748
法人代表：杨金灵
主要产品：卫生巾　　品牌：兰梦，舒娜

徐水县富可丽卫生巾厂
地址：河北省徐水县电业局旁
邮编：072550　电话：0312-8665571
法人代表：赵文学
主要产品：卫生巾　品牌：富可丽

河北惠友卫生用品有限公司
地址：河北省徐水县漕河镇西百亭
邮编：072550　电话：0312-8502195
法人代表：严铁柱
主要产品：卫生巾　品牌：妹妹

山西省

山西省洪洞县造纸厂
地址：山西省洪洞县城南坂街1号
邮编：031600　电话：0357-6222412
法人代表：武洪胜　传真：0357-6222412
主要产品：卫生巾　品牌：晋芳，丽娜

太原晋汾卫生巾制品厂
地址：山西省太原市迎泽桥西后王
邮编：030024　电话：0315-6042040
法人代表：贺天喜
主要产品：卫生巾　品牌：好舒佳

长治市城区长城卫生用品厂
地址：山西省长治市角沿村
邮编：046011　电话：0355-2021612
法人代表：李境孝
主要产品：卫生巾　品牌：舒乐

太原市东方保健品发展公司
地址：山西省太原市河西区公园路8号
邮编：030024　电话：0351-6046324
法人代表：马建平
主要产品：卫生巾　品牌：天天爽

山西介休造纸厂
地址：山西省介休市城西
邮编：031200　电话：0354-7224840
法人代表：刘奇文　传真：0354-7225549
主要产品：卫生巾　品牌：雅安奇

山西顺发洁品有限公司
地址：山西省祁县北环西路186号
邮编：040900　电话：0354-5242254
法人代表：渠华
主要产品：卫生巾　品牌：洁尔舒

内蒙古自治区

内蒙古京安卫生用品有限公司
地址：内蒙古呼和浩特市巴彦淖尔南路呼和浩特文化用品厂内
邮编：010030　电话：0471-3965994
法人代表：李贵珍
主要产品：卫生巾　品牌：斯尔曼

包头佳乐卫生用品有限公司
地址：内蒙古包头市东河区巴彦塔拉东大街
邮编：014040　电话：0472-4143471
主要产品：卫生巾　品牌：斯琴

内蒙古昭君集团有限公司
地址：内蒙古呼和浩特市金川开发区汇金道2号
邮编：010080　电话：0471-3901136
法人代表：张俊科　传真：0471-3901137
联系人：刘俊青
主要产品：卫生巾　品牌：片片情

辽宁省

沈阳东联日用品有限公司
地址：辽宁省沈阳市经济技术开发区青山湖街11号
邮编：110141　电话：024-25814302
法人代表：刘明丰　传真：024-25819114
联系人：李树春
主要产品：卫生巾　品牌：柔柔

沈阳维新斯佳卫生制品有限公司
地址：辽宁省沈阳市皇姑区夹金山路24号
邮编：110015　电话：024-86251114
法人代表：景绿江　传真：024-23846154
主要产品：卫生巾　品牌：维斯佳

辽宁省辽河油田华兴劳保总厂
地址：辽宁省盘锦市兴隆台开发区
邮编：124013　电话：0427-7827488
法人代表：王连禹
主要产品：卫生巾，卫生护垫
品牌：华舒

铁岭俞信妇女卫生用品有限公司
地址：辽宁省铁岭市财河街6纬15组
邮编：112000　电话：0410-4600440
法人代表：李钟华　传真：0410-4600440
主要产品：卫生护垫　品牌：Bosongi

抚顺造纸有限公司白雪卫生巾分公司
地址：辽宁省抚顺市新抚区粮栈路2号
邮编：113008　电话：0413-2629048
法人代表：赵广杰
主要产品：卫生巾　品牌：白雪

丹东市振安区心里舒卫生巾厂
地址：辽宁省丹东市浪头镇胜天村
邮编：118009　电话：0415-6155849
法人代表：杨学龙
主要产品：卫生巾　品牌：心里舒

抚顺佳思丽卫生用品有限公司
地址：辽宁省抚顺市新抚区高山路157-10号
邮编：113006　电话：0413-7585902
法人代表：郑天送　传真：0413-7672875
主要产品：卫生巾　品牌：佳华

抚顺曼丝丽日用品有限公司
地址：辽宁省抚顺市新抚区粮栈路2号
邮编：113008　电话：0413-2629136
法人代表：杨霄　传真：0413-2614644
主要产品：卫生巾

鞍钢民企综合工业公司伊舒佳卫生用品厂
地址：辽宁省鞍山市铁东区东长甸建设街45号
邮编：114033　电话：0412-2628876
法人代表：田振
联系人：郑波
主要产品：卫生巾　品牌：伊舒佳

丹东市卫生巾厂
地址：辽宁省丹东市黄海路8号
邮编：118008　电话：0415-6220442
法人代表：厉灵　传真：0415-6223490
主要产品：卫生巾　品牌：温舒

辽宁庆阳化学工业公司卫生巾厂
地址：辽宁省辽阳市15号信箱
邮编：110002　电话：0419-3181856
法人代表：刘影　传真：0419-3181856
主要产品：卫生巾，卫生纸
品牌：施美

抚顺市白天鹅卫生巾厂
地址：辽宁省抚顺市露天区东洲街
邮编：113004　电话：0413-4636578
法人代表：宋武
主要产品：卫生巾，尿片
品牌：白天鹅

抚顺顺发妇女卫生巾厂
地址：辽宁省抚顺市新抚区新城路西段6号矿灯厂院内
邮编：113000　电话：0413-7706651
法人代表：李文华
主要产品：卫生巾

吉林省

长春市南关区卫生用品厂
地址：吉林省长春市南关区39中学
邮编：130022　电话：0431-8674163
法人代表：李志民
主要产品：一次性手术衣

吉林省康兰保健品开发有限公司
地址：吉林省长春市朝阳区安达街24号
邮编：130061　电话：0431-8581052
法人代表：姚毓　传真：0431-8521696
主要产品：卫生巾　品牌：康兰

东丰县卫生巾厂
地址：吉林省东丰镇南站路8号
邮编：136300　电话：0437-6223902
副厂长：高德发
主要产品：卫生巾　品牌：安舒，卓皓

宏祥工贸公司
地址：吉林省珲春市边境经济合作区4号小区
邮编：133315　电话：0440-2611299
法人代表：陈恩友
主要产品：卫生巾　品牌：春爽

开山屯化学纤维浆厂吉兴纸制品厂
地址：吉林省开山屯镇
邮编：133417　电话：0433-3412520
法人代表：张开生　传真：0433-3405454
主要产品：卫生巾　品牌：洁尔雅

长春市可耐尔卫生保健品厂
地址：吉林省长春市东盛大街131-2号
邮编：130031　电话：0431-4647498
法人代表：王大伟　传真：0431-4646385
主要产品：婴儿尿裤，卫生材料
品牌：可耐尔

公主岭市福斯特卫生保健用品厂
地址：吉林省公主岭市仿古街东
邮编：136100　电话：0434-6213776
法人代表：赵凤鸣
联系人：刘赢
主要产品：卫生巾　品牌：福斯特

黑龙江省

大庆庆馨妇幼保健用品有限公司
地址：黑龙江省大庆市萨尔图区采油一厂4矿向阳管理站
邮编：163312　电话：0459-6392523
法人代表：毛清林
主要产品：卫生巾　品牌：庆馨

哈尔滨日兴纸制品有限公司
地址：黑龙江省哈尔滨市动力区旭东街
邮编：150046　电话：0451-2680197
法人代表：刘振生　传真：0451-2680197
主要产品：卫生巾　品牌：坦妮特

大庆欧迪特纸器有限公司
地址：黑龙江省大庆市红岗区解放八街
邮编：163459　电话：0459-6099139
法人代表：李福成　传真：0459-6099139
主要产品：卫生巾，餐巾纸，纸餐具
品牌：梦迪

哈尔滨市富民纸制品有限公司
地址：黑龙江省哈尔滨市南岗区十字街38号
邮编：150001　电话：0451-2729018
传真：0451-2328787
主要产品：卫生巾，餐面巾纸

齐齐哈尔市齐福卫生巾厂
地址：黑龙江省齐齐哈尔市建华区东风大街14号
邮编：161000　电话：0452-2111927
法人代表：王占林
主要产品：卫生巾　品牌：梦得恩

北安市康丽纸制品有限公司
地址：黑龙江省黑河市北安市邮政街35号
邮编：164000　电话：0456-6662471
法人代表：聂维国
主要产品：卫生巾，湿巾纸
品牌：舒尔乐

牡丹江市佳宝纸品实业有限公司
地址：黑龙江省牡丹江市西安区长安街西十一条路
邮编：157000　电话：0453-6416395
法人代表：徐洪艳
主要产品：卫生巾　品牌：依欣

黑龙江省肇东恒源保健制品有限公司
地址：黑龙江省肇东市五站开发区
邮编：151122　电话：0451-7768682
法人代表：杨长磬
主要产品：卫生巾　品牌：舒而雅

上海市

上海唯尔福（集团）有限公司
地址：上海市天山路351号
邮编：200335 电话：021-62592082
法人代表：杨传信 传真：021-62748234
主要产品：卫生巾，卫生护垫，尿片，产妇垫
品牌：唯尔福

长春唯尔福卫生用品有限公司
地址：吉林省长春市东盛大街40号
邮编：130031 电话：0431-4942171
联系人：邵会谦 传真：0431-4847565
主要产品：卫生巾 品牌：唯尔福

常州唯尔福卫生用品有限公司
地址：江苏省常州市戚墅堰东首
邮编：213011 电话：0519-6411155
联系人：张金华
主要产品：卫生巾 品牌：唯尔福

绍兴唯尔福妇幼用品有限公司
地址：浙江省绍兴市下大路214号
邮编：312000 电话：0575-5152519
联系人：何幼成 传真：0575-5167743
主要产品：卫生巾 品牌：唯尔福

武汉唯尔福妇幼保健品有限公司
地址：湖北省武汉市硚口区崔家墩3号
邮编：430022 电话：027-83882460
联系人：曾骏
主要产品：卫生巾 品牌：唯尔福

南宁唯尔福卫生保健品有限公司
地址：广西南宁市望州路北二里32号
邮编：530001 电话：0771-3310978
联系人：尹千红
主要产品：卫生巾 品牌：唯尔福

上海日立行卫生用品有限公司
地址：上海市浦东陆家嘴金融贸易区潍坊西路47号
邮编：200122 电话：021-58202125
法人代表：戴政国 传真：021-58202126
主要产品：卫生巾，尿片，餐巾纸，湿纸巾，消毒剂
品牌：康乐，爱唯

上海坤龙卫生用品有限公司
地址：上海市嘉定区西门外庆丰桥南堍
邮编：201800 电话：021-64715406
法人代表：邱培明 传真：021-64715054
主要产品：卫生巾 品牌：贝尔

上海月月舒妇女用品有限公司
地址：上海市松江县佘山北部工业区佘北路38号
邮编：201602 电话：021-57654190
法人代表：孙耀志 传真：021-57651606
主要产品：卫生巾 品牌：月月舒

上海好贴卫生用品有限公司
地址：上海市浦东开发区浦三路830号
邮编：200127 电话：021-58810056
法人代表：陈保宏 传真：021-58811071
联系人：陈保宏
主要产品：卫生巾 品牌：兰花棉

强生（中国）有限公司
地址：上海市闵行区东川路3285号
邮编：200245 电话：021-64305264
法人代表：吴人伟 传真：021-64300297
联系人：张平
主要产品：卫生巾 品牌：娇爽

上海花王有限公司
地址：上海市延安西路2200号国贸中心2202室
邮编：200335 电话：021-62199999
法人代表：坂田正宪 传真：021-62193333
联系人：韩天雪
主要产品：卫生巾 品牌：乐而雅

上海尤妮佳有限公司
地址：上海市宁海东路200号申鑫大厦2501室
邮编：200021 电话：021-63742980
法人代表：葛文耀 传真：021-63742982
联系人：刘和贞
主要产品：卫生巾 品牌：苏菲

上海申欧卫生用品有限公司
地址：上海市普陀区古浪桥65号
邮编：200331 电话：021-62845511
法人代表：江祁云 传真：021-62845522
联系人：郭庆辉
主要产品：卫生巾 品牌：三五

上海佳通纸制品有限公司
地址：上海市闵行区沧源路1000号
邮编：200240 电话：021-64352320
法人代表：吴庆贤 传真：021-64350260
主要产品：婴儿尿裤 品牌：柔爱

上海添儿福保健用品有限公司
地址：上海市浦东金桥奥黛莉路353号
邮编：201206 电话：021-58549624-2020
法人代表：杨志芳 传真：021-58546010
联系人：沈灏
主要产品：婴儿尿裤，成人尿裤
品牌：添儿福

全日美实业（上海）有限公司
地址：上海市松江县新桥镇工业区民益路7号
邮编：201612 电话：021-57641951
法人代表：王正钱 传真：021-57643550
联系人：林俊贤
主要产品：婴儿尿裤，卫生巾
品牌：嘘嘘乐

江苏省

常州宁花卫生用品公司
地址：江苏省武进市礼嘉镇陆庄村
邮编：213176 电话：0519-6231233
法人代表：杭国平 传真：0519-6232149
主要产品：卫生巾 品牌：宁花

正荣日用品（南京）有限公司
地址：江苏省南京市宁丹路（铁心桥镇）
邮编：210012　电话：025-2891741
法人代表：郑瑞发　传真：025-2891747
主要产品：卫生巾　品牌：甜心

南京市卫生用品厂
地址：江苏省南京市江浦县永宁镇
邮编：211812　电话：025-8225206
法人代表：史玉明
主要产品：卫生巾，餐巾纸
品牌：永乐

苏州市康舒卫生保健用品厂
地址：江苏省苏州市人民南路吴中商城3幢B01座
邮编：215128　电话：0512-5623077
法人代表：易君
主要产品：尿布　品牌：康舒

金铭卫生用品有限公司
地址：江苏省金湖县建设路578号
邮编：211600　电话：0517-6887110
法人代表：伍光玉　传真：0517-6883787
主要产品：卫生巾，卫生纸
品牌：金菱

丹阳市圣洁卫生用品有限公司
地址：江苏省丹阳市蒋墅镇312国道202段
邮编：212364　电话：0511-6612771
法人代表：刘锁平
主要产品：卫生巾　品牌：健尔美

扬中市江洲卫生用品厂
地址：江苏省扬中市扬子东路133号
邮编：212200　电话：0511-8324279
法人代表：范进
主要产品：卫生巾　品牌：九妹

常州市东方卫生用品厂
地址：江苏省常州市戚墅堰机厂桥南1号
邮编：213011　电话：0519-8770321
法人代表：徐保臣　传真：0519-8771258
主要产品：卫生巾，餐巾纸
品牌：丽人

武进市何氏纸业有限公司
地址：江苏省常州市南门外漕桥镇
邮编：213171　电话：0519-6211471
法人代表：何国良　传真：0519-6211093
主要产品：卫生巾　品牌：女真子

张家港市兆丰妇幼保健用品厂
地址：江苏省张家港市兆丰镇东华站
邮编：215623　电话：0520-8650765
法人代表：陈勇
主要产品：卫生巾　品牌：雪莲

张家港爱利特保健用品有限公司
地址：江苏省张家港市乐余镇北
邮编：215621　电话：0520-8660056
法人代表：陈玉康　传真：0520-8661015
主要产品：卫生巾、餐巾纸
品牌：雪云，康尔乐

徐州卫生巾厂
地址：江苏省徐州市丰县解放路73号
邮编：221700　电话：0516-4222912
法人代表：邱言林
主要产品：卫生巾　品牌：凤洁

中国月宝集团无锡市佳宝卫生材料用品厂
地址：江苏省无锡市江海东路51号
邮编：214016　电话：0510-2442007
法人代表：印宏法
主要产品：卫生巾，护理垫，手术衣
品牌：清洁

苏州市奇吉工贸有限公司
地址：江苏省苏州市人民南路吴中商城内3幢B01号
邮编：215128　电话：0512-5623077
法人代表：易君
主要产品：卫生巾，尿片，护理垫

金湖县再生纸浆厂
地址：江苏省金湖县黎农路62号
邮编：211600　电话：0517-6882998
法人代表：杨德昌　传真：0517-6882998
主要产品：卫生巾，餐巾纸
品牌：巧丽儿

江都市金剑包装复合材料厂
地址：江苏省江都市宜陵镇
邮编：225231　电话：0514-6561334
法人代表：陈良扣
主要产品：医疗手术巾

好孩子百瑞康卫生用品有限公司
地址：江苏省昆山经济技术开发区富民路
邮编：215331　电话：0520-7671798
法人代表：宋郑还　传真：0520-7671558
主要产品：婴儿纸尿裤　品牌：好孩子

鑫侨卫生用品有限公司
地址：江苏省常州新区新桥镇工业区
邮编：213032　电话：0519-5911726
法人代表：高鹏岳
主要产品：卫生巾　品牌：仕女梦

武进市唯爽卫生用品有限公司
地址：江苏省武进市坂上半部镇
邮编：213165　电话：0519-6731337
法人代表：储银中　传真：0519-6731337
主要产品：卫生巾　品牌：唯爽

张家港市十二圩卫生纸制品厂
地址：江苏省张家港市十二圩
邮编：215624　电话：0520-8570629
法人代表：任志华　传真：0520-8570561
主要产品：护理垫　品牌：沪港

泰州远东纸业有限公司
地址：江苏省兴化市戴窑工业区
邮编：225741　电话：0523-3841888
法人代表：冯元松　传真：0523-3841094
主要产品：卫生巾　品牌：安洁尔

托普日用化学品（中国）有限公司
地址：江苏省锡山市梅村镇锡甘路北
邮编：214112　　电话：0510-8150370
联系人：叶佳彬　　传真：0510-8150897
主要产品：卫生巾　　品牌：柔柔

浙江省

杭州泰克森卫生制品有限公司
地址：浙江省杭州市莫干山路1091号
邮编：310011　　电话：0571-8097498
法人代表：杨振法　　传真：0571-8096200
主要产品：婴儿尿裤，卫生巾，卫生护垫
品牌：宝贝2000，晨安

杭州市余杭造纸厂
地址：浙江省杭州市余杭宝塔工业区
邮编：311121　　电话：0571-8662603
法人代表：王华锋　　传真：0571-8662517
主要产品：卫生巾，无纺布
品牌：如意

浙江采风卫生用品有限公司
地址：浙江省杭州市西郊余杭镇宝塔工业区（叉路口）
邮编：311121　　电话：0571-8663674
法人代表：凌小牛　　传真：0571-8662443
主要产品：卫生巾　　品牌：康乃馨

余杭市杭威纸业制造有限公司
地址：浙江省杭州市西郊余杭镇
邮编：311121　　电话：0571-8662279
法人代表：胡昆明
主要产品：卫生巾　　品牌：雪儿，天莲

杭州九堡时新服装厂
地址：浙江省杭州市江干区九堡镇八堡村
邮编：310019　　电话：0571-6902618
法人代表：丁传庆
主要产品：卫生巾　　品牌：舒艳

杭州雅妮娜卫生用品有限公司
地址：浙江省萧山市许贤
邮编：311262　　电话：0571-2411492
法人代表：黄伟权　　传真：0571-2411491
联系人：黄国权
主要产品：卫生巾　　品牌：雅妮娜

萧山小姐妹卫生用品有限公司
地址：浙江省萧山市城厢镇石岩
邮编：311203　　电话：0571-2761688
法人代表：章忠法　　传真：0571-2761282
主要产品：卫生巾　　品牌：小姐妹

杭州浪潮迪诺卫生用品有限公司
地址：浙江省萧山市
邮编：311263　　电话：0571-2416100
总经理：邵伟荣　　传真：0571-2626924
主要产品：护理垫　　品牌：浪潮

浙江平湖南国实业有限公司
地址：浙江省平湖市六店工业开发区
邮编：314200　　电话：0571-5112385
法人代表：夏国放　　传真：0571-5112385
联系人：储宠法
主要产品：抗菌无纺布，卫生巾，卫生护垫
品牌：月宝

台州帝邦洁品有限公司
地址：浙江省台州市黄岩南城经济开发区26道
邮编：318020　　电话：0576-4181001
法人代表：徐峰　　传真：0576-4181003
主要产品：卫生巾，干湿纸巾
品牌：紫伊人

富阳市新兴日用卫生品厂
地址：浙江省富阳市富阳镇一岭村
邮编：311401　　电话：0571-3479387
法人代表：陈传昌
主要产品：卫生巾　　品牌：佳意

义乌市华美卫生用品有限公司
地址：浙江省义乌市荷叶塘经济开发区
邮编：322000　　电话：0579-5951577
法人代表：方浩勤
主要产品：卫生巾　　品牌：华美

义乌市帝豪实业有限公司
地址：浙江省义乌市经济开发区金马路57-67号
邮编：322000　　电话：0579-5314499
法人代表：金位海　　传真：0579-5314499
主要产品：卫生巾

丽水市卫生用品厂
地址：浙江省丽水市丽阳街585号
邮编：323000　　电话：0578-2132637
法人代表：杨敏
主要产品：卫生巾　　品牌：娜爱斯

雄鹰妇幼卫生用品有限公司
地址：浙江省临安市于潜镇环城东路54号
邮编：311311　　电话：0571-3881898
法人代表：周雄鹰　　传真：0571-3881898
主要产品：卫生巾　　品牌：柔爽

瓯海卫生用品厂
地址：浙江省温州市瓯海区潘桥镇河西
邮编：325018　　电话：0577-6167049
法人代表：洪春华　　传真：0577-6167138
主要产品：卫生巾　　品牌：多乐士

嘉宝乐妇幼用品有限公司
地址：浙江省温州市浙南农副产品中心市场1区314
邮编：325003　　电话：0577-8502888
法人代表：黄鹏　　传真：0577-8502887
主要产品：卫生巾

温州市丹东卫生巾厂
地址：浙江省温州市瓯海区三洋乡牡丹村
邮编：325000　　电话：0577-6771753
法人代表：方巨良
主要产品：卫生巾　　品牌：丹东

温州宝蝶妇幼用品有限公司
地址：浙江省温州市黄屿三洋工业开发区东首第四幢
邮编：325014　电话：0577-6771085
法人代表：程成业　传真：0577-6771878
主要产品：卫生巾　品牌：宝蝶

温州市三八卫生用品厂
地址：浙江省温州市葡萄棚工业区37号
邮编：325000　电话：0577-8626030
法人代表：祁龙光　传真：0577-8620638
主要产品：卫生巾　品牌：三八

瑞安市天使医疗卫生用品有限公司
地址：浙江省瑞安市梅头工业城
邮编：325205　电话：0577-5221841
法人代表：涂国增　传真：0577-5221841
主要产品：卫生巾　品牌：雅健时

台州友谊卫生用品有限公司
地址：浙江省温岭市文化南路61号
邮编：317500　电话：0576-6223265
法人代表：鲍雪昌　传真：0576-6111280
主要产品：卫生巾　品牌：素馨

三门峡市兰雪妇幼用品有限公司奉化分公司
地址：浙江省奉化市大桥镇十亩亭路16号
邮编：315500　电话：0574-8927437
总经理：任邦国
主要产品：卫生巾　品牌：兰雪

浙江省仙居县金粟兰卫生用品有限责任公司
地址：浙江省仙居县官路新桥工业区
邮编：310000　电话：0576-7600816
法人代表：赵金云
主要产品：卫生巾　品牌：金粟兰

安徽省

安庆市高河造纸厂
地址：安徽省安庆市北郊高河镇
邮编：246121　电话：0556-4856019
法人代表：何家富　传真：0556-4857888
主要产品：卫生巾，卫生纸，餐巾纸
品牌：舒尔雅

安徽月光纸业有限公司
地址：安徽省泾县丁家桥镇工业区8号
邮编：242540　电话：0563-5071418
法人代表：肖炎辉
主要产品：卫生巾，产妇护垫，尿布
品牌：月光，贵妃

界首市西城造纸厂
地址：安徽省界首市新阳北路
邮编：236500　电话：0558-4813476
法人代表：刘大伟
主要产品：卫生巾　品牌：伊维尔

宣州市爱的卫生用品厂
地址：安徽省宣城地区宣州市环城东路5号
邮编：242000　电话：0563-3021018
法人代表：文托
主要产品：卫生巾、卫生纸
品牌：爱的

安庆丰隆医保用品有限公司
地址：安徽省安庆市迎江区华中东路南一巷2号
邮编：246003　电话：0556-5200697
法人代表：吴文虎
主要产品：卫生巾　品牌：月季

福建省

福建恒安集团有限公司
地址：福建省晋江市安海镇恒安工业城
邮编：362261　电话：0595-5708888
总裁：许连捷　传真：0595-5708666
主要产品：卫生巾，卫生护垫，婴儿尿裤，卫生纸及后加工产品，无纺布，PE流延膜，PE打孔膜
品牌：安尔乐，安乐，安儿乐，心相印

恒安实业（香港）有限公司
地址：香港金钟夏悫道18号海富中心第二座5楼502A-503A室
法人代表：施文博　电话：00852-27980770
传真：00852-27997372

恒安（福建）妇幼用品有限公司
地址：福建省晋江市安海恒安工业城
邮编：362261　电话：0595-5708888
总经理：张时跑　传真：0595-5708666
主要产品：卫生巾，婴儿尿裤，卫生护垫
品牌：安尔乐，安儿乐

恒安集团（晋江）卫生用品有限公司
地址：福建省晋江市安海恒安工业城
邮编：362261　电话：0595-5708888
总经理：许连捷　传真：0595-5708666
主要产品：卫生巾，婴儿尿裤，卫生护垫
品牌：安尔乐，安儿乐

晋江市恒安卫生材料有限公司
地址：福建省晋江市安海恒安工业城
邮编：362261　电话：0595-5708888
总经理：陈思安　传真：0595-5708666
主要产品：无纺布，PE打孔膜，PE流延膜

恒安（天津）卫生用品有限公司
地址：天津市西青经济开发区一支路6号
邮编：300381　电话：022-23973688
联系人：韩秀玲　传真：022-23973688
主要产品：卫生巾　品牌：安乐，安尔乐

恒安（抚顺）卫生用品有限公司
地址：辽宁省抚顺市顺城区新城路东段
邮编：113006　电话：0413-7649718
联系人：张洪斌　传真：0413-7643132
主要产品：卫生巾　品牌：安乐，安尔乐

上虞市恒安卫生用品公司
地址：浙江省上虞市开发区聚英路南
邮编：312300　电话：0575-2023554
联系人：黄钟明　传真：0575-2023554
主要产品：卫生巾　品牌：安乐，安尔乐

合肥恒安卫生用品厂
地址：安徽省合肥市一环路新火车站边
邮编：230011　电话：0551-4210273
联系人：曾荣义　传真：0551-4210288
主要产品：卫生巾　品牌：安乐，安尔乐

恒安（江西）卫生用品有限公司
地址：江西省东乡县圩上桥镇
邮编：331801　电话：0794-4382227
联系人：许自淡　传真：0794-4382392
主要产品：卫生巾　品牌：安乐，安尔乐

恒安（漯河临颍）卫生用品有限公司
地址：河南省临颍县铁西工业区
邮编：462600　电话：0395-8862323
联系人：周国宏　传真：0395-8862323
主要产品：卫生巾　品牌：安乐，安尔乐

恒安（孝感）卫生用品有限公司
地址：湖北省孝感市南区南大经济开发区
邮编：432100　电话：0712-2877898
联系人：吴家卿　传真：0712-2827688
主要产品：卫生巾　品牌：安乐，安尔乐

恒安集团（安乡）卫生用品有限公司
地址：湖南省安乡县城关镇文艺南路
邮编：415600　电话：0736-4312875
联系人：许连椅　传真：0736-4319113
主要产品：卫生巾　品牌：安乐，安尔乐

恒安（宾阳）卫生日用品有限公司
地址：广西宝阳县中华镇中华街
邮编：530421　电话：0771-8300282
联系人：许文默　传真：0771-8300519
主要产品：卫生巾　品牌：安乐，安尔乐

恒安（重庆）卫生用品有限公司
地址：重庆市沙坪坝区上桥三村13号
邮编：630037　电话：023-65216083
联系人：魏兵　传真：023-65214514
主要产品：卫生巾　品牌：安乐，安尔乐

恒安（四川）卫生用品有限公司
地址：四川省成都市高新区桂溪乡五岔子村
邮编：610212　电话：028-5651486
联系人：钟德荣　传真：028-5651486
主要产品：卫生巾　品牌：安乐，安尔乐

恒安（陕西）卫生用品有限公司
地址：陕西省户县北郊4号楼二棉厂内
邮编：710300　电话：029-4811901
联系人：张剑兰　传真：029-4811902
主要产品：卫生巾　品牌：安乐，安尔乐

恒安（潍坊）卫生用品有限公司
地址：山东省潍坊市坊子区恒安街79号
邮编：261200　电话：0536-7665889
联系人：蔡标芳　传真：0536-7665888
主要产品：卫生巾　品牌：安乐，安尔乐

恒利纸品有限公司
地址：福建省南安市省新工业区
邮编：362300　电话：0595-6251768
法人代表：吴加富　传真：0595-6252099
联系人：吴加能
主要产品：卫生巾，无纺布
品牌：舒爽，好舒爽

恒利纸品有限公司镇江分公司
地址：江苏省镇江市丁卯开发区潘宗村委会
邮编：212000　电话：0511-8882258
联系人：王木森
主要产品：卫生巾　品牌：舒爽，好舒爽

恒利纸品有限公司巢湖分公司
地址：安徽省巢湖市东风西路北侧西圣工业区内
邮编：238000　电话：0565-2612758
联系人：黄克汉
主要产品：卫生巾　品牌：舒爽，好舒爽

恒利纸品有限公司南昌分公司
地址：江西省南昌市新建县长凌外商投资工业区华泰塑胶玩具厂内
邮编：330100　电话：0791-3758189
联系人：方江金
主要产品：卫生巾　品牌：舒爽、好舒爽

恒利纸品有限公司济南分公司
地址：山东省济南市洪家楼镇西周路中段
邮编：271000　电话：0531-8021668
联系人：张长福
主要产品：卫生巾　品牌：舒爽，好舒爽

恒利纸品有限公司漯河分公司
地址：河南省漯河市西关金牛开发区
邮编：462000　电话：0395-6164858
联系人：洪东才
主要产品：卫生巾　品牌：舒爽，好舒爽

恒利纸品有限公司荆沙分公司
地址：湖北省荆沙市荆州区南门外御河路68号
邮编：434100　电话：0716-8472419
联系人：郑友奎
主要产品：卫生巾　品牌：舒爽、好舒爽

恒利纸品有限公司株州分公司
地址：湖南省株州市东区向阳村（无线电厂内）
邮编：418000　电话：0733-8404298
联系人：谢文连
主要产品：卫生巾　品牌：舒爽，好舒爽

恒利纸品有限公司柳州分公司
地址：广西省柳州市柳邕路1区57号
邮编：545005　电话：0772-3211098
联系人：邹瑞农
主要产品：卫生巾　品牌：舒爽，好舒爽

福州市卫生用品厂
地址：福建省闽侯县卫生用品厂
邮编：350100　电话：0591-2982366
法人代表：高宗雄
主要产品：卫生巾、离型纸
品牌：雅丽洁

南平延江工贸有限公司
地址：福建省南平市四鹤广场B栋B2（十二层）
邮编：353000　电话：0599-8631594
法人代表：江启嵩
主要产品：卫生巾，婴儿纸尿布
品牌：武夷

南平市昌发卫生用品有限公司
地址：福建省南平市南山镇吉侯村
邮编：353000　　电话：0599-8426348
法人代表：魏其长
主要产品：卫生巾，面巾纸，餐巾纸，卷筒卫生纸，卫生巾设备

福建恩达（福清）卫生用品有限公司
地址：福建省福清融桥经济技术开发区
邮编：350301　　电话：0591-5389898
法人代表：林秉松
主要产品：卫生巾　　品牌：天姿娇

泉州市梦洁卫生保健用品有限公司
地址：福建省泉州浮桥工业区
邮编：362000　　电话：0595-2489288
法人代表：黄向明　　传真：0595-2487588
主要产品：卫生巾　　品牌：梦洁

福建省五星卫生用品有限公司
地址：福建省泉州丰州工业区
邮编：362000　　电话：0595-6789999
法人代表：傅炳煌　　传真：0595-6781100
主要产品：卫生巾　　品牌：梦婷

天和（南安）妇幼日用品有限公司
地址：福建省南安市洪濑镇东溪开发区
邮编：362331　　电话：0595-6689278
法人代表：黄志民　　传真：0595-6689607
主要产品：卫生巾，纸巾 品牌：新欣

泉州市鲤城双峰妇女卫生用品厂
地址：福建省泉州市鲤城罗溪镇双合村西岭88号
邮编：362015　　电话：0595-2058168
法人代表：黄谋水　　传真：0595-2058588
主要产品：卫生巾，餐巾纸
品牌：好得

聚龙（泉州）轻工有限公司
地址：福建省泉州市清蒙科技工业园区
邮编：362005　　电话：0595-2486789
法人代表：林志强　　传真：0595-2182985
主要产品：卫生巾，婴儿尿裤，纸餐具

晋江市舒雅妇幼用品有限公司
地址：福建省晋江市池店雁潭工业区
邮编：362212　　电话：0595-5985600
法人代表：颜红　　传真：0595-5983155
主要产品：卫生巾，卫生巾机械
品牌：倍舒特，倍舒洁

福建莆田佳通纸制品有限公司
地址：福建省莆田江口镇海星街
邮编：351115　　电话：0594-3697690
法人代表：林美凤　　传真：0594-3697692
主要产品：卫生巾，面巾纸，卫生卷纸
品牌：柔爱，舒宝

晋江市怡洁妇幼用品有限公司
地址：福建省晋江市陈埭四境工业区
邮编：362211　　电话：0595-5188878
法人代表：谢火炎　　传真：0595-5199978
主要产品：卫生巾，卫生护垫
品牌：洁尔丝

厦门华宏卫生用品（企业）有限公司
地址：福建省厦门市同安城南二期工业区
邮编：361100　　电话：0592-7022125
法人代表：施松林
主要产品：卫生巾　　品牌：舒适

福建漳州市智光纸业制品厂
地址：福建省漳州市新马路工业区
邮编：363000　　电话：0596-2963044
法人代表：陈光伟　　传真：0596-2962196
联系人：陈智勇
主要产品：卫生巾　　品牌：爽月

漳州市芗城富强卫生用品厂
地址：福建省漳州市诗浦村2号
邮编：363000　　电话：0596-2899567
法人代表：迟学儿
主要产品：卫生巾　　品牌：安爽

漳州市益丰工贸有限公司
地址：福建省漳州市桥南一建公司基地二楼
邮编：363000　　电话：0596-2045758
法人代表：郭苹
主要产品：卫生巾　　品牌：天宝

漳浦县光阳纸业有限公司
地址：福建省漳浦县城关东门兜后螺工业区
邮编：363200　　电话：0596-3107129
法人代表：胡奎光　　传真：0596-3109206
主要产品：卫生巾，卫生纸后加工产品
品牌：康元

福建石狮市雅思安纸品企业公司
地址：福建省石狮市聚仁路128号
邮编：362700　　电话：0595-8870029
法人代表：张荣杰
主要产品：卫生巾　　品牌：雅思安

江西省

江西瑞港发展有限公司
地址：江西省高安县中山路50号
邮编：330800　　电话：0795-5212364
法人代表：胡名杨
主要产品：卫生巾、餐巾纸
品牌：玲雅

江西广丰月兔卫生用品有限公司
地址：江西省广丰县芦林工业区
邮编：334600　　电话：0793-2654370
法人代表：蒋国山　　传真：0793-2653014
主要产品：卫生巾，面巾纸，餐巾纸
品牌：月兔

萍乡市爱蝶王卫生用品厂
地址：江西省萍乡市八一街丁家冲6号
邮编：337000　　电话：0799-6811556
法人代表：万勇
主要产品：卫生巾　　品牌：爱蝶王

吉安市凯达卫生用品厂
地址：江西省吉安市北门街237号
邮编：343000　　电话：0796-8228708
法人代表：娄金根
主要产品：卫生巾，面巾纸，餐巾纸，卫生卷纸
品牌：健乐

江西省临川市威邦实业有限公司
地址：江西省临川市钟岭工业开发区
邮编：344000　电话：0794-8261358
法人代表：陈满逊
主要产品：卫生巾，尿巾，医用卫生材料
品牌：妇康、牡丹亭

核工业华东地质局二六八大队卫生用品厂
地址：江西省玉山794信箱
邮编：334700　电话：0793-2559064
法人代表：李育明
主要产品：卫生巾，尿巾
品牌：玉洁

山东省

济南鲁澳纸业有限公司
地址：山东省济南市中区济微路37号
邮编：250022　电话：0531-7964438
法人代表：薛家驹　传真：0531-7964437
联系人：李文生
主要产品：卫生巾、尿片、餐巾纸
品牌：月舒宝

威海信威卫生材料制品有限公司
地址：山东省威海市烟台东路
邮编：264209　电话：0631-5622185
法人代表：秦绍民　传真：0631-5622460
主要产品：婴儿尿裤，卫生巾，护理垫
品牌：威乐宝

淄博美尔娜卫生用品有限公司
地址：山东省淄博市张店付山
邮编：255084　电话：0533-3781650
法人代表：张涛
主要产品：卫生巾　品牌：美尔娜

蓝海妇女用品有限公司
地址：山东省沂源县城沿河路100号
邮编：256100　电话：0533-3241148
法人代表：陈安法　传真：0533-3249488
主要产品：卫生巾　品牌：女友，奴奴雅

烟台华润卫生用品有限公司
地址：山东省烟台市经济技术开发区长江路180号
邮编：264006　电话：0535-6384196
法人代表：王序文　传真：0535-6372777
主要产品：卫生巾　品牌：新妮雅

临沂市华通卫生制品有限公司
地址：山东省临沂市成才路西段
邮编：276005　电话：0539-8592626
法人代表：陈玉华　传真：0539-8298460
主要产品：卫生巾，面巾纸，餐巾纸，卷筒卫生纸
品牌：伊美

山东临沂市兰山区卫生巾厂
地址：山东省临沂市北园路88号
邮编：276005　电话：0539-8290508
总经理：贾学森　传真：0539-8290508
主要产品：卫生巾，无纺布，辅助材料
品牌：小芳，馨乐

济南华桂纸业有限公司
地址：山东省济南市经十路447号
邮编：250022　电话：0531-7953233
法人代表：张新
主要产品：医用敷料

河南省

河南新乡市第二造纸厂
地址：河南省新乡市东郊骆驼湾
邮编：453003　电话：0373-3052379
法人代表：张胜堂
主要产品：卫生巾，婴儿尿垫，卫生纸
品牌：淑友

郑州月月舒妇女用品有限公司
地址：河南省郑州市金水区柳林镇杨君刘38号
邮编：450045　电话：0371-5692698
法人代表：孙耀光　传真：0371-5692138
联系人：度国彦
主要产品：卫生巾　品牌：月月舒

河南省梦娜实业有限公司
地址：河南省汤阴县梦娜工业区
邮编：455000　电话：0372-6213709
法人代表：宋耀福　传真：0372-5954738
主要产品：卫生巾　品牌：梦娜

安阳市中洋卫生保健用品厂
地址：河南省安阳市轻工路12号
邮编：455000　电话：0372-2923730-2166
法人代表：李晓林　传真：0372-2929127
主要产品：卫生巾，尿片
品牌：中洋

河南永康卫生材料有限公司
地址：河南省漯河市铁东开发区湘江路东段
邮编：462000　电话：0395-2624406
法人代表：黄胜强　传真：0395-2621207
主要产品：卫生巾　品牌：恋花

平顶山舒莱卫生用品有限公司
地址：河南省平顶山市矿工路东段
邮编：467032　电话：0375-3924920
法人代表：候建正　主要产品：卫生巾

舒丽雅黄河保健用品公司
地址：河南省开封市顺河回族区清平办事处木家桥17号
邮编：475000　电话：0378-2937547
法人代表：沈建华　传真：0378-5952017
主要产品：卫生巾，尿片
品牌：舒丽雅

河南舒美洁品有限公司
地址：河南省南阳市光武西路2号
邮编：473006　电话：0377-3551218
法人代表：肖云乐　传真：0377-3135655
主要产品：卫生巾，餐巾纸
品牌：舒美洁

河南省周口地区妇幼卫生用品厂
地址：河南省鹿邑县针织路24号
邮编：477200　电话：0394-7221156
法人代表：夏双印　传真：0394-7222424
主要产品：卫生巾，卫生护垫
品牌：护理佳

三门峡舒梦实业总公司
地址：河南省陕县原店信用社郭家分社
邮编：472143　电话：0398-3832261
法人代表：曲民
主要产品：卫生巾　品牌：舒梦

三门峡市兰雪妇幼用品有限公司
地址：河南省三门峡市湖滨区经三路50号
邮编：472000　电话：0398-2861580
法人代表：张鹏飞　传真：0398-2869588
主要产品：卫生巾　品牌：兰雪

河南永锡卫生用品有限公司
地址：河南省永城市工业西路6号
邮编：476600　电话：0370-5215680
法人代表：李存兴　传真：0370-5213680
主要产品：卫生巾，复合纸
品牌：紫荆花

湖北省

珠海千惠纸业（黄梅）公司
地址：湖北省黄梅县城西十里铺关山大道38号
邮编：436500　电话：0713-3388148
负责人：周伟明　传真：0713-3388148
主要产品：婴儿尿裤，卫生巾
品牌：千惠

丽人实业公司（武汉）
地址：湖北省武汉市鲁磨路10号
邮编：430074　电话：027-87495920
法人代表：张海瑞　传真：027-87800900
主要产品：卫生巾　品牌：娇丽

湖北省黄石市女士乐卫生材料厂
地址：湖北省黄石市环湖路44号
邮编：435000　电话：0714-6211993
法人代表：李开畅
主要产品：卫生巾　品牌：女士乐

湖北天宝化纤制品有限公司
地址：湖北省仙桃市光湖路10号
邮编：433002　电话：0728-3225511
法人代表：赵敬平　传真：0728-3238259
主要产品：卫生巾，婴儿尿片，无纺布
品牌：裕乐

武汉市兴同兴卫生用品有限公司
地址：湖北省武汉市汉口吴家山九支沟国道北
邮编：430040　电话：027-83221091
法人代表：曾凡勇　传真：027-83221091
主要产品：卫生巾　品牌：泰然爽

湖北活力美洁时清洁纸品有限公司
地址：湖北省荆沙市江津中路2号
邮编：434000　电话：0716-8202191
法人代表：文德成　传真：0716-8217359
主要产品：卫生巾　品牌：好舒适

武汉丝宝集团卫生用品公司
地址：湖北省武汉市黄浦大街260号丝宝国际大厦
邮编：430019　电话：027-82920888
法人代表：梁亮胜　传真：027-82920830
联系人：陈紫斌
主要产品：卫生巾　品牌：洁婷

鄂州市卫生材料厂
地址：湖北省鄂州市凡口西路10号
邮编：436000　电话：0711-3612201
法人代表：王振家　主要产品：医用纱布

老河口市娇洁卫生用品有限公司
地址：湖北省老河口市化工路28号
邮编：441800　电话：0710-8224941
法人代表：郭菊慧　传真：0710-8220694
主要产品：卫生巾　品牌：娇妹

湖南省

湖南宁乡恒美纸制品厂
地址：湖南省宁乡县城郊为丰坝沿河北路9号
邮编：410600　电话：0731-7882264
法人代表：王建光　传真：0731-7881000
主要产品：卫生巾　品牌：姿乐

湖南省安仁县卫生用品二厂
地址：湖南省郴洲市安仁县商场路27号
邮编：423600　电话：0735-5223446
法人代表：李凤春
主要产品：卫生巾　品牌：安意

双峰县辣酱一厂
地址：湖南省双峰县永丰镇一心村
邮编：417700　电话：0738-6822717
法人代表：王光
主要产品：卫生巾　品牌：畅安

临湘市永玉卫生用品厂
地址：湖南省临湘市南太路
邮编：414300　电话：0730-3729609
法人代表：龚佰雄
主要产品：卫生巾　品牌：永玉

辰溪县天使卫生保健制品厂
地址：湖南省怀化辰溪县广恩寺
邮编：419500　电话：0745-5236568
法人代表：谢景贵
主要产品：卫生巾　品牌：天使

广东省

广州宝洁纸品有限公司
地址：广东省广州市解放北路986号以太广场2楼
邮编：510030　电话：020-86698828-3359
法人代表：马福祥　传真：020-86688682
联系人：高瑞欣
主要产品：卫生巾　品牌：护舒宝

广州宝乐婴儿制品厂有限公司
地址：广东省广州市沙河红英岗粤垦华资大厦3楼
邮编：510507　电话：020-87743990
法人代表：曾富　传真：020-87741022
联系人：祝启雄
主要产品：婴儿尿裤
品牌：得而妙，乐一乐

广东省芬兰馨实业有限公司
地址：广东省广州市先烈中路100号地理楼1楼
邮编：510070　电话：020-87673055
法人代表：杨耀文　传真：020-87673054
主要产品：卫生巾，离型纸
品牌：芬兰馨，美芳

广东海丰飞跃实业有限公司
地址：广东省广州市白云区罗村车站旁
邮编：510545　电话：020-87440008
法人代表：黄景城　传真：020-87440008
主要产品：卫生巾　品牌：护尔爽

广东东莞美亚无纺布制品有限公司
地址：广东省东莞市石龙兴龙西路顺景大楼
邮编：511721　电话：0769-6615655
法人代表：黄祖基　传真：0769-6615657
主要产品：无纺布，面巾，抹布，手术衣

东莞中南纸业有限公司
地址：广东省东莞市樟木头镇丰门管理区裕丰工业区
邮编：511741　电话：0769-7713742
法人代表：张茵　传真：0769-7713747
联系人：张秀红
主要产品：纸尿裤，卫生巾
品牌：BB宝，新宠儿，丝月

东莞姿庭生活用品有限公司
地址：广东省东莞市桥头镇桥丰工业城
邮编：511738　电话：0769-3343868
法人代表：莫俊燊　传真：0769-3342786
联系人：潘利斌
主要产品：卫生巾，面巾纸，纸手帕
品牌：姿庭

东莞市万江区恒昌卫生用品厂
地址：广东省东莞市简沙洲管理区
邮编：511717　电话：0769-2276179
法人代表：詹沛林
主要产品：卫生巾　品牌：美怡

汕头市新业集团爱护洁护理用品厂有限公司
地址：广东省汕头市潮汕路金园工业区第十片区
邮编：515041　电话：0754-2909933
法人代表：张朝侠　传真：0754-8101939
联系人：姚光岳
主要产品：婴儿尿裤，卫生纸后加工产品
品牌：爱护洁

地方国营澄海保健用品厂
地址：广东省汕头市澄海莲阳桥北国道旁
邮编：515834　电话：0754-5161256
法人代表：王勃　传真：0754-5160793
主要产品：卫生巾，婴儿尿片
品牌：雅爽

汕头市源深有限公司
地址：广东省汕头市珠池路新兴工业村综合楼4楼
邮编：515041　电话：0754-8899352
法人代表：何原森
主要产品：卫生巾　品牌：益母草

深圳信威纸品有限公司
地址：广东省深圳市华侨城东部工业区东A1号T房
邮编：518053　电话：0755-6602711
法人代表：李南峰　传真：0755-6901710
主要产品：卫生巾，面巾纸
品牌：雅洁，爽洁

深圳市山厦泉丰纸制品厂
地址：广东省深圳市龙岗区平湖镇山厦村
邮编：518000　电话：0755-8496458
法人代表：韩国珍
主要产品：卫生巾，卫生卷纸，餐巾纸
品牌：女士宝，罗山

佛山市瑞麒婴儿用品有限公司
地址：广东省佛山市普澜路石头路段
邮编：528041　电话：0757-3312746
法人代表：李少生　传真：0757-3315387
主要产品：婴儿尿裤　品牌：婴健

广东佛山市雅卓卫生材料厂
地址：广东省佛山市汾江路高基街131号
邮编：528000　电话：0757-2285928
法人代表：李少开　传真：0757-2285389
主要产品：卫生巾、婴儿尿片
品牌：美嫡

佛山威龙卫生用品公司
地址：广东省佛山市佛山大道大桥南端
邮编：528000　电话：0757-2216885
法人代表：关锦添　传真：0757-2217243
主要产品：卫生巾，尿布，卫生护垫，无纺布
品牌：诗丹莉

南海市罗村佩安婷卫生用品实业有限公司
地址：广东省佛山市南海东西大道街边工业开发区
邮编：528226　电话：0757-6447418-13
法人代表：谢润欢　传真：0757-6447418
主要产品：卫生巾，卫生巾设备
品牌：佩安婷

珠海市香凌轻纺有限公司
地址：广东省珠海市前山翠微工业区华城大厦四楼
邮编：519070　电话：0756-8616905
法人代表：李强　传真：0756-8614969
联系人：黄铁强
主要产品：卫生巾，卫生护垫，尿片，婴儿尿裤
品牌：千惠，香凌

珠海市高达纸业（集团）公司
地址：广东省珠海市唐家镇工业路1号
邮编：519080　电话：0756-3312073
法人代表：唐光明　传真：0756-3311222
主要产品：卫生巾，卫生纸
品牌：爱丽丝

珠海经济特区华发纸品厂有限公司
地址：广东省珠海市吉大白莲路工业区一幢附楼
邮编：519015　电话：0756-3336170
法人代表：李志强
主要产品：卫生巾　品牌：喜安然

珠海爱丽丝纸业有限公司
地址：广东省珠海市唐家湾第一工业区
邮编：519080　　电话：0756-3311378
法人代表：唐光明　　传真：0756-3310808
主要产品：卫生巾，面巾纸
品牌：爱丽丝

珠海市唐家卫生巾厂
地址：广东省珠海市唐家镇万安巷
邮编：519080　　电话：0756-3311168
法人代表：唐观玖
主要产品：卫生巾　　品牌：美花

珠海市洁尔康纸品有限公司
地址：广东省珠海市唐家镇工业路5号
邮编：519080　　电话：0756-3311812
法人代表：李虹　　传真：0756-3311222
主要产品：卫生巾　　品牌：洁尔康

中山瑞德卫生纸品有限公司
地址：广东省中山市沙朗镇金昌工业路
邮编：528411　　电话：0760-8559866
法人代表：王大正　　传真：0760-8558794
主要产品：纸尿裤　　品牌：FiTTi，PETPET

中山市川田生活用品有限公司
地址：广东省中山市五桂山镇第三工业区
邮编：528458　　电话：0760-8203336
法人代表：孙潞德　　传真：0760-8203293
联系人：李忠勉
主要产品：卫生巾，卫生护垫

广东海灵保健制品有限公司
地址：广东省中山市中山三路怡华商业中心6楼
邮编：528400　　电话：0760-8313018
法人代表：杨桂海　　传真：0760-8301023
主要产品：卫生巾，卫生护垫
品牌：佳期

南海市夏南实用卫生用品厂
地址：广东省南海市平洲夏南一新工业开发区
邮编：528251　　电话：0757-6774737
法人代表：彭强　　传真：0757-6777743
主要产品：卫生巾　　品牌：妇健

新感觉（美雅）卫生巾制品厂
地址：广东省顺德乐从镇沿江路
邮编：528300　　电话：0765-8853778
法人代表：黎国英　　传真：0765-8863873
主要产品：卫生巾　　品牌：新感觉

广东顺德妇康卫生用品有限公司
地址：广东省顺德市大良镇石洛路13号
邮编：528300　　电话：0765-2625433
法人代表：冯达翔　　传真：0765-2625433
主要产品：卫生巾　　品牌：妇康

顺德市乐从镇劳村康怡卫生用品厂
地址：广东省顺德市乐从镇劳村工业区
邮编：528315　　电话：0765-8869292
法人代表：劳旗　　传真：0765-8865918
主要产品：卫生巾　　品牌：康怡

南海市瑞麒婴儿用品有限公司
地址：广东省南海市南庄镇龙津管理区
邮编：528219　　电话：0757-5336793
总经理：郭松波　　传真：0757-5336464
联系人：夏谷贻
主要产品：婴儿尿裤　　品牌：趣之宝

南海西樵宝儿用品有限公司
地址：广东省南海市西樵河岗工业区
邮编：528211　　电话：0757-6821997
法人代表：李柏石　　传真：0757-6821998
主要产品：婴儿尿裤　　品牌：帝儿宝，惠儿宝

佛山市超爽纸品有限公司
地址：广东省佛山市金澜路省纺校路段
邮编：528041　　电话：0757-3812623
法人代表：梁锦锐　　传真：0757-3812613
主要产品：纸尿布，卫生巾
品牌：超爽

爱尔保洁用品厂
地址：广东省新会市睦洲河滨中路6号
邮编：529143　　电话：0750-6222813
法人代表：周健良　　传真：0750-6222537
主要产品：卫生巾　　品牌：爱尔

潮阳市佳泰有限公司
地址：广东省潮阳市两英西陇
邮编：515141　　电话：0661-5572989
法人代表：陈楚喜
主要产品：卫生巾　　品牌：美舒洁

揭西县兴华保健品有限公司
地址：广东省揭西县棉湖岭顶工业开发区
邮编：515438　　电话：0663-9097877
法人代表：杨锦明　　传真：0663-5262258
主要产品：卫生巾，纸餐盒
品牌：护爱

广东康雅股份有限公司
地址：广东省始兴县城新围仓
邮编：512500　　电话：0751-3333799
法人代表：刘贵招　　传真：0751-3331099
主要产品：卫生巾，婴儿尿巾，卫生纸
品牌：雅丽斯

联基工业有限公司
地址：广东省惠东县平山镇太阳坳
邮编：516300　　电话：0752-8876208
法人代表：李秀吉　　传真：0752-8876210
主要产品：卫生巾　　品牌：乐芙爽

开平市长利高档卫生纸品制造厂
地址：广东省开平市长沙西郊侨园路162号
邮编：529300　　电话：0750-2333971
法人代表：梁树荣　　传真：0750-2323686
主要产品：尿布，卫生巾，护理垫
品牌：乐儿

深圳玮丰公司
地址：广东省深圳市梅园东路笋岗商业仓22号
邮编：518023　　电话：0755-2405705
联系人：方方
主要产品：卫生巾

珠海华发纸品厂
地址：广东省珠海市吉大白莲路工业区
邮编：519015　电话：0756-3336170
法人代表：陈明　主要产品：卫生巾

金能纸品有限公司
地址：广东省珠海市香洲区梅华区路
邮编：519015　电话：0756-8633338
法人代表：许龙　传真：0756-8633339
主要产品：卫生巾

广东妇健企业有限公司
地址：广东省南海市平洲夏南第一工业区
邮编：528251　电话：0757-6774737
法人代表：彭强　传真：0757-6777743
主要产品：卫生巾　品牌：妇健

康乐卫生用品厂
地址：广东省顺德市乐从镇三乐西路劳村工业区
邮编：528315　电话：0765-8863360
法人代表：黎力平　传真：0765-8863360
主要产品：卫生巾　品牌：康侣

广东中山姐妹保健制品有限公司
地址：广东省中山市石岐海景路张溪第三工业区4幢
邮编：528400　电话：0760-8714053
法人代表：莫子健
主要产品：卫生巾　品牌：青春

潮阳市高富纸业有限公司
地址：广东省潮阳市沧州工业区7栋
邮编：515100　电话：0661-8868919
法人代表：曾晓辉　传真：0661-8864919
主要产品：卫生巾，卫生护垫，护理垫，面巾纸

雅姿卫生用品有限公司
地址：广东省增城市增滩路增化集团工业区
邮编：511330　电话：020-82922138
法人代表：刘景超　传真：020-82925837
主要产品：婴儿尿裤，卫生巾，卫生护垫
品牌：雅怡朗，婴怡朗

惠阳市淡水浩德卫生用品厂
地址：广东省惠阳市淡水镇排坊工业区
邮编：516211　电话：0752-3358338
法人代表：叶新梅　传真：0752-3372282
主要产品：卫生巾　品牌：乐芙乐

茂名市移民纸业公司
地址：广东省茂名市高山街聚贤路576号
邮编：525011　电话：0668-2522686
法人代表：张奇信　传真：0668-2522686
主要产品：卫生巾，卫生纸
品牌：靠得佳

鹤山市莉达纸品厂
地址：广东省鹤山市雅瑶陈山
邮编：529700　电话：0750-8907827
厂长：刘少锋　传真：0750-8289807
主要产品：卫生巾　品牌：莉雅

广东东乐妇幼制品厂
地址：广东省平远县环城中路191号
邮编：514600　电话：0753-8826333
法人代表：赵代蓉
主要产品：卫生巾　品牌：东乐

瑞兴婴儿用品有限公司
地址：广东省封开县江口镇工农路105号
邮编：526500　电话：0758-6662616
联系人：陈树光　传真：0758-6662211
主要产品：婴儿尿裤　品牌：瑞婴

广东省普宁市无纺布制品工业公司
地址：广东省普宁市占陇洋尾山工业区
邮编：515321　电话：0663-2347495
法人代表：黄亨达
主要产品：卫生巾，无纺布
品牌：健爽

广东华泰保健品厂有限公司
地址：广东省高州市镇江工业开发区
邮编：525000　电话：0668-6310322
法人代表：周日斌　传真：0668-6310578
联系人：周日超
主要产品：卫生巾　品牌：维康宝

丰顺县康乐卫生制品有限公司
地址：广东省丰顺县狮山路
邮编：514300　电话：0753-6632691
法人代表：邱凤娇
主要产品：卫生巾　品牌：梦舒

广东汇丰纸业有限公司
地址：广东省茂名市卖花铜鼓岭328号
邮编：523000　电话：0668-2760068
法人代表：吴水炎　传真：0668-2761228
主要产品：卫生巾，卫生卷纸
品牌：乐梦思

广西壮族自治区

侨凤卫生制品有限公司
地址：广西南宁市华侨投资区（武鸣里建）
邮编：530105　电话：0771-6301311
法人代表：韦力清　传真：0771-6301309
联系人：颜秀蛾
主要产品：卫生巾，面巾纸
品牌：新舒雅，蝶丽安

广西佳宁卫生用品有限公司
地址：广西南宁市衡阳东街3号
邮编：530001　电话：0771-3136959
法人代表：林英娥　传真：0771-2803743
主要产品：卫生巾，卫生卷纸

南宁市爱新卫生用品厂
地址：广西南宁市西乡塘路罗文园艺场内
邮编：530003　电话：0771-3847690
法人代表：刘爱新
主要产品：卫生巾　品牌：爱新

两面针集团柳州惠好卫生用品有限公司
地址：广西柳州市长风路2号
邮编：545001　电话：0772-2616844
法人代表：徐伟斯　传真：0772-2513419
联系人：唐柳春
主要产品：卫生巾，尿片，护垫
品牌：惠好

贵港南耀保健纸品有限公司
地址：广西贵港市县东街11号
邮编：537100　电话：0775-4215178
法人代表：林志洁　传真：0775-4215178
主要产品：卫生巾，卫生卷纸，餐巾纸，面巾纸
品牌：洁士

玉林市洁伶纸品有限公司
地址：广西玉林市南江镇坡塘村
邮编：537000　电话：0775-3839905
法人代表：陈百城
主要产品：卫生巾　品牌：洁伶

桂林市独秀纸品厂
地址：广西桂林市芳华路6号
邮编：541001　电话：0773-2602471
法人代表：潘瑞钱　传真：0773-2605625
主要产品：卫生巾　品牌：淑女

海南省

海南金基医疗卫生制品有限公司
地址：海南省海口市金盘工业开发区12＃
邮编：570216　电话：0898-6812049
法人代表：马力　传真：0898-6812049
主要产品：湿纸巾，卫生材料

海口康乐卫生巾厂
地址：海南省海口市新华区海垦路
邮编：570226　电话：0898-8911650
法人代表：杨全任　传真：0898-8911650
主要产品：卫生巾　品牌：含情叶

海南华侨卫生用品厂
地址：海南省海口市银湖路16号
邮编：570206　电话：0898-6774482
法人代表：陈　传真：0898-6763730
联系人：陈华雅
主要产品：卫生巾
品牌：依丽

重庆市

重庆卫生用品厂
地址：重庆市渝中区南区路159号
邮编：400013　电话：023-68806345
法人代表：孙兆雄　传真：023-68806462
主要产品：卫生巾　品牌：白天鹅

重庆舒乐卫生用品有限公司
地址：重庆市江北建新东路312号
邮编：4000023　电话：023-67853086
法人代表：吴全秀　传真：023-67873785
主要产品：婴儿尿裤，卫生巾
品牌：舒乐

重庆江北区国泰卫生用品厂
地址：重庆市江北区
邮编：430025　电话：023-67850132
法人代表：白瑞敏
主要产品：卫生巾　品牌：金皇后

重庆渝港卫生制品有限公司
地址：重庆市沙坪坝区大坪虎头岩1号
邮编：400042　电话：023-68813772
法人代表：梅贞安　传真：023-68817728
主要产品：无纺布，卫生巾
品牌：晚香玉

重庆艾薇亚卫生用品有限公司
地址：重庆市南岸区弹子石文化馆70号
邮编：400061　电话：023-62514105
联系人：万其洲　传真：023-62514106
主要产品：卫生巾，面巾纸
品牌：艾薇亚

希安达涪陵抗菌用品有限责任公司卫生巾厂
地址：重庆市涪陵江东群沱子街110号
邮编：408000　电话：023-72263117
法人代表：程松昌　传真：023-72263517
主要产品：抗菌卫生巾

重庆市江北区长安卫生用品厂
地址：重庆市江北区建新东路260号
邮编：400023　电话：023-67855438
法人代表：陈瓦　传真：023-67855438
主要产品：卫生巾　品牌：洁丽

重庆市金粟兰卫生用品有限责任公司
地址：重庆市酉阳龙潭工业区
邮编：648800　电话：023-67531250
法人代表：王相
主要产品：卫生巾　品牌：金粟兰

铜梁县西泉镇飘雅卫生巾厂
地址：重庆市铜梁县西泉镇下街
邮编：402568　电话：023-45511749
法人代表：汤献华
主要产品：卫生巾　品牌：飘雅

重庆华盛卫生纸业制品有限公司
地址：重庆市巴南区南泉龙洞湾
邮编：400056　电话：023-62849638
法人代表：冯永林　传真：023-63827936
主要产品：卫生巾，面巾纸
品牌：妮丝爽

四川省

四川省三峡卫生用品厂
地址：四川省忠县汝溪镇
邮编：634312　电话：08284-729341
法人代表：汤宇
主要产品：卫生巾、尿片
品牌：护乐、舒而雅

德阳市吉庆卫生制品厂
地址：四川省中江县辑庆镇商业街
邮编：618112　电话：0838-7900190
法人代表：张大文　传真：0838-7900197
主要产品：卫生巾　品牌：洁尔舒

四川省渠县卫生用品厂
地址：四川省渠县渠江镇营渠路22号
邮编：635200　电话：0818-7322272
法人代表：刘开王　传真：0818-7322272
主要产品：卫生巾，餐巾纸
品牌：安舒

四川省广汉含羞草纸品有限公司
地址：四川省广汉市金轮镇
邮编：618300　　电话：0838-5750317
法人代表：王建华
主要产品：卫生巾，产妇巾，餐巾纸
品牌：含羞草

绵阳市舒乐卫生保健用品厂
地址：四川省绵阳市涪城区杨家镇正西街113号
邮编：621005　　电话：0816-2891188
法人代表：朱兴富
主要产品：卫生巾

峨眉山市卫生用品厂
地址：四川省峨眉山市符溪镇
邮编：614216　　电话：0833-5523132
法人代表：黄永才
主要产品：卫生巾　　品牌：妍馨

四川省百乐生活用品有限公司
地址：四川省成都市茶店子横街康利达公司内
邮编：610031　　电话：028-7536814
法人代表：姚远琨　　传真：028-7536814
主要产品：卫生巾　　品牌：百乐

重庆卫生巾厂
地址：四川省江津市几江镇新建路1号（南郊）
邮编：632266　　电话：023-47522339
法人代表：刘明富
主要产品：卫生巾，婴儿尿布，卫生纸
品牌：菲莹

德阳市鸿发实业有限公司卫生制品厂
地址：四川省德阳市八角工业开发区
邮编：618003　　电话：0838-2600418
法人代表：李本先　　传真：0838-2600418
主要产品：卫生巾　　品牌：洁馨

成都恩威集团公司
地址：四川省成都市高新区创业路28号
邮编：610041　　电话：028-5181370
法人代表：薛永新　　传真：028-5197506
联系人：邓恪
主要产品：卫生巾　　品牌：洁尔阴

兴运实业（成都）有限公司
地址：四川省成都外南永丰路高新区标准厂房12A1B1C1
邮编：610041　　电话：028-5184809
法人代表：傅朝雪　　传真：028-5184551
主要产品：卫生巾　　品牌：洁雪

成都联益（集团）思菲尔卫生用品有限公司
地址：四川省成都市双流县城南
邮编：610200　　电话：028-5825825
法人代表：徐怀忠　　传真：028-5825825
主要产品：卫生巾

南充市康洁尔卫生用品有限公司
地址：四川省南充市顺庆区潆　溪镇工业开发区
邮编：630000　　电话：0817-2461514
法人代表：梁超　　传真：0817-2247643
主要产品：卫生巾，卫生卷纸，餐巾纸
品牌：康洁尔

贵州省

贵州坤润保健用品有限公司
地址：贵州省贵阳市南明区图云关90号（森林公园内）
邮编：550005　　电话：0851-5515007
法人代表：卢来顺　　传真：0851-5515004
主要产品：药物卫生巾　　品牌：娇蕊

久美企业发展公司
地址：贵州省贵阳市外环城东路227号新联大厦6楼
邮编：550001　　电话：0851-6768848
法人代表：孔农　　传真：0851-6765605
联系人：鲁焰
主要产品：卫生巾　　品牌：舒婷

贵州舒宝企业有限公司
地址：贵州省贵阳市永安寺街29号
邮编：550004　　电话：0851-6832456
总经理：孔祥林　　传真：0851-6837762
主要产品：卫生巾　　品牌：舒宝

贵州白云卫生制品公司
地址：贵州省贵阳市新寨路45号
邮编：550002　　电话：0851-5792682
法人代表：戴伟明　　传真：0851-5792682
主要产品：卫生巾　　品牌：俏女

云南省

安宁卫生巾厂
地址：云南省安宁连然街13号
邮编：650300　　电话：0871-8699313
厂长：李汝琴
主要产品：卫生巾，卫生纸，餐巾纸，面巾纸
品牌：珍泉

云南省永仁梦舒安有限公司
地址：云南省楚雄永仁县环城西路
邮编：651400　　电话：0878-6712409
法人代表：林世斌　　传真：0878-6712107
主要产品：卫生巾，餐巾纸，纸杯
品牌：梦舒安

云南大理乐乐纸制品厂
地址：云南省大理下关洱河北路
邮编：671000　　电话：0872-2121503
法人代表：张枝荣　　传真：0872-2135163
主要产品：卫生巾，餐巾纸，纸杯
品牌：舒乐

昆明市港舒卫生用品厂
地址：云南省昆明市前卫镇食品城7-9号
邮编：650228　　电话：0871-4571961
法人代表：杨剑锋　　传真：0871-3328764
主要产品：卫生巾，卫生纸，餐巾纸
品牌：诗而爽

昆明市盘龙卫生巾厂
地址：云南省昆明市六甲张家庙
邮编：650228　　电话：0871-7173944
法人代表：季福宝　　传真：0871-7167863
主要产品：卫生巾　　品牌：洁雅

云南曲靖美康乐实业公司
地址：云南省曲靖市潇湘小区
邮编：650000　　电话：0874-3111265
法人代表：王祥荣
主要产品：卫生巾　　品牌：美康乐

昆明爱得卫生用品有限公司
地址：云南省昆明市官渡区杨家办事处杨家地
邮编：650228　　电话：0871-4611345
法人代表：林天兴
主要产品：卫生巾　　品牌：爱得

陕西省

西安魔妮纸品股份有限公司
地址：陕西省西安市红庙坡朱宏路南口马乎沱
邮编：710016　　电话：029-6265158
法人代表：谢岩红　　传真：029-6253913
主要产品：卫生巾，卫生纸，餐巾纸
品牌：魔妮

西安台陵日用卫生制品实业有限公司
地址：陕西省西安市高陵县城东方红路东段工业品公司
邮编：710200　　电话：029-6913414
法人代表：陈景仁　　传真：029-6050148
主要产品：卫生巾　　品牌：可心

铜川市纸袋厂
地址：陕西省铜川市红旗街桃园居委会11号
邮编：727000　　电话：0919-2182647
法人代表：宁秀兰　　主要产品：卫生巾

西安瑞琛纸制品厂
地址：陕西省西安市劳动南路高新技术开发区高新三路付18号
邮编：710075　　电话：029-8227315
法人代表：李树军
主要产品：卫生巾，餐巾纸
品牌：千纸鹤

西安舒美佳纸制品有限公司
地址：陕西省西安市长安县申店乡徐家寨村
邮编：710100　　电话：029-5292249
法人代表：崔永发
主要产品：卫生巾　　品牌：舒美佳

西安人造毛皮厂
地址：陕西省西安市西影路52号
邮编：710054　　电话：029-5521731
法人代表：苑星君
主要产品：卫生巾　　品牌：洁爽

陕西省棉花（集团）公司亚达纸制品公司
地址：陕西省西安市东十里铺华清东路1号
邮编：710043　　电话：029-2529286
法人代表：李春祥
主要产品：卫生巾　　品牌：好处多

咸阳三八妇乐医药保健品有限公司
地址：陕西省咸阳市咸通南路
邮编：712021　　电话：0910-3312038
法人代表：袁晓峰　　传真：0910-3312138
主要产品：卫生巾　　品牌：妇乐

西安澳周无纺布实业有限公司
地址：陕西省西安市周至县物资局院内
邮编：710400　　电话：029-8811346
法人代表：朱俊彪　　传真：029-8811050
主要产品：婴儿尿裤　，尿片
品牌：优妮

宝鸡市恒新卫生用品有限公司
地址：陕西省宝鸡市高新技术开发区（火炬路6号）
邮编：721006　　电话：0917-3312088
法人代表：刘新岳
主要产品：卫生巾，卫生护垫
品牌：安惠

陕西康而洁卫生保健品有限公司
地址：陕西省城固县西环二路中段
邮编：723200　　电话：0916-7217666
法人代表：陈光和　　传真：0916-7217666
主要产品：卫生巾　　品牌：康而洁

甘肃省

兰州春晖纸制品有限公司
地址：甘肃省兰州市五泉路162号
邮编：730000　　电话：0931-8126510
法人代表：赵煜　　传真：0931-8124557
主要产品：卫生巾　　品牌：春晖

兰州兰燕工贸有限公司
地址：甘肃省兰州西固区陈坪乡东湾村（北滩1号）
邮编：730060　　电话：0931-7553869
法人代表：王荣
主要产品：卫生巾　　品牌：兰燕

兰州洁宝卫生用品有限责任公司
地址：甘肃省兰州市大沙坪691号
邮编：730046　　电话：0931-8368577
法人代表：张德朝
主要产品：卫生巾，餐巾纸
品牌：洁宝，洁尔宝

甘肃省妇联卫生用品厂
地址：甘肃省兰州市城关区段家滩480号
邮编：730020　　电话：0931-8651491
法人代表：李正中
主要产品：卫生巾　　品牌：念奴娇，舒月

宁夏回族自治区

宁夏轻工设计院卫生保健制品厂
地址：宁夏银川市育新巷10号
邮编：750001　　电话：0951-5045153
法人代表：刘根成
主要产品：卫生巾，口罩，帽子

宁夏宁成卫生制品有限公司
地址：宁夏平罗火车站镇
邮编：753401　　电话：0952-6681630
法人代表：丁吉意　　传真：0952-6681193
主要产品：卫生巾　　品牌：皎妮

新疆维吾尔自治区

新疆嘉惠有限公司
地址：新疆克拉玛依市原党校
邮编：834007　　电话：0990-6815823
法人代表：陈志明　　传真：0990-6971968
主要产品：卫生巾　　品牌：嘉惠

新疆昌吉州福鑫制袋厂
地址：新疆昌吉州乌伊东路32号
邮编：831100　　电话：0994-2342718
法人代表：冯占海　　传真：0994-2343145
主要产品：卫生巾，纸尿巾，一次性内裤
品牌：女伴

昌吉州皇后卫生巾厂
地址：新疆昌吉市延北路53号
邮编：831100　　电话：0994-2332308
法人代表：吴世军　　传真：0994-2349806
主要产品：卫生巾，尿片
品牌：皇后

卫生纸及后加工产品
TISSUE PAPER AND CONVERTING PRODUCTS

北京市

北京造纸五厂
地址：北京市大兴县兴政街西
邮编：102600　电话：010-69258483
法人代表：于广仁　传真：010-69258483
联系人：景来明
主要产品：卫生卷纸，面巾纸，餐巾纸，纸板餐具
品牌：绿佳圆

北京东方贵族纸业公司
地址：北京市朝阳区酒仙桥路10号
邮编：100016　电话：010-64362255-3316
法人代表：马子骞　传真：010-64372185
主要产品：湿纸巾，餐巾纸，面巾纸，经销无尘纸
品牌：龙族

北京市琉璃河兴河造纸厂
地址：北京市房山区琉璃河二街南门外
邮编：102403　电话：010-89381498
法人代表：唐金振　传真：010-89382785
主要产品：卫生纸　品牌：金宇

北京加来腾保健品股份有限公司
地址：北京市海淀区树村后营88号
邮编：100094　电话：010-62985654
法人代表：李健　传真：010-62983151
主要产品：湿纸巾，湿消毒巾
品牌：加来腾

北京安美尔集团
地址：北京市西四环路郑常庄326号安美尔大厦
邮编：100039　电话：010-68158390
法人代表：傅毅　传真：010-68155032
联系人：宿福全
主要产品：卫生纸，面巾纸，餐巾纸，卫生巾
品牌：安美尔

北京市金鱼如意日用品有限公司
地址：北京市朝阳区北土城西路20号
邮编：100029　电话：010-62033439
法人代表：许翔　传真：010-62033442
联系人：金禧
主要产品：卫生卷纸，面巾纸，餐巾纸
品牌：金鱼，如意

北京市派尼尔纸制品厂
地址：北京市德外西三旗东
邮编：100085　电话：010-62914076
法人代表：杨玲昌　传真：010-62915158
联系人：顿继业
主要产品：餐巾纸，面巾纸，卫生卷纸，湿纸巾
品牌：派尼尔

北京市双桥福利造纸厂
地址：北京市朝阳区黑庄户乡四合庄村
邮编：100024　电话：010-65895153
法人代表：李长武
主要产品：卫生纸　品牌：兔

北京市双桥企鹅造纸厂
地址：北京市朝阳区黑庄户乡四合庄村
邮编：100024　电话：010-65891178
法人代表：李建民
主要产品：卫生纸　品牌：企鹅

北京造纸七厂
地址：北京市通州区滨河路126号
邮编：101149　电话：010-61563101
法人代表：张宝发　传真：010-61563376
联系人：杨经肃
主要产品：卫生纸，餐巾纸，面巾纸
品牌：京梅

北京造纸四厂
地址：北京市通州区永顺西街89号
邮编：101100　电话：010-60514630
法人代表：唐铁昭
主要产品：卫生卷纸，餐巾纸，面巾纸
品牌：苹果

北京海淀前哨造纸厂
地址：北京市海淀区青龙桥三院
邮编：100091　电话：010-62883631
法人代表：魏振山
主要产品：卫生纸　品牌：月季、蔷薇

北京市北郊小沙河造纸厂
地址：北京市昌平县七里渠乡小沙河村
邮编：102206　电话：010-69732384
法人代表：贾润沛
主要产品：卫生纸　品牌：白熊、舒乐

北京市国义福利造纸厂
地址：北京市顺义区后沙峪镇董各庄村南
邮编：101300　电话：010-69496325
法人代表：朱宝忠
主要产品：卫生纸　品牌：丝淅

北京赛妙健康科学有限公司
地址：北京市朝阳区华严里10号京民大厦2217房
邮编：100029　电话：010-62020011-2828
法人代表：李赛　传真：010-62071149
主要产品：湿纸巾系列，卫生卷纸，餐巾纸，面巾纸
品牌：赛妙

北京市畅顺纸业有限责任公司
地址：北京市丰台区马家堡东路丙7号
邮编：100077　电话：010-67292665
法人代表：张彦　传真：010-67292665
主要产品：卫生卷纸、面巾纸，餐巾纸
品牌：好佳

北京俊明展春工贸有限公司
地址：北京市海淀区东升园六条22号
邮编：100083　电话：010-62573405
法人代表：刘俊明　传真：010-62615973
主要产品：面巾纸，餐巾纸，卫生巾
品牌：展春

北京宝润达电子电器责任公司
地址：北京市海淀区大慧寺19号
邮编：100081　电话：010-62183893
法人代表：李艳清　传真：010-62172450
主要产品：消毒湿纸巾　品牌：三仕达

拓维特餐饮用品有限公司
地址：北京市朝阳区小庄东里37号
邮编：100002　电话：010-65079134
法人代表：程达
主要产品：餐巾纸，面巾纸

北京康碧成生物工程有限公司
地址：北京市海淀区北土城西路197号
邮编：100083　电话：010-62364759
法人代表：杨明
主要产品：湿纸巾，化妆棉，卸妆巾

北京市通县京华造纸厂
地址：北京市通州区次渠镇崔窑村西
邮编：101111　电话：010-69501258
法人代表：刘玉山
主要产品：卫生卷纸　品牌：京华

北京友连造纸厂
地址：北京市通州区滨河路126号
邮编：110149　电话：010-69543101-2256
法人代表：马守礼　传真：010-69546776
主要产品：卫生纸　品牌：京梅

天津市

天津市宏业纸制品加工厂
地址：天津市津塘公路178号
邮编：300300　电话：022-24390084
法人代表：张欣　传真：022-24390084
主要产品：卫生纸，面巾纸，餐巾纸
品牌：白天鹅

天津爱龙洁肤品有限公司
地址：天津市河北区革新道4号
邮编：300250　电话：022-26335084
法人代表：吴瑞曼苏　传真：022-26335073
主要产品：湿纸巾　品牌：柔普馨

天津市大港第二造纸厂
地址：天津市大港区太平村镇苏家园村
邮编：300282　电话：022-63155189
法人代表：郭德宏
主要产品：卫生纸

天津市河东区振东复合材料厂
地址：天津市河东区唐口新村五段煤场旁
邮编：300160　电话：022-24312774
法人代表：朱家凤
主要产品：一次性桌布

天津市津沱集团
地址：天津市武清县王庆坨镇
邮编：301713　电话：022-29518313
法人代表：胡林明　传真：022-29518320
主要产品：卫生纸，餐巾纸
品牌：高雅，三友

天津市静海县琳海造纸厂
地址：天津市静海县城关乡口子门村
邮编：301600　电话：022-28944077
法人代表：张兴
主要产品：卫生纸

天津市京津造纸厂
地址：天津市河北区北站外水产前街2号
邮编：300010　电话：022-26415678
法人代表：于家起　传真：022-26415666
主要产品：卫生纸　品牌：青竹，马头

唐山市第四造纸厂
地址：天津市芦台汉沽农场
邮编：301501　电话：022-25503240
法人代表：许世杰
主要产品：卫生纸　品牌：金鱼，金环

麦吉克（天津）纸业有限公司
地址：天津市河西区宁波道10号
邮编：300202　电话：022-23264128
法人代表：李柏增　传真：022-23264128
联系人：丁怡
主要产品：卫生纸，面巾纸，餐巾纸，纸抹布
品牌：麦吉克

天津市晟蓝工贸中心
地址：天津市河北区万柳村大街3号
邮编：300241　电话：022-26424774
联系人：黄盈　传真：022-26433652
主要产品：面巾纸，餐巾纸
品牌：怡然

河北省

石家庄市第二造纸厂
地址：河北省石家庄市建设大街45号
邮编：050011　电话：0311-6013225
法人代表：陶俊平
主要产品：卫生卷纸　品牌：天鹅

正定县正航造纸厂
地址：河北省石家庄市正定县新城铺镇
邮编：050802　电话：0311-8209722
法人代表：左金全
主要产品：卫生纸、餐巾纸、面巾纸
品牌：正航

石家庄市正定县福利造纸厂
地址：河北省石家庄市正定县诸福屯镇
邮编：050800　电话：0311-8220845
法人代表：郭建朝　传真：0311-8224304
主要产品：卫生纸　品牌：姐妹

胜利纸制品厂
地址：河北省石家庄市和平路11号
邮编：050000　电话：0311-7838379
法人代表：孟繁祥
主要产品：卫生巾，卫生纸，餐巾纸

河北省滦平县造纸厂
地址：河北省承德市滦平县金沟屯镇滦河沿村
邮编：068252　电话：0314-8731590
法人代表：鲍青山
主要产品：卫生纸　品牌：承滦

徐水县古遂造纸厂
地址：河北省徐水县遂城镇城西村
邮编：072500　电话：0312-8903914
法人代表：杨志浩
主要产品：卫生纸　品牌：雪神

徐水县华宇造纸集团责任有限公司谢坊纸厂
地址：河北省徐水县铁道西5公里
邮编：072557　电话：0312-8903608
法人代表：祁连顺
主要产品：卫生纸　品牌：舒而得

徐水县龙源造纸厂
地址：河北省徐水县遂城镇西大庞村
邮编：072550　电话：0312-8903838
法人代表：赵振海
主要产品：卫生纸　品牌：御猫

徐水县华宇造纸集团责任有限公司康泰纸厂
地址：河北省徐水县张华村
邮编：072550　电话：0312-8903981
法人代表：张文生
主要产品：卫生纸　品牌：康泰

徐水县华宇造纸集团责任有限公司康达纸厂
地址：河北省徐水县遂城镇张华村
邮编：072550　电话：0312-8903909
法人代表：王金起
主要产品：卫生纸　品牌：棉桃

徐水县祥合造纸厂
地址：河北省徐水县大王店镇孟村
邮编：072558　电话：0312-8962778
法人代表：贾玉陆
主要产品：卫生纸　品牌：小天使

河北省徐水县金鑫造纸厂
地址：河北省徐水县遂城镇大庞村
邮编：072550　电话：0312-8903536
法人代表：赵京昆
主要产品：卫生纸　品牌：红鱼

徐水县华宇造纸集团责任有限公司
地址：河北省徐水县遂城镇
邮编：072557　电话：0312-8903975
法人代表：刘建军
主要产品：卫生纸　品牌：奇特

徐水县华宇造纸集团责任有限公司
地址：河北省徐水县遂城镇张华村
邮编：072550　电话：0312-8903858
法人代表：徐金永
主要产品：卫生纸　品牌：张华，白棉

河北京南造纸厂
地址：河北省徐水县遂城镇大庞村
邮编：072550　电话：0312-8903898
法人代表：赵勇
主要产品：卫生纸　品牌：雅柳

河北省徐水县鑫源造纸厂
地址：河北省徐水县王家庄乡马亮营村
邮编：072558　电话：0312-8962955
法人代表：王强
主要产品：卫生纸　品牌：白金鱼

河北省徐水县亚华造纸厂
地址：河北省徐水县王家庄乡孟村
邮编：072558　电话：0312-8962777
法人代表：贾志海
主要产品：卫生纸　品牌：亚华

河北省徐水县宏业造纸厂
地址：河北省徐水县南张丰东张丰村
邮编：072550　电话：0312-8665330
法人代表：赵大发
主要产品：卫生纸，餐巾纸
品牌：宝宝乐

徐水县华宇造纸集团责任有限公司友谊纸厂
地址：河北省徐水县广门乡广门村
邮编：072550　电话：0312-8903771
法人代表：李春祥
主要产品：卫生纸，餐巾纸，面巾纸
品牌：宝蝶

徐水县顺天造纸厂
地址：河北省徐水县大王店镇小黑山村
邮编：072558　电话：0312-8962966
法人代表：侯君
主要产品：卫生纸　品牌：芳舒

保定航宇造纸有限公司
地址：河北省徐水县安肃镇黄土岗村
邮编：072550　电话：0312-8661262
法人代表：刘忠义
主要产品：卫生纸　品牌：航宇

邯郸市魏县双井镇卫生纸厂
地址：河北省邯郸市魏县双井镇双南村
邮编：056801　电话：0310-3361038
法人代表：刘贵洲　主要产品：卫生纸

邯郸市复兴区王郎造纸厂
地址：河北省邯郸市复兴区人民西路16号
邮编：056003　电话：0310-4042174
法人代表：裴德王
主要产品：卫生纸，餐巾纸
品牌：荷花

邯郸市永年县人民造纸厂
地址：河北省邯郸市永年县南大街永名路南
邮编：057150　电话：0310-6822644
法人代表：马仁礼
主要产品：卫生纸　品牌：蝴蝶梅

成安雪绒纸业有限公司
地址：河北省成安县工贸城
邮编：056700　电话：0310-7210324
法人代表：郭清江　传真：0310-7218812
联系人：刘天增
主要产品：卫生纸，面巾纸，餐巾纸

河北富兴纸品有限公司
地址：河北省清苑县五尧乡小祝泽
邮编：071100　电话：0312-2170475
法人代表：邵国义　传真：0312-2179059
主要产品：卫生纸，餐巾纸
品牌：小人国

安国市郑章镇第二造纸厂
地址：河北省安国市郑章镇谢庄
邮编：071200　　电话：0312-3461196
法人代表：王造顺
主要产品：卫生纸，餐巾纸

邢台市金发纸业有限公司
地址：河北省邢台市高庄桥路42号
邮编：054001　　电话：0319-3296597
联系人：黄林夫　　传真：0319-3294037
主要产品：面巾纸，餐巾纸
品牌：若仕

深县造纸厂
地址：河北省深县前么头镇
邮编：052860　　电话：0318-3426363
法人代表：谢福兴
主要产品：卫生纸，餐巾纸，面巾纸
品牌：深桃

黄骅市建华造纸厂
地址：河北省黄骅市周青庄乡周西
邮编：061104　　电话：0317-5889067
法人代表：韩汝森
主要产品：卫生纸　　品牌：华春

唐山市兴海纸业有限公司
地址：河北省唐山市丰润县老庄子镇毛家坨
邮编：064001　　电话：0315-5518378
法人代表：姚东敏
主要产品：卫生纸　　品牌：猫球

唐山市乐亭县第二造纸厂
地址：河北省唐山市乐亭县蔡庄管理区湾坨村
邮编：063600　　电话：0315-4610334
法人代表：邵智
主要产品：卫生纸　　品牌：多财

唐山市迁安县沙河驿福利造纸厂
地址：河北省唐山市迁安县沙河驿镇
邮编：064401　　电话：0315-7011505
法人代表：郭金阳
主要产品：卫生纸

任丘市永兴造纸厂
地址：河北省任丘市崇左黄台
邮编：062551　　电话：0317-2822078
法人代表：王金桥
主要产品：卫生纸　　品牌：金桥

承德市造纸一厂
地址：河北省承德市双滦区双塔山镇
邮编：067001　　电话：0314-4044375
法人代表：朱云田
主要产品：卫生纸，餐巾纸
品牌：玉兰

遵化市第二造纸厂
地址：河北省遵化市西留村十里铺村
邮编：064200　　电话：0315-6613404
法人代表：赵洪潭
主要产品：卫生纸

蠡县永兴庄第二造纸厂
地址：河北省蠡县南庄乡永兴庄
邮编：071400　　电话：0312-6041283
法人代表：冯建章　　传真：0312-6041012
主要产品：卫生纸

东光县金庄乡第二造纸厂
地址：河北省东光县金庄乡金庄村
邮编：061600　　电话：0317-7723172
法人代表：王铁鹏
主要产品：卫生纸　　品牌：青松

东光县南下口镇杨昂造纸厂
地址：河北省东光县南下口镇杨昂村
邮编：061600　　电话：0317-7766028
法人代表：闫海岗
主要产品：卫生纸

昌黎县第一造纸厂
地址：河北省秦皇岛市昌黎县陈各庄乡陈二村
邮编：066603　　电话：0335-2091565
法人代表：刘国安
主要产品：卫生纸

抚宁县第二造纸厂
地址：河北省秦皇岛市抚宁县留守营镇南街村
邮编：066301　　电话：0335-6046173
法人代表：许印成
主要产品：卫生纸　　品牌：洋河

河北秦皇岛豪峰企业集团
地址：河北省秦皇岛市抚宁县
邮编：066300　　电话：0335-6046125
法人代表：陈晓峰　　传真：0335-6046145
主要产品：卫生纸，餐巾纸，面巾纸
品牌：豪峰

霸州市华汽联营造纸厂
地址：河北省霸州市王庄子乡靳家堡
邮编：302754　　电话：0316-7432457
法人代表：邱书亭
主要产品：卫生纸，面巾纸
品牌：香港

吴桥县赵辛乡第二造纸厂
地址：河北省吴桥县赵辛乡
邮编：061802　　电话：0317-7280080
法人代表：张国行
主要产品：卫生纸　　品牌：水仙花

保定第四造纸厂
地址：河北省保定市新市区南奇乡南章村
邮编：071051　　电话：0312-3177158
法人代表：宋会臣
主要产品：卫生纸　　品牌：青竹

保定市第五造纸厂
地址：河北省保定市新市区富昌乡小汲店村
邮编：071051　　电话：0312-3223687
法人代表：邵文增　　传真：0312-3223687
主要产品：卫生纸　　品牌：蓝天

保定东宝永联纸业有限公司
地址：河北省保定市新市区向阳北路
邮编：071051　　电话：0312-3234223
法人代表：季以忠　　传真：0312-3234223
主要产品：卫生纸

保定市富达纸制品公司
地址：河北省保定市新市区纸厂路付一号
邮编：071051　电话：0312-3122706
法人代表：刘银贞
主要产品：餐巾纸　品牌：益康

保定市曙光造纸厂二分厂
地址：河北省保定市新市区南奇乡马厂村
邮编：071051　电话：0312-3179050
法人代表：陈凤林
主要产品：卫生纸

保定市大兴造纸厂
地址：河北省保定市新市区南奇乡南章村
邮编：071051　电话：0312-3175020
法人代表：陈汉文
主要产品：卫生纸　品牌：媚洁

保定市南市区精洁纸制品厂
地址：河北省保定市南大园乡中马池村
邮编：071000　电话：0312-2121960
法人代表：沈贵福　主要产品：餐巾纸

保定市晨光纸业有限公司
地址：河北省保定市新保满路东段
邮编：071051　电话：0312-3173150
法人代表：侯金生　传真：0312-3277554
主要产品：卫生纸

保定市东风造纸厂
地址：河北省保定市西郊
邮编：071000　电话：0312-3227680
法人代表：宋增良
主要产品：卫生纸

高阳县旧城镇造纸厂
地址：河北省保定市高阳县旧城镇石家庄村
邮编：071504　电话：0312-6706544
法人代表：杨仁祥
主要产品：卫生纸

保定市高阳县石家庄造纸厂
地址：河北省保定市高阳县旧城镇石家庄村
邮编：071504　电话：0312-6706510
法人代表：杨玉根
主要产品：卫生纸　品牌：熊猫

保定化纤造纸厂
地址：河北省保定市西郊纸厂路
邮编：071055　电话：0312-3137941
法人代表：郑利红　传真：0312-3137131
主要产品：卫生纸，餐巾纸
品牌：丽尔

河北保定兴骥特种纸厂
地址：河北省保定市南市区经贸委
邮编：071000　电话：0312-2115688
法人代表：段新明　传真：0312-2116666
主要产品：卫生纸　品牌：兴骥

河北省新华实业公司纸塑制品厂
地址：河北省保定市北郊红旗苗圃东侧
邮编：071000　电话：0312-3139027
法人代表：苑立军　传真：0312-3133775
主要产品：卫生纸　品牌：金鸡

保定钞票纸厂生活服务公司
地址：河北省保定市纸厂路98号
邮编：071071　电话：0312-3174535
法人代表：姚振明　传真：0312-3178167
主要产品：卫生纸，餐巾纸
品牌：雁翎

保定市满城立发造纸厂
地址：河北省保定市满城大册营镇大册村
邮编：072150　电话：0312-7021189
法人代表：贾顺福
主要产品：卫生纸　品牌：佳派

保定市满城恒通造纸厂
地址：河北省保定市满城大册营镇西村
邮编：072150　电话：0312-7021852
法人代表：张朋
主要产品：卫生纸　品牌：兴荣

保定市满城润发纸厂
地址：河北省保定市大册营镇
邮编：072150　电话：0312-7021715
法人代表：翟文合
主要产品：卫生纸　品牌：玉雪

保定市满城孙进宝纸厂
地址：河北省保定市满城大册营镇大册村
邮编：072150　电话：0312-7021716
法人代表：孙进宝
主要产品：卫生纸　品牌：佳日

保定市满城冀中纸厂
地址：河北省保定市满城大册营镇大册村
邮编：072150　电话：0312-7021719
法人代表：张春树
主要产品：卫生纸　品牌：三九

保定市满城溢恒纸厂
地址：河北省保定市满城大册营镇大册村
邮编：072150　电话：0312-7021776
法人代表：刘艳伟
主要产品：卫生纸　品牌：溢恒

保定满城恒亚纸厂
地址：河北省保定市满城大册营镇
邮编：072150　电话：0312-7021767
法人代表：李红卫
主要产品：卫生纸　品牌：恒亚

保定满城程远纸厂
地址：河北省保定市满城大册营镇方上村
邮编：072150　电话：0312-7021139
法人代表：李俊英
主要产品：卫生纸　品牌：程远

保定满城红升纸厂
地址：河北省保定市满城大册营镇方上村
邮编：072150　电话：0312-7021889
法人代表：王宏跃
主要产品：卫生纸　品牌：红升

保定满城中华纸厂
地址：河北省保定市满城大册营镇
邮编：072150　电话：0312-7021005
法人代表：赵喜来
主要产品：卫生纸　品牌：中华

保定满城金升纸厂
地址：河北省保定市满城大册营镇大册村
邮编：072150　　电话：0312-7021024
法人代表：李顺安
主要产品：卫生纸　　品牌：猫霸

保定满城顺发纸厂
地址：河北省保定市满城大册营镇大册村
邮编：072150　　电话：0312-7021002
法人代表：赵建奇
主要产品：卫生纸　　品牌：优雅

保定满城民丰纸厂
地址：河北省保定市满城大册营镇大册村
邮编：072150　　电话：0312-7021009
法人代表：张备战
主要产品：卫生纸　　品牌：安尔达

保定满城长兴纸厂
地址：河北省保定市满城大册营镇大册村
邮编：072150　　电话：0312-7021012
法人代表：张玉柱
主要产品：卫生纸

保定满城九洲纸厂
地址：河北省保定市满城大册营镇大册村
邮编：072150　　电话：0312-7021004
法人代表：张秀泉
主要产品：卫生纸　　品牌：鹤王

保定满城眺山营纸厂
地址：河北省保定市满城城关镇
邮编：072150　　电话：0312-7073130
法人代表：刘振江
主要产品：卫生纸　　品牌：振江

保定满城海峰纸厂
地址：河北省保定市满城大册营镇方上村
邮编：072150　　电话：0312-7021186
法人代表：王凤江
主要产品：卫生纸　　品牌：雪人

保定满城顺兴纸厂
地址：河北省保定市满城大册营镇大册村
邮编：072150　　电话：0312-7021701
法人代表：何喜泽
主要产品：卫生纸　　品牌：金手指

保定满城长河纸厂
地址：河北省保定市满城造纸工业区
邮编：072150　　电话：0312-7021706
法人代表：张长河
主要产品：卫生纸　　品牌：安美尔

保定满城嘉兴纸厂
地址：河北省保定市满城
邮编：072150　　电话：0312-7021720
法人代表：刘战民
主要产品：卫生纸　　品牌：嘉兴

保定满城要庄纸厂
地址：河北省保定市满城大册营镇要庄村
邮编：072150　　电话：0312-7068298
法人代表：朱景文
主要产品：卫生纸　　品牌：全棉王

保定满城赵立新纸厂
地址：河北省保定市满城大册营镇大册村
邮编：072150　　电话：0312-7021548
法人代表：赵立新
主要产品：卫生纸

保定满城雄冈纸厂
地址：河北省保定市满城大册营镇
邮编：072150　　电话：0312-7021555
法人代表：李振山
主要产品：卫生纸

保定满城前造纸厂
地址：河北省保定市满城大册营镇
邮编：072150　　电话：0312-7021881
法人代表：赵福生
主要产品：卫生纸　　品牌：金鱼

保定满城红星造纸厂
地址：河北省保定市满城镇
邮编：072150　　电话：0312-7063287
法人代表：赵战军
主要产品：卫生纸　　品牌：洁派

保定满城元中造纸厂
地址：河北省保定市满城燕赵北街
邮编：072150　　电话：0312-7071287
法人代表：赵宝忠
主要产品：卫生纸，餐巾纸，面巾纸
品牌：飘逸

保定满城亨林纸厂
地址：河北省保定市满城镇西原屯村
邮编：072150　　电话：0312-7031169
法人代表：董国利
主要产品：卫生纸

保定满城溢源造纸厂
地址：河北省保定市满城
邮编：072150　　电话：0312-7021012
法人代表：张玉柱
主要产品：卫生纸

保定满城荣华福利纸厂
地址：河北省保定市满城镇要庄
邮编：072150　　电话：0312-7068188
法人代表：许宝
主要产品：卫生纸，餐巾纸，面巾纸
品牌：荣富

保定满城龙华造纸厂
地址：河北省保定市满城岗头村
邮编：072150　　电话：0312-7021821
法人代表：赵兰和
主要产品：卫生纸　　品牌：樱桃

保定满城群冠造纸厂
地址：河北省保定市满城岗头村
邮编：072150　　电话：0312-7021892
法人代表：王江
主要产品：卫生纸

保定满城江城福利纸厂
地址：河北省保定市满城江城
邮编：072150　　电话：0312-7034668
法人代表：苏国南
主要产品：餐巾纸

保定满城双利纸厂
地址：河北省保定市满城造纸工业区
邮编：072150　　电话：0312-7021075
法人代表：贾满渝
主要产品：卫生纸　　品牌：华冀

保定满城新生纸厂
地址：河北省保定市满城镇西村
邮编：072150　　电话：0312-7021857
法人代表：范文久
主要产品：卫生纸　　品牌：雪花

保定满城乐凯造纸厂
地址：河北省保定市满城镇六间房村
邮编：072150　　电话：0312-7011228
法人代表：杨春凯
主要产品：卫生纸

保定满城长海造纸厂
地址：河北省保定市满城小北庄
邮编：072150　　电话：0312-7011229
法人代表：李长海
主要产品：卫生纸

保定满城永新造纸厂
地址：河北省保定市满城西原屯村
邮编：072150　　电话：0312-7031828
法人代表：冉玉生
主要产品：卫生纸

保定育红纸业公司
地址：河北省保定市满城大册营镇大册营工业区
邮编：072150　　电话：0312-7021806
法人代表：张宝利　　传真：0312-7021388
主要产品：卫生纸　　品牌：献礼

保定新兴造纸厂
地址：河北省保定市满城大册营镇
邮编：072150　　电话：0312-7021788
法人代表：王朋
主要产品：卫生纸　　品牌：洁鹿

保定满城海峰纸厂
地址：河北省保定市满城大册营镇
邮编：072150　　电话：0312-7021325
法人代表：王凤江
主要产品：卫生纸

保定市满城县正大纸厂
地址：河北省保定市满城县大册营乡方上村
邮编：072150　　电话：0312-7021086
法人代表：王总义
主要产品：卫生纸

保定市满城县第四造纸厂
地址：河北省保定市满城县大册营乡方上村
邮编：072150　　电话：0312-7021909
法人代表：赵建国
主要产品：卫生纸

保定市满城县大册顺利造纸厂
地址：河北省保定市满城县大册营工业区
邮编：072150　　电话：0312-7021018
法人代表：赵香战
主要产品：卫生纸，餐巾纸，面巾纸
品牌：青竹

保定市满城成功造纸厂
地址：河北省保定市满城县大册营镇方上工业街
邮编：072150　　电话：0312-7021302
法人代表：李胜利
主要产品：卫生卷纸　　品牌：成功

保定市满城沙河造纸厂
地址：河北省保定市满城县大册营镇大册村
邮编：072150　　电话：0312-7021703
法人代表：杨秀清
主要产品：卫生纸　　品牌：美瑞

保定市满城胜利造纸公司
地址：河北省保定市满城县方上村
邮编：072150　　电话：0312-7021400
法人代表：李会利
主要产品：卫生卷纸，餐巾纸，卫生巾
品牌：洁爽，洁霸

保定市满城冀兴造纸厂
地址：河北省保定市满城县大册营乡西村
邮编：072150　　电话：0312-7021853
法人代表：范文启
主要产品：卫生纸　　品牌：冀兴

保定市满城金城卫生纸厂
地址：河北省保定市满城县大册营乡西村
邮编：072150　　电话：0312-7021850
法人代表：范义成
主要产品：卫生纸　　品牌：香果

保定市满城县兴隆造纸厂
地址：河北省保定市满城县大册营工业区
邮编：072150　　电话：0312-7021036
法人代表：刘贺林
主要产品：卫生卷纸　　品牌：棉蕾

保定市港兴纸业有限公司
地址：河北省保定市满城县大册营造纸工业区
邮编：072150　　电话：0312-7021908
法人代表：张三套
主要产品：卫生纸　　品牌：丽邦

保定市满城永兴造纸厂
地址：河北省保定市满城县大册营镇大册村
邮编：072150　　电话：0312-7021019
法人代表：何喜春
主要产品：卫生纸

保定市满城金光造纸厂
地址：河北省保定市满城县大册营镇方上村
邮编：072150　　电话：0312-7021707
法人代表：韩宝柱
主要产品：卫生纸　　品牌：猫王

保定市满城霞光纸厂
地址：河北省保定市满城县大册营镇大册营村
邮编：072150　　电话：0312-7021056
法人代表：孔春福
主要产品：卫生纸　　品牌：霞光

保定市满城太行造纸厂
地址：河北省保定市满城县大册营镇大册村
邮编：072150　　电话：0312-7021768
法人代表：范蓝红
主要产品：卫生纸　　品牌：河莲

保定市满城曙光造纸厂
地址：河北省保定市满城县大册营镇方上村
邮编：072150　电话：0312-7021903
法人代表：王勋
主要产品：卫生纸，餐巾纸
品牌：曙光

保定市满城中华造纸厂
地址：河北省保定市满城
邮编：072150　电话：0312-7021005
法人代表：赵喜来
主要产品：卫生纸　品牌：蝶恋花

保定市满城大册前进纸厂
地址：河北省保定市满城县大册营镇大册村
邮编：072150　电话：0312-7021904
法人代表：赵福生
主要产品：卫生纸　品牌：姣姿

保定市东升造纸有限公司
地址：河北省保定市满城县造纸工业区
邮编：072150　电话：0312-7021906
法人代表：张志武　传真：0312-7021996
主要产品：卫生卷纸，餐巾纸，面巾纸
品牌：小宝贝

保定市满城亚光造纸股份有限公司
地址：河北省保定市满城县大册营镇大册村
邮编：072150　电话：0312-7021807
法人代表：张福生
主要产品：卫生纸　品牌：火炬

保定市满城如意卫生纸复卷厂
地址：河北省保定市满城县大册营镇大册村
邮编：072150　电话：0312-7021052
法人代表：崔志海
主要产品：卫生纸　品牌：松鹿

保定市满城育德造纸厂
地址：河北省保定市满城县大册营镇大册村
邮编：072150　电话：0312-7021020
法人代表：赵成军
主要产品：卫生纸

保定市满城永红造纸厂
地址：河北省保定市满城县大册营镇大册营村
邮编：072150　电话：0312-7021798
法人代表：石英
主要产品：卫生纸　品牌：永红

保定市满城京保造纸厂
地址：河北省保定市满城县大册营镇夜借村
邮编：072150　电话：0312-7021973
法人代表：张四友
主要产品：卫生纸　品牌：小红帽

保定市满城福利造纸厂
地址：河北省保定市满城县大册营镇大册村
邮编：072150　电话：0312-7021606
法人代表：赵保江
主要产品：卫生纸　品牌：雪松

保定市满城金生造纸厂
地址：河北省保定市满城县大册营大册村
邮编：072150　电话：0312-7021024
法人代表：李顺安
主要产品：卫生纸　品牌：彩鹿

保定市满城翔宇造纸厂
地址：河北省保定市满城县大册营镇大册村
邮编：072150　电话：0312-7021898
法人代表：朱义
主要产品：卫生纸　品牌：翔龙

保定市满城纪荣卫生纸厂
地址：河北省保定市满城县满城镇长旺村
邮编：072150　电话：0312-7072330
法人代表：刘纪荣
主要产品：卫生纸

满城宏光造纸厂
地址：河北省保定市满城县招待所北500米路西
邮编：072150　电话：0312-7071287
法人代表：赵保忠
主要产品：卫生卷纸

保定市满城光明造纸厂
地址：河北省保定市满城县西庄乡六间房村
邮编：072157　电话：0312-7011239
法人代表：卢占军
主要产品：卫生纸

保定市满城富华造纸厂
地址：河北省保定市满城大册营镇方上村
邮编：072150　电话：0312-7021066
法人代表：李根田
主要产品：卫生纸　品牌：宇宙

保定市满城神星第二造纸厂
地址：河北省保定市满城县神星镇神星村
邮编：072152　电话：0312-7056168
法人代表：贾长江
主要产品：卫生纸

保定市满城康乐造纸厂
地址：河北省保定市满城县大册营镇岗头村
邮编：072150　电话：0312-7021955
法人代表：苟永建
主要产品：卫生纸

保定市满城永利造纸厂
地址：河北省保定市满城县大册营镇方上村
邮编：072150　电话：0312-7021027
法人代表：赵彦
主要产品：卫生纸　品牌：虎霸

保定市满城西村宏达造纸厂
地址：河北省保定市满城县大册营镇西村
邮编：072150　电话：0312-7021861
法人代表：范红祥
主要产品：卫生纸　品牌：康达

保定市满城永富造纸厂
地址：河北省保定市满城县大册营镇方上村
邮编：072150　电话：0312-7021618
法人代表：王士军
主要产品：卫生纸　品牌：御猫

保定市满城昌盛造纸厂
地址：河北省保定市满城县大册营镇方上村
邮编：072150　电话：0312-7021288
法人代表：李新保
主要产品：卫生纸

保定市满城桥东造纸厂
地址：河北省保定市满城县大册营镇方上村
邮编：072150　电话：0312-7021100
法人代表：王福祥
主要产品：卫生纸　品牌：喜翔

保定市满城红利造纸厂
地址：河北省保定市满城县大册营镇方上村
邮编：072150　电话：0312-7021034
法人代表：李宝章
主要产品：卫生纸

保定市满城方上第三造纸厂
地址：河北省保定市满城县大册营镇方上村
邮编：072150　电话：0312-7021033
法人代表：王德瑞
主要产品：卫生纸

保定市满城华鑫造纸厂
地址：河北省保定市满城县大册营镇下子口村
邮编：072150　电话：0312-7021863
法人代表：王锁林
主要产品：卫生纸

保定市满城县恒通造纸厂
地址：河北省保定市满城县大册营镇西村
邮编：072150　电话：0312-7021852
法人代表：张鹏
主要产品：卫生纸

保定市满城奥星造纸厂
地址：河北省保定市满城县大册营镇岗头村
邮编：072150　电话：0312-7021900
法人代表：白金良
主要产品：卫生纸　品牌：白雪公主

保定市满城平原造纸厂
地址：河北省保定市满城县大册营镇方上村
邮编：072150　电话：0312-7021079
法人代表：李云生
主要产品：卫生纸

保定市满城中兴造纸厂
地址：河北省保定市满城县大册营镇北宋营村
邮编：072150　电话：0312-7021972
法人代表：牛永田
主要产品：卫生纸　品牌：中兴

保定市满城永胜造纸厂
地址：河北省保定市满城县大册营镇大册村
邮编：072150　电话：0312-7021028
法人代表：何喜乱
主要产品：卫生纸　品牌：莱因特

保定市满城永洁造纸厂
地址：河北省保定市满城县大册营镇大册村
邮编：072150　电话：0312-7021011
法人代表：贾金栋
主要产品：卫生纸　品牌：鸳鸯

保定市满城华强造纸厂
地址：河北省保定市满城县大册营镇大册村
邮编：072150　电话：0312-7021080
法人代表：赵喜增
主要产品：卫生纸　品牌：华强

保定市满城新荣造纸厂
地址：河北省保定市满城县大册营镇苏庄村
邮编：072150　电话：0312-7021934
法人代表：李跃海
主要产品：卫生纸

保定市满城大册京深造纸厂
地址：河北省保定市满城县大册营镇大册村
邮编：072150　电话：0312-7021061
法人代表：赵权生
主要产品：卫生纸　品牌：蒂莲

保定市满城大册营日丽造纸厂
地址：河北省保定市满城县大册营镇大册营村
邮编：072150　电话：0312-7021577
法人代表：李国珍
主要产品：卫生纸　品牌：洁实

保定市满城京港造纸厂
地址：河北省保定市满城县大册营镇大册村
邮编：072150　电话：0312-7021067
法人代表：贾国盈
主要产品：卫生纸　品牌：京港

保定市满城双利造纸厂
地址：河北省保定市满城县大册营镇大册村
邮编：072150　电话：0312-7021075
法人代表：贾满宇
主要产品：卫生纸　品牌：卡德兰

保定市满城宏宇造纸厂
地址：河北省保定市满城县大册营镇大册村
邮编：072150　电话：0312-7021038
法人代表：何喜省
主要产品：卫生纸　品牌：顺发

保定市满城腾达造纸厂
地址：河北省保定市满城县大册营镇大册村
邮编：072150　电话：0312-7021081
法人代表：张宝明
主要产品：卫生纸　品牌：长青

保定市满城民乐造纸厂
地址：河北省保定市满城县大册营镇大册村
邮编：072150　电话：0312-7021096
法人代表：贾宝财
主要产品：卫生纸　品牌：民乐

保定市满城金星造纸厂
地址：河北省保定市满城县大册营镇大册村
邮编：072150　电话：0312-7021071
法人代表：赵国臣
主要产品：卫生纸　品牌：兰鑫

保定市满城汇丰造纸有限公司
地址：河北省保定市满城县大册营镇大册村
邮编：072150　电话：0312-7021568
法人代表：李红卫
主要产品：卫生纸　品牌：汇丰

保定市满城青年造纸厂
地址：河北省保定市满城县大册营镇大册村
邮编：072150　电话：0312-7021026
法人代表：赵会生
主要产品：卫生纸　品牌：霸王花

保定市满城永丰造纸厂
地址：河北省保定市满城县大册营镇大册村
邮编：072150　电话：0312-7021527
法人代表：张泉水
主要产品：卫生纸　品牌：永丰

保定市恒泰造纸有限公司
地址：河北省保定市满城县大册营工业区
邮编：072150　电话：0312-7021777
法人代表：王月
主要产品：卫生纸　品牌：恒泰

保定市满城建兴造纸厂
地址：河北省保定市满城县大册营镇方上村
邮编：072150　电话：0312-7021065
法人代表：赵建平
主要产品：卫生纸

保定市满城海峰造纸厂
地址：河北省保定市满城县大册营镇方上村
邮编：072150　电话：0312-7021325
法人代表：王国峰
主要产品：卫生纸　品牌：小雪人

保定市满城日虹造纸厂
地址：河北省保定市满城县大册营镇大册村
邮编：072150　电话：0312-7021368
法人代表：张长河
主要产品：卫生纸　品牌：莲鑫

保定市满城联营纸厂
地址：河北省保定市满城县大册营镇大册村
邮编：072150　电话：0312-7021029
法人代表：张树桐
主要产品：卫生纸　品牌：红叶

保定市满城华夏造纸厂
地址：河北省保定市满城县大册营镇大册村
邮编：072150　电话：0312-7021228
法人代表：石玉平
主要产品：卫生纸　品牌：华阳

保定市满城兴华造纸厂
地址：河北省保定市满城县大册营镇大册村
邮编：072150　电话：0312-7021025
法人代表：张玉牛
主要产品：卫生纸

保定市满城天马造纸厂
地址：河北省保定市满城县大册营镇大册村
邮编：072150　电话：0312-7021258
法人代表：李桂英
主要产品：卫生纸　品牌：天马

保定市满城益康造纸厂
地址：河北省保定市满城县大册营镇大册村
邮编：072150　电话：0312-7021050
法人代表：张大牛
主要产品：卫生纸　品牌：乐达

保定市满城红日造纸厂
地址：河北省保定市满城县大册营镇大册村
邮编：072150　电话：0312-7021198
法人代表：孙宝明
主要产品：卫生纸　品牌：旭日

保定市满城日兴造纸厂
地址：河北省保定市满城县大册营镇方上村
邮编：072150　电话：0312-7021017
法人代表：张青梅
主要产品：卫生纸　品牌：日兴

保定市满城京都造纸厂
地址：河北省保定市满城县大册营镇大册村
邮编：072150　电话：0312-7021078
法人代表：赵永山
主要产品：卫生纸

保定市满城春风造纸厂
地址：河北省保定市满城县大册营镇大册村
邮编：072150　电话：0312-7021072
法人代表：张英杰
主要产品：卫生纸　品牌：百来

保定市满城艺杰纸业有限公司
地址：河北省保定市满城县大册营镇岗头村
邮编：072150　电话：0312-7021901
法人代表：苟文水
主要产品：卫生纸

保定市满城康利造纸厂
地址：河北省保定市满城县大册营镇大册营村
邮编：072150　电话：0312-7021089
法人代表：赵福海
主要产品：卫生纸

保定市满城县益源造纸厂
地址：河北省保定市满城县大册营工业区
邮编：072150　电话：0312-7021012
法人代表：张尚军
主要产品：卫生纸　品牌：爱心

保定市满城洁康福利造纸厂
地址：河北省保定市满城县大册营镇大册营村
邮编：072150　电话：0312-7021158
法人代表：石淑琪
主要产品：卫生纸　品牌：珠梅

保定市满城新华造纸厂
地址：河北省保定市满城县大册营镇大册营村
邮编：072150　电话：0312-7021021
法人代表：李喜英
主要产品：卫生纸　品牌：洁庆

保定市满城迎宾造纸厂
地址：河北省保定市满城县大册营镇大册村
邮编：072150　电话：0312-7021077
法人代表：赵会英
主要产品：卫生纸　品牌：迎宾

山西省

忻州市第二造纸厂
地址：山西省忻州市云中东路10号
邮编：034000　电话：0350-2660112
法人代表：焦树杰
主要产品：卫生纸
品牌：逸闲

山西八同纸业有限公司
地址：山西省太原市小井峪街17号
邮编：030024　电话：0351-6048294
法人代表：刘宁宇　传真：0351-6048294
主要产品：卫生卷纸　品牌：八同

榆次市造纸厂
地址：山西省榆次市东郊源涡
邮编：030600　电话：0354-2022989
法人代表：李晋生
主要产品：卫生纸，面巾纸，餐巾纸
品牌：月兔

平定宏达纸业有限公司
地址：山西省定县南坳镇
邮编：045201　电话：0353-6062471
法人代表：刘富贵
主要产品：卫生卷纸　品牌：冠山

太原市卫生纸厂
地址：山西省太原市东社东街35号
邮编：030027　电话：0351-6380635
法人代表：杨变凤
主要产品：卫生卷纸　品牌：孔雀

大同市矿区造纸厂
地址：山西省大同市矿务局新平旺郝家寺
邮编：037001　电话：0352-4041161
法人代表：马振华
主要产品：卫生纸

山西省太原造纸厂
地址：山西省太原市上兰镇
邮编：030051　电话：0351-3350046
法人代表：陈玉川
主要产品：卫生卷纸

侯马市怡馨纸业有限公司
地址：山西省侯马市新田路秦村东口
邮编：043400　电话：0357-4224085
法人代表：徐汝江
主要产品：卫生卷纸，面巾纸
品牌：怡馨

太原五羊生活用纸厂
地址：山西省太原市大马工业区
邮编：030002　电话：0351-7022443
法人代表：张建立
主要产品：餐巾纸，面巾纸
品牌：至洁

大同市康佳造纸厂
地址：山西省大同市水泊寺乡马家堡村
邮编：037000　电话：0352-6020931
法人代表：张华
主要产品：卫生卷纸　品牌：牡丹

襄汾县邓庄造纸九厂
地址：山西省襄汾县邓庄镇小王村
邮编：041503　电话：0357-3699093
法人代表：席乙茂
主要产品：卫生纸

襄汾县邓庄造纸十三厂
地址：山西省襄汾县邓庄镇西侯村
邮编：041503　电话：0357-3699078
法人代表：李巧生
主要产品：卫生纸

襄汾县邓庄造纸十一厂
地址：山西省襄汾县邓庄镇段村
邮编：041503　电话：0357-3699122
法人代表：裴学增
主要产品：卫生纸

襄汾县邓庄镇造纸一厂
地址：山西省襄汾县邓庄镇东侯村
邮编：041503　电话：0357-3699130
法人代表：张利平
主要产品：卫生纸

襄汾县邓庄镇造纸二厂
地址：山西省襄汾县邓庄镇段村
邮编：041503　电话：0357-3699132
法人代表：裴福庆
主要产品：卫生纸

芮城县黄河造纸厂
地址：山西省芮城县城关镇刘原村
邮编：044600　电话：0359-3022584
法人代表：张安民
主要产品：卫生纸　品牌：芮莲

万荣县新华造纸厂
地址：山西省运城地区万荣县荣河镇荣河村
邮编：044205　电话：0359-4588267
法人代表：周国胜
主要产品：卫生纸　品牌：虎

内蒙古自治区

通辽市第二造纸厂
地址：内蒙古通辽市中心大街194号
邮编：028007　电话：0475-8233894
法人代表：陈义新
主要产品：卫生纸

内蒙古土默特左旗察素齐镇造纸厂
地址：内蒙古呼和浩特市土默特左旗察素齐镇新建路南
邮编：010100　电话：0471-8112226
法人代表：高凤山
主要产品：卫生纸　品牌：青山

包头市郊区果园造纸厂
地址：内蒙古包头市郊区沙河镇果园西侧
邮编：014060　电话：0472-7148506
法人代表：安光
主要产品：卫生纸　品牌：沙河

包头市昆仑造纸集团有限责任公司
地址：内蒙古包头市郊区哈林格尔乡厂汉村
邮编：014010　电话：0472-5151515
法人代表：赵先孝
主要产品：卫生纸

包头市郊区河东乡造纸厂
地址：内蒙古包头市郊区河东乡邓家营子
邮编：014040　电话：0472-4143296
法人代表：白明
主要产品：卫生纸
品牌：玉兰

赤峰市营赤联营造纸厂
地址：内蒙古赤峰市红山区东风路东段
邮编：024000　电话：0476-8337257
法人代表：董长利
主要产品：卫生纸　品牌：营港

突泉县造纸厂
地址：内蒙古兴安盟突泉县突泉镇建设居委会
邮编：137500　电话：0482-5121625
法人代表：赵广玉
主要产品：卫生纸

内蒙古锡盟锡林造纸集团有限责任公司
地址：内蒙古锡林浩特市锡林大街
邮编：026003　电话：0479-8223786
法人代表：张占彪　传真：0479-8223786
主要产品：卫生纸　品牌：山丹

辽宁省

沈阳市为民造纸厂
地址：辽宁省沈阳市沈河区中山路平姆宫东巷15号
邮编：110013　电话：024-22848503
法人代表：张喜凯
主要产品：卫生纸　品牌：民乐

沈阳市航天保健用品厂
地址：辽宁省沈阳市大东区东站街59-1号
邮编：110044　电话：024-88900706
法人代表：王淑娟　传真：024-88902356
主要产品：湿纸巾　品牌：八方

新民造纸二厂
地址：辽宁省沈阳市新民城区辽滨街南郊
邮编：110300　电话：024-87851226
法人代表：马明宽
主要产品：卫生纸

沈阳市双胜造纸厂
地址：辽宁省沈阳市东陵区长白乡西夹河村
邮编：110116　电话：024-23730108
法人代表：朱凤军
主要产品：卫生纸　品牌：双胜

沈阳市英嘉纸业有限公司
地址：辽宁省沈阳市法库县
邮编：110400　电话：024-7122176
法人代表：王忠林
主要产品：卫生纸，餐巾纸，面巾纸
品牌：长安

锦州双德女儿河纸业有限责任公司
地址：辽宁省锦州市太河区汤河子新兴里69号
邮编：121000　电话：0416-5138580
法人代表：宿少华　传真：0416-5139229
联系人：闻立峰
主要产品：卫生纸，面巾纸，餐巾纸
品牌：绿灯

锦州新兴造纸厂
地址：辽宁省锦州市太和区汤河子70号
邮编：121005　电话：0416-5139361
法人代表：刘忠森
主要产品：卫生纸

北宁市造纸厂
地址：辽宁省北宁市河帮子开发区
邮编：121308　电话：0416-6652790
法人代表：魏文章
主要产品：卫生纸

凌源市造纸厂
地址：辽宁省凌源市红山路西段162号
邮编：122500　电话：0421-6824306
法人代表：曹克彬
主要产品：卫生纸　品牌：驰华

辽河油田中达公司
地址：辽宁省盘锦市兴隆台区
邮编：124010　电话：0427-2887343
联系人：王崴　传真：0427-7822936
主要产品：卫生卷纸，餐巾纸，面巾纸

抚顺造纸有限公司生活用纸分公司
地址：辽宁省抚顺市新抚区粮栈路2号
邮编：113015　电话：0413-2331827
法人代表：韩东新　传真：0413-2614644
主要产品：卫生纸，餐巾纸，面巾纸
品牌：红灯

锦州市海林造纸厂
地址：辽宁省锦州市太和区和乐里120号
邮编：121004　电话：0416-5179152
法人代表：宇占海
主要产品：卫生纸　品牌：锦塔

清原满族自治县造纸二厂
地址：辽宁省清原镇天桥街
邮编：113300　电话：0413-3022569
法人代表：徐振华
主要产品：卫生纸　品牌：山泉

鞍山市北方造纸厂
地址：辽宁省鞍山市天山区沙河镇
邮编：114031　电话：0412-6212952
法人代表：李桂玲
主要产品：卫生纸　品牌：棉桃

鞍山市卫生纸厂
地址：辽宁省鞍山市旧堡区齐大山镇张家堡村
邮编：114043　电话：0412-5212272
法人代表：武志国
主要产品：卫生纸　品牌：棉桃

正泰纸业公司
地址：辽宁省大连市开发区工业区伊春路7号
邮编：116600　电话：0411-7611186
法人代表：于连珍
主要产品：卫生卷纸　品牌：夏雪

大连经济技术开发区大树村福利塑料厂
地址：辽宁省大连经济技术开发区董家沟镇大树村
邮编：116630　电话：0411-7340211
法人代表：曲国清　主要产品：卫生纸

普兰店赞子河福利造纸厂
地址：辽宁省普兰店市赞子河乡新台村
邮编：116216　电话：0411-9420029
主要产品：卫生纸　品牌：长河

庄河市卫生纸厂
地址：辽宁省庄河市大郑镇二炉村
邮编：116419　电话：0411-8380401
法人代表：郝玉堂
主要产品：卫生纸　品牌：鸿燕

海城市卫生纸厂
地址：辽宁省海城市响堂街南小河居委会
邮编：114231　电话：0412-3210084
法人代表：王德锦
主要产品：卫生纸

金城造纸集团金宝纸业有限公司
地址：辽宁省凌海市金城镇
邮编：121203　电话：0416-8282643
法人代表：苏宝成　传真：0416-8282511
主要产品：卫生纸　品牌：金城

朝阳市恒升纸业有限公司
地址：辽宁省朝阳市双塔街33号
邮编：122000　电话：0421-2809356
法人代表：孙玉成　传真：0421-2809359
主要产品：餐巾纸，面巾纸
品牌：天堂鸟

营口芦雁纸品有限责任公司
地址：辽宁省营口市工业街
邮编：115001　电话：0417-3815664
法人代表：刘勇奎
主要产品：卫生纸　品牌：芦雁

大石桥市东方造纸厂
地址：辽宁省营口市大石桥市沟沿东古村
邮编：115115　电话：0417-5837034
法人代表：宋广利
主要产品：卫生纸，餐巾纸
品牌：东方

辽阳市白塔民政造纸厂
地址：辽宁省辽阳市太子河区望水台乡望水台村
邮编：111004　电话：0419-3303782
法人代表：李素娟
主要产品：卫生纸　品牌：雪花王

盛华纸制品厂
地址：辽宁省辽阳市望水台乡道西庄村
邮编：111004　电话：0419-3306115
法人代表：刘永盛
主要产品：卫生纸

辽阳县纸制品厂
地址：辽宁省辽阳市辽阳县首山乡东王庄村
邮编：111200　电话：0419-7174390
法人代表：刘国荣
主要产品：卫生纸　品牌：芦叶

辽阳市山友特种纸厂
地址：辽宁省辽阳市灯塔县西马乡岳家村
邮编：111302　电话：0419-8127539
法人代表：孙伟海
主要产品：卫生纸

灯塔县西马镇新生造纸股份有限公司
地址：辽宁省辽阳市灯塔县西马镇新生村
邮编：111302　电话：0419-8320640
法人代表：崔志恩
主要产品：卫生纸　品牌：特纸王

辽阳造纸厂
地址：辽宁省辽阳市白塔区沈鞍公路二段4号
邮编：111000　电话：0419-3303085
法人代表：寇海军
主要产品：卫生纸，餐巾纸
品牌：芦花

铁岭市三家子造纸厂
地址：辽宁省铁岭市调兵山镇
邮编：112700　电话：0410-6866670
法人代表：汪静灿
主要产品：卫生纸

辽宁省凌源市宏业造纸厂
地址：辽宁省凌源市育才路23号
邮编：122500　电话：0421-6826425
法人代表：刘宪武
主要产品：卫生纸　品牌：宏业

吉林省

延边驰承纸业有限公司
地址：吉林省龙井市开山屯
邮编：133417　电话：0433-3405273
法人代表：卢性俊　传真：0433-3413218
联系人：车丙云
主要产品：卫生纸，餐巾纸
品牌：无穷花

吉林省石岘造纸厂
地址：吉林省图们市石岘镇
邮编：133101　电话：0433-3868516
法人代表：刘怀　传真：0433-3868254
主要产品：卫生纸

开山屯化学纤维浆厂集福贸易公司
地址：吉林省龙井市开山屯镇
邮编：133417　电话：0433-3414310
法人代表：朱振海
主要产品：餐巾纸　品牌：乐尔

开山屯化学纤维浆厂集体经济总公司造纸厂
地址：吉林省龙井市开山屯镇新建路113号
邮编：133417　电话：0433-3412914
法人代表：王连生
主要产品：卫生纸　品牌：康尔美

吉林开山屯化学纤维浆厂
地址：吉林省开山屯
邮编：133417　电话：0433-3405714
法人代表：高在鹤　传真：0433-3405454
主要产品：卫生纸

吉林省德惠市第一造纸厂
地址：吉林省长春市德惠市和平街
邮编：130300　电话：0431-7223975
法人代表：刘俊德
主要产品：卫生纸　品牌：德利

吉林纸业股份有限公司工业公司
地址：吉林省吉林市昌邑区兴华街9号
邮编：132002　电话：0432-2776326
法人代表：石德元　传真：0432-2776326
主要产品：卫生纸　品牌：君子兰

吉林省通化县造纸厂
地址：吉林省通化市光明路79号
邮编：134001　电话：0435-3215245
法人代表：张荣杰
主要产品：卫生纸

白城市海明造纸厂
地址：吉林省白城市洮北区纸厂街2号
邮编：137000　电话：0436-3236527
法人代表：胡晓奇
主要产品：卫生纸，餐巾纸，面巾纸
品牌：双鹤

延边华泰造纸厂
地址：吉林省延吉市河南街30号
邮编：133001　电话：0433-2815984
法人代表：鲍延君
主要产品：卫生纸　品牌：华泰

延边韩吉制纸有限公司
地址：吉林省图们市图珲路224号
邮编：133100　电话：0433-3625427
法人代表：田洙荣　传真：0433-3625427
主要产品：卫生纸

石岘造纸厂图们分厂
地址：吉林省图们市向上街
邮编：133100　电话：0433-3622290
法人代表：刘德生
主要产品：卫生纸，餐巾纸
品牌：康乐

黑龙江省

齐齐哈尔市光大纸品有限责任公司
地址：黑龙江省齐齐哈尔市建华区双华路街35号
邮编：161006　电话：0452-2553901
法人代表：刘喜发　主要产品：卫生纸

哈尔滨晶琦纸业有限公司
地址：黑龙江省哈尔滨市学府路209号
邮编：150080　电话：0451-6680141
法人代表：宫万敏　传真：0451-2640251
主要产品：湿纸巾，纸杯
品牌：丽洁

哈尔滨奇丹纸业有限公司
地址：黑龙江省哈尔滨市先锋路243号
邮编：150056　电话：0451-2403972
法人代表：王阳　传真：0451-2403974
主要产品：卫生卷纸，面巾纸，餐巾纸，纸抹布
品牌：奇丹

哈尔滨市东升造纸厂
地址：黑龙江省哈尔滨市香坊区化工路
邮编：150038　电话：0451-5300984
法人代表：李兆海
主要产品：卫生纸，餐巾纸，面巾纸

哈尔滨市呼兰县白奎造纸厂
地址：黑龙江省哈尔滨市呼兰县白奎镇
邮编：150515　电话：0451-7362412
法人代表：杨连春　主要产品：卫生纸

阿城市第二造纸厂
地址：黑龙江省哈尔滨市阿城市阿什河乡民合村
邮编：150300　电话：0451-3723501
法人代表：曹洪铎
主要产品：卫生纸，面巾纸
品牌：百合

阿城市造纸总厂
地址：黑龙江省阿城市牌路大街1号
邮编：150300　电话：0451-3721639
法人代表：高立文
主要产品：卫生纸，餐巾纸
品牌：金城

牡丹江红旗造纸厂
地址：黑龙江省牡丹江市大庆路
邮编：157001　电话：0453-6823851
主要产品：卫生纸

阿城市永源镇振远面巾纸加工厂
地址：黑龙江省阿城市永源镇永乐村
邮编：150331　电话：0451-3821314
法人代表：王录
主要产品：面巾纸，餐巾纸
品牌：振远

齐齐哈尔江岸造纸有限公司
地址：黑龙江省齐齐哈尔市龙沙区安顺路108号
邮编：161005　电话：0452-2811023
法人代表：于寅辰
主要产品：卫生纸　品牌：齐乐

龙江县纸制品厂
地址：黑龙江省齐齐哈尔市龙江县龙江镇龙景路
邮编：161100　电话：0452-5824644
法人代表：宋学志
主要产品：卫生纸

密山市造纸厂
地址：黑龙江省密山市知一镇
邮编：158312　电话：0453-5162325
法人代表：陈甲
主要产品：卫生纸　品牌：山湖

双鸭山市兴源造纸厂
地址：黑龙江省双鸭山市宝山区跃进街20居委会
邮编：155131　　电话：0454-4320577
法人代表：魏奇国
主要产品：卫生纸

佳木斯市卫生纸厂
地址：黑龙江省佳木斯市永红区友谊街中段
邮编：154004　　电话：0454-8581557
法人代表：隋延杰
主要产品：卫生纸　　品牌：黑猫

黑龙江省桦南县造纸厂
地址：黑龙江省佳木斯市桦南县南镇胜利街
邮编：154400　　电话：0454-6222473
法人代表：韩水才
主要产品：卫生纸　　品牌：富华

牡丹江市铜版纸涂料厂
地址：黑龙江省牡丹江市郊区兴隆镇
邮编：157021　　电话：0453-6423778
法人代表：史宪武
主要产品：卫生纸　　品牌：虎王

尚志市红旗造纸厂
地址：黑龙江省松花江地区尚志市尚志镇尚五街
邮编：150601　　电话：0451-3323521
法人代表：王宾
主要产品：卫生纸

黑龙江香艺纸巾厂
地址：黑龙江省延寿县延寿镇卫东路14号
邮编：150704　　电话：0451-3024621
法人代表：刘文王
主要产品：湿纸巾，面巾纸，餐巾纸
品牌：香艺

绥化市长虹造纸厂
地址：黑龙江省绥化市中直北路262号
邮编：152054　　电话：0455-8225007
法人代表：朱本芝
主要产品：卫生纸　　品牌：牡丹

绥化市纸板厂
地址：黑龙江省绥化地区绥化市兴和乡兴和村
邮编：152032　　电话：0455-8432011
法人代表：王再民
主要产品：卫生纸

绥化市工农福利造纸厂
地址：黑龙江省绥化市东兴乡工农村
邮编：152054　　电话：0455-8334871
法人代表：焦年宏
主要产品：卫生纸　　品牌：洁白

上海市

上海金佰利纸业有限公司
地址：上海市漕宝路509号新漕河泾大厦14楼
邮编：200233　　电话：021-64956878
总经理：彭盛龙　　传真：021-64951866
联系人：王瑾
主要产品：卫生纸，面巾纸，餐巾纸
品牌：舒洁

上海大昭和国际纸业有限公司
地址：上海市奉贤星火开发区
邮编：201419　　电话：021-57502726
法人代表：姜海斌　　传真：021-57502726
联系人：于学龙
主要产品：卫生纸，面巾纸，餐巾纸
品牌：福是得

上海市新民造纸厂
地址：上海市崇明县新民镇进艺村
邮编：202156　　电话：021-59371600
法人代表：肖志德　　传真：021-59371680
主要产品：平板卫生纸

上海东宝永联纸业有限公司
地址：上海市肇嘉滨路393号兴南花园怡苑6楼D座
邮编：200032　　电话：021-64167147
法人代表：季以忠　　传真：021-64162551
主要产品：卫生纸后加工产品
品牌：东宝，合家欢

上海市斯米克华洁纸业有限公司
地址：上海市浦东新区顾路斯米克工业园
邮编：201209　　电话：021-58636606
法人代表：李慈雄　　传真：021-58639315
主要产品：卫生卷纸，面巾纸，餐巾纸
品牌：洁云，丝柔

上海兰生卫生用品有限公司
地址：上海市江宁路1240号
邮编：200060　　电话：021-62664282
法人代表：严忠全
主要产品：卫生纸，餐巾纸

上海雪花纸品厂
地址：上海市浦东新区张江卫生院内
邮编：201203　　电话：021-58551160
法人代表：徐荣初
主要产品：卫生纸，餐巾纸
品牌：雪花

上海东海牧工林实业公司
地址：上海市南汇县东海镇西首
邮编：201325　　电话：021-68266668
法人代表：宋新根
主要产品：卫生纸

上海双惠纸品公司
地址：上海市松江县华阳镇香山村
邮编：201611　　电话：021-57774006
法人代表：张锡亭　　传真：021-57774006
主要产品：卫生纸，餐巾纸，面巾纸

上海金山区吕巷造纸厂
地址：上海市吕巷镇吕廊公路75号
邮编：201517　　电话：021-57371460
法人代表：吴丹国　　传真：021-57371426
主要产品：卫生纸

上海新晨纸品厂
地址：上海市崇明县新民镇
邮编：202156　　电话：021-59371134
法人代表：施炳超　　传真：021-59371134
主要产品：餐巾纸，卫生纸
品牌：富贵鸟

上海白猫有限公司
地址：上海市龙吴路1800号
邮编：200231　电话：021-64700249-384
法人代表：马立行　传真：021-64756025
联系人：程伟红
主要产品：卫生卷纸，面巾纸，餐巾纸
品牌：白猫

上海安洁纸品有限公司
地址：上海市闵行区虹许路568号
邮编：201103　电话：021-64068003
法人代表：张其信　传真：021-64068002
主要产品：面巾纸　品牌：舒芙

上海优木纸业有限公司
地址：上海市宜山西路881号
邮编：201103　电话：021-64065538
法人代表：何文亮　传真：021-64060028
主要产品：餐巾纸　品牌：诗忆

上海市江明造纸厂
地址：上海市江宁路1240号
邮编：200060　电话：021-62661920
法人代表：严忠全　传真：021-62661715
主要产品：卫生纸，面巾纸，餐巾纸

洁韵纸业有限公司
地址：上海市航校路101号
邮编：200083　电话：021-54092689
法人代表：张海芳　传真：021-54092593
主要产品：卫生纸，面巾纸，餐巾纸
品牌：洁灵

江苏省

江苏省双灯集团
地址：江苏省滨海县通榆中堆路
邮编：224524　电话：0515-4221162
法人代表：李章武　传真：0515-4541258
联系人：赵林
主要产品：卫生纸，餐巾纸，卫生巾
品牌：双灯，爽得

金光集团镇江金河纸业有限公司
地址：江苏省镇江市
邮编：212006　电话：0511-3361361
法人代表：许昭宏　传真：0511-3361362
联系人：王小勤
主要产品：卫生纸，漂白苇浆　品牌：芦花

丹阳市青云有限公司
地址：江苏省丹阳市埠城镇镇北村
邮编：212311　电话：0511-6342138
法人代表：臧润清
主要产品：卫生纸　品牌：蝴蝶

丰县造纸厂
地址：江苏省丰县丰城向阳北
邮编：221700　电话：0516-4222665
法人代表：宋运斗　传真：0516-4222860
主要产品：卫生纸

隆邦股份有限公司五洲纸业有限公司
地址：江苏省常熟市碧溪镇
邮编：215513　电话：0520-2691088
法人代表：张简俊彦　传真：0520-2691638
主要产品：卫生卷纸，餐巾纸，面巾纸
品牌：洁安丽

常州市造纸厂
地址：江苏省常州市郊区雕庄乡采菱路1号
邮编：213018　电话：0519-8812709
法人代表：李伯兴
主要产品：卫生纸　品牌：兰翎

常州纸制品有限公司
地址：江苏省常州市采菱路1号
邮编：213018　电话：0519-8825134
法人代表：奚仲良　传真：0519-8825134
主要产品：卫生纸，面巾纸，餐巾纸
品牌：银洁

江苏省金湖造纸厂
地址：江苏省金湖县建设路120号
邮编：211600　电话：0517-6882961
法人代表：涂福齐　传真：0517-6882875
主要产品：卫生纸、卫生巾
品牌：金莲，金玫瑰

江阴启祥纸业有限公司
地址：江苏省江阴市华西村
邮编：214421　电话：0510-6216598
法人代表：姚贻昌　传真：0510-6201351
联系人：王静
主要产品：卫生纸及后加工产品
品牌：D&F

江阴市陆桥凯隆纸塑用品厂
地址：江苏省江阴市陆桥镇梧村前巷14号
邮编：214425　电话：0510-6371509
法人代表：朱敏
主要产品：餐巾纸，面巾纸

永丰余纸业（昆山）有限公司
地址：江苏省昆山市城北镇永丰余路
邮编：215316　电话：0520-7791088
法人代表：卢家骧　传真：0520-7791699
联系人：叶国梁
主要产品：卫生纸　品牌：五月花

昆山锦泉卫生用品有限公司
地址：江苏省昆山新镇
邮编：215337　电话：0520-7661269
法人代表：何文亮　传真：0520-7661264
主要产品：卫生纸，餐巾纸，面巾纸
品牌：玉兰

玛尔帝索夫特（连云港）纸业有限公司
地址：江苏省连云港市能干路11号
邮编：222003　电话：0518-5459344
法人代表：乔治　传真：0518-5450507
主要产品：卫生纸

南京秦淮纸业有限公司(溧水造纸厂)
地址：江苏省南京市禄口国际机场旁柘塘镇
邮编：211215　电话：025-7240168
法人代表：周贵生　传真：025-7240045
主要产品：卫生纸　品牌：秦淮

苏州荣成纸业有限公司
地址：江苏省苏州新区狮山新苑15幢
邮编：215011　电话：0512-8258526
法人代表：郑瑛彬　传真：0512-8259395
联系人：孙家仁
主要产品：卫生纸，面巾纸，餐巾纸
品牌：柔情，得意

金红叶纸业（苏州工业园区）有限公司
地址：江苏省苏州市工业园区胜浦标准厂房第7号厂房
邮编：215126　电话：0512-2810228
法人代表：黄志源　传真：0512-2818276
联系人：陈惠和
主要产品：卫生纸，面巾纸，餐巾纸
品牌：唯洁雅，清风

无锡市鼋园纸巾厂
地址：江苏省无锡市郊区鼋园乡夏家边村经贸路6号
邮编：214074　电话：0510-5105160
法人代表：朱建明
主要产品：餐巾纸，护垫
品牌：龙凤

江阴市北国江南造纸厂
地址：江苏省江阴市北国镇解放村
邮编：214414　电话：0510-6351326
法人代表：许铭贤
主要产品：卫生纸　品牌：江南

江阴市云亭造纸厂
地址：江苏省江阴市云亭镇东周巷头
邮编：214422　电话：0510-6151048
法人代表：候富兴
主要产品：卫生纸

中国包装物资总公司徐州造纸总厂
地址：江苏省徐州市环城路153号
邮编：221005　电话：0516-3571548
法人代表：丁存志　传真：0516-3573887
主要产品：卫生纸，餐巾纸
品牌：兰牌，双兔

兴化市金兰纸品公司
地址：江苏省兴化市陶庄乡北七村
邮编：225733　电话：0523-3851078
法人代表：周金平　主要产品：卫生纸

兴化市振兴纸品厂
地址：江苏省兴化市刘陆乡
邮编：225717　电话：0523-3731073
法人代表：罗春荣
主要产品：卫生纸　品牌：楚水

高邮市东方造纸厂
地址：江苏省高邮市甘垛乡
邮编：225636　电话：0514-4882041
法人代表：宗宏
主要产品：卫生纸　品牌：东方星

扬州造纸厂
地址：江苏省扬州市东郊湾头镇南
邮编：225001　电话：0514-7293976
主要产品：卫生纸

宝应造纸厂
地址：江苏省宝应运河路270号
邮编：225800　电话：0514-8283924
法人代表：成宝宽
主要产品：卫生纸　品牌：静雅

镇江市京口谏壁卫生纸厂
地址：江苏省镇江市京口区谏壁焦湾
邮编：212006　电话：0511-3361054
法人代表：周祥和
主要产品：卫生纸　品牌：焦山

镇江市爱洁消毒制品厂
地址：江苏省镇江市丹徒县大路镇
邮编：212133　电话：0511-3721726
法人代表：谢金才
主要产品：湿纸巾　品牌：丹飞

镇江市象山造纸厂
地址：江苏省镇江市京口区象山乡
邮编：212003　电话：0511-8825676
法人代表：吴诗白
主要产品：卫生纸

张家港市富乐纸制品厂
地址：江苏省张家港市兆丰镇常青路中
邮编：215622　电话：0520-8652539
法人代表：黄方　传真：0520-8650989
主要产品：餐巾纸　品牌：达贵

浙江省

杭州泓江纸业有限公司
地址：浙江省杭州市丁桥镇丁桥村
邮编：310021　电话：0571-8112551
法人代表：林锦龙　传真：0571-8112551
主要产品：湿纸巾，浴巾，卫生纸
品牌：丝丝

温州蜡纸总厂
地址：浙江省温州市西山西路205号
邮编：325006　电话：0577-8412961
法人代表：陈良松　传真：0577-8413280
联系人：叶军
主要产品：卫生纸，面巾纸，餐巾纸，湿纸巾原纸
品牌：企鹅

诸暨造纸厂
地址：浙江省诸暨市浣东南路93号
邮编：311800　电话：0575-7222783
法人代表：何吉华　传真：0575-7221178
联系人：俞伟军
主要产品：卫生纸，餐巾纸，香巾纸，湿纸巾
品牌：三花

温州纸业有限公司
地址：浙江省温州市西山西路109号
邮编：325006　电话：0577-8411820
法人代表：李黎光　传真：0577-8414161
主要产品：卫生纸，餐巾纸，面巾纸
品牌：曙光

嘉善永泉纸业有限公司
地址：浙江省嘉善县魏塘镇凤桐南署
邮编：314100　电话：0573-4161843
法人代表：洪清泉　传真：0573-4161522
主要产品：卫生纸　品牌：永泉

浙江双星纸业总公司
地址：浙江省衢州市黄坛口
邮编：324005　电话：0570-3064981
法人代表：项月雄　传真：0570-3062883
主要产品：卫生纸　品牌：双熊猫

临安市泓丰纸业有限公司
地址：浙江省临安市锦城镇三眼桥
邮编：311300　电话：0571-3721762
法人代表：张运涛
主要产品：卫生卷纸　品牌：百合

温州市嘉宝生活用品有限公司
地址：浙江省温州市瓯海慈湖工业区
邮编：325003　电话：0577-8502887
法人代表：黄鹏　传真：0577-8502888
主要产品：卫生卷纸，面巾纸，卫生巾
品牌：宝乐

嘉善县干窑镇治本造纸厂
地址：浙江省嘉善县干窑镇本村
邮编：314107　电话：0573-4611680
法人代表：羊加荣
主要产品：卫生纸

海宁邦达纸业有限责任公司
地址：浙江省海宁市盐官镇西郊
邮编：314411　电话：0573-7611590
法人代表：沈小初　传真：0573-7933158
主要产品：卫生纸，餐巾纸，面巾纸，卫生巾衬纸
品牌：邦达

浙江黄岩洁美纸品厂
地址：浙江省黄岩滨江新村（冷冻厂东侧）
邮编：318020　电话：0576-4222255
法人代表：胡朝福　传真：0576-4227070
主要产品：卫生纸，面巾纸，餐巾纸
品牌：爱妮梦

临海市裕华卫生纸厂
地址：浙江省临海市更楼乡更楼村
邮编：317027　电话：0576-5887108
法人代表：占三方
主要产品：卫生纸　品牌：裕华

衢县仙峰造纸厂
地址：浙江省衢县大洲镇殿边村
邮编：324007　电话：0570-2941233(公用)
法人代表：余洪福
主要产品：卫生纸

衢县石屏板固村造纸厂
地址：浙江省衢县大洲镇板固村
邮编：324007　电话：0570-2941233(公用)
法人代表：付渭良
主要产品：卫生纸

衢县石屏造纸厂
地址：浙江省衢县大洲镇殿边村
邮编：324007　电话：0570-2941233(公用)
法人代表：徐深田
主要产品：卫生纸

温岭市九龙日用造纸厂
地址：浙江省温岭市长屿镇铁场村
邮编：317502　电话：0576-6566858
法人代表：林新绿
主要产品：卫生纸

丽水市造纸总公司
地址：浙江省丽水市丽阳路74-2号
邮编：323000　电话：0578-2175324
法人代表：叶小平　传真：0578-2175306
联系人：陈跃青
主要产品：卫生纸　品牌：荷叶

桐乡市康为纸业厂
地址：浙江省桐乡市河山镇王家弄
邮编：314512　电话：0573-8677507
法人代表：曹新泉
主要产品：餐巾纸，卫生纸

德清县红丰造纸厂
地址：浙江省德清县高桥镇天皇殿村
邮编：313201　电话：0572-8471063
法人代表：邱根荣
主要产品：卫生纸　品牌：卫生

绍兴县造纸厂
地址：浙江省绍兴市绍兴县斗门镇裹谷社
邮编：312001　电话：0575-8010863
法人代表：吴世庚
主要产品：卫生纸　品牌：玉兰

浙江省武义县要巨纸厂
地址：浙江省金华市武义县王宅镇要巨村八百桥头
邮编：321205　电话：0579-7790733
法人代表：方宝元
主要产品：卫生纸　品牌：家家好

萧山市新河卫生纸厂
地址：浙江省萧山市河上镇
邮编：311264　电话：0571-2430856
法人代表：付法兴
主要产品：卫生纸，面巾纸，餐巾纸
品牌：新河

桐庐县瑶琳造纸厂
地址：浙江省杭州市桐庐县瑶琳镇皇甫村
邮编：311515　电话：0571-4361316
法人代表：皇甫洪根
主要产品：卫生纸

临安县青山胜联造纸厂
地址：浙江省杭州市临安县青山镇胜联村
邮编：311305　　电话：0571-3782291
法人代表：王国忠
主要产品：卫生纸

富阳市雪达造纸厂
地址：浙江省富阳市大源镇亭山东路
邮编：311413　　电话：0571-3591888
法人代表：华伟达　　传真：0571-3592777
主要产品：卫生纸，面巾纸，餐巾纸，卫生巾衬纸
品牌：雪达

富阳市宏达造纸厂
地址：浙江省富阳市大源镇宫前村
邮编：311000　　电话：0571-3591074
法人代表：蒋柏千
主要产品：卫生纸

富阳市常兴纸厂
地址：浙江省富阳市富阳镇建华村
邮编：311000　　电话：0571-3583748
法人代表：孙金山
主要产品：卫生纸

富阳建设桥南卫生纸厂
地址：浙江省富阳市富阳镇建设村
邮编：311401　　电话：0571-3583324
法人代表：俞金满
主要产品：卫生纸

富阳春江临江第二造纸厂
地址：浙江省富阳市富阳镇临江村
邮编：311401　　电话：0571-3582888
法人代表：刘金仁
主要产品：卫生纸

富阳恒利造纸厂
地址：浙江省富阳市富阳镇春联村
邮编：311401　　电话：0571-3583252
法人代表：羊潮鑫
主要产品：卫生纸　　品牌：恒乐

杭州富阳皮纸厂
地址：浙江省富阳市富阳镇春联村
邮编：311401　　电话：0571-3583057
法人代表：羊明灿
主要产品：卫生纸　　品牌：山羊

富阳有光纸厂
地址：浙江省富阳市富阳镇春联村
邮编：311401　　电话：0571-3583048
法人代表：羊正华
主要产品：卫生纸

富阳富春造纸厂
地址：浙江省富阳市富阳镇春联村
邮编：311401　　电话：0571-3583045
法人代表：孙海书
主要产品：卫生纸

富阳市兰庄第一造纸厂
地址：浙江省富阳市大源镇兰庄
邮编：311414　　电话：0571-3541077
法人代表：李定华
主要产品：卫生纸　　品牌：富博

富阳前进日用纸厂
地址：浙江省富阳市大源镇
邮编：311413　　电话：0571-3591045
法人代表：陆加富
主要产品：卫生纸　　品牌：雪片

富阳市富伦造纸厂
地址：浙江省富阳市灵桥镇陈村
邮编：311418　　电话：0571-3551623
法人代表：陈加善
主要产品：卫生纸

富阳市松溪造纸厂
地址：浙江省富阳市新登镇大贝村
邮编：311404　　电话：0571-3255098
法人代表：骆启林
主要产品：卫生纸

杭州万易达实业公司
地址：浙江省富阳市灵桥镇灵桥村
邮编：311418　　电话：0571-3551093
法人代表：沈永明　　传真：0571-3551002
主要产品：卫生纸

杭州富阳大华造纸有限公司
地址：浙江省富阳市灵桥镇江丰村
邮编：311418　　电话：0571-3551275
法人代表：张金荣
主要产品：卫生纸

富阳南方造纸厂
地址：浙江省富阳市灵桥镇外沙村
邮编：311418　　电话：0571-3591400
法人代表：蒋瑞金
主要产品：餐巾纸　　品牌：春浪

富阳市兰兴造纸厂
地址：浙江省富阳市富阳镇环山路8号
邮编：311400　　电话：0571-3326770
法人代表：许百君　　传真：0571-3326768
主要产品：卫生纸　　品牌：舒芳

富阳恒源造纸厂
地址：浙江省富阳市灵桥镇外沙村
邮编：311418　　电话：0571-3551302
法人代表：李卓良
主要产品：卫生纸　　品牌：恒源

富阳市福光造纸厂
地址：浙江省杭州市新澄镇湘主
邮编：311404　　电话：0571-3256239
法人代表：应华春
主要产品：卷筒卫生纸，餐巾纸
品牌：熊猫

富阳祥兴造纸厂
地址：浙江省富阳市大源镇
邮编：311413　　电话：0571-3591170
法人代表：杨坤琴
主要产品：卫生纸

富阳新乐纸业有限公司
地址：浙江省富阳市大源镇新关村
邮编：311414　　电话：0571-3541288
法人代表：蒋国锋
主要产品：卫生纸

富阳鹏程纸业有限公司
地址：浙江省富阳市江滨东大街15号
邮编：311400　　电话：0571-3318206
法人代表：何金明　　传真：0571-3343995
主要产品：卫生卷纸　　品牌：鹏程

富阳永昌永桥造纸厂
地址：浙江省富阳市永昌乡永桥村
邮编：311404　　电话：0571-3201152
法人代表：单荣华
主要产品：卫生纸

富阳永昌春光造纸厂
地址：浙江省富阳市永昌乡永昌村
邮编：311404　　电话：0571-3201076
法人代表：钱洪春
主要产品：卫生纸

富阳唐昌造纸厂
地址：浙江省富阳市永昌乡唐昌村
邮编：311404　　电话：0571-3201104
法人代表：过桂喜
主要产品：卫生纸

富阳新和造纸一分厂
地址：浙江省富阳市新登镇和山村
邮编：311404　　电话：0571-3201301
法人代表：洪宝根
主要产品：卫生纸

永丰纸厂
地址：浙江省富阳市新登镇湘河村
邮编：311404　　电话：0571-3201303
法人代表：郎利文
主要产品：卫生纸

富阳埠头造纸厂
地址：浙江省富阳市新登镇和山村
邮编：311404　　电话：0571-3201307
法人代表：陈志来
主要产品：卫生纸

富阳心远造纸厂
地址：浙江省富阳市永昌镇何云村
邮编：311404　　电话：0571-3201044
法人代表：王喧斌
主要产品：卫生纸

富阳市何云立新造纸厂
地址：浙江省富阳市永昌乡何云村
邮编：311404　　电话：0571-3201042
法人代表：黄林度
主要产品：卫生纸

富阳月和造纸厂
地址：浙江省富阳市永昌乡永桥村
邮编：311404　　电话：0571-3201012
法人代表：吴关荣
主要产品：卫生纸

富阳市永昌洋家造纸厂
地址：浙江省富阳市永昌乡永桥村
邮编：311404　　电话：0571-3201156
法人代表：王大传
主要产品：卫生纸

富阳市永兴造纸厂
地址：浙江省富阳市永昌乡永桥村
邮编：311404　　电话：0571-3201148
法人代表：钟百英
主要产品：卫生纸

安徽省

合肥市郊区义兴造纸厂
地址：安徽省合肥市郊区义兴院塘
邮编：230017　　电话：0551-4841781
法人代表：刘运银
主要产品：卫生纸　　品牌：兰草花

肥东县龙塘造纸厂
地址：安徽省合肥市肥东县龙塘乡建华村
邮编：231603　　电话：0551-4401413
法人代表：杨成林
主要产品：卫生纸　　品牌：玉燕

合肥造纸厂卫生纸分厂
地址：安徽省合肥市东郊大兴集
邮编：230011　　电话：0551-4533152
法人代表：湛方奇　　传真：0551-4533685
主要产品：卫生纸　　品牌：天女花

合肥市金钟纸业有限公司
地址：安徽省合肥市郊区大兴钟油坊
邮编：230011　　电话：0551-4532153
法人代表：钟征洋
主要产品：卫生纸　　品牌：金钟

灵璧县东风造纸厂
地址：安徽省灵璧县虞姬乡灵光村
邮编：234200　　电话：0577-6026102
法人代表：朱家荣
主要产品：卫生纸

巢湖青山白湖造纸厂
地址：安徽省巢湖市青山监狱
邮编：238057　　电话：0565-7307296
法人代表：叶宝林　　联系人：高拥军
主要产品：卫生纸

铜陵洁雅航空旅游用品厂
地址：安徽省铜陵市黄山路1号
邮编：244000　　电话：0562-2873520
法人代表：蔡英传　　传真：0562-2873520
主要产品：湿纸巾，卫生卷纸
品牌：洁雅

铜陵博发纸业有限公司
地址：安徽省铜陵市东市开发区
邮编：244000　　电话：0562-2817049
法人代表：朱永满　　传真：0562-2825054
主要产品：湿巾纸，面巾纸
品牌：博发

铜陵市恒业造纸有限责任公司
地址：安徽省铜陵市铜港路
邮编：244011　电话：0562-3811569
法人代表：赵思好
主要产品：卫生纸，餐巾纸，面巾纸
品牌：白鳍豚

潜山县造纸厂
地址：安徽省潜山县梅城镇彰法山路13号
邮编：246300 电话：0556-8921970
法人代表：杨凯东
主要产品：卫生纸 品牌：天柱

安徽省碧泉纸业（集团）有限公司
地址：安徽省界首市中原西路
邮编：236500 电话：0558-4812464
法人代表：彭杰 传真：0558-4812979
联系人：徐树松
主要产品：卫生纸 品牌：雪地

安徽省界首市化工颜料厂
地址：安徽省界首市西城办事处
邮编：236500 电话：0558-4814174
法人代表：王启学 传真：0558-4826799
主要产品：卫生纸 品牌：金蟾

新华造纸厂
地址：安徽省界首市颍南办事处
邮编：236500 电话：0558-4813758
法人代表：张振洋
主要产品：卫生纸

界首市造纸厂
地址：安徽省界首市颍南办事处
邮编：236500 电话：0558-4814512
法人代表：吴天会
主要产品：卫生纸

永康造纸厂
地址：安徽省界首市颍南办事处
邮编：236500 电话：0558-4813464
法人代表：王修奎
主要产品：卫生纸

兴旺造纸厂
地址：安徽省界首市颍南办事处曹庄
邮编：236500 电话：0558-4814707
法人代表：方志轩
主要产品：卫生纸

美玲造纸厂
地址：安徽省界首市颍南办事处
邮编：236500 电话：0558-4815031
法人代表：王自学
主要产品：卫生纸

兴裕造纸厂
地址：安徽省界首市颍南办事处
邮编：236500 电话：0558-4814929
法人代表：代景旺
主要产品：卫生纸

鸿达造纸厂
地址：安徽省界首市颍南办事处
邮编：236500 电话：0558-4811557
法人代表：吕全林
主要产品：卫生纸

界首市颍川纸厂
地址：安徽省界首市颍南办事处
邮编：236500 电话：0558-4813527
法人代表：曹新敬
主要产品：卫生纸

怀宁县高河宝洁卫生纸有限公司
地址：安徽省怀宁县高河村
邮编：246121 电话：0556-4616576
法人代表：丁湘林
主要产品：卫生纸

望江三利纸业有限责任公司
地址：安徽省安庆市望江县长岭镇长岭村
邮编：246270 电话：0556-7440061
法人代表：郑金平
主要产品：卫生纸 品牌：天鹅

宁国洁星纸业有限责任公司
地址：安徽省宁国市中溪镇
邮编：242300 电话：0563-4674128
法人代表：潘荣昌
主要产品：卫生纸，餐巾纸，面巾纸
品牌：洁星

蒙城县漆园镇造纸厂
地址：安徽省蒙城县漆园镇母桥村
邮编：233510 电话：0558-7625139
法人代表：胡明友
主要产品：卫生纸 品牌：漆园

泾县建华造纸厂卫生纸分厂
地址：安徽省泾县城关镇千亩园路57号
邮编：242513 电话：0563-5023931
法人代表：张志明
主要产品：卫生纸，餐巾纸，面巾纸
品牌：千里马

阜阳市卫生纸厂
地址：安徽省阜阳市解放南路
邮编：236004 电话：0558-2322125
法人代表：刘峰 传真：0558-2322880
主要产品：卫生纸

濉溪县第一造纸厂
地址：安徽省淮北市濉溪县环城路
邮编：235100 电话：0561-6077937
法人代表：王勇
主要产品：卫生纸

颍上县造纸厂
地址：安徽省颍上县
邮编：236200 电话：0558-4412593
法人代表：朱连清 传真：0558-4412593
主要产品：卫生纸 品牌：荷花

安徽省六安造纸厂
地址：安徽省六安市江淮路24号
邮编：237009 电话：0564-3312760
法人代表：甘家生 传真：0564-3286449
主要产品：卫生纸 品牌：淠河

宣州市水东碧山造纸厂
地址：安徽省宣州市水东镇碧山村
邮编：242051 电话：0563-3060434
法人代表：涂高峰
主要产品：面巾纸

郎溪县永丰纸业有限公司
地址：安徽省宣城地区郎溪县姚村乡姚家塔
邮编：242135　　电话：0563-7082047
法人代表：周东朝
主要产品：卫生纸

安徽省金徽纸业有限公司
地址：安徽省和县陋室宾馆
邮编：238200　　电话：0565-5313045
联系人：鲁仕明
主要产品：卫生纸，餐巾纸，面巾纸
品牌：三金

安徽省和县造纸总厂
地址：安徽省和县西梁山镇
邮编：238267　　电话：0565-5895340
法人代表：马彪　　传真：0565-5895340
主要产品：卫生纸　　品牌：天门山

芜湖市南阳卫生纸厂
地址：安徽省芜湖市鸠江区官陡南阳
邮编：241007　　电话：0553-5811143
法人代表：杨名保
主要产品：卫生纸　　品牌：玉兔

芜湖市曙光造纸厂
地址：安徽省芜湖市鸠江区四合山四山居委会
邮编：241009　　电话：0553-5801756
法人代表：张忠明
主要产品：卫生纸　　品牌：金鸡

宿州市江隆纸业有限责任公司
地址：安徽省宿州市符离集中华东路1号
邮编：234101　　电话：0557-4081144
法人代表：惠志明
主要产品：卫生纸　　品牌：熊猫

宿州市皖北卫生纸厂
地址：安徽省宿州市城东乡
邮编：234000　　电话：0557-2010546
法人代表：夏华
主要产品：卫生纸

亳州市南市区皖北造纸厂
地址：安徽省亳州市南市区亳古路开发区
邮编：236800　　电话：0558-5524827
法人代表：穆永杰
主要产品：卫生纸　　品牌：白天鹅

亳州市中市区东风造纸厂
地址：安徽省亳州市中市区秦庄居委会
邮编：236800　　电话：0558-5523779
法人代表：陈德山
主要产品：卫生纸

亳州市造纸厂
地址：安徽省亳州市中市区仙源路西段
邮编：236808　　电话：0558-5522187
法人代表：王伟
主要产品：卫生纸　　品牌：华佗

滁州市造纸厂
地址：安徽省滁州市琅琊区创业路76号
邮编：239000　　电话：0550-3053282
法人代表：张荣江
主要产品：卫生纸　　品牌：狼牙山

临泉县汤氏有限公司
地址：安徽省临泉县田桥乡
邮编：236400　　电话：0558-6515346
法人代表：汤建业
主要产品：卫生纸　　品牌：建业

临泉县东城造纸厂
地址：安徽省临泉县城关镇新建居委会
邮编：236400　　电话：0558-6512210
法人代表：张和臣
主要产品：卫生纸

临泉县胜利卫生纸厂
地址：安徽省临泉县城关镇胜利居委会
邮编：236400　　电话：0558-6515751
法人代表：刘俊才
主要产品：卫生纸

临泉县新颖造纸厂
地址：安徽省临泉县城关镇新建居委会
邮编：236400　　电话：0558-6514389
法人代表：陈汉俊
主要产品：卫生纸　　品牌：洁利康

临泉县腾飞造纸厂
地址：安徽省临泉县城关镇胜利居委会
邮编：236400　　电话：0558-6514651
法人代表：李均昌
主要产品：卫生纸

临泉县捷达造纸厂
地址：安徽省临泉县城关镇新建居委会
邮编：236400　　电话：0558-6514931
法人代表：陈汉武
主要产品：卫生纸

临泉县东风造纸厂
地址：安徽省临泉县城关镇
邮编：236400　　电话：0558-6512867
法人代表：陈汉志
主要产品：卫生纸

临泉县宏兴福利造纸厂
地址：安徽省临泉县城关镇新建村
邮编：236400　　电话：0558-6517795
法人代表：张玉臣
主要产品：卫生纸　　品牌：宏兴

临泉县金城卫生纸厂
地址：安徽省临泉县城关镇新建村
邮编：236400　　电话：0558-6515780
法人代表：王永胜
主要产品：卫生纸　　品牌：金城

福建省

福建省龙岩市造纸厂
地址：福建省龙岩市龙门镇
邮编：364015　　电话：0597-2561139
法人代表：魏镇民　　传真：0597-2561139
主要产品：卫生纸

福建省中茂集团公司造纸厂
地址：福建省仙游县城东镇南门村
邮编：351200　　电话：0594-8592466
法人代表：张茂涨　　传真：0594-8592466
主要产品：卫生纸

福州万通纸业有限公司
地址：福建省福州市郊区新店红星工业区
邮编：350013 电话：0591-7587574
法人代表：彭耀宗 传真：0591-7580766
主要产品：面巾纸，卫生卷纸，餐巾纸
品牌：优美

福州市郊区城门潘墩造纸厂
地址：福建省福州市郊区城门潘墩村
邮编：350019 电话：0591-3497041
法人代表：潘伯汀
主要产品：卫生纸

福州市仓山先锋纸品厂
地址：福建省福州市仓山区仓山镇先锋村展进巷38号
邮编：350007 电话：0591-3440260
法人代表：林成福
主要产品：卫生纸

福州市郊区先锋装潢包装材料厂
地址：福建省福州市仓山区三叉街小巷101号
邮编：350007 电话：0591-3437045
法人代表：陈建升 传真：0591-3441166
主要产品：卫生纸

厦门市开元区联达纸巾厂
地址：福建省厦门市开元区员当街道嘉华里18号
邮编：361012 电话：0592-5083210
法人代表：胡裕坤
主要产品：卫生纸，餐巾纸
品牌：联达

莆田市鸿业纸品有限公司
地址：福建省莆田市城厢区城郊乡棠坡
邮编：351100 电话：0594-2690140
法人代表：陈琼花 传真：0594-2690398
主要产品：卫生纸

福建省莆田县大洋造纸厂
地址：福建省莆田市莆田县大洋乡霸头村
邮编：351129 电话：0594-3497051
法人代表：林纬华
主要产品：卫生纸

福建省莆田市东南福利纸品厂
地址：福建省莆田市澜口
邮编：351100 电话：0594-2291389
法人代表：谢风池
主要产品：卫生纸 品牌：白湖

宁德市富兴纸厂
地址：福建省宁德市霍童镇溪南村
邮编：352112 电话：0593-2701136
法人代表：黄贻清
主要产品：卫生纸，面巾纸，餐巾纸
品牌：富兴

长乐市工业投资公司
地址：福建省长乐市西屏路15号
邮编：350200 电话：0591-8922491
法人代表：高学凯
主要产品：卫生纸

古田县吉巷福利造纸厂
地址：福建省古田县吉巷乡吉巷村甲波街5号
邮编：352262 电话：0593-3630365
法人代表：程振鹏
主要产品：卫生纸，餐巾纸
品牌：吉祥塔

建瓯市东峰镇大房卫生纸厂
地址：福建省建瓯市东峰镇大房卫生纸厂
邮编：353122 电话：0599-3593450
法人代表：邢春华
主要产品：卫生纸

漳州市芗城西桥造纸厂
地址：福建省漳州市芗城区下州1号
邮编：363000 电话：0596-2884891
法人代表：许田
主要产品：卫生纸，餐巾纸，面巾纸
品牌：龙江

大田县岩城纸业有限公司
地址：福建省大田县均溪镇建山路97号
邮编：366100 电话：0598-7222142
法人代表：刘仁杰 传真：0598-7223039
主要产品：卫生纸、餐巾纸、面巾纸
品牌：岩城

大田县二轻企业（集团）控股公司
地址：福建省大田县均溪镇雪山南路46号
邮编：366100 电话：0598-7222089
法人代表：高见远
主要产品：卫生纸，面巾纸，餐巾纸
品牌：颜城

福建省三明市造纸厂
地址：福建省三明市辛口延永路80号
邮编：365002 电话：0598-8370414
法人代表：王友如 传真：0598-8370259
主要产品：卫生纸 品牌：双溪

东山县华兴纸业厂
地址：福建省东山县杏陈镇礁头村
邮编：363402 电话：0596-5766103
法人代表：黄昔春
主要产品：卫生纸，面巾纸，餐巾纸

南安市梅山福利造纸厂
地址：福建省南安市梅山镇格内村
邮编：362321 电话：0595-6585227
法人代表：戴志生
主要产品：卫生纸

南安市罗东福山福利造纸厂
地址：福建省南安市罗东镇福山村
邮编：362324 电话：0595-6568053
法人代表：潘金满
主要产品：卫生纸

南安码头再兴造纸厂
地址：福建省南安市码头镇诗南村
邮编：362321 电话：0595-6468305
法人代表：吴再生
主要产品：卫生纸，面巾纸

江西省

江西赣州金凤股份有限公司
地址：江西省赣州市水东岗上32号
邮编：341000　电话：0797-8223638
法人代表：郭义星　传真：0797-8229918
主要产品：卫生卷纸，面巾纸，餐巾纸，卫生巾
品牌：金凤

南昌市造纸厂
地址：江西省南昌市前进路205号
邮编：330002　电话：0791-6405159
法人代表：万老伍
主要产品：卫生纸　品牌：金塔，白牡丹

樟树市临江造纸厂
地址：江西省樟树市临江镇
邮编：331211　电话：0795-7811007
法人代表：吴金林
主要产品：卫生纸　品牌：鼓楼

江西兴达纸业有限公司
地址：江西省南昌市北京东路彭桥工业区
邮编：330029　电话：0791-8325654
法人代表：刘洁如　传真：0797-8501065
主要产品：面巾纸，手帕纸，方巾纸，卫生纸
品牌：家家乐

南昌县小兰新村造纸厂
地址：江西省南昌县小兰新村
邮编：330200　电话：0791-5723496
法人代表：罗战平
主要产品：卫生纸

江西省恒湖造纸厂
地址：江西省新建县恒湖
邮编：330123　电话：0791-6219720
法人代表：王云伍
主要产品：卫生纸

德安县东方造纸厂
地址：江西省九江市德安县车桥镇
邮编：330412　电话：0792-4591066
法人代表：吴道华
主要产品：卫生纸

德安县望夫山造纸厂
地址：江西省九江市德安县聂桥镇
邮编：330403　电话：0792-4681098
法人代表：陈德兴
主要产品：卫生纸

山东省

济南鲁兴隆纸制品有限公司
地址：山东省济南市历城区花园路105号
邮编：250100　电话：0531-8904123
法人代表：张春泰
主要产品：餐巾纸　品牌：剑竹

济南历下大好面巾纸厂
地址：山东省济南市龙洞路9号
邮编：250014　电话：0531-8942544
法人代表：杜娟　传真：0531-8942544
主要产品：面巾纸　品牌：利尼

济南大易造纸有限公司二厂
地址：山东省济南市济洛路118号
邮编：250031　电话：0531-5954411
法人代表：陈法海　传真：0531-5935134
主要产品：卫生纸　品牌：洁尔舒

济南大易造纸有限公司三厂
地址：山东省济南市洪家园路25号
邮编：250108　电话：0531-8264421
法人代表：刘士莘　传真：0531-8260542
主要产品：卫生纸　品牌：金凤

济南市槐荫利民卫生造纸厂
地址：山东省济南市槐荫区于庄村
邮编：250117　电话：0531-7980407
法人代表：谢廉柱
主要产品：卫生纸

济南涌泉实业公司校办造纸厂
地址：山东省济南市历城区王舍人镇杨北村
邮编：250101　电话：0531-8982185
法人代表：薛兴来　传真：0531-8987471
主要产品：卫生纸　品牌：剑竹

济南市济阳卫生纸厂
地址：山东省济南市商河县杨窑
邮编：251411　电话：0531-4280099
法人代表：王传岭
主要产品：卫生纸，面巾纸，餐巾纸
品牌：国风

高密市卫生纸厂
地址：山东省高密市周戈庄镇
邮编：261508　电话：0536-2892098
法人代表：孙培福
主要产品：卫生纸　品牌：胶河

郓城县康洁卫生纸厂
地址：山东省菏泽郓城县东门街南段
邮编：274700　电话：0530-6520085
法人代表：陈兴军
主要产品：卫生纸

诸城市辛庄子餐巾纸厂
地址：山东省诸城市相州镇辛庄子村
邮编：262212　电话：0536-6490229
法人代表：寇德福
主要产品：卫生纸，餐巾纸
品牌：长寿

诸城市造纸股份有限公司
地址：山东省诸城市城关镇五里堡村东
邮编：262200　电话：0536-6213492
法人代表：赵玉清
主要产品：卫生卷纸　品牌：双月

诸城市日东造纸机械实验厂
地址：山东省诸城市北五里堡
邮编：262200　电话：0536-6051066
法人代表：王树宝　传真：0536-6213221
主要产品：卫生纸　品牌：天河

山东流芳纸业集团有限公司
地址：山东省诸城市相州镇
邮编：262212　电话：0536-6490097
法人代表：陆致弟　传真：0536-6490251
联系人：王勇
主要产品：餐巾纸，面巾纸
品牌：流芳

潍坊恒信纸业集团总公司
地址：山东省潍坊市奎文区民生东街30号
邮编：261041　电话：0536-8233981
法人代表：杨广英　传真：0536-8237466
联系人：史强
主要产品：卫生纸，面巾纸，餐巾纸，卫生巾
品牌：玉牌

潍坊市潍城区福利纸品厂
地址：山东省潍坊市潍城区永安路后姚村
邮编：261021　电话：0536-8313021
法人代表：段瑞鹏
主要产品：卫生纸，餐巾纸
品牌：宏宝

寿光市福利卫生纸厂
地址：山东省寿光市王高镇
邮编：262709　电话：0536-5421499
法人代表：王鲁生
主要产品：卫生纸，餐巾纸，卫生巾
品牌：柔美丝

山东寿光市第二造纸厂
地址：山东省寿光市台头镇洋头汽车站北
邮编：262735　电话：0536-5511088
法人代表：隋文苑　主要产品：卫生纸

寿光市兴华造纸厂
地址：山东省寿光市
邮编：262701　电话：0536-5224349
法人代表：张良俊
主要产品：卫生纸　品牌：银光王

临沂市河东区相公纸品厂
地址：山东省临沂市河东区相公镇
邮编：276025　电话：0539-8839027
法人代表：马洪文
主要产品：卫生纸，餐巾纸，卫生巾
品牌：鲁星

淄博市淄川造纸一厂
地址：山东省淄博市淄川区淄城镇
邮编：255100　电话：0533-5181193
法人代表：王健
主要产品：卫生纸，卫生巾，尿布
品牌：盘阳

淄博市博山造纸厂
地址：山东省淄博市博山区沿河路81号
邮编：255200　电话：0533-4182240
法人代表：王宝森
主要产品：卫生纸，餐巾纸
品牌：飞蝶

淄博市博山福达实业总公司纸品厂
地址：山东省淄博市博山区八陡镇福山村下沙街19号
邮编：255210　电话：0533-4468486
法人代表：苏同杰　传真：0533-4468066
主要产品：卫生纸，餐巾纸，面巾纸
品牌：福华

临沂市河东区工贸造纸厂
地址：山东省临沂市河东区汤河镇
邮编：276026　电话：0539-8866031
法人代表：赵兰悌
主要产品：卫生纸　品牌：金雀

朵庄镇第三造纸厂
地址：山东省临沂市蒙阴县朵庄镇西朵庄村
邮编：276225　电话：0539-4588131
主要产品：卫生纸，餐巾纸
品牌：双喜

苍山县泉山卫生纸厂
地址：山东省临沂市苍山县埝桥路西段
邮编：277700　电话：0539-5214656
法人代表：刘保
主要产品：卫生纸

邹城市白鹤纸业有限公司
地址：山东省济宁市邹城市营西路52号
邮编：273500　电话：0537-5312205
法人代表：赵景武
主要产品：卫生纸　品牌：白鹤

曲阜市西林西卫生纸厂
地址：山东省曲阜市书院乡西林西
邮编：273125　电话：0537-4419989
法人代表：孔宪民
主要产品：卫生纸

济宁市造纸厂
地址：山东省济宁市运河大桥西
邮编：272159　电话：0537-2321926
法人代表：张洪运
主要产品：卫生纸　品牌：运河

费县造纸厂
地址：山东省费县上冶镇
邮编：273401　电话0539-5811229
法人代表：马云才　传真0539-5811102
主要产品：卫生纸　品牌：泉水

山东省万豪纸业集团股份有限公司
地址：山东省临朐县城工业街32号
邮编：262600　电话：0536-3213364
法人代表：初杰　传真：0536-3213340
主要产品：卫生纸，餐巾纸
品牌：佳丽

山东华泰纸业集团股份有限公司
地址：山东省东营市广饶县城东
邮编：257335　电话：0546-6888712
法人代表：李建华　传真：0546-6888712
主要产品：卫生纸，餐巾纸
品牌：亚森，华泰

胜利油田钻井钻前劳动服务公司
地址：山东省东营市东营区泰安街210号
邮编：257047　　电话：0546-8777241
法人代表：刘冠军　　传真：0546-8793819
主要产品：卫生纸　　品牌：雨丝

青岛卫生纸一厂
地址：山东省青岛市城阳区流亭镇赵村
邮编：266108　　电话：0532-4816432
法人代表：李玉亭
主要产品：卫生纸　　品牌：云雀

青岛卫生纸二厂
地址：山东省青岛市城阳区惜福镇
邮编：266106　　电话：0532-7881026
法人代表：黄克炬　　传真：0532-7881026
主要产品：餐巾纸，卫生纸，卫生巾
品牌：柳燕

青岛正利纸业有限公司
地址：山东省青岛市安顺路北端
邮编：266108　　电话：0532-4821951
法人代表：卢正利　　传真：0532-4821951
主要产品：卫生卷纸，餐巾纸，面巾纸
品牌：乐运

青岛康乐卫生保健用品厂
地址：山东省青岛市市南区泰州路21号
邮编：266071　　电话：0532-5826751
法人代表：张巨波
主要产品：湿纸巾，一次性桌布

青岛海王纸业股份有限公司
地址：山东省胶南市铁山路12号
邮编：266400　　电话：0532-6163885
联系人：张元彬　　传真：0532-6161419
主要产品：餐巾纸　　品牌：海王

日照市造纸厂日新纸业有限公司
地址：山东省日照市东港区大坡
邮编：276813　　电话：0633-8691088
法人代表：秦泗海　　传真：0633-8691168
主要产品：卫生纸，面巾纸，餐巾纸
品牌：阳城

日照市黄海造纸厂
地址：山东省日照市东港区奎山街道办事处驻地
邮编：276803　　电话：0633-8611808
法人代表：弁敦举
主要产品：卫生纸　　品牌：港花

滕州市卫生纸厂
地址：山东省滕州市振兴路魏园街36号
邮编：277500　　电话：0632-5583153
法人代表：马生堂　　主要产品：卫生纸

山东胶州海丰纸业有限公司
地址：山东省胶州市滨州路3号
邮编：266300　　电话：0532-2290830
法人代表：韩兆先　　传真：0532-2290831
主要产品：卫生纸　　品牌：海丰

菏泽市造纸二厂
地址：山东省菏泽市东城区胜利路19号
邮编：274001　　电话：0530-5624840
法人代表：田信文
主要产品：卫生纸　　品牌：圣花

莱芜华医纸制品厂
地址：山东省莱芜市口镇药材院内
邮编：271100　　电话：0634-6551989
法人代表：李勇
主要产品：餐巾纸　　品牌：华医

莱芜市寨里造纸厂
地址：山东省莱芜市寨里镇赵官庄村
邮编：271121　　电话：0634-6511943
法人代表：毕研礼
主要产品：卫生纸

莱芜市长青卫生纸厂
地址：山东省莱芜市莱城区张家洼镇徐家河
邮编：271113　　电话：0634-6214648
法人代表：吕成安
主要产品：卫生纸

山东省泰山造纸有限公司
地址：山东省莱芜市方下镇沈家岭村
邮编：271125　　电话：0634-6611308
法人代表：梁化儒　　传真：0634-6611122
主要产品：卫生纸

泰安市造纸厂
地址：山东省泰安市造纸厂北路1号
邮编：271000　　电话：0538-8333913
法人代表：李绳祖　　传真：0538-8228186
主要产品：卫生纸，餐巾纸，面巾纸
品牌：岱宗

东平县沙河造纸厂
地址：山东省泰安市东平县沙河站镇沙北村
邮编：271508　　电话：0538-2822047
法人代表：刘殿根
主要产品：卫生纸

东平县造纸总厂
地址：山东省泰安市东平县东平镇西山路
邮编：271500　　电话：0538-2822047
法人代表：杨秀申　　传真：0538-2828877
主要产品：卫生纸　　品牌：国色

山东省宁阳县造纸厂
地址：山东省宁阳县城文化路1号
邮编：271400　　电话：0538-5621339
法人代表：刘志国　　传真：0538-5621340
主要产品：卫生纸　　品牌：玉叶

莱州通亚纸业有限公司
地址：山东省莱州市海庙后造纸厂院内
邮编：261400　　电话：0535-2211512
法人代表：左爱明
主要产品：卫生纸，餐巾纸，吸水纸
品牌：通亚，笑笑

山东东方纸业（集团）有限公司
地址：山东省沂南县大庄经济开发区
邮编：276305　电话：0539-3551011
法人代表：王春昌　传真：0539-3551111
主要产品：卫生纸　品牌：阳都

梁山县造纸厂
地址：山东省梁山县工人路3号
邮编：272600　电话：0537-7322827
法人代表：李文运
主要产品：卫生纸　品牌：水泊

青州市朱良镇纸品厂
地址：山东省青州市朱良镇东朱鹿村
邮编：262511　电话：0536-3591152
法人代表：陈德仁
主要产品：卫生纸

青岛即墨兴华福利纸制品厂
地址：山东省即墨市大信村碓臼泊
邮编：266229　电话：0532-2531025
法人代表：郭学达
主要产品：餐巾纸

郯城白天鹤造纸有限公司
地址：山东省郯城县城人民路171号
邮编：276100　电话：0539-6221982
法人代表：马长富　传真：0539-6221982
主要产品：卫生纸　品牌：白天鹤

蓬莱市国第造纸厂
地址：山东省蓬莱市南王镇北王村
邮编：265607　电话：0535-5981746
法人代表：门日国
主要产品：卫生纸

蓬莱市第二造纸厂
地址：山东省蓬莱市南王镇大王家村
邮编：265607　电话：0535-5981335
法人代表：韩吉熙
主要产品：卫生纸

蓬莱市东方造纸厂
地址：山东省蓬莱市大季家镇大赵家村
邮编：265618　电话：0535-5831365
法人代表：赵润堂
主要产品：卫生纸　品牌：红玫瑰

德州造纸厂
地址：山东省德州市陵西路2号
邮编：253019　电话：0534-2321850
法人代表：张景州
主要产品：卫生纸　品牌：拂晓

德州市德城区卫生纸厂
地址：山东省德州市德城区王村店乡
邮编：253036　电话：0534-2732088
法人代表：张凤东
主要产品：卫生纸

烟台市芝罘造纸厂
地址：山东省烟台市芝罘区只楚镇北皂村
邮编：264002　电话：0535-6531868
法人代表：刘逢军
主要产品：卫生纸　品牌：龙海

烟台市第二造纸厂
地址：山东省烟台市福山区古现镇河北村
邮编：265502　电话：0535-6421725
法人代表：王惠生
主要产品：卫生纸

莱阳市万达实业公司
地址：山东省莱阳市万第镇彭格庄村
邮编：265207　电话：0535-7730064
法人代表：李肖岩
主要产品：卫生纸　品牌：万达

莱阳市古柳造纸厂
地址：山东省莱阳市古柳街道办事处徐格庄村
邮编：265202　电话：0535-7316556
法人代表：姜萃香
主要产品：卫生纸

龙口市黄山纸制品加工厂
地址：山东省龙口市黄山馆镇大泊子村
邮编：265715　电话：0535-8891151
法人代表：张成国
主要产品：卫生卷纸，餐巾纸
品牌：康友

龙口市卫生纸厂
地址：山东省龙口市东江镇阎疃村
邮编：265718　电话：0535-8619163
法人代表：曲先生
主要产品：卫生纸

龙口市凤光有限责任公司
地址：山东省龙口市北马镇西转渠村
邮编：265702　电话：0535-8911148
法人代表：孙凤光　传真：0535-8912539
主要产品：卫生纸　品牌：白鲸

招远金城造纸有限公司
地址：山东省招远市宋家镇苑家村
邮编：265405　电话：0535-8342096
法人代表：苑希辉
主要产品：卫生纸

河南省

河南省浩赛纸业有限公司
地址：河南省郑州市郑上路108号郑州造纸厂内
邮编：450007　电话：0371-7613225
法人代表：王祥太　传真：0371-7613229
主要产品：卫生纸
品牌：花雨

中牟县福利造纸厂
地址：河南省郑州市中牟县城关镇东关189号
邮编：451450　电话：0371-2180243
法人代表：张庚戌
主要产品：卫生纸，面巾纸，餐巾纸
品牌：小白兔

洛阳市纯静纸业公司
地址：河南省洛阳市光华路4号
邮编：471000　电话：0379-3934156
法人代表：陈西展
主要产品：卫生纸，餐巾纸，纸杯，卫生巾
品牌：纯静

洛阳市卫生纸厂
地址：河南省洛阳市西二区
邮编：471000　　电话：0379-3230948
法人代表：郭跃里
主要产品：卫生纸　　品牌：松鼠

漯河纸业集团股份有限公司
地址：河南省漯河市建设路中段
邮编：462000　　电话：0395-2123483
法人代表：王长河　　传真：0395-2123462
主要产品：卫生纸，卫生卷纸，面巾纸，餐巾纸，卫生巾
品牌：咪猫，健而美

漯河银河纸业有限公司
地址：河南省漯河市高新技术产业开发区湘江路东段
邮编：462000　　电话：0395-2635700
法人代表：王长河　　传真：0395-2635532
联系人：郑立国
主要产品：卫生纸，卫生卷纸，面巾纸，餐巾纸，卫生巾衬纸
品牌：咪猫

漯河天祥纸品有限公司
地址：河南省漯河市人民东路1号
邮编：462000　　电话：0395-2626730
法人代表：马国顺
主要产品：卫生纸，餐巾纸，面巾纸
品牌：天祥

舞阳县蓝盾实业有限公司
地址：河南省漯河市舞泉镇人民路
邮编：462400　　电话：0395-7121827
法人代表：梅耀甫
主要产品：餐巾纸　　品牌：蓝盾

驻马店市金马集团实业总公司造纸厂
地址：河南省驻马店市南海路南段
邮编：463000　　电话：0396-3814499
法人代表：马平均　　传真：0396-3814499
主要产品：卫生纸，餐巾纸，面巾纸
品牌：花环

河南省遂平县造纸厂
地址：河南省遂平县
邮编：463100　　电话：0396-4925950
法人代表：李景中
主要产品：卫生纸　　品牌：蓓蕾

正阳县真阳镇南农第二造纸厂
地址：河南省驻马店地区正阳县真阳镇南农村81号
邮编：463600　　电话：0396-8924253
法人代表：杨安民
主要产品：卫生纸

西平县豫达造纸有限公司
地址：河南县西平县南环路中段
邮编：463900　　电话：0396-6224052
法人代表：刘玉平　　传真：0396-6224052
主要产品：卫生纸，面巾纸，餐巾纸
品牌：超群

安阳县天元纸业有限公司
地址：河南省安阳县水冶镇五里槐
邮编：455133　　电话：0372-5882837
法人代表：张天元
主要产品：卫生纸，餐巾纸

安阳市卫生纸厂
地址：河南省安阳市东环城路33号
邮编：455000　　电话：0372-2984800
法人代表：杨建国
主要产品：卫生纸　　品牌：红翔

许昌县尚集造纸厂
地址：河南省许昌县尚集镇东街
邮编：461111　　电话：0374-5651003
法人代表：尚建民
主要产品：卫生纸

岗曹东风纸厂
地址：河南省许昌县小召乡岗曹村
邮编：461101　　电话：0374-5681061
法人代表：张清森
主要产品：卫生纸

许昌县小召岗曹一造纸厂
地址：河南省许昌县小召乡岗曹村
邮编：461101　　电话：0374-5681062
法人代表：董纪生
主要产品：卫生纸

尚集镇福利造纸厂
地址：河南省许昌县尚集镇
邮编：461111　　电话：0374-5651041
法人代表：杨春庆
主要产品：卫生纸　　品牌：花雨

许昌造纸厂
地址：河南省许昌市工农路7号
邮编：461000　　电话：0374-3311370
法人代表：陶伟贤
主要产品：卫生纸，餐巾纸
品牌：郁金香

许昌县利民卫生纸品有限公司
地址：河南省许昌县小召乡岗曹村
邮编：461101　　电话：0374-5681100
法人代表：王丙沾
主要产品：卫生纸

许昌市第二造纸厂
地址：河南省许昌市魏都区五一路延安路居委会18号
邮编：461000　　电话：0374-3310366
法人代表：王宝民
主要产品：卫生纸

修武县造纸厂
地址：河南省焦作市修武县城关镇环城北路89号
邮编：454350　　电话：0391-7193823
法人代表：祝运晓
主要产品：卫生纸　　品牌：红牡丹

修武县卫生纸厂
地址：河南省焦作市修武县城关镇江旁庄
邮编：454350　　电话：0391-7190436
法人代表：张保安
主要产品：卫生纸　　品牌：玉洁

河南省武陵县振兴造纸厂
地址：河南省焦作市武陵县谢旗营乡陈小段村
邮编：454950　　电话：0391-7611079
法人代表：白希安
主要产品：卫生纸　　品牌：燕舞

周口地区卫生纸厂
地址：河南省周口地区淮阳县城关回族镇
邮编：466700　　电话：0394-2661621
法人代表：霍本公
主要产品：卫生纸　　品牌：荷花

沈丘县赵德营造纸厂
地址：河南省周口地区沈丘县赵德营镇赵德营
邮编：466325　　电话：0394-5333237
法人代表：郭卫东
主要产品：卫生纸

虞城县第二造纸厂
地址：河南省商丘地区虞城县杜集乡
邮编：476334　　电话：0370-4871029
法人代表：刘运利
主要产品：卫生纸　　品牌：木兰花

商丘市第一造纸厂
地址：河南省商丘市向阳区民主东路50号
邮编：476000　　电话：0370-2213360
法人代表：杨云亮
主要产品：卫生纸

南阳市宛城区新店乡第一造纸厂
地址：河南省南阳市宛城区新店乡
邮编：473113　　电话：0377-3722272
法人代表：张景聚
主要产品：卫生纸　　品牌：白天鹅

南召县云阳镇造纸厂
地址：河南省南阳市南召县云阳镇人民路
邮编：474676　　电话：0377-6661927
法人代表：程明印
主要产品：卫生纸，餐巾纸

内乡县第二造纸厂
地址：河南省南阳地区内乡县马山口镇
邮编：474363　　电话：0377-5253411
法人代表：赵长兴
主要产品：卫生纸

濮阳市市区孟轲乡造纸厂
地址：河南省濮阳市市区孟轲苏北路北
邮编：457006　　电话：0393-4492337
法人代表：李欣宽
主要产品：卫生纸

禹州市火龙镇龙西第三卫生纸厂
地址：河南省禹州市火龙镇龙池村
邮编：452590　　电话：0374-8631075
法人代表：李书乾
主要产品：卫生纸

偃师市新泰工业有限公司
地址：河南省偃师市商城北路6号
邮编：471900　　电话：0379-7713037
法人代表：王山泰
主要产品：卫生纸　　品牌：巨能

偃师市中州新村卫生纸厂
地址：河南省偃师市城关镇石硖村
邮编：471900　　电话：0379-7713761
法人代表：马留堂
主要产品：卫生纸

偃师市大槐树造纸厂
地址：河南省偃师市城关镇大槐树村
邮编：471900　　电话：0379-7716129
法人代表：张长生
主要产品：卫生纸

偃师市蔡伦卫生纸复卷厂
地址：河南省偃师市首阳山镇后纸庄村
邮编：471943　　电话：0379-7552047
法人代表：张全瑜
主要产品：卫生纸

河南西峡县黎明造纸厂
地址：河南省西峡县城灌河路226号
邮编：474500　　电话：0377-4666818
法人代表：阎学鑫　　传真：0377-4666818
主要产品：卫生纸　　品牌：水中月

河南通许县亚星纸业有限公司
地址：河南省开封市通许县文卫路181号
邮编：475400　　电话：0378-4976548
法人代表：李瑞中
主要产品：卫生纸，餐巾纸
品牌：粉蝶

息县卫生纸厂
地址：河南省信阳地区息县南关街
邮编：464300　　电话：0376-551497
法人代表：姜尧敬
主要产品：卫生纸

罗山县龙山乡顺意卫生纸厂
地址：河南省信阳地区罗山县龙山乡
邮编：464200　　电话：0376-2126649
法人代表：余顺玉
主要产品：卫生纸

舞阳北舞渡镇卫生纸厂
地址：河南省舞阳县北舞渡镇
邮编：462412　　电话：0395-7644666
厂长：李洪州
主要产品：卫生纸

湖北省

武汉市新华造纸厂
地址：湖北省武汉市武昌坛华林9号
邮编：430061　　电话：027-88915970
法人代表：杨泽华
主要产品：卫生纸，餐巾纸，卫生巾
品牌：海棠

武汉市岱山卫生纸厂
地址：湖北省武汉市江岸区后湖乡特2号
邮编：430011　电话：027-82314057
法人代表：邓征华
主要产品：卫生纸　品牌：大众

武汉市神龙造纸厂
地址：湖北省武汉市蔡甸区沌口四五路21号
邮编：430118　电话：027-84953351
法人代表：李贻宁
主要产品：卫生纸

武汉市武昌县纸坊镇造纸厂
地址：湖北省武汉市江夏区纸坊
邮编：430200　电话：027-87952818
法人代表：蔡运祥
主要产品：卫生纸　品牌：艳美

孝感市卫生纸厂
地址：湖北省孝感市环东路65号
邮编：432100　电话：0712-2822312
法人代表：张平　传真：0712-2822312
主要产品：卫生纸，面巾纸，餐巾纸
品牌：多宝、蜂花

广水市马坪纸业有限公司
地址：湖北省广水市马坪镇
邮编：432731　电话：0712-6761123
法人代表：倪礼俊
主要产品：卫生纸　品牌：天仙

广水市广新造纸厂
地址：湖北省广水市广水街
邮编：432721　电话：0712-6412342
法人代表：刘从炎
主要产品：卫生纸

朱湖卫生纸厂
地址：湖北省孝感市朱湖农场塘口分场
邮编：432124　电话：0712-2532279
法人代表：黄玟臣
主要产品：卫生纸

黄石市造纸厂
地址：湖北省黄石市大智路7号
邮编：435000　电话：0714-6223041
法人代表：余汉华
主要产品：卫生纸　品牌：蝶花

十堰市造纸厂
地址：湖北省十堰市茅箭区武当街办堰口141号
邮编：442012　电话：0719-8781795
法人代表：陈良群
主要产品：卫生纸　品牌：美蝶

房县造纸厂
地址：湖北省十堰市房县东大街374号
邮编：442100　电话：0719-3225082
法人代表：戢逢勇
主要产品：卫生纸

湖北松滋工贸合营生活用纸厂
地址：湖北省松滋市北郊
邮编：434200　电话：0716-6225549
法人代表：覃世荣　传真：0716-6225549
主要产品：卫生纸，餐巾纸，手帕纸
品牌：特丽丝

丹江口市第一造纸厂
地址：湖北省丹江口市六裹坪镇大桥头
邮编：441916　电话：0719-5713186
法人代表：王德礼　传真：0719-5713185
主要产品：卫生纸

湖北枝江市造纸厂
地址：湖北省枝江市董市镇新正街49号
邮编：443214　电话：0717-4360470
法人代表：黄文树　传真：0717-4360008
主要产品：卫生纸，卫生卷纸，面巾纸，餐巾纸
品牌：春梅、健牌

鄂州市汀祖造纸厂
地址：湖北省鄂州市鄂城区杨叶乡
邮编：436000　电话：0711-2391046
法人代表：曾凤芝
主要产品：卫生纸

湖北宜昌舒云纸业有限公司
地址：湖北省宜昌市猇亭区猇亭大道438号
邮编：443007　电话：0717-6516747
法人代表：刘学忠　传真：0717-6516765
主要产品：卫生纸，面巾纸，餐巾纸，卫生巾
品牌：舒云

宜昌县北陵造纸厂
地址：湖北省宜昌县龙泉镇
邮编：443112　电话：0717-7846428
法人代表：郑宗炳　传真：0717-7846806
主要产品：卫生纸，卫生巾
品牌：华松

襄樊市卫生纸厂
地址：湖北省襄樊市汉江路1号
邮编：441002　电话：0710-3224534
法人代表：赵道荣　品牌：花王
主要产品：卫生纸，面巾纸，餐巾纸

谷城县新光纸业有限责任公司
地址：湖北省襄樊市谷城县后街88号
邮编：441700　电话：0710-7234191
法人代表：毛永德
主要产品：卫生纸　品牌：水仙

沙市第二造纸厂
地址：湖北省荆州市沙市区江津路2号
邮编：444000　电话：0716-8202191
法人代表：文德成
主要产品：卫生纸，餐巾纸，面巾纸

活力28联发纸业有限公司
地址：湖北省荆州市长港路东段
邮编：434000　电话：0716-8312580
法人代表：吴顺芳
主要产品：卫生卷纸，面巾纸
品牌：波儿

荆州市公安县三信纸业有限责任公司
地址：湖北省荆州市公安县南平镇建设北路107号
邮编：434318　电话：0716-5818396
法人代表：李昌明
主要产品：卫生纸

荆门市第二造纸厂
地址：湖北省荆门市沙洋区拾桥镇北街6号
邮编：448270　　电话：0724-8632449
法人代表：李景山
主要产品：卫生纸，面巾纸，餐巾纸
品牌：玉雅

蒲圻市星汇造纸厂
地址：湖北省蒲圻市桂花树路3号
邮编：437321　　电话：0715-5517449
法人代表：付明　　传真：0715-5512998
主要产品：卫生纸，餐巾纸，面巾纸，卫生巾

南漳县卫生纸厂
地址：湖北省南漳县城关便河路1-2号
邮编：432600　　电话：0710-5231415
法人代表：周仁全
主要产品：卫生纸　　品牌：春花

隋州市安居镇造纸厂
地址：湖北省隋州市安居镇
邮编：441315　　电话：0722-4757222
法人代表：徐志新
主要产品：卫生纸　　品牌：银莲

仙桃市沔中造纸厂
法址：湖北省仙桃市竹货街
邮编：433000　　电话：0728-3222994
法人代表：刘团元
主要产品：卫生纸，餐巾纸，面巾纸，药物卫生纸
品牌：桃花

仙桃市新里仁口造纸厂
地址：湖北省仙桃市新里仁口
邮编：433011　　电话：0728-2712359
法人代表：董运枝
主要产品：卫生纸

当阳市干溪镇造纸厂
地址：湖北省当阳市干溪镇
邮编：444103　　电话：0717-3320034
法人代表：孙美忠
主要产品：卫生纸，面巾纸，餐巾纸
品牌：君子兰

秭归县造纸厂
地址：湖北省宜昌市秭归县九里庙
邮编：443631　　电话：0717-2860307
法人代表：鲁宝
主要产品：卫生纸

宜城市雪涛纸业有限公司
地址：湖北省宜城市雷河廖河村
邮编：441403　　电话：0710-4361598
法人代表：石雪涛
主要产品：面巾纸，卫生巾
品牌：舒洁

湖北省恩施市民族造纸厂
地址：湖北省恩施市大桥路74号
邮编：445000　　电话：0718-8224646
法人代表：邓学清
主要产品：卫生纸，面巾纸

咸宁市大畈造纸厂
地址：湖北省咸宁市浮山办事处
邮编：437034　　电话：0715-8323154
法人代表：陈贻建
主要产品：卫生纸，餐巾纸，面巾纸
品牌：坤红

湖南省

常德恒安纸业有限公司
地址：湖南省常德市德山开发区桃林路
邮编：415001　　电话：0736-7318489
法人代表：许连捷　　传真：0736-7300322
联系人：刘勇
主要产品：卫生纸，面巾纸，餐巾纸
品牌：心相印

宁乡县农艺纸厂
地址：湖南省宁乡双凫卜镇农艺
邮编：410624　　电话：0731-7491033
法人代表：潘富其
主要产品：卫生纸

宁乡县河塘纸厂
地址：湖南省宁乡县双凫卜河塘村
邮编：410624　　电话：0731-7492115
法人代表：邹文彪
主要产品：卫生纸

宁乡县龙洞造纸厂
地址：湖南省宁乡黄材龙洞
邮编：410627　　电话：0731-7575314
法人代表：陈操南
主要产品：卫生纸

宁乡县造纸厂
地址：湖南省宁乡县城关镇
邮编：410600　　电话：0731-7881749
法人代表：黄克明
主要产品：卫生纸，面巾纸

株州市淦田造纸厂
地址：湖南省株州县淦田镇
邮编：412107　　电话：0733-7257332
主要产品：卫生纸，餐巾纸
品牌：玉蝶

宁乡县第二造纸厂
地址：湖南省宁乡双凫卜镇
邮编：410624　　电话：0731-7492027
法人代表：戴新民
主要产品：卫生纸

双凫铺镇造纸厂
地址：湖南省宁乡县双凫卜镇
邮编：410624　　电话：0731-7492202
法人代表：张厚和
主要产品：卫生纸

双凫铺镇福利造纸厂
地址：湖南省宁乡县双凫卜镇
邮编：410624　　电话：0731-7492205
法人代表：魏喜才
主要产品：卫生纸

宁乡县双河纸厂
地址：湖南省宁乡县双凫卜村
邮编：410624　电话：0731-7492457
法人代表：付正军
主要产品：卫生纸

宁乡县双凫卜纸厂
地址：湖南省宁乡县双凫卜镇双凫卜村
邮编：410624　电话：0731-7492165
法人代表：邹志明
主要产品：卫生纸

宁乡县黑塘岭纸厂
地址：湖南省宁乡县双凫卜镇黑塘岭
邮编：410624　电话：0731-7492459
法人代表：刘丙乔
主要产品：卫生纸

宁乡县河塘三联纸厂
地址：湖南省宁乡双凫卜湖塘村
邮编：410624　电话：0731-7492334
法人代表：姜国宾
主要产品：卫生纸

涟源市皇后纸业公司
地址：湖南省涟源市人民路2号
邮编：417100　电话：0738-4423298
法人代表：刘新才　传真：0738-4424807
主要产品：卫生纸，面巾纸，餐巾纸
品牌：皇后

湖南省造纸研究所
地址：湖南省湘潭市建设中路7号
邮编：411104　电话：0732-8527581
法人代表：关以超　传真：0732-8561602
主要产品：卫生纸，面巾纸，分切纸
品牌：雪松

湖南大庸造纸厂
湖南省大庸市永定区仙人溪
邮编：416600　电话：0744-8222828
法人代表：向波　传真：0744-8222828
主要产品：卫生纸，餐巾纸
品牌：张家界

株州市响石造纸厂
地址：湖南省株州市郊区清水乡响石村
邮编：412005　电话：0733-8332570
法人代表：钟国良
主要产品：卫生纸，面巾纸
品牌：花中皇

株州市同兴造纸厂
地址：湖南省株州县渌口镇
邮编：412100　电话：0733-7618158
法人代表：王源浩
主要产品：卫生纸　品牌：飞燕

怀化市造纸厂
地址：湖南省怀化市红星路1号
邮编：418000　电话：0745-2249623
主要产品：卫生纸

湖南省湘潭市第一造纸厂
地址：湖南省湘潭市护潭乡永红村老屋路168号
邮编：411100　电话：0732-8271034
法人代表：胡碧松
主要产品：卫生纸

长沙市湘建造纸厂
地址：湖南省长沙市风咀路85号
邮编：410008　电话：0731-4480248
法人代表：周炳雄
主要产品：卫生纸　品牌：美蓉

长沙县仙人市乡杨梅造纸厂
地址：湖南省长沙市长沙县黄兴镇杨梅村
邮编：410132　电话：0731-6867157
法人代表：李德田
主要产品：卫生纸　品牌：巾洁

长沙县金井造纸厂
地址：湖南省长沙市长沙县金井镇仙凤村
邮编：410132　电话：0731-6202215
法人代表：屈先生
主要产品：卫生纸

邵阳市皱纹纸厂
地址：湖南省邵阳市西区中心路办事处邵水西路25号
邮编：422000　电话：0739-5362745
联系人：凌紫才
主要产品：卫生纸

邵东县汪塘振兴皱纹纸厂
地址：湖南省邵阳市邵东县水东乡澄江村
邮编：422852　电话：0739-2161194
法人代表：周理雄
主要产品：卫生纸

衡阳造纸厂
地址：湖南省衡阳城区同心路52号
邮编：421005　电话：0734-8512761
法人代表：曾康　传真：0734-8511522
主要产品：卫生纸

湘潭县恒丰造纸厂
地址：湖南省湘潭县梅林桥镇
邮编：411229　电话：0732-7895513
法人代表：郭正洪
主要产品：卫生纸

祁东县福炎造纸厂
地址：湖南省祁东县过水坪镇断河村
邮编：421661　电话：0734-6336023
法人代表：冯北秋
主要产品：卫生纸

蓝山县塔峰镇果木卫生纸厂
地址：湖南省零陵地区蓝山县塔峰镇果木村
邮编：425800　电话：0746-2212228
法人代表：李志发
主要产品：卫生纸

祁阳卫生纸厂
地址：湖南省祁阳县肖家村镇大江水库
邮编：426131　电话：0746-3719388
法人代表：张春旺
主要产品：卫生纸

新化县横岩造纸厂
地址：湖南省新化县白溪镇
邮编：417613　电话：0738-3751106
法人代表：阮秋鸣
主要产品：卫生纸，餐巾纸

永州市造纸厂
地址：湖南省永州市七里店乡向家湾村
邮编：425000　电话：0746-6223348
法人代表：唐荣妹
主要产品：卫生纸　品牌：星星

桃江县马迹塘造纸厂
地址：湖南省桃江县马迹塘镇
邮编：413405　电话：0737-8834510
法人代表：皮补生
主要产品：卫生纸　品牌：桃花江

汝城县钓鱼台卫生纸厂
地址：湖南省汝城县城关镇城西居委会
邮编：424100　电话：0735-8223148
法人代表：何树春
主要产品：卫生纸

湖南新化县造纸二厂
地址：湖南新化县向东街大码头
邮编：417600　电话：0738-3521130
法人代表：刘建明
主要产品：卫生纸

安仁县造纸厂
地址：湖南省安仁县城关七一路66号
邮编：423600　电话：0735-5223391
法人代表：李更生
主要产品：卫生纸

汨罗市保健卫生纸厂
地址：湖南省汨罗市城关镇菜二村
邮编：414400　电话：0730-5223270
主要产品：卫生纸

广东省

东莞万江新发纸巾厂
地址：广东省东莞市万江镇大汾管理区工业村
邮编：511717　电话：0769-2279728
法人代表：赖富良　传真：0769-2279728
主要产品：卫生纸

东莞市宝建纸品厂
地址：广东省东莞市万江简沙洲管理区
邮编：511717　电话：0769-2270703
法人代表：胡宝明　传真：0769-2177628
主要产品：卫生纸，面巾纸
品牌：宝明，三鱼

东莞市万江卫平纸厂
地址：广东省东莞市新村村尾
邮编：511717　电话：0769-2275588
法人代表：陈卫平
主要产品：卫生卷纸，面巾纸

东莞志业造纸厂
地址：广东省东莞市望牛墩镇下漕区
邮编：511777　电话：0769-8854968
法人代表：莫广华　传真：0769-8854938
主要产品：卫生纸　品牌：志业

东莞大岭山杨屋广兴纸巾厂
地址：广东省东莞市杨屋管理区
邮编：511774　电话：0769-3351993
法人代表：何黎广　传真：0769-3359738
主要产品：餐巾纸，面巾纸
品牌：三五

东莞沙田东雅造纸厂
地址：广东省东莞市沙田稔州工业区
邮编：511000　电话：0769-8865998
法人代表：梁契权　传真：0769-8865998
联系人：卓永新
主要产品：卫生卷纸

东莞市嘉民实业有限公司万江造纸厂
地址：广东省东莞市万江谷涌桥边
邮编：511000　电话：0769-2271163
法人代表：卢锦洪
主要产品：卫生纸，餐巾纸，面巾纸
品牌：白天鹅

东莞市建华实业有限公司
地址：广东省东莞市万江官桥　工业开发区
邮编：511700　电话：0769-2270698
法人代表：黄桂新　传真：0769-2170305
主要产品：卫生纸　品牌：建华

东莞市万江曙光纸品厂
地址：广东省东莞市坝头管理区
邮编：511700　电话：0769-2276427
法人代表：刘新富
主要产品：卫生卷纸，餐巾纸
品牌：夜来香

东莞市中堂吴家涌华苑纸巾厂
地址：广东省东莞市中堂吴家涌
邮编：511000　电话：0769-8811428
法人代表：吴湛林
主要产品：餐巾纸

东莞市沙田金星纸巾厂
地址：广东省东莞市沙田
邮编：511000　电话：0769-8866092
法人代表：郭五仔
主要产品：面巾纸，餐巾纸
品牌：金星

东莞白天鹅纸业有限公司
地址：广东省东莞市万江谷涌工业区
邮编：511717　电话：0769-2172118
法人代表：卢宝祥
联系人：李刚
主要产品：卫生纸　品牌：嘉民

东莞月雅卫生纸制品厂
地址：广东省东莞市万江镇107国道（万江邮局对面）
邮编：511717　电话：0769-2275605
法人代表：梁金胜

东莞市华兴纸业实业有限公司
地址：广东省东莞市万江 联区
邮编：511717 电话：0769-2271932
法人代表：谢扬发 传真：0769-2275919
主要产品：卫生纸，餐巾纸，面巾纸、卫生巾
品牌：华兴

东莞利良纸巾制品有限公司
地址：广东省东莞市石龙镇红棉路16号
邮编：511721 电话：0769-6620928
法人代表：方建沂 传真：0769-6626908
主要产品：卫生卷纸，餐巾纸，面巾纸
品牌：利良

东莞市石碣鹤联纸品加工厂
地址：广东省东莞市石碣镇鹤田厦
邮编：511724 电话：0769-6636436
法人代表：夏锦发
主要产品：卫生纸 品牌：羽鹤

东莞望牛墩望联造纸厂
地址：广东省东莞市望牛墩镇望联管理区
邮编：511777 电话：0769-8851101
法人代表：卢松正
主要产品：卫生纸

东莞望牛墩镇官桥涌造纸厂
地址：广东省东莞市望牛墩镇官桥涌管理区
邮编：511777 电话：0769-8851186
法人代表：伦金洪
主要产品：卫生纸

东莞万江流涌尾纸巾厂
地址：广东省东莞市万江镇流涌尾管理区
邮编：511717 电话：0769-2285411
法人代表：谢景湖
主要产品：卫生纸

东莞市望牛墩镇上合卫生纸厂
地址：广东省东莞市望牛墩镇上合管理区
邮编：511777 电话：0769-8850669
法人代表：施洞湖
主要产品：卫生纸

东莞市望牛墩赤窖卫生纸厂
地址：广东省东莞市赤窖管理区
邮编：511777 电话：0769-8852970
法人代表：李先生
主要产品：卫生纸

广东维达纸业股份有限公司
地址：广东省新会市东侯工业开发区
邮编：529100 电话：0750-6122846
法人代表：李朝旺 传真：0750-6120239
联系：张静
主要产品：卫生纸，餐巾纸，面巾纸，纸抹布
品牌：维达，威牌

维达纸业（上海）有限公司
地址：上海市浦东杨思桥新马村17号
邮编：200126 电话：021-58429535
联系人：杨志伟 传真：021-58427477
主要产品：卫生纸，卫生卷纸
品牌：维达

维达纸业（香港）有限公司
地址：香港九龙尖沙咀东部麽地道75号南洋中心壹期506室
电话：00852-27825512
传真：00852-27825560
法人代表：李朝旺

维达纸业（湖北）有限公司
地址：湖北省孝感市环东路65号
邮编：432100 电话：0712-2822312
联系人：董义平 传真：0712-2822312
主要产品：卫生纸，卫生卷纸

广东启祥纸业有限公司
地址：广东省新会市三江白庙工业区
邮编：529142 电话：0750-6212881
厂长：陈树汉 传真：0750-6212883
主要产品：纸浆、卫生纸
品牌：**D & F**

新会市威宝造纸企业有限公司
地址：广东省新会市会城镇紫云路8号
邮编：529100 电话：0750-6698673
法人代表：陈能强 传真：0750-6694702
主要产品：卫生纸 品牌：柔宝，甜柔

新会市三威造纸厂
地址：广东省新会市三江镇白庙工业区
邮编：529142 电话：0750-6211450
法人代表：毛伟剑 传真：0750-6211278
主要产品：卫生纸，面巾纸，餐巾纸，纸抹布
品牌：柔宝，甜柔

新会市造纸厂
地址：广东省新会市会城镇茶坑艮州山
邮编：529100 电话：0750-6671918
法人代表：陈沃平 传真：0750-6671918
主要产品：卫生纸

广东中顺纸业集团有限公司
地址：广东省中山市沙朗镇高科技开发区
邮编：528411 电话：0760-8553399
法人代表：邓颖忠 传真：0760-8553333
联系人：黄伊娜
主要产品：卫生纸，面巾纸，餐巾纸，卫生巾
品牌：洁柔，中顺

中山市中顺纸业制造公司
地址：广东省中山市坦背镇胜龙工业区
邮编：528412 电话：0760-8508554
联系人：岳勇 传真：0760-8508066
主要产品：卫生纸、面巾纸、餐巾纸、卫生巾
品牌：中顺、洁柔

中山市洁柔日用品有限公司
地址：广东省中山市沙朗镇高科技开发区
邮编：528411 电话：0760-8508554
联系人：邓森云 传真：0760-8508066
主要产品：卫生纸 品牌：中顺，洁柔

中山市中顺商贸有限公司
地址：广东省中山市沙朗镇高科技开发区
邮编：528411 电话：0760-8553311
联系人：杨裕超 传真：0760-8553333
品牌：中顺，洁柔

顺德容奇乐新纸厂
地址：广东省顺德市容奇镇振华乐新路10号
邮编：528303　电话：0765-6621295
联系人：李金伙　传真：0765-6625978
主要产品：卫生纸　品牌：中顺，洁柔

中顺纸业制造公司第三分厂
地址：广东省中山市古镇海洲螺沙公路旁
邮编：528422　电话：0760-2317167
联系人：沈德智　传真：0760-2310263
主要产品：卫生纸　品牌：中顺，洁柔

韶关市乳源县中顺造纸分厂
地址：广东省韶关市乳源瑶族自治县桂头镇乐韶公路边
邮编：512736　电话：0751-5392789
联系人：杜锦钊　传真：0751-5392788
主要产品：卫生纸　品牌：中顺，洁柔

南京市江宁县中顺建中造纸分厂
地址：江苏省南京市江宁县建中村村口
邮编：211161　电话：025-6101249
联系人：汤大华
主要产品：卫生纸　品牌：中顺，洁柔

中山市民众镇平二造纸厂
地址：广东省中山市民众镇平二
邮编：528411　电话：0760-5575093
法人代表：吴漩波　传真：0760-5702828
主要产品：卫生纸

中山市三角纸品制造有限公司
地址：广东省中山市三角镇爱国工业区
邮编：528445　电话：0760-5542328
法人代表：杨法坤　传真：0760-5541038
主要产品：卫生纸　品牌：三角，皇冠

恒信日用品（中山）有限公司
地址：广东省中山市民众镇镇中公路恒信工业城
邮编：528411　电话：0760-5702830
厂长：宋君伟　传真：0760-5702020
主要产品：卫生纸，面巾纸，餐巾纸
品牌：美妆庭

中山市海棠造纸厂
地址：广东省中山市古镇海洲大马路
邮编：528422　电话：0760-2318440
法人代表：区展宏　传真：0760-2310882
主要产品：卫生纸，面巾纸，方巾纸
品牌：宝丽，柔美

江门甘蔗化工厂（集团）股份有限公司
地址：广东省江门市北街
邮编：529075　电话：0750-3361611
法人代表：梁振耀　传真：0750-3361973
主要产品：卫生纸

台城宁阳纸品厂
地址：广东省江门地区台山市台城镇宁阳中学内
邮编：529200　电话：0750-5577153
法人代表：钟炎良
主要产品：卫生卷纸

江门市造纸厂
地址：广东省江门市文昌沙
邮编：529000　电话：0750-3332718
法人代表：吴卓辉　传真：0750-3330893
主要产品：餐巾纸，面巾纸
品牌：雅达美

广东省江门市新华造纸厂
地址：广东省江门市文昌沙
邮编：529000　电话：0750-3333279
法人代表：余灼尧　传真：0750-3354176
主要产品：卫生纸　品牌：富贵

广州金佰利纸业有限公司
地址：广东省广州市经济技术开发区创业路同兴大厦3楼
邮编：510730　电话：020-82220154
法人代表：大米　传真：020-82217827
主要产品：面巾纸，餐巾纸
品牌：舒洁

广东裕港实业公司
地址：广东省广州市新港西路154号
邮编：510300　电话：020-84451776
法人代表：吕永松　传真：020-84455613
主要产品：卫生卷纸、面巾纸、餐巾纸
品牌：本松

广东粤侨纸品有限公司
地址：广东省广州市三元里走马岗中心巷6号
邮编：510400　电话：020-86581873
法人代表：詹奕群　传真：020-86598628
主要产品：面巾纸　品牌：迪佳

广州市竹料雄伟造纸厂
地址：广东省广州市白云区竹料镇雄伟村
邮编：510545　电话：020-87441002
法人代表：肖广明
主要产品：卫生纸　品牌：888

沙头威利纸巾胶带厂
地址：广东省增城市黄沙头
邮编：511340　电话：020-82767563
法人代表：黄锐镰
主要产品：面巾纸，餐巾纸
品牌：益迪

广州祥威纸业有限公司(筹建)
地址：广东省广州市从化太平开发区工业大道5号
邮编：510990　电话：020-87811761
厂长：周仰治　传真：020-87811762
主要产品：卫生纸后加工产品
品牌：D&F

从化怡康造纸厂
地址：广东省从化市江埔镇鹊朗村新围
邮编：510925　电话：020-87982218
法人代表：王鉴洲
联系人：唐上周
主要产品：卫生纸

番禺市莲花山造纸厂
地址：广东省番禺莲花山镇莲花东路80号
邮编：511440　电话：020-84861315
法人代表：何灼辉　传真：020-84863686
主要产品：卫生纸　品牌：莲花山

番禺日畅纸巾制品有限公司
地址：广东省番禺市桥镇沙头小罗塘
邮编：511490　　电话：020-84870317
法人代表：谢沛新　　传真：020-84878544
主要产品：纸巾系列　　品牌：亲柔，品高

恒昌纸品厂
地址：广东省番禺市沙湾镇蚬蛹村
邮编：511483　　电话：020-84731404
法人代表：梁耀广
主要产品：卫生纸，面巾纸，餐巾纸
品牌：恒昌

番禺灵山宏达造纸厂
地址：广东省番禺市灵山镇墩塘村
邮编：511400　　电话：020-84928128
法人代表：冯文杰　　传真：020-84928108
主要产品：卫生纸，餐巾纸
品牌：孖　宝

兴宁市宁新造纸厂
地址：广东省梅州市兴宁市宁新镇大岭
邮编：514568　　电话：0753-3231669
法人代表：罗应章
主要产品：卫生纸

深圳市佳亿源纸业有限公司
地址：广东省深圳市宝安宝城35区安华工业区2栋
邮编：518102　　电话：0755-7815428
法人代表：张同春　　传真：0755-7815428
主要产品：卫生纸，面巾纸，餐巾纸
品牌：佳亿源

河溪南兴造纸厂
地址：广东省潮阳市南田
邮编：515164　　电话：0661-3411708
法人代表：林汉茂
主要产品：卫生纸

潮阳市棉北平南造纸厂
地址：广东省潮阳市棉北街道办事处平南
邮编：515100　　电话：0661-8714987
法人代表：李镜湖
主要产品：卫生纸

万益纸巾（深圳）有限公司
地址：广东省深圳市龙岗区龙岗镇龙西村
邮编：518116　　电话：0755-4855147
法人代表：庄灿煜　　传真：0755-4850337
主要产品：面巾纸　　品牌：史努比

深圳市富泽实业有限公司
地址：广东省深圳市罗湖区莲塘工业区第一工业小区
邮编：518004　　电话：0755-5702281
联系人：罗小灵　　传真：0755-5738382
主要产品：卫生巾，卫生卷纸，面巾纸，餐巾纸
品牌：天爱

深圳市坡利实业有限公司
地址：广东省深圳市龙岗区布吉秀峰工业城B 5座
邮编：518112　　电话：0755-8878241
法人代表：陈卓华　　传真：0755-8878241
主要产品：面巾纸，餐巾纸
品牌：Balley

顺德市广进纸业制造有限公司
地址：广东省顺德市桂州镇容边工业区
邮编：528305　　电话：0765-8802826
法人代表：余卫平　　传真：0765-8802826
主要产品：面巾纸，湿强纸

茂名香丽日用工业品有限公司
地址：广东省茂名市计星路126号
邮编：525000　　电话：0668-2524210
法人代表：阮土金　　传真：0668-2288466
主要产品：卫生纸，餐巾纸，面巾纸

澄海市莲上洋新造纸厂
地址：广东省澄海市莲上镇永新工业区
邮编：515833　　电话：0754-5743173
法人代表：余丙河　　传真：0754-5742402
主要产品：卫生纸

万安纸业有限公司
地址：广东省汕头市永泰路27号
邮编：515000　　电话：0754-8437928
法人代表：袁慧君　　传真：0754-8112326
主要产品：面巾纸，餐巾纸
品牌：花姿，雅丽诗

惠阳市淡水华光纸品厂
地址：广东省惠阳市淡水镇排坊工业区
邮编：516211　　电话：0752-3356328
法人代表：吴国祥　　传真：0752-3372282
联系人：吴益昌
主要产品：卫生卷纸，餐巾纸，面巾纸
品牌：三和

乐昌市造纸厂
地址：广东省乐昌市河南镇
邮编：512219　　电话：0751-5503603
法人代表：白火亮
主要产品：卫生纸

环球纸业有限公司
地址：广东省高州市石鼓镇南区
邮编：525252　　电话：0668-6330438
法人代表：陈汉新
主要产品：卫生卷纸

博罗县石湾镇石联卫生纸厂
地址：广东省博罗县石湾
邮编：516127　　电话：0752-6611067
法人代表：周汉棠
主要产品：卫生纸

博罗县石湖卫生纸厂
地址：广东省博罗县石湾镇湾湖石路
邮编：516127　　电话：0752-6610646
法人代表：周志强
主要产品：卫生纸

博罗县石湾镇窖吓联丰卫生纸品厂
地址：广东省博罗县石湾镇窖吓
邮编：516127　　电话：0752-6616334
法人代表：黎树林
主要产品：卫生纸

清新县高田造纸厂
地址：广东省清新县高田镇
邮编：511500　　电话：0763-5590136
法人代表：龙浩森
主要产品：卫生纸

广宁县排沙造纸厂
地址：广东省广宁县排沙镇
邮编：526339　　电话：0758-8828301
法人代表：曾文成
主要产品：卫生纸

汕尾市城区捷胜镇迎春纸厂
地址：广东省汕尾市城区捷胜镇联安管理区
邮编：516624　　电话：0660-3461430
法人代表：翁芳
主要产品：卫生纸，餐巾纸，面巾纸
品牌：迎春

海丰县赤石老区造纸厂
地址：广东省汕尾市海丰县赤石圩
邮编：516475　　电话：0660-6716193
法人代表：蓝桐炎
主要产品：卫生纸

海丰县哈达纸业有限公司
地址：广东省海丰县可塘镇粮所内
邮编：516429　　电话：0660-6764333
法人代表：黄全
主要产品：卫生纸

钟氏纸业公司
地址：广东省惠州博罗县龙溪镇广汕公路边100公里
邮编：516121　　电话：0752-6678689
法人代表：钟玉涛
主要产品：卫生纸，面巾纸
品牌：皇牌

台山市附城镇利锋纸品加工厂
地址：广东省台山市附城镇宁桥路81号
邮编：529200　　电话：0750-5661173
法人代表：陈健荣
主要产品：餐巾纸，面巾纸
品牌：好运

湛江造纸总厂
地址：广东省湛江市赤坎南桥北路1号
邮编：524031　　电话：0759-3314150
法人代表：胡荣伟　　传真：0759-3316074
主要产品：卫生纸，面巾纸，餐巾纸
品牌：高雅

廉江市永发纸品厂
地址：广东省廉江市河堤鹤塘包子村
邮编：524444　　电话：0759-6845776
法人代表：陈华京
主要产品：卫生纸

斗门县白蕉新益纸厂
地址：广东省珠海市斗门县白蕉镇天生河闸内
邮编：519125　　电话：0756-5511026
法人代表：温晓文
主要产品：卫生纸　　品牌：银河

三水市南边湖岗纸厂
地址：广东省三水市南边湖岗珠江涌
邮编：528135　　电话：0757-7318281
法人代表：冯先生
主要产品：卫生纸

阳泉纸业制品有限公司
地址：广东省阳西县城工业区
邮编：529800　　电话：0662-5551063
厂长：麦水养　　传真：0662-5552987
主要产品：卫生纸　　品牌：阳泉

鹤山市古劳镇造纸厂
地址：广东省鹤山市古劳镇
邮编：529738　　电话：0750-8766229
法人代表：莫兴
主要产品：卫生纸　　品牌：仟智

鹤山市造纸厂
地址：广东省鹤山市沙坪镇杰洲工业区
邮编：529721　　电话：0750-8821389
法人代表：唐贤科　　传真：0750-8821819
主要产品：卫生纸　　品牌：二八

高明市高洁纸业有限公司
地址：广东省高明市荷城区沿江路24号
邮编：528500　　电话：0757-8822345
法人代表：区广松　　传真：0757-8881723
主要产品：卫生纸，餐巾纸，面巾纸
品牌：惠洁

高明市人和镇新西方旅游用品有限公司
地址：广东省高明市人和镇工业区
邮编：528513　　电话：0757-8801515
法人代表：关俭文　　传真：0757-8891509
主要产品：餐巾纸，面巾纸
品牌：天鹅

高明市鸿发纸类制品厂
地址：广东省高明市新圩镇
邮编：528521　　电话：0757-8898828
法人代表：夏连香
主要产品：卫生纸

南海市夏南一卫生用品厂
地址：广东省南海市平洲区夏南一
邮编：528251　　电话：0757-6774737
法人代表：彭强　　传真：0757-6777743
主要产品：卫生纸，面巾纸，卫生巾
品牌：妇健

广东新奇丽纸品厂
地址：广东省南海市平洲区夏南一工业区
邮编：528000　　电话：0757-6777529
法人代表：彭潮　　传真：0757-6785529
主要产品：卫生纸、餐巾纸
品牌：新奇丽

广东潮州中洁纸业有限公司
地址：广东省潮州市北美路2号
邮编：521000　　电话：0768-2237340
法人代表：曹利永　　传真：0768-2256232
主要产品：卫生纸，餐巾纸，面巾纸
品牌：好猫

揭东县兴业造纸厂
地址：广东省揭东县炮台镇三涵斗边原水运公司
邮编：515559　电话：0663-3353573
法人代表：吴静填
主要产品：卫生纸

揭东枫江纸业有限公司
地址：广东省揭东县试验区内
邮编：515500　电话：0663-3262255
法人代表：江国波　传真：0663-3262255
主要产品：卫生纸，面巾纸，餐巾纸
品牌：枫涛

龙川协合纸业有限公司
地址：广东省龙川老隆镇下泡水二路23号
邮编：517300　电话：0762-6885594
法人代表：李耀强　传真：0762-6885594
主要产品：卫生纸

信宜市造纸厂
地址：广东省信宜市贵子镇中和
邮编：525359　电话：0668-8798337
法人代表：张德来　传真：0668-8798390
主要产品：卫生纸　品牌：洁花

龙川县东发造纸厂
地址：广东省龙川老隆下泡水二路
邮编：517300　电话：0762-6883388
法人代表：陈旺南
主要产品：卫生纸，餐巾纸

揭东县新亨洁新纸业制品厂
地址：广东省揭东新亨埔东工业区
邮编：515548　电话：0663-3434888
法人代表：陈建辉　传真：0663-3434999
主要产品：卫生纸，面巾纸，餐巾纸
品牌：洁新

南兴造纸厂
地址：广东省揭东县炮台镇南潮村
邮编：515559　电话：0663-3352733
法人代表：吴建雄
主要产品：卫生纸

揭东县霖磐桂西荣兴面巾纸厂
地址：广东省揭东县霖磐镇桂西村
邮编：515525　电话：0663-3540226
法人代表：刘荣河
主要产品：面巾纸，餐巾纸
品牌：天马

揭东试验区枫江纸品有限公司
地址：广东省揭东县曲溪镇枫口村
邮编：515500　电话：0663-3262255
法人代表：江国波
主要产品：面巾纸，餐巾纸
品牌：枫涛

揭东县白塔镇造纸厂
地址：广东省揭东县白塔镇
邮编：515526　电话：0663-3590483
法人代表：洪烈林
主要产品：卫生纸

潮州市城西造纸厂
地址：广东省潮州市湘桥区城西北关
邮编：515600　电话：0768-2224117
法人代表：吴俊强
主要产品：卫生纸

潮州市北关造纸厂
地址：广东省潮州市湘桥区城西北关
邮编：515600　电话：0768-2259293
法人代表：曹利永
主要产品：卫生纸，餐巾纸，面巾纸
品牌：好猫

普宁市昆光民政福利造纸厂
地址：广东省普宁市洪阳镇昆安村
邮编：515347　电话：0663-2843427
法人代表：陈伟和
主要产品：卫生纸

普宁市广太造纸厂
地址：广东省普宁市广太镇黄芽山村
邮编：515350　电话：0663-2421187
法人代表：杨荣城
主要产品：卫生纸

裕生纸品加工厂
地址：广东省惠来县惠城西
邮编：515200　电话：0663-6683980
法人代表：方汉平
主要产品：卫生纸，面巾纸
品牌：裕生

金钰（清远）卫生纸有限公司
地址：广东省清远市阳光新城15号区
邮编：511517　电话：0763-3483747
法人代表：夏宇明　传真：0763-3483510
主要产品：卫生纸，餐巾纸，面巾纸
品牌：金选，诗婷

广西壮族自治区

南宁科宝纸业有限公司
地址：广西南宁市七星路137号外贸公司大院
邮编：530012　电话：0771-2825575
法人代表：张国兴　传真：0771-2802828
联系人：翁家瑞
主要产品：卫生纸，面巾纸，餐巾纸
品牌：沙龙

南宁市龙邦迷尔生活用纸厂
地址：广西南宁市明秀西路156号
邮编：530003　电话：0771-3152376
法人代表：肖以强　传真：0771-3838366
主要产品：面巾纸，餐巾纸，卫生巾
品牌：甜蜜

南宁制糖造纸厂
地址：广西南宁市亭洪路48号
邮编：530031　电话：0771-4911576
法人代表：黄玉梅　传真：0771-4918861
主要产品：卫生纸　品牌：云鸥

南宁市罗文纸品厂
地址：广西南宁市西乡塘路13公里处
邮编：530007　　电话：0771-3250261
法人代表：文天强
主要产品：卫生纸，餐巾纸
品牌：双宝

南宁市三塘卫生纸厂
地址：广西南宁市市郊三塘
邮编：530024　　电话：0771-5820372
法人代表：梁华正
主要产品：卫生纸，面巾纸，餐巾纸

南宁市卫生纸厂
地址：广西南宁市文忠街44号
邮编：530000　　电话：0771-3151769
法人代表：周和兴
主要产品：卫生纸，餐巾纸
品牌：公爵

南宁伟雄纸品厂
地址：广西南宁市中尧南路4号
邮编：530003　　电话：0771-3158685
法人代表：师伟雄
主要产品：卫生纸，面巾纸，餐巾纸
品牌：伟雄

柳州市红华纸品厂
地址：广西柳州市东苑小区103号
邮编：545000　　电话：0772-3210359
法人代表：周松华
主要产品：面巾纸　　品牌：红华

柳州市宏宝造纸厂
地址：广西柳州市西鹅乡桃花村二队
邮编：545007　　电话：0772-3652942
法人代表：王占峰
主要产品：卫生纸，餐巾纸

两面针集团柳州市造纸厂
地址：广西柳州市柳邕路二区8号
邮编：545005　　电话：0772-3221241
法人代表：梁英奇　　传真：0772-3221784
联系人：赵明
主要产品：卫生纸，餐巾纸，面巾纸
品牌：立士洁

广西露塘造纸厂
地址：广西柳江县露塘
邮编：545111　　电话：0772-2515015-8293
法人代表：陈立
主要产品：卫生纸

广西贵港市榴花造纸公司
地址：广西贵港市人民西路
邮编：537102　　电话：0775-4212863
法人代表：卢锡章　　传真：0775-4214835
主要产品：卫生纸，餐巾纸
品牌：洁宝，榴花

贵港市西江造纸厂
地址：广西贵港市南平村
邮编：537100　　电话：0775-4214864
法人代表：谭观少
主要产品：卫生纸　　品牌：沙龙

邕宁县邕江造纸厂
地址：广西邕宁县伶俐镇
邮编：530211　　电话：0771-4266259
法人代表：彭国灵　　传真：0771-4266227
主要产品：卫生纸　　品牌：邕江

桂林市荣光卫生纸厂
地址：广西桂林市翠竹路官桥村
邮编：541002　　电话：0773-3838702
法人代表：凌海添
主要产品：卫生纸

桂林造纸厂
地址：广西桂林市奇峰路9号
邮编：541003　　电话：0773-3602622
法人代表：陈宏斌　　传真：0773-3605388
主要产品：卫生卷纸
品牌：银桂

平乐县同安卫生纸厂
地址：广西桂林市平乐县同安镇
邮编：542405　　电话：0773-7695117
法人代表：苏益强
主要产品：卫生纸　　品牌：健美

全州县纸板厂
地址：广西桂林市全州城南路164号
邮编：541500　　电话：0773-4815779
法人代表：陈望春
主要产品：卫生纸

宜州市工艺美术厂
地址：广西河池地区宜州市庆远镇山谷路61号
邮编：546300　　电话：0778-3212658
法人代表：韦德恒
主要产品：卫生纸　　品牌：刘三姐

广西河池市造纸厂
地址：广西河池市城南路1号
邮编：547000　　电话：0778-2284980
法人代表：韦耿基
主要产品：卫生纸

玉林市大众卫生纸厂
地址：广西玉林市仁东镇中庞村
邮编：537012　　电话：0775-2080954
法人代表：张水胜
主要产品：卫生纸

玉林市城西镇新团造纸厂
地址：广西玉林市城西镇新团村
邮编：537000　　电话：0775-2082131
法人代表：区行华
主要产品：卫生纸

广西得利宝纸制品有限公司
地址：广西武鸣县南宁华侨投资区
邮编：530105　　电话：0771-6301219
法人代表：李日兴
主要产品：餐巾纸　　品牌：得发

来宾县造纸厂
地址：广西来宾县来宾镇西二路52号
邮编：546100　　电话：0772-4212995
法人代表：张新美　　传真：0772-4212995
主要产品：卫生卷纸　　品牌：红河

马山县合群造纸厂
地址：广西马山县合群同富街82号
邮编：530600　电话：0771-6822250
法人代表：韦继真
主要产品：卫生纸

鹿寨县雒容镇桥头纸厂
地址：广西鹿寨县雒容镇
邮编：545616　电话：0772-6511035
法人代表：覃金亮
主要产品：卫生纸

宾阳县思陇镇造纸一厂
地址：广西宾阳县思陇镇
邮编：530402　电话：0771-8450269
法人代表：宋子彬
主要产品：卫生纸

宾阳县思陇镇造纸二厂
地址：广西宾阳县思陇镇
邮编：530402　电话：0771-8450296
法人代表：黄树庄
主要产品：卫生纸

宾阳县新桥兴华造纸厂
地址：广西宾阳县新桥镇
邮编：530401　电话：0771-8481030
法人代表：唐平镇
主要产品：卫生纸

宾阳县新桥镇永前造纸厂
地址：广西宾阳县新桥镇
邮编：530401　电话：0771-8481035
法人代表：唐金阳
主要产品：卫生纸

宾阳县新桥镇沙江纸厂
地址：广西宾阳县新桥镇
邮编：530401　电话：0771-8481033
法人代表：曾鲁
主要产品：卫生纸

宾阳县新桥信誉造纸厂
地址：广西宾阳县新桥镇
邮编：530401　电话：0771-8481118
法人代表：陈敏
主要产品：卫生纸

宾阳县新桥南宾造纸厂
地址：广西宾阳县新桥镇
邮编：530401　电话：0771-8481142
主要产品：卫生纸

宾阳县金玉造纸公司
地址：广西宾阳县新桥镇
邮编：530401　电话：0771-8481032
法人代表：韦朝忠
主要产品：卫生纸　品牌：金玉来

宾阳县金龙纸浆造纸厂
地址：广西宾阳县新桥镇
邮编：530401　电话：0771-8481116
法人代表：甘迪祥
主要产品：卫生纸

宾阳县新桥镇宾宝造纸厂
地址：广西宾阳县新桥镇
邮编：530401　电话：0771-8481025
法人代表：甘宝灵
主要产品：卫生纸

宾阳县新桥镇健宝造纸厂
地址：广西宾阳县新桥镇
邮编：530401　电话：0771-8481189
法人代表：罗健昌
主要产品：卫生纸

宾阳县新桥镇兴源造纸厂
地址：广西宾阳县新桥镇
邮编：530401　电话：0771-8481131
法人代表：黄东春
主要产品：卫生纸

宾阳县新桥镇金源造纸厂
地址：广西宾阳县新桥镇
邮编：530401　电话：0771-8481132
法人代表：覃子源
主要产品：卫生纸

宾阳县金宝造纸厂
地址：广西宾阳县新桥镇
邮编：530401　电话：0771-8481137
法人代表：韦云
主要产品：卫生纸

宾阳县新桥镇长宏造纸厂
地址：广西宾阳县新桥镇
邮编：530401　电话：0771-8481067
法人代表：宋松新
主要产品：卫生纸

宾阳县新桥祥龙造纸厂
地址：广西宾阳县新桥镇
邮编：530401　电话：0771-8481086
法人代表：韦祖爱
主要产品：卫生纸

宾阳县新桥造纸厂
地址：广西宾阳县新桥镇
邮编：530401　电话：0771-8481045
法人代表：陆生祥
主要产品：卫生纸

宾阳县柳塘纸厂
地址：广西宾阳县太守乡南关村
邮编：530403　电话：0771-8450286
法人代表：张宇荣
主要产品：卫生纸

宾阳县旭华纸厂
地址：广西宾阳县太守乡南关村
邮编：530403　电话：0771-8450299
法人代表：陆天参
主要产品：卫生纸

宾阳县宾州镇南方造纸厂
地址：广西宾阳县宾州镇仁爱街
邮编：530405　电话：0771-8221290
主要产品：卫生纸

宾阳县新龙纸厂
地址：广西宾阳县太守乡南关村
邮编：530403　　电话：0771-8450319
法人代表：韦朝安
主要产品：卫生纸

宾阳县凤凰纸厂
地址：广西宾阳县太守乡秀英村
邮编：530403　　电话：0771-8450269
法人代表：谭兴祥
主要产品：卫生纸

宾阳县永兴纸厂
地址：广西宾阳县太守乡南关村
邮编：530403　　电话：0771-8450328
法人代表：卢海球
主要产品：卫生纸

宾阳县绿洲纸厂
地址：广西宾阳县太守乡南关村
邮编：530403　　电话：0771-8450308
法人代表：卢玉福
主要产品：卫生纸

宾阳县古牌纸厂
地址：广西宾阳县太守乡南关村
邮编：530403　　电话：0771-8450281
法人代表：黄树珍
主要产品：卫生纸

宾阳县太守造纸厂
地址：广西宾阳县太守乡
邮编：530403　　电话：0771-8450288
法人代表：谭汝忠
主要产品：卫生纸

宾阳县新桥永联造纸厂
地址：广西宾阳县新桥镇
邮编：530401　　电话：0771-8481026
法人代表：唐平等
主要产品：卫生纸

宾阳县新桥前进造纸厂
地址：广西宾阳县新桥镇
邮编：530401　　电话：0771-8481027
法人代表：唐德阳
主要产品：卫生纸

宾阳县宾州镇联谊造纸厂
地址：广西宾阳县宾州镇
邮编：530405　　电话：0771-8221576
法人代表：李进宝
主要产品：卫生纸

宾阳县宾州镇永华造纸厂
地址：广西宾阳县宾州镇安街262-1号
邮编：530400　　电话：0771-8222538
法人代表：吴铭华
主要产品：卫生纸

宾阳县宾州镇成北造纸厂
地址：广西宾阳县宾州镇
邮编：530405　　电话：0771-8221859
法人代表：何丹健
主要产品：卫生纸

海南省

海口海波纸品联合公司
地址：海南省海口市海榆中线两公里处
邮编：570311　　电话：0898-8663872
法人代表：陈璟
主要产品：卫生纸　　品牌：红梅

海口火电公司造纸厂
地址：海南省海口市火电公司造纸厂
邮编：570000　　电话：0898-7428681
法人代表：宋世德
联系人：陈建生
主要产品：卫生纸　　品牌：海柳

重庆市

重庆铜梁飞龙卫生纸制品厂
地址：重庆市铜梁县蒲吕镇
邮编：402566　　电话：023-45488342
法人代表：刘朝文
主要产品：卫生纸，餐巾纸，面巾纸

重庆九龙坡区蓝屋餐饮卫生用品厂
地址：重庆市2103信箱20分箱
邮编：400039　　电话：023-68627377
联系人：李立文　　传真：023-68637192
主要产品：餐巾纸

江津造纸厂
地址：重庆市江津夏堤镇
邮编：402268　　电话：023-47681070
法人代表：陈世炎　　传真：023-47681072
主要产品：卫生纸

重庆市苗儿石卫生纸厂
地址：重庆市江北区苗儿石
邮编：400022　　电话：023-67850672
法人代表：梁隆华
主要产品：卫生纸

重庆石板造纸厂
地址：重庆市九龙坡区石板乡向家村2社
邮编：401329　　电话：023-65702216
法人代表：游治理
主要产品：卫生纸

綦江县供销社造纸厂
地址：重庆市綦江县蒲河镇黄沙村
邮编：401425　　电话：023-48480299
主要产品：卫生纸

重庆空港卫生制品厂
地址：重庆市渝北区两路镇飞湖路
邮编：401120　　电话：023-67806139
联系人：齐云兰
主要产品：湿纸巾　　品牌：云兰

四川省

成都市玉虹造纸厂
地址：四川省成都市青白江区城厢外东关山
邮编：610306　　电话：028-3302464
法人代表：卓子鑫　　传真：028-3302464
主要产品：卫生卷纸，面巾纸，湿纸巾
品牌：玉虹

成都市成华区青龙造纸厂
地址：四川省成都市金牛区红花岩
邮编：610081　　电话：028-3311556
法人代表：周正华
主要产品：卫生纸　　品牌：西蜀花

成都雅舒卫生用品工业公司
地址：四川省成都市犀浦轻工城
邮编：611731　　电话：028-7851306
法人代表：陈春和
主要产品：面巾纸，餐巾纸，卫生卷纸
品牌：雅舒

成都新繁造纸厂
地址：四川省成都市新都县新繁镇三桥村
邮编：610501　　电话：028-3080424
法人代表：梅家全
主要产品：卫生纸，餐巾纸，面巾纸
品牌：繁江

崇州市长城造纸厂
地址：四川省崇州市街子镇
邮编：611230　　电话：028-2282542
法人代表：侯锡汉
主要产品：卫生纸　　品牌：长城

四川华达餐巾纸厂
地址：四川省成都市青羊区苏坡桥东街2号
邮编：610000　　电话：028-7311145
法人代表：苏德生
主要产品：餐巾纸　　品牌：白鸟

四川百乐生活用品有限公司
地址：四川省成都市花牌坊街2号英特大厦519室
邮编：610031　　电话：028-7536814
法人代表：刘兆霖　　传真：028-7536814
主要产品：卫生卷纸，面巾纸

万洁卫生保健用品厂
地址：四川省成都市马家花园路9号2楼
邮编：610031　　电话：028-7520094
法人代表：万征宇　　传真：028-7792561
主要产品：卫生纸，餐巾纸，面巾纸
品牌：万洁

成都米斯特州纸业有限公司
地址：四川省成都市新都县新凡镇
邮编：610501　　电话：028-3071186
法人代表：周静晗　　传真：028-3071186
联系人：黄亚铃
主要产品：面巾纸，餐巾纸，卫生卷纸
品牌：金运来，米斯特州

成都成钞实业公司金鼎分厂
地址：四川省成都市温江县柳城镇新建路60号
邮编：611130　　电话：028-2723590
法人代表：李春生　　传真：028-2722055
主要产品：卫生纸

成都市郫县造纸厂
地址：四川省成都市郫县唐昌镇
邮编：611733　　电话：028-7869151
法人代表：黄世根　　传真：028-7869151
主要产品：卫生纸　　品牌：银恒

成都星星纸业公司
地址：四川省彭州市乡城路
邮编：611930　　电话：028-3871974
法人代表：谢福成
主要产品：卫生纸，面巾纸，餐巾纸
品牌：景山

成都市金阳纸业公司
地址：四川省成都市高新技术开发区石扬场
邮编：610063　　电话：028-5354462
法人代表：杨荣喜
主要产品：卫生卷纸，面巾纸
品牌：金阳

乐山凤凰纸业集团公司
地址：四川省乐山市犍为县
邮编：614400　　电话：0833-4223418
联系人：周毅　　传真：0833-4221544
主要产品：卫生纸

乐山市嘉文造纸厂
地址：四川省乐山市市中区苏稽镇苏沙路4号
邮编：614013　　电话：0833-2560281
法人代表：何天林
主要产品：卫生纸

乐山市卫生纸厂
地址：四川省乐山市沙湾区福禄镇
邮编：614904　　电话：0833-5662199
法人代表：刘建明
主要产品：卫生纸　　品牌：乐卫

内江糖厂劳动服务公司
地址：四川省内江市东兴区碑木镇
邮编：641004　　电话：0832-2411115
法人代表：陈祺
主要产品：卫生纸

内江市造纸厂
地址：四川省内江市太子碑
邮编：641000　　电话：0832-2022505
法人代表：郭龙荣
主要产品：卫生纸　　品牌：甜都

内江市卫生纸厂
地址：四川省内江市市中区碑木镇石桥街36号
邮编：641004　　电话：0832-2411039
法人代表：刘安全
主要产品：卫生纸　　品牌：钟鼓楼

内江市东兴区松柏造纸厂
地址：四川省内江市东兴区高桥镇
邮编：641111　　电话：0832-2305072
法人代表：肖乾金
主要产品：卫生纸　　品牌：甜城

内江市第一卫生纸厂
地址：四川省内江市东兴区小河口镇高崇村
邮编：641004　　电话：0832-2411168
法人代表：谭树荣
主要产品：卫生纸　　品牌：芙蓉

遂宁市第二造纸厂
地址：四川省遂宁市和平路83号
邮编：629000　　电话：0825-2225414
法人代表：漆虹
主要产品：卫生纸，餐巾纸
品牌：健凯

遂宁市灵泉造纸厂
地址：四川省遂宁市市中区仁里镇
邮编：629014　　电话：0825-2246362
法人代表：衡泽元
主要产品：卫生纸

遂宁市节林造纸厂
地址：四川省遂宁市市中区仁里镇
邮编：629014　　电话：0825-2246355
法人代表：吴方金
主要产品：卫生纸

新川建设有限公司纸品厂
地址：四川省遂宁市和平路83号
邮编：629000　　电话：0825-2225202
法人代表：唐青云
主要产品：卫生纸，餐巾纸

夹江县国画纸厂
地址：四川省夹江县迎恩路10号
邮编：614100　　电话：0833-5661932
主要产品：卷筒卫生纸、餐巾纸、面巾纸
品牌：益州

夹江县木城造纸厂
地址：四川省夹江县木城镇下街
邮编：614106　　电话：0833-5880177
法人代表：李建明
主要产品：卫生纸

四川汶江纸业有限公司
地址：四川省绵阳市安县黄土镇大北街49号
邮编：622652　　电话：0816-4621263
法人代表：冯文喜　　传真：0816-4621263
主要产品：卫生纸、面巾纸、餐巾纸
品牌：舒馨

绵阳市南星造纸厂
地址：四川省绵阳市高新区永兴镇双土地村
邮编：621006　　电话：0816-2566888
法人代表：陆魁标
主要产品：卫生纸，餐巾纸，面巾纸
品牌：天梦

梓潼兰星纸巾厂
地址：四川省梓潼县许州镇红军街95号
邮编：622151　　电话：0816-8400231
法人代表：李自模
主要产品：卫生纸，餐巾纸，面巾纸
品牌：洁神

绵阳丰源实业有限公司
地址：四川省绵阳市涪城区永兴镇玉龙院村
邮编：621006　　电话：0816-2566437
法人代表：黄保卫
主要产品：卫生纸　　品牌：长虹

富顺县卫生纸厂
地址：四川省自贡市富顺县解放街86号
邮编：643208　　电话：0813-7300035
法人代表：黄德银
主要产品：卫生纸

涪陵市金义造纸厂
地址：四川省涪陵市崩土坎街52号
邮编：648000　　电话：0810-2225646
法人代表：邹云生
主要产品：卫生纸　　品牌：乌江

雅安西龙纸业有限公司
地址：四川省雅安市南坝东街22号
邮编：625000　　电话：0835-2223961
法人代表：黄玉海
主要产品：卫生纸，餐巾纸，面巾纸
品牌：西龙

自贡市卫生纸厂
地址：四川省自贡市沿滩区卫坪镇詹市村
邮编：643031　　电话：0813-3800269
法人代表：舒桂芳
主要产品：卫生纸　　品牌：剑龙

合江县造纸厂
地址：四川省合江县榕山镇
邮编：646207　　电话：0830-5477806
法人代表：王大华
主要产品：卫生纸　　品牌：佛龙

大竹县五仓造纸厂
地址：四川省大竹县五仓乡沙滩村
邮编：635104　　电话：0818-6772045
法人代表：谷国权
主要产品：卫生纸

四川友邦企业有限公司
地址：四川省广汉市向阳工业园区
邮编：618300　　电话：0838-5400686
法人代表：高尚荣
主要产品：一次性卫生材料

广汉市三水造纸厂
地址：四川省广汉市三水镇
邮编：618301　　电话：0838-5850017
法人代表：晏万志
主要产品：卫生纸　　品牌：湔江

广汉市乾大造纸厂
地址：四川省广汉市连山镇
邮编：618303　　电话：0838-5800176
法人代表：钱大富
主要产品：卫生纸　　品牌：乾大

锦竹县民政福利纸板厂
地址：四川省绵竹县东北镇
邮编：618200　　电话：0838-6205750
法人代表：曾德林
主要产品：卫生纸　　品牌：蜀兔

四川省绵竹校办集团洁净纸品公司
地址：四川省绵竹县剑南镇东路51号
邮编：618206　电话：0838-6202659
法人代表：刘玉群　传真：038-6207215
联系人：徐辉
主要产品：卫生纸，面巾纸，餐巾纸
品牌：威尔士

四川南充闽南香巾纸厂
地址：四川省南充市高坪区鹤鸣路7号
邮编：637100　电话：0817-3332434
法人代表：刘海全
主要产品：卫生纸，餐巾纸

宜宾市岷江造纸厂
地址：四川省宜宾市菜坝镇
邮编：644000　电话：0831-8221973
法人代表：熊明利
主要产品：卫生纸　品牌：酒都

宜宾市造纸厂
地址：四川省宜宾市南岸下渡口
邮编：644002　电话：0831-2332415
主要产品：卫生纸

贵州省

贵州新华印务工贸总公司纸品分公司
地址：贵州省贵阳市云岩普陀路友谊路186号
邮编：550001　电话：0851-6834181
法人代表：张景泉
主要产品：卫生纸，餐巾纸
品牌：相宝

贵州贵乌卫生纸厂
地址：贵州省贵阳市云岩区宅吉461号
邮编：550001　电话：0851-6822807
法人代表：钟存良
主要产品：卫生纸

贵州省凯里造纸厂
地址：贵州省凯里市挂丁
邮编：556009　电话：0855-8221322
法人代表：刘国征　传真：0855-8222726
主要产品：卫生纸　品牌：银杉

贵州惠水盛发造纸厂
地址：贵州省惠水县城关惠水纸厂一分厂
邮编：550600　电话：0854-6221588
法人代表：谢洪涛　传真：0854-6224922
主要产品：卫生纸，餐巾纸
品牌：盛发

贵州省遵义金山纸厂
地址：贵州省遵义市红花岗区外环路虾子洞
邮编：563000　电话：0852-8823695
法人代表：方永祥
主要产品：卫生纸，卫生巾
品牌：洁尔爽，雅舒

贵州毕节市东方造纸厂
地址：贵州省毕节市东方造纸厂
邮编：551700　电话：0857-8221660
法人代表：许洪泉
联系人：周贵寿
主要产品：卫生纸　品牌：白玉兰

都匀市匀阳造纸厂
地址：贵州省都匀市广惠路33号
邮编：558000　电话：0854-8222195
法人代表：岑耀国
主要产品：卫生纸　品牌：文峰塔

水城县华夏纸厂
地址：贵州省六盘水市钟山区人民路
邮编：553000　电话：0858-8224263
法人代表：夏金华
主要产品：卫生纸

云南省

昆明市造纸厂
地址：云南省昆明市人民西路217号
邮编：650106　电话：0871-8181450
法人代表：吴盛德　传真：0871-8181340
主要产品：卫生纸，餐巾纸，面巾纸，卫生巾
品牌：山茶

昆明盘龙造纸厂
地址：云南省昆明市南郊六甲张家庙
邮编：650228　电话：0871-7173944
法人代表：季福宝
主要产品：卫生纸，面巾纸，餐巾纸
品牌：洁雅

昆明晋城卫生纸厂
地址：云南省昆明市晋宁县晋城镇小长村
邮编：650605　电话：0871-7811085（公用）
法人代表：农斌良
主要产品：卫生纸

云南大康工贸公司
地址：云南省昆明市人民东路19号内
邮编：650051　电话：0871-3195214
法人代表：许伯康　传真：0871-3107506
主要产品：面巾纸

昆明富民永一卫生纸厂
地址：云南省昆明市富民县
邮编：650400　电话：0871-8812152
法人代表：李加荣
主要产品：卫生纸

安宁市造纸厂
地址：云南省安宁市连然镇新发村
邮编：650300　电话：0871-8699374
法人代表：陈发明
主要产品：卫生纸，餐巾纸，卫生巾
品牌：珍泉

楚雄市鹿城造纸厂
地址：云南省楚雄市鹿城镇新车站
邮编：675000　电话：0878-3123409
法人代表：卓尔平
主要产品：卫生纸　品牌：双猫

云南丽江南口造纸厂
地址：云南省丽江县
邮编：674100　电话：0888-5121451
法人代表：陈耀军
主要产品：卫生纸　品牌：雪皎

云南曲靖市造纸厂
地址：云南省曲靖市西平镇天生路2号
邮编：655031　　电话：0874-3163952
法人代表：束灵波
主要产品：卫生纸　　品牌：花路

昆明真龙造纸厂
地址：云南省昆明市豆腐营小区解家桥70号
邮编：650000　　电话：0871-4101592
法人代表：吴东荣
主要产品：卫生纸，餐巾纸
品牌：真龙

大理市卫生纸厂
地址：云南省大理市喜洲镇仁里邑村
邮编：671004　　电话：0872-2451036
法人代表：王云福
主要产品：卫生卷纸　　品牌：蝴蝶

元谋县造纸厂
地址：云南省元谋县黄瓜园镇
邮编：651308　　电话：0878-8311156
法人代表：崔云来
主要产品：卫生纸

玉溪市桃源造纸厂
地址：云南省玉溪市高仓乡桃源村
邮编：653100　　电话：0877-2076386
法人代表：王振友
主要产品：卫生纸　　品牌：桃园

云南芒市雅鑫卫生纸厂
地址：云南省潞西县芒市广良路2号（建国路下）
邮编：678400　　电话：0692-2114591
法人代表：蒋亚忠
主要产品；卫生纸，餐巾纸，卫生巾
品牌：三鑫

大理乐乐纸制品厂
地址：云南省大理市下关洱海北路
邮编：671000　　电话：0872-2121503
法人代表：张枝荣　　传真：0872-2135163
主要产品：餐巾纸，卫生纸，卫生巾
品牌：舒乐

江川县翠峰造纸厂
地址：云南省江川县翠峰
邮编：752601　　电话：0877-8092698
法人代表：李吉华　　传真：0877-8092668
主要产品：卫生纸，餐巾纸，面巾纸
品牌：亲亲

云南开远市造纸厂
地址：云南省开远市东城区
邮编：661000　　电话：0873-7123348
法人代表：何诚华
主要产品：卫生纸，餐巾纸，面巾纸，卫生巾
品牌：泸江

景洪市造纸厂
地址：云南省西双版纳景洪市嘎兰中路24号
邮编：666100　　电话：0691-2123868
法人代表：许维海　　传真：0691-2134669
主要产品：卫生纸

陕西省

西安秦光造纸厂
地址：陕西省西安市新城区长乐西路东半截巷16号
邮编：710032　　电话：029-2536446
法人代表：魏建民
主要产品：卫生纸　　品牌：秦光

西安市五一造纸厂
地址：陕西省西安市未央区三桥镇五一村
邮编：710086　　电话：029-4517468
法人代表：朱春印
主要产品：卫生纸

西安市华丰包装有限公司
地址：陕西省西安市未央区三桥镇五一村
邮编：710086　　电话：029-4511140
法人代表：王进利
主要产品：卫生纸　　品牌：硕果

西安市日月旅游用品厂
地址：陕西省西安市未央区汉城商业街
邮编：710021　　电话：029-6220124
法人代表：李战胜
主要产品：餐巾纸，面巾纸

西安亚达纸制品公司
地址：陕西省西安市华清东路1号
邮编：710043　　电话：029-2526186
法人代表：李春祥
主要产品：卫生卷纸，餐巾纸

西安造纸厂劳动服务公司卫生纸厂
地址：陕西省西安市雁塔区民洁路1号
邮编：710077　　电话：029-4257047
法人代表：李西纳
主要产品：卫生纸　　品牌：雄狮

临潼区新市郝邢造纸厂
地址：陕西省西安市临潼区新市乡郝邢村
邮编：710000　　电话：029-3981072
法人代表：郝九洲
主要产品：卫生纸

陕西千代纸业有限责任公司
地址：陕西省西安市朱宏路中段28号
邮编：710014　　电话：029-6225996
法人代表：景社教　　传真：029-6247646
主要产品：卫生纸，面巾纸，餐巾纸
品牌：千代

西安雄狮造纸公司
地址：陕西省西安市雁塔区民洁路
邮编：710077　　电话：029-4263886
法人代表：王仲民
主要产品：卫生纸　　品牌：雄狮

兴平造纸厂
地址：陕西省兴平县门街东路1号
邮编：713100　　电话：0910-8822795
法人代表：吴民生　　传真：0910-8822795
主要产品：卫生纸，面巾纸，餐巾纸
品牌：玉兰

宝鸡市造纸厂
地址：陕西省宝鸡市金台区宝平路6号
邮编：721000　电话：0917-3554315
法人代表：吕天海
主要产品：卫生纸　品牌：鸡峰

咸阳市秦都区沣西造纸厂
地址：陕西省咸阳市秦都区沣西牛家
邮编：712046　电话：0910-3689796
法人代表：朱守平
主要产品：卫生纸

安康市造纸厂
地址：陕西省安康市南郊文武乡陈家沟村
邮编：725000　电话：0915-3212577
法人代表：程春生
主要产品：卫生纸

勉县黄沙造纸厂
地址：陕西省汉中地区勉县黄沙镇春光村
邮编：724203　电话：0916-3436311
法人代表：张思俊
主要产品：卫生纸　品牌：仙鹤

甘肃省

甘肃省康尔美纸业有限公司甘肃双星纸品厂
地址：甘肃省兰州市城关区耿家庄111号
邮编：730000　电话：0931-8650424
法人代表：张永平　传真：0931-8835592
联系人：王淑媛
主要产品：卫生纸，餐巾纸，卫生巾，尿片，医疗卫生材料

甘肃省康尔美纸业有限公司
宁夏吴忠瑞特纸业分公司
地址：宁夏吴忠市经济贸易开发区
邮编：751100　电话：0953-2018413
法人代表：张永平　传真：0953-2018410
联系人：邱廷章
主要产品：无尘纸及后加工产品

平凉市造纸厂
地址：甘肃省平凉市四十里铺镇
邮编：744024　电话：0933-8410019
法人代表：王兆民
主要产品：卫生纸，面巾纸，餐巾纸
品牌：雪竹

兰州市榆中金鹏造纸厂
地址：甘肃省兰州市榆中县小康营乡刘家营村
邮编：730116　电话：0931-5221125
法人代表：刘翻身
主要产品：卫生纸

酒泉市造纸厂
地址：甘肃省酒泉市北环东路3号
邮编：735000　电话：0937-2612895
法人代表：王生林
主要产品：卫生纸

甘肃省天水造纸厂
地址：甘肃省天水市北道区马跑泉东路1号
邮编：741022　电话：0938-2736306
法人代表：王德化
主要产品：卫生纸

临夏市造纸厂
地址：甘肃省临夏市河滩关14号
邮编：731100　电话：0930-6213295
法人代表：马启林
主要产品：卫生纸

甘肃省镇原县造纸厂
地址：甘肃省镇原县东街2号
邮编：744500　电话：0934-7121394
法人代表：祁兴社
主要产品：卫生纸

甘肃临洮县瑞达纸业有限公司
地址：甘肃省临洮县洮阳镇北关267号
邮编：730030　电话：0932-2243598
法人代表：秦家瑞
主要产品：卫生纸，餐巾纸，面巾纸
品牌：宝露

青海省

青海西宁造纸厂
地址：青海省西宁市祈连路西40号
邮编：810003　电话：0971-5134924
法人代表：付自博
主要产品：卫生纸，面巾纸，餐巾纸
品牌：雀梅

青海互助造纸厂
地址：青海省互助县威远镇8号
邮编：810500　电话：0972-321895
法人代表：李青中
主要产品：卫生纸，面巾纸，餐巾纸
品牌：青山，绿水

宁夏回族自治区

宁夏美洁纸业（股份）有限公司
地址：宁夏贺兰县城东街90号
邮编：750200　电话：0951-8065588
法人代表：李瑾明　传真：0951-8061553
主要产品：卫生卷纸，面巾纸，餐巾纸
品牌：美洁，滩羊

宁夏贺兰县蓝海工贸有限公司
地址：宁夏贺兰县马家寨开发区
邮编：750200　电话：0951-8062480
法人代表：夏永财
主要产品：卫生纸，餐巾纸，面巾纸
品牌：兰海

第二炮兵永固造纸厂
地址：宁夏银川市郊区永固乡碱伏桥村
邮编：750006　电话：0951-6031606
法人代表：郭清泉
主要产品；卫生纸　品牌：飞月

宁夏永世湿纸巾有限公司
地址：宁夏银川市永宁县杨和镇
邮编：750100　电话：0951-8011243
法人代表：唐宝川
主要产品：餐巾纸，湿纸巾
品牌：雅洁

永宁第二造纸厂
地址：宁夏银川市永宁县红星桥北侧
邮编：750100　电话：0951-8013768
法人代表：雷金丰
主要产品：卫生纸，面巾纸，餐巾纸
品牌：福源

宁夏鑫汇集团会宝纸业有限公司
地址：宁夏银川开发区银新北路
邮编：750005　电话：0951-5023442
法人代表：张生
主要产品：卫生纸，面巾纸，餐巾纸，卫生巾
品牌：会宝

青铜峡市餐巾纸厂
地址：宁夏青铜峡市小坝南街
邮编：751600　电话：0953-3012005
主要产品：餐巾纸，面巾纸

宁夏鑫汇集团峡光纸业公司
地址：宁夏青铜峡市青铜峡镇
邮编：751600　电话：0953-3012005
法人代表：张弥金　传真：0953-3012061
主要产品：卫生纸，面巾纸，餐巾纸
品牌：峡光

吴忠市造纸厂
地址：宁夏吴忠市中华桥南
邮编：751100　电话：0953-2012866
法人代表：李全孝　传真：0953-2012314
联系人：袁鹤年
主要产品：卫生纸，面巾纸，餐巾纸
品牌：三圈

解放军9795工厂
地址：宁夏吴忠市金积镇侯家湾
邮编：751102　电话：0953-2661111
法人代表：李书庆
主要产品：卫生纸，餐巾纸，面巾纸
品牌：好用

宁夏永宁造纸厂
地址：宁夏永宁县城红星桥南侧
邮编：750100　电话：0951-8011421
法人代表：纳洪福　传真：0951-8013808
主要产品：卫生卷纸、面巾纸、餐巾纸
品牌：吉丽

平罗造纸厂
地址：宁夏平罗县泰西镇
邮编：753400　电话：0952-6681481
法人代表：丁吉文　传真：0952-6681193
联系人：田桂琴
主要产品：卫生纸，面巾纸，餐巾纸
品牌：沙湖

宁夏中卫纸厂
地址：宁夏中卫县柔远乡
邮编：751700　电话：0953-7679335
法人代表：刘崇喜
联系人：周恩泽
主要产品：卫生纸，餐巾纸，面巾纸
品牌：鸣钟

新疆维吾尔自治区

乌鲁木齐造纸总厂
地址：新疆乌鲁木齐市七道湾路59号
邮编：830028　电话：0991-4641521
法人代表：刘平　传真：0991-4641329
主要产品：卫生纸，餐巾纸，面巾纸，卫生巾

新疆车排子造纸厂
地址：新疆奎屯市一二三团造纸厂
邮编：833208　电话：0992-3923201-73130
法人代表：汪建生
主要产品：卫生纸，餐巾纸，面巾纸
品牌：芦花

新疆哈密火箭农场造纸厂
地址：新疆哈密火车站西
邮编：839001　电话：0902-2390060
法人代表：马世新
主要产品：卫生纸

乌鲁木齐县七道湾村黄板纸厂
地址：新疆乌鲁木齐市七道湾路七道湾村
邮编：830028　电话：0991-4622262
法人代表：闫福宁
主要产品：卫生纸

乌鲁木齐县七道湾卫生纸厂
地址：新疆乌鲁木齐市七道湾路七道湾村
邮编：830028　电话：0991-4641906
法人代表：闫伟荣
主要产品：卫生纸

昌吉州医院卫生材料厂
地址：新疆昌吉州昌吉市延安北路105号
邮编：831100　电话：0994-2344412
法人代表：薛光云
主要产品：一次性卫生材料

昌吉市福利造纸厂
地址：新疆昌吉州昌吉市昌五路
邮编：831100　电话：0994-2336794
法人代表：张占军
主要产品：卫生纸

新疆阿克苏玉粕化学纤维厂
地址：新疆阿克苏市塔南路31号
邮编：843000　电话：0997-2131262
法人代表：陈强
主要产品：卫生纸，棉浆板，苇浆板

新疆阿勒泰市造纸厂
地址：新疆阿勒泰市北屯镇西北路972号
邮编：836000　电话：0906-3374417
法人代表：宋毅超　传真：0906-3371723
主要产品：卫生纸，苇浆板
品牌：额河牌

纸餐具
Paper Tableware

北京纸容器厂
地址：北京市东城区北兵马司11号
邮编：100009
电话：010-64043491
法人代表：王建全
主要产品：纸杯

北京天伦纸制品公司
地址：北京市朝阳区南皋路草场155号
邮编：100020
电话：010-64360072
传真：010-64365638
法人代表：李跃进　联系人：王文书
主要产品：纸杯，盘，碗，餐盒

北京陆可纸业有限公司
地址：北京市方庄方成园3区9号楼2门三层
邮编：100078
电话：010-67610175
传真：010-67651262
联系人：黎安泰
主要产品：纸板餐盒，纸杯
品牌：陆可

北京科鸿阳经济技术发展公司
地址：北京市海淀区永定路16号
邮编：100039
电话：010-68184729
传真：010-68184698
法人代表：左铁军
主要产品：纸模餐盒，纸杯

北京天实航空科技园
地址：北京市安外北苑2号院北京761信箱2分箱
邮编：100012
电话：010-64231829
法人代表：耿小兵
主要产品：纸杯

北京宝成精美纸制品有限公司
地址：北京市海淀区田村路43号
邮编：100039
电话：010-68277363
传真：010-68347881
法人代表：陆建军
主要产品：冷热饮杯

北京瑞恒工贸有限公司
地址：北京市朝阳区关东店24号
邮编：100020
电话：010-64366686-1
法人代表：宋春志
主要产品：纸模餐盒

北京天王纸杯制品有限公司
地址：北京市石景山区八大处高科技园区
邮编：100041
电话：010-68879941
联系人：邱淑云
主要产品：纸杯，纸杯成型机

北京市造纸五厂
地址：北京市大兴县黄村镇兴政街西头
邮编：102600
电话：010-69258483
传真：010-69258483
法人代表：于广仁　联系人：景来明
主要产品：纸板盘，餐盒，纸杯

北京富邦纸制品有限公司
地址：北京市海淀区半壁店59号
邮编：100039
电话：010-68272268
传真：010-68215088
联系人：笱绰娟
主要产品：纸杯

北京展煌工贸有限公司
地址：北京市宣武区东大街24号越秀大酒店16层
邮编：100051
电话：010-63017997
法人代表：张家驹
主要产品：纸模餐盒

北京富豪纸制品有限公司
地址：北京市西郊翠微路5号
邮编：100036
电话：010-68286869
传真：010-68273007
法人代表：庄前
主要产品：纸杯

北京京融纸容器有限公司
地址：北京市丰台区角门甲64号
邮编：100077
电话：010-67211179
传真：010-67221090
法人代表：王树功
主要产品：纸杯

北京三合益纸业有限公司
地址：北京市朝阳区南大山子8号
邮编：100023
电话：010-67344954
传真：010-67344955
法人代表：庆振江
主要产品：纸板，纸饭盒

天津甜心包装容器有限公司
地址：天津开发区第六大街12号
邮编：300457
电话：022-25322222
传真：022-25328402
法人代表：杨黎明
主要产品：纸杯
品牌：口安士

天津中包万华实业有限公司
地址：天津市西青经济开发区兴华道7号
邮编：300381
电话：022-23974078
传真：022-23971917
法人代表：吴坚
主要产品：纸杯，纸模面碗

大连绿山包装有限公司
地址：辽宁省大连市人民路61号15楼
邮编：116021
电话：0411-2650998
传真：0411-2632737
法人代表：龙锋
主要产品：纸模餐盒

沈阳励华纸器有限公司
地址：辽宁省沈阳市新城子区道义乡正良村
邮编：110135
电话：024-89347635
传真：024-89347616
联系人：张潍
主要产品：纸杯

沈阳松阳科林纸器有限公司
地址：辽宁省沈阳市沈阳经济技术开发区昆明湖街
邮编：110014
电话：024-25812081
传真：024-22848404
法人代表：李为国
主要产品：纸杯，纸器，纸餐盒

哈尔滨盛世纸餐具有限公司
地址：黑龙江省哈尔滨市南岗区北京街48号
邮编：150001
电话：0451-3636506
传真：0451-3636708
联系人：秦岩
主要产品：纸杯

哈尔滨市雅敏纸杯制品有限公司
地址：黑龙江省哈尔滨市香坊区香铁胡同1号
邮编：150036
电话：0451-2336444
传真：0451-2322823
联系人：杨奎升
主要产品：纸杯

哈尔滨晶琦纸业有限公司
地址：黑龙江省哈尔滨市学府路209号
邮编：150080
电话：0451-6680141
传真：0451-2640251
法人代表：宫万敏
主要产品：纸杯
品牌：丽洁

大庆欧迪特纸器有限公司
地址：黑龙江省大庆市红岗区解放八街
邮编：163459
电话：0459-6099139
传真：0459-6099139
联系人：李福成
主要产品：纸杯，纸板餐盒

吉林市吉福纸模制品有限公司
地址：吉林省吉林市林荫路9号
邮编：132002
电话：0432-2702732
传真：0432-2776338
法人代表：闫广财
主要产品：纸模餐盒
品牌：鑫盈

沈阳松阳纸器有限公司
地址：辽宁省沈阳市沈阳经济技术开发区昆明湖街
邮编：110014
电话：024-25812081
传真：024-22848404
法人代表：宋茂林
主要产品：纸杯，纸板餐盒，方便面碗

上海纸杯有限公司
地址：上海市徐家汇路500号
邮编：200025
电话：021-64821319
传真：021-64739132
法人代表：朱美霞　联系人：徐德良
主要产品：纸杯，纸板餐盒，纸盘

连云港经济技术开发区复合包装厂
地址：江苏省连云港市黄九埝
邮编：222047
电话：0518-2341472
传真：0518-2341472
法人代表：陈学忠
主要产品：纸板餐盒

南通隆根油脂有限公司
地址：江苏省启东市久隆镇
邮编：226211
电话：0513-3391279
法人代表：陈新石
主要产品：纸板餐盒

昆山建林纸业印刷有限公司
地址：江苏省昆山市南港镇开发区机场路
邮编：215326
电话：0520-7421925
传真：0520-7421934
法人代表：林先生
主要产品：纸杯

中国包装新技术开发包宁公司
地址：江苏省南京水西门西止马营52号
邮编：210004
电话：025-2233722
传真：025-2209596
法人代表：薛昌昕
主要产品：纸模餐盒，方便面碗

南京三泰特种纸品包装有限公司
地址：江苏省南京市御道街53号
邮编：210007
电话：025-4485273
传真：025-4485273
联系人：陈旭
主要产品：纸模餐盒

昆山中富公司
地址：江苏省昆山市兵希
邮编：215334
电话：0520-7632218
传真：0520-7631435
联系人：黄乐夫
主要产品：纸杯

杭州杭松印刷有限公司纸制品厂
地址：浙江省杭州市环城北路8号
邮编：310004
电话：0571-6042513
传真：0571-5193154
法人代表：楼皓昕
主要产品：纸餐盒

杭州洁丽纸制品有限公司
地址：浙江省杭州市昆山西路陆堡
邮编：310000
电话：0571-6019053
传真：0571-6019219
法人代表：陈建华
主要产品：纸板餐盒，纸杯
品牌：洁丽

浙江万鹏集团塑料彩印总厂
地址：浙江省武义县青年路
邮编：321200
电话：0579-7667234
法人代表：竺中平
主要产品：纸杯

衢州市绿色餐具有限公司
地址：浙江省衢州市南湖西路二建大楼
邮编：324000
电话：0570-3023904
传真：0570-3026046
联系人：俞立人
主要产品：纸盘，碗，餐盒

杭州路益包装有限公司
地址：浙江省杭州市机场路三里亭工农路底
邮编：310004
电话：0571-6401997
传真：0571-7806674
法人代表：吕长根　联系人：魏胜荣
主要产品：纸板餐盒，纸杯，碗

福建莆田糖厂经济开发总公司
地址：福建省莆田市城厢区下林村2号
邮编：351100
电话：0594-2693562
传真：0594-2693562
联系人：林世龙
主要产品：纸模餐盒

厦门华恒餐饮纸容器有限公司
地址：福建省厦门市莲花路口涵光路1号汇成花园翠竹楼
邮编：361009
电话：0592-6511269
传真：0592-6511445
联系人：施德祥
主要产品：纸杯，餐盒

中包厦门有限公司
地址：福建省厦门市莲前西路2号莲富大厦六楼AB座
邮编：361009
电话：0592-5160919
传真：0592-5160450
法人代表：刘钧
主要产品：冷热饮杯

青州东方纸杯有限公司
地址：山东省青州市青州中路7号
邮编：262500
电话：0536-3250902
传真：0536-3222468
联系人：史林祥
主要产品：纸杯

青州唐京纸业有限公司
地址：山东省青州市青州中路7号
邮编：262500
电话：0536-3252655
传真：0536-3252655
法人代表：赖资生
主要产品：纸板餐具

青岛宏昌纸杯制品公司
地址：山东省青岛市北区工业园浮山后
邮编：266101
电话：0532-8895069
传真：0532-8895068
法人代表：刘波
主要产品：纸杯

淄博市金星实业总公司
地址：山东省淄博市临淄区金岭镇西首1905号
邮编：255410
电话：0533-7480058
法人代表：丁忠海
主要产品：纸餐盒，方便面碗，纸杯

武汉市美华纸品有限公司
地址：湖北省武汉市江夏区西郊路53号
邮编：430200
电话：027-87953779
法人代表：蔡大武
主要产品：纸杯

远东绿世界集团有限公司
地址：湖北省武汉市珞瑜路472号
邮编：430079
电话：027-87803584
传真：027-87494091
法人代表：苏笑海
主要产品：纸板饭盒

武汉市东慈印刷包装厂
地址：湖北省武汉市东西湖区慈惠农场
邮编：430040
电话：027-3892162
法人代表：张仁高
主要产品：纸杯

湖北省东光纸器制造有限公司
地址：湖北省孝感市大悟县城关镇西大街5号
邮编：432800
电话：0712-7222805
法人代表：姚百林
主要产品：纸杯

环源绿色餐具技术有限公司
地址：广东省广州市白云区同和永泰工业区（嘉和28信箱）
邮编：510440
电话：020-86659306
传真：020-86648822
主要产品：纸模餐具

东莞市科过包装用品有限公司
地址：广东省东莞市凤岗镇油柑埔管理区
邮编：511748
电话：0769-7773431
传真：0769-7771421
法人代表：钟少辉
主要产品：纸杯，纸碟

珠海市中粤纸杯容器有限公司
地址：广东省珠海市湾仔镇南湾大道第二工业区
邮编：519030
电话：0756-8822791
传真：0756-8822287
法人代表：黄乐夫
主要产品：纸杯

新会维康纸容器有限公司
地址：广东省新会市三和公路
邮编：529100
电话：0750-6678002
传真：0750-6671218
法人代表：黎德和
主要产品：纸杯

广州红卫彩印有限公司
地址：广东省广州市光复中路216号
邮编：510140
电话：020-8186573
传真：020-8186034
法人代表：刘金祥
主要产品：纸杯

深圳市莱英达工贸有限公司金星印刷厂
地址：广东省深圳市罗湖区水贝一路10号大院二栋
邮编：518020
电话：0755-5603451
传真：0755-5535504
法人代表：黄梓丽
主要产品：纸杯

成都市金亚包装装潢公司
地址：四川省成都市外北洞子口
邮编：610081
电话：028-3111918
法人代表：刘德清
主要产品：纸餐具

宜宾市纸袋二厂
地址：四川省宜宾市南岸经济技术开发区燕子岩
邮编：644002
电话：0831-2331058
传真：0831-2331057
法人代表：李永兴
联系人：李永明
主要产品；纸杯，盘，纸板餐盒

宜宾新宜纸制品有限公司
地址：四川省宜宾市南岸新区
邮编：644002
电话：0831-2334488
传真：0831-2334565
联系人：刘文鹏
主要产品：纸杯，纸盘

贵阳市广寒宫糕点食品厂
地址：贵州省贵阳市中华中路150号
邮编：550001
电话：0851-5825831
法人代表：苏亚群
主要产品：纸模餐盒

陕西华垦纸业集团金象纸制餐具有限责任公司
地址：陕西省华县柳枝镇
邮编：714101
电话：0913-4812170
传真：0913-4812163
法人代表：张保江
主要产品：纸模餐盒

其 他
OTHERS

中国轻工业北京设计院
地址：北京市朝阳区团结湖
邮编：100026　电话：010-65003355-1411
联系人：李跃　传真：010-65003590
业务：卫生纸项目咨询，设计

中国制浆造纸工业研究所
地址：北京市朝阳区光华路12号
邮编：100020　电话：010-65060022
所长：曹振雷　传真：010-65005677
主要业务：制浆造纸技术研究，造纸工业标准及检测

北京中天纸业有限公司
（原北京市造纸包装工业公司）
地址：北京市东直门外香河园1号
邮编：100028　电话：010-64674477
法人代表：刘顺舟　传真：010-64678331
主要产品：卫生纸，餐巾纸，面巾纸，纸餐具

天津轻工业学院
地址：天津市大沽南路1038号
邮编：300222　电话：022-28340965
院长：谭国民　传真：022-28341536
主要业务：制浆造纸技术研究

黑龙江省造纸公司
地址：黑龙江省哈尔滨市南岗区花园街3号
邮编：150001　电话：0451-2522368
法人代表：娄太山　传真：0451-2522367
主要业务：经营造纸原材料及产品

上海造纸公司
地址：上海市武定路881号
邮编：200040　电话：021-62561516
法人代表：娄桃忠　传真：021-62568231
主要产品：卫生纸，纸板，纸制品

江苏省造纸印刷包装工业总公司
地址：江苏省南京市湖南路181号轻工大厦14楼
邮编：210009　电话：025-3618036
法人代表：崔兴云　传真：025-3615996
主要业务：经销纸浆，纸张

苏州紫兴纸业有限公司
地址：江苏省苏州市滨河路159号
邮编：215911　电话：0512-8251060
联系人：陈启宗　传真：0512-8251711
主要产品：涂布机

余杭市余杭生活用纸技术咨询服务部
地址：浙江省杭州市余杭镇山西园28幢202室
邮编：311121　电话：0571-8662669
法人代表：陆根法
业务：生活用纸设备，原材料，技术服务

杭州机械设计研究所
地址：浙江省杭州市体育场路71号
邮编：310004　电话：0571-5186716
联系人：张向农　传真：0571-5186432
业务：卫生纸机设计，咨询，废墨工程咨询，设计

安徽省造纸印刷联合公司
地址：安徽省合肥市寿春路90号
邮编：230001　电话：0551-2643195
法人代表：朱春明　传真：05512653068
主要业务：经营造纸原材料及产品

中国轻工总会卫生纸制品质量监督检测站
地址：湖北省武汉市汉阳区建港三路1号湖北轻工科研设计院
邮编：430052　电话：027-84520318
站长：沈维达　传真：027-84523440
主要业务：卫生纸，卫生巾，纸巾纸等卫生纸制品的质量检测

山东省医疗器械研究所
地址：山东省济南市七里河路32号
邮编：250100　电话：0531-8910924
法人代表：张洪玉　传真：0531-8937545
产品：SAP

中国轻工业长沙设计院
地址：湖南省长沙市韶山路159号
邮编：410004　电话：0731-5584411
联系人：樊燕　传真：0731-5584415
业务：卫生纸项目咨询，设计

华南理工大学制浆造纸工程学科
地址：广东省广州市天河区五山
邮编：510641　电话：020-87112614
传真：020-85511266
工程研究中心主任：陈中豪
主要业务：制浆造纸技术研究

四川省乡镇企业造纸协会
（成员单位78家卫生纸生产厂）
地址：四川省成都市成华街2号
邮编：610081　电话：028-3337608
法人代表：吴德修
主要产品：卫生纸，卫生巾

西北轻工业学院制浆造纸工程系
地址：陕西省咸阳市人民西路49号
邮编：712081　电话：0910-3579510
系主任：张美云　传真：0910-3579700
主要业务：制浆造纸技术研究

生活用纸相关企业名录
（原辅材料及设备器材采购指南）
（按种类和产品分列）

DIRECTORY OF HOUSEHOLD PAPER INDUSTRY RELATED SUPPLIERS

（The purchasing guide of equipment and raw/auxiliary materials for household paper industry）

(5)

原辅材料生产或供应
Manufacturers and Suppliers of Raw/Auxiliary Materials
(sorted by general category,product)

●纸浆和绒毛浆
Pulp and fluff pulp

美国乔治亚太平洋公司
Georgia-Pacific Corporation
West 9th St.P.O.Box 1438 Brunswick,GA31520 U.S.A.
Phone:912-265-5780
Fax:912-261-0511
美国乔治亚太平洋亚洲香港有限公司
香港湾仔港湾道18号中环广场4804室
电话:852-2802-2628
传真:852-2802-2610
联系人:张卫平

美国瑞安公司
Rayonier Inc.
P.O.Box 2070 4470 Savannah Highway Jesup,GA31598 U.S.A.
Phone:912-427-5570
Fax:912-427-5587
美国瑞安中国有限公司
地址:上海市延安西路65号国际贵都大饭店917室
邮编:200040
电话:021-62482510
传真:021-62488929
联系人:吴耀东

美国惠好公司
Weyerhaeuser
Tacoma,Washington 98477-2999 U.S.A.
Phone:206-9243701
Fax:206-9243090
代理商:香港德盛贸易公司 Deets Sire Ltd.
香港九龙旺角弥敦道750号始创中心22楼2225室
电话:852-23848680
传真:852-27812490
联系人:卢端媚
业务:代理惠好公司绒毛浆,BBA公司无纺布,Concert公司无尘纸,斯托侯森公司SAP,ACE公司PE流延膜等
上海办事处
地址:上海市漕溪北路41号汇嘉大厦15/G
邮编:200030
电话:021-54900325
传真:021-54900562
联系人:陈丽
北京德盛昌贸易有限公司
地址:北京市西城区新街口南大街百花深处16号312室
邮编:100035
电话:010-66122652
传真:010-66122862
联系人:熊健山

美国国际纸业有限公司
International Paper
Two Manhattanvill Road Purchase.NY 10577 U.S.A.
Phone:914-397-1500
Fax:914-397-1920
国际纸业(亚洲)有限公司
香港湾仔港湾道6-8号瑞安中心1401-1407室
电话:852-28243000
传真:852-28243035

瑞典斯图拉纸浆公司
STORA CELL CO.,LTD
Box 897 80131 GAVLE,SWEDEN
Phone: 46-2685000
Fax:46-2685520
代理商:瑞典赛尔玛有限公司(原纤贸浆纸有限公司)北京代表处
地址:北京市朝阳区建国门外大街24号京泰大厦804室
邮编:100022
电话:010-65156343
传真:010-65156344
联系人:马先超
业务:代理瑞典Stora公司女神牌绒毛浆,瑞典Duni公司无尘纸

新西兰卡达维公司
Carter Holt Harvey
Private Bag,Napier New Zealand
卡达维(海外)有限公司上海代表处
地址:上海市成都北路500号峻岭广场1606室
邮编:200003
电话:021-63527030
传真:021-63609380

加拿大太阳牌纸浆厂
Skeena Cellulose Inc.
1050 W.Pender St.Vancouver,B.C.V6E 2×3,Canada
太阳牌(浆纸林木)有限公司北京办事处
地址:北京市朝阳区麦子店西路3号新恒基国际大厦724/726
邮编:100016
电话:010-64674335
传真:010-64674339
联系人:罗昌奇

芬欧汇川林业集团
UPM-KYMMENE CORPORATION
Disinvestments 74500 Kuusankoski,Finland
Phone:358-514022104
Fax:358-514022106
离型纸,绒毛浆,无尘纸,食品包装纸代理销售商:
联合造纸包装材料(香港)有限公司(UPM)
香港新界荃湾美环街1-6号时贸中心26楼06室
电话: 852-24130900
传真: 852-26119337
联系人:何绍荣

上海办事处
地址:上海虹口区天潼路528号久和信谊大楼304室
邮编:200085
电话:021-63577068
传真:021-63577900
联系人:金臣华

印尼金光集团(SINAR MAS GROUP)
亚洲纸业公司
ASIA PULP & PAPER CO.,LTD (APP)
1 Maritime Square,#10-01 World Trade Centre Singapore 099253
Phone:65-2729288
Fax:65-2729133
Wisma Indah Kiat,Bldg.A-2nd F1,J1.Raya Serpong Km.8, Tangerang 15310,Indonesia
Phone:62-21-5380029-32
Fax:62-21-5380033-35
北京办事处
地址:北京阜成门外大街2号万通新世界广场B座17-10室
邮编:100037
电话:010-68573148
传真:010-68521103

欧洲林业产品有限公司
EUROCELL INTERNATIONAL LTD.
香港港湾道18号中环广场40楼4002室
电话: 852-25112282
传真: 852-25072053
欧林(上海)有限公司
地址:上海市浦东桃林路18号环球广场2201-2室
邮编:200135
电话:021-58215871
传真:021-58219980
联系人:陈经中

印尼金鹰集团(Garuda Mars Group)
亚太资源国际控股公司
Asia Pacific Resources International Holding(APRIL)
漂白阔叶木浆国内总代理
中基实业发展公司
地址:北京市崇文区龙潭路甲三号华宇大厦D15
邮编:100061
电话:010-67129862
传真:010-67110533
联系人:王承

加拿大天柏国际公司
Tembec International B.V
P.O.Box 30000
Temiscaming Quebec Canada.J02-3R0
Phone:819-627-3303
Fax: 819-627-9908
北京代表处
地址:北京市朝阳区新源南路6号京城大厦1901A室
邮编:100004
电话:010-64665266
传真:010-64663877
法人代表:黄铁安 联系人:李芳
产品:法国白鸥牌绒毛浆(BIOFLUFF),Tembec 化学纤维溶解浆, 蓝鹰牌漂白机械磨木浆(BCTMP)

加拿大加升公司
Can-sun Canada Enterprises
759 Montroyal Blud. North Vancouver B.C V7R 2G4 Canada
Phone:604-988-8682
Fax:604-988-8602
上海办事处
地址:上海市东长治路760号8F-L房间
邮编:200082
电话:021-65353607
传真:021-65353561
联系人:谭晓梅

中国造纸开发公司
地址:北京市朝阳区光华路12号
邮编:100020
电话:010-65060022-4206 65060280
传真:010-65004461
联系人:刘志平

中国国旅旅游贸易中心
地址:北京市北辰东路8号国际会议中心二层
邮编:100101
电话:010-64933322-253
传真:010-64933339
联系人:蓝海
业务:经营俄罗斯纸浆,纸张以及其他国家纸浆

中国纸张纸浆进出口公司
地址:北京市朝阳区劲松九区910号
邮编:100021
电话:010-67780376
传真:010-67747294
法人代表:要少平 联系人:孙锦
业务:纸浆贸易

上海鸿威实业有限公司
地址:上海市浦东桃林路18号环球广场A楼1109,1110室
邮编:200135
电话:021-58211653
传真:021-58219213
法人代表:吴维 联系人:蔡和平
业务:经销绒毛浆(女神,金岛,白玉),漂白针叶木浆,漂白阔叶木浆,白板纸

江苏连云港纸浆厂
地址:江苏省连云港市新浦
邮编:222069
电话:0518-5150851
传真:0518-5150015
联系人:张婧
产品:棉浆

金光集团镇江金河纸业有限公司
产品:漂白苇浆
(详见卫生纸企业名录)

杭州木材总厂浆粕分厂
地址:浙江省杭州市秋涛路190号
邮编:310008
电话:0571-6061677
传真:0571-6051806
联系人:吴玉麟
产品:精制棉浆板

浙江省轻工业公司
地址:浙江省杭州市梅花碑8号
邮编:310009
电话:0571-7809347
传真:0571-7803242
法人代表:赵体健
联系人:俞祖林
业务:经销绒毛浆(女神、金岛),进口乱码硅油纸,进口次级绒毛浆

中国包装进出口浙江公司
地址:浙江省杭州市庆春路115号
邮编:310009
电话:0571-7047495
传真:0571-7047105
联系人:顾丽雅
业务:纸浆贸易

厦门荣安贸易有限公司
地址:福建省厦门市湖滨东路南段华闽酒店1213室
邮编:361004
电话:0592-5059410
传真:0592-5099430
联系人:刘志忠
业务:代理绒毛浆,SAP,PE打孔膜,无尘纸

福州利胜制衣有限公司
地址:福建省福州市杨桥中路大王里62号
邮编:350002
电话:0591-3703240
传真:0591-3793708
法人代表:林东
联系人:丁浩如
业务:销售金岛、女神牌绒毛浆,韩国双龙牌打孔膜,日本三菱化学SAP

济南万信纸业有限公司
地址:山东省济南市和平路3号
邮编:250014
电话:0531-8930241
传真:0531-8936504
联系人:高兴杰
业务:绒毛浆贸易

漯河市第一造纸厂
地址:河南省漯河市
邮编:462000
电话:0395-2624495
传真:0395-2659907
联系人:王俊峰
产品:漂白麦草浆

广东长粤贸易有限公司
地址:广东省广州市黄浦大道西201号金泽大厦2216室
邮编:510620
电话:020-87590662
传真:020-87567036
联系人:梁毅
业务:经营绒毛浆, SAP, 无尘纸, PE打孔膜

广州市东山区中联科工贸发展公司
(详见化学助剂部分)

重庆天顺纸业有限公司
地址:重庆市南坪西南大酒店西三楼0317
邮编:400060
电话:023-62909398
传真:023-62909318
法人代表:张兵一
联系人:杜孝勇
业务:经销女神、金岛绒毛浆,北美等地各品牌造纸浆,永丰余白纸板

重庆建宇贸易公司
地址:重庆市九龙坡区渝州路100-1号2-2(南方花园B区)
邮编:630041
电话:023-68621020
传真:023-68627017
联系人:戈建伟
业务:纸浆经营

新疆博斯腾湖造纸厂
地址:新疆库尔勒市新城区
邮编:841001
电话:0996-2151000
传真:0996-2151000
联系人:田成功
产品:漂白苇浆,棉浆

●干法纸(无尘纸)
Airlaid

美国宝爱公司 (Buckeye)
新加坡亚洲销售代办处
LEVEL 37 SINGAPORE LAND TOWER 50
RAFFLES PLACE SINGAPOPRE 048623
Phone:65-3208566
Fax:65-3208657
联系人:陈福谦

联合造纸包装材料(香港)有限公司(UPM)
上海办事处
(详见纸浆部分)

瑞典DUNI公司
代理商:瑞典赛尔玛有限公司
北京代表处(详见纸浆部分)

加拿大CONCERT工业公司
CONCERT FABRICATION
P.O.BOX1228 350 Nash Street
Thurso Quebec Canada,Jox 3BO
Phone:819-9850800EXT 309
Fax:819-9850801
代理商:香港德盛贸易公司
(详见纸浆部分)

康尔美集团宁夏吴忠瑞特纸业有限公司
地址:宁夏吴忠市经济贸易开发区
邮编:751100
电话:0953-2018411
传真:0953-2018410
联系人:邱廷章
产品:无尘纸

北京东方贵族纸业公司
(详见卫生纸企业名录)

厦门象屿荣安进出口有限公司
(详见纸浆部分)

潮阳市三木森纸业有限公司
地址:广东省潮阳市司马浦塭美工业区旭祥工业大厦
邮编:515149
电话:0661-7739118
传真:0661-7738966
联系人:倪国忠
业务:经营进口无尘纸

潮阳市高富纸业有限公司
地址:广东省潮阳市城南沧州工业区7栋
邮编:515100
电话:0661-8868919
传真:0661-8864919
法人代表:曾晓辉 联系人:曾晓辉
业务:经营无尘纸,卫生巾,卫生护垫,面巾纸,护理垫

广东长粤贸易有限公司
(详见纸浆部分)

●纸杯纸板
Cup stock

芬兰恩索·欧禄嘉
ENSO-GUTZEIT
FIN-55800 imatra,Finland
Phone:358-204622155
Fax:358-204624719
芬兰恩索·欧禄嘉香港有限公司北京办事处
地址:北京建外大街22号赛特大厦8楼808室,100004
电话:010-65157178
传真:010-65157179
联系人:沈燕
产品:餐具纸板

联合造纸包装材料(香港)有限公司(UPM)
上海办事处
(详见纸浆部分)

美国国际纸业
International Paper
(详见纸浆部分)

北京畅懋文化用品有限公司
地址:北京市交道口北三条33号
邮编:100007
电话:010-64006683
传真:010-62543194
联系人:殷宗林
业务:经销餐具纸板

沈阳松阳纸器有限公司
地址:辽宁省沈阳市沈河区南二经街88号
邮编:110014
电话:024-25812081
传真:024-22848404
联系人:温建良
业务: 经销餐具纸板

沈阳韩星纸杯机械有限公司
地址: 辽宁省沈阳市大东区东北大马路309号
邮编: 110044
电话: 024-88205835
传真: 024-88205735
法人代表: 宋同令 联系人: 张胜利
业务: 经销餐具纸板

上海四环复合材料有限公司
(详见胶带及离型纸部分)

安徽省霍山东风纸业有限公司
地址:安徽省霍山县落儿岭镇
邮编:237283
电话:0564-5566044
传真:0564-5566144
联系人:陈自全
产品: 餐具纸板

福州永盛达复合材料有限公司
地址:福建省福州市仓山工业小区内198号
邮编:350007
电话:0591-3442848
联系人:陈承田

山东汇宝集团总公司
地址:山东省淄博市临淄区永流西路24号
邮编:255400
电话:0533-7180213
传真:0533-7180093
联系人:边文海
产品:餐具纸板

烟台福斯达纸业有限公司
地址:山东省烟台市烟岗路3号
邮编:264002
电话:0535-6532967
传真:0535-6530311
联系人:邱刚
产品:餐具纸板

朝扬食品包装纸业有限公司
功佳彩印纸器企业有限公司
地址:河南省郑州市商城东路5号
邮编:450003
电话:0371-5998251
传真:0371-5998251
联系人:张良江
产品:餐具纸板

河南济源世纪纸业集团公司
地址:河南省济源市东新济路96号中码头对面
邮编:454650
电话:0391-6687307
传真:0391-6668338
联系人:尹新敏
产品:餐具纸板

湖南龙冠纸品有限公司
地址:湖南省长沙市建湘路287号A座502
邮编:410005
电话:0731-2223276
传真:0731-4416114
联系人:马承君
产品:餐具纸板

非织造布
Nonwovens

百华集团
Fiberweb
Box 913 Sweden
Phone:46-11244400
Fax:46-1163929

BBA亚太无纺布有限公司
BBA Nonwovens Asia Pacific Limited
Room 2313,China Aerospace Tower Concordia Plaza
1 Science Museum
Road Kowloon Hong Kong
电话: 852-26205677
传真: 852-26205662
代理商:香港德盛贸易公司(详见绒毛浆部分)

杜邦无纺布
Du Pont Nonwovens
中国办事处
15/F Shui On Plaza 333 Huai Hai Road (Central)
Shanghai
邮编:200002
电话:021-63866366
传真:021-63866333

美国狄士打公司
Dexter Nonwovens Division
2 Elm Street Windsor Locks CT 06096 U.S.A.
Phone:860-654-8300
Fax:860-654-8301
狄士打公司上海办事处
地址:上海市漕溪路18号上海实业大厦21楼D室
邮编:200030
电话:021-64279183
传真:021-64271902

J.W.Suominen 有限公司
J.W.Suominen Oy.P.O.Box 25
Fin-29251 Nakkila Finland
Phone:358-2-5375400
Fax:358-2-5372419

意大利Tenotex S.p.A.
Via Padre Albisetti 10-24030 Terno
d'lsola(Bergamo)-Italy
Phone:035-904344
Fax:035-904617

远东纺织股份有限公司
台湾台北市敦化南路2段333号18楼
电话: 02-7338000
传真: 02-7358270

北京大源非织造有限公司
地址:北京市门头沟区石龙工业区龙园路6号
邮编:102300
电话:010-69802773
传真:010-69802774
法人代表:魏北凌 联系人:张一
产品:水刺无纺布,热轧无纺布

北京京凯非织造布有限公司
地址:北京市朝阳区太平庄142号
邮编:100025
电话:010-65571896
传真:010-65574902
总经理:胡芳 联系人:徐子龙
产品:热轧无纺布,热风无纺布,复合无纺布

北京龙港无纺布有限公司
地址:北京市延庆县靳家堡乡中羊坊村西
邮编:102100
电话:010-69141465
法人代表:王庆彬
产品:热轧无纺布

天津市轻工业造纸技术研究所
地址:天津市河北区天纬路东箭道4号
邮编:300141
电话:022-26353617
传真:022-26355120
法人代表:黄永兴
产品:湿法无纺布

天津宝香无纺布有限公司
地址:天津市宝坻县城南工业小区
邮编:301800
电话:022-29243883
传真:022-29246741
法人代表:陈金广
产品:热轧无纺布

天津万福高档无纺布制品公司
地址:天津市东丽开发区津塘公路5号桥
邮编:300300
电话:022-24992153
联系人:刘校章
产品:热轧无纺布

天津麻纺织厂
地址:天津市河东区二号桥地毯路
邮编:300180
电话:022-24390762
传真:022-24390612
联系人:郑兴军
产品:热轧无纺布

河北华达无纺布有限公司
地址:河北省沧州市旧州镇
邮编:061023
电话:0317-4033168
联系人:王秀明
产品:热轧无纺布

河北省沧州市融发无纺布有限公司
地址:河北省沧州市解放东路25号
邮编:061000
电话:0317-3015589
联系人:吴玉才
产品:湿法无纺布

辽宁省纺织科学研究院
地址:辽宁省沈阳市南塔街124号
邮编:110015
电话:024-3893941
传真:024-3894580
法人代表:孙天柱
产品:纺粘无纺布

丹东化学纤维(集团)有限责任公司(无纺布厂)
地址:辽宁省丹东市纤维街58号
邮编:118002
电话:0415-6161405
传真:0415-6160297
法人代表:王彬 联系人:朱晓健
产品:热轧无纺布

上海康利工贸总公司
地址:上海市金山卫生龙胜路松金路口
邮编:201512
电话:021-57262737
联系人:何桂芳
产品:热轧无纺布

上海美坚无纺布有限公司
地址:上海市青浦县西岑镇莲西路(318国道旁)
邮编:201721
电话:021-59291352
传真:021-59295556
法人代表:陈淑仪

上海天鹅无纺织物有限公司
地址:上海市浦东扬高路2189号
邮编:201208
电话:021-58652645
传真:021-58652644
法人代表:乔映宝 联系人:詹云星

上海腾龙无纺布有限公司
地址:上海市青浦县大华盈路8号
邮编:201700
电话:021-59205511
传真:021-59204937

上海堪孚尔不织布有限公司
地址:上海市天山路351号
邮编:200335
电话:021-62599395
传真:021-62331230
联系人:李文贞
产品:热轧无纺布

康那香企业（上海）有限公司
地址:上海市青浦外青松公路5619号
邮编:201707
电话:021-69205689
传真:021-59207697
法人代表: 戴华钟 联系人:黄响坛
产品:无纺布，卫生巾，纸手巾

张家港市化纤实验厂
地址:江苏省张家港市晨阳镇
邮编:215637
电话:0520-8740398
传真:0520-8740035
联系人:祝勇
产品:热风无纺布

江苏八菱化纤有限公司
地址:江苏省盐城经济开发区建设路1号
邮编:224001
电话:0515-8280505
传真:0515-8280503
法人代表:谢恒满 联系人:宣志强
产品:复合短纤维(造纸用超短型,卫生用普通型)

武进市无纺布机械设备厂
地址:江苏省常州市东门外马杭镇
邮编:213014
电话:0519-8815354
传真:0519-6689474
联系人:强爱琴
产品:无纺布,无纺布设备

常州大明公司戚墅堰无纺布厂
地址:江苏省常州市戚墅堰洍桐路22号
邮编:213011
电话:0519-8351150
传真:0519-8771150
联系人:赵玉琴
产品:热轧无纺布,热风无纺布

维顺(中国)无纺制品有限公司
地址:江苏省苏州市新区横山路29号
邮编:215011
电话:0512-8231099
传真:0512-8230021
法人代表:柯福满 联系人:田雨
产品:热轧无纺布,聚丙烯纤维

武进亨利无纺布有限公司
地址:江苏省常州市戚墅堰东前杨工业区
邮编:213011
电话:0519-8771439
传真:0519-8778413
法人代表:杨兰萍 联系人:吴国平
产品:热风无纺布,热轧无纺布(12~50g/m^2)

锡山市藕塘无纺布厂
地址:江苏省锡山市藕塘勤建村
邮编:214153
电话:0510-3292697
联系人:邓正渔
产品:热轧无纺布,热风无纺布

徐州工业用呢厂
地址:江苏省徐州市湖北路30号
邮编:221006
电话:0516-5696905
传真:0516-5796891
法人代表:王新文 联系人:李超英
产品:热风无纺布,造纸毛毯

徐州飞达无纺布有限公司
地址:江苏省徐州市永安街56号
邮编:221006
电话:0516-5699834
传真:0516-5699834
法人代表:谢学洲 联系人:蔺超亭
产品:热风无纺布,卫生巾,婴儿尿片

洪泽县洪泰无纺布有限责任公司
地址:江苏省洪泽县岔河镇洪岔路西首
邮编:223111
电话:0571-7662180
传真:0571-7662227
法人代表:张义平 联系人:陈洪海
产品:热轧无纺布(16~50g/m^2),热风无纺布(10~50g/m^2)

江苏武进市新安无纺布厂
地址:江苏省常州市东门外新安镇
邮编:213117
电话:0519-8662462
传真:0519-8662055
法人代表:唐正勤
产品:热风无纺布,热轧无纺布

杭州迅捷非织造布有限公司
地址:浙江省杭州市临安县锦城镇牧家桥
邮编:311300
电话:0571-3781985
传真:0571-3781980
法人代表:郭义平 联系人:单杰峰
产品:抗菌热轧无纺布,普通热轧无纺布

杭州市余杭造纸厂
(详见一次性卫生用品企业名录)

浙江平湖市南国实业有限公司
地址:浙江省平湖市六店工业开发区
邮编:314200
电话:0573-5112385
传真:0573-5112385
法人代表:夏国放 联系人:褚宠法
产品:抗菌热轧无纺布,卫生巾

宁波市奇兴无纺布有限公司
地址:浙江省慈溪市掌起工业区
邮编:315313
电话:0574-3742609 传真:0574-3742606
法人代表:谢道训 联系人:李航
产品:热风无纺布,抗菌无纺布

杭州新华造纸厂
地址:浙江省杭州市莫干山路868号
邮编:310011
电话:0571-8171792 传真:0571-8171791
联系人:江秀珊
产品:水刺无纺布

嘉兴市申丰纺织有限公司
地址:浙江省嘉兴市新丰镇万丰路1号
邮编:314005
电话:0573-3022353 传真:0573-3022857
法人代表:曹志祥 联系人:曹华峰
产品:热风无纺布,喷胶棉

杭州希安达抗菌用品有限公司
地址:浙江省杭州市秋涛北路62-1号
邮编:310016
电话:0571-6039549 传真:0571-6039549
法人代表:施顺清 联系人:张富山
产品:抗菌无纺布(热风,热轧),抗菌纸(卫生纸,无尘纸,离型纸),抗菌塑膜(打孔膜,流延膜,包装袋),卫生纸抗菌整理剂

嘉兴市弹力絮片厂
地址:浙江省嘉兴市新丰镇西市万丰路1号
邮编:314005
电话:0573-3022353
传真:0573-3022857
联系人:戴国祥
产品:热风无纺布

合肥卫生材料厂
地址:安徽省合肥市长江东路226号
邮编:230011
电话:0551-4411761
传真:0551-4411562
联系人:郑勇
产品:水刺无纺布,热轧无纺布

黄山同兴无纺布有限公司
地址:安徽省黄山市黄山区平湖东路十里牌
邮编:242700
电话:0559-8536902
传真:0559-8532450
法人代表:李成福 联系人:陈运发
产品:热风无纺布(10~60g/m^2,幅宽50~1900mm)

安徽省砀山润达纺织(集团)无纺布有限公司
地址:安徽省砀山县道南路122号
邮编:235300
电话:0557-8023971
传真:0557-8024106
法人代表:张成天 联系人:纵玉华
产品:热风无纺布

郑州水刺无纺布有限公司
地址:河南省巩义市小关镇
邮编:451272
电话:0371-4441357
传真:0371-4441572
联系人:苏银定
产品:水刺无纺布

南海远东无纺布有限公司
地址:广东省南海市沙头镇工业区
电话:0757-6003548
传真:0757-6001491
产品:纺粘无纺布

广东省普宁市无纺布制品工业公司
(详见一次性卫生用品企业名录)

佛山市晖星无纺布有限公司
地址:广东省佛山市佛山大道
邮编:528000
电话:0757-6488256
传真:0757-2217243
联系人:关锦添
产品:热轧无纺布

南海伟昌无纺布厂有限公司
地址:广东省南海市大沥镇钟边工业区(广佛路旁)
邮编:528231
电话:0757-5550966
传真:0757-5562329
法人代表:钟泰 联系人:赖家坤
产品:热轧无纺布,热风无纺布

惠阳银华无纺布制品厂有限公司
地址:广东省惠阳市淡水土湖工业区
邮编:516200
电话:0752-3364628
传真:0752-3365948
联系人:李福善

海南欣龙无纺实业有限公司
地址:海南省澄迈县老城工业开发区
邮编:571924
电话:0898-7488736
传真:0898-7488508
联系人:刘振一
产品:水刺无纺布,热轧无纺布,纺粘法无纺布

希安达涪陵抗菌用品有限责任公司
地址:重庆市涪陵江东群沱子街110号
邮编:408000
电话:023-72263117
传真:023-72263517
法人代表:程松昌
产品:抗菌无纺布,卫生巾

重庆渝港卫生制品有限公司
(详见一次性卫生用品企业名录)

贵阳无纺布厂
地址:贵州省贵阳市新寨路45号
邮编:550002
电话:0851-5796885
传真:0851-5792682
联系人:戴伟民
产品:热轧无纺布

●打孔PE膜
Apertured film

美国PGI 集团Chicopee公司
PGI Nonwovens
Chicopee,Inc.
P.O.Box 6229 WSS,Gainesville,GA 30504 U.S.A
Phone:770-5038208
Fax:770-5038350
美国PGI集团亚太地区销售总代理
日本丸红株式会社香港开发公司
香港九龙广东道30号新港中心第二座711室
电话: 852-23171752
传真: 852-23770905
联系人:田口繁南
北京办事处
地址:北京市建国门外大街18号恒基中心第二座7层
邮编:100005
电话:010-65183711
传真:010-65182954
联系人:狄彦
上海有限公司
地址:上海市浦东新区银城东路101号森茂国际大厦22层
邮编:200120
电话:021-68411932
传真:021-68412376
联系人:吴蓉岚

法国洁雅尔(Guial)公司卫生材料有限公司
上海联络处
地址:上海市番禺路37弄7号延和大厦21楼C座
邮编:200052
电话:021-62111044
传真:021-65257372
法人代表:Mr.Bernard Bezier 联系人:虞敏敏
产品:PE打孔膜,无纺布复合面料

意大利POLIGAF
代理商:香港德盛贸易公司
(详见一次性卫生用品设备)

意大利Promea
代理商:寿泓
(详见一次性卫生用品设备)

韩国Han's Chemical Co.Ltd
Kwon Sun B/D #406
994-8 Inke Dong, Paldal Gu,Suwon City,Kyunggi-Do,Korea
Phone:0331-34-3261
Fax:0331-34-3262

意大利Plastik S.P.A
V Tonale 72/A
24061 Albano S.ACBG Italy
Phone:39-35-581006
Fax:39-35-580090

英国施乐辉有限公司
Smith+Nephew Limited
地址:上海市番禺路586号东方商务大楼5F-B座
邮编:200052
电话:021-62837585
传真:021-62839270
联系人:陈洁

印度尼西亚Pt.Mandira Prima
Perkasa Meccapak Sdn.Bhd
J1 Stadion Pandaan 67156 Jawa Timur Indonesia
Phone:62-343-631334
Fax:62-343-631333

姐妹卫生制品(苏州)有限公司
地址:江苏省苏州工业园区百合街6号
邮编:215021
电话:0512-7412550
传真:0512-7418535
联系人:沈庆红
产品:PE打孔膜

常州经济技术开发区余丰贸易公司
地址:江苏省常州市荷花池公寓1号丙802
邮编:213003
电话:0519-6635723
传真:0519-5319608
联系人:吴立新
业务:经销PE打孔膜,SAP,绒毛浆

温州市毅力包装有限公司
地址:浙江省温州市横渎工业区A幢
邮编:325003
电话:0577-8322742
传真:0577-8322841
法人代表:杨毅　联系人:潘路耀
产品:PE打孔膜,流延膜,压花膜,衬膜

温州市瓯海南堡塑料制品厂
地址:浙江省瓯海南堡沙门工业区
邮编:325003
电话:0577-6364458
传真:0577-6760318
法人代表:黄利光　联系人:黄利光
产品:打孔膜,打孔膜设备,流延膜

福建省永安市延江实业有限责任公司
地址:福建省永安市中山路供苑街1号
邮编:366000
电话:0598-3616026
传真:0598-3616026
联系人:谢继权
产品:桥式打孔膜

福州利胜制衣有限公司(详见纸浆部分)

厦门荣安贸易有限公司
(详见纸浆部分)

广州卓德嘉薄膜有限公司
地址:广东省广州市经济技术开发区滨河路1号
邮编:510730
电话:020-82218828
传真:020-82220715
联系人:刘跃顺
产品:PE打孔膜

永银实业(深圳)有限公司包装材料厂
地址:广东省深圳市上步中路深勘大厦613
邮编:518028
电话:1392477617
传真:0755-8190576
法人代表:叶春强　联系人:许大鹏
产品:PE打孔膜,中心落水PE打孔膜,三片式PE打孔膜

广东省长粤贸易有限公司(详见纸浆部分)

慧能经济发展公司
地址:广东省广州市环市东路472号粤海大厦9楼F室
邮编:510075
电话:020-87779688
传真:020-87603927
联系人:侯明
业务:代理韩国打孔膜

香港(独资)重庆永银化工发展有限公司
地址:重庆市南坪万寿路2号经济技术开发区大厦0932
邮编:400060
电话:023-62817678
传真:023-62908886
总经理:李秋平　联系人:杨通信
产品:中国专利产品:卫生巾专用PCT网孔面料(PE,纤维合成打孔膜),卫生巾专用PN网孔面料(纤维打孔网面),药物卫生巾专用药物网孔面料,高分子吸水纸

●PE 流延膜
PE film

三菱化学香港有限公司
Mitsubishi Chemical Hong Kong Limited
地址:香港金钟道89号力宝中心第二座19楼1901及06室
电话:　852-25227031
传真:　852-28681470
上海办事处
地址:上海市中山西路1271号海螺大厦227室
邮编:200051
电话:021-62701912
传真:021-62701913
法人代表:武田脩
联系人:潘更生
产品:三菱化学株式会社自产透气性薄膜(KTF),高分子吸水树脂SAP

美国3M公司(详见胶带部分)

日本三井化学株式会社
北京办事处
地址:北京市朝阳区东三环北路5号北京发展大厦409号
邮编:100004
电话:010-65909031
传真:010-65909030
产品:透气性流延膜

台湾顺昶塑胶股份有限公司
台湾台北市忠孝东路四段213号6楼
电话:02-741-3812-227
传真:02-741-1385
产品:流延膜

比利时ACE S.A
Yue Renory 499 B-4031 Liege Belgium
Phone:32-4-3498686
Fax:32-4-3498660
代理商:香港德盛贸易公司(详见纸浆部分)

Van Leer 4P Folie Forchheim GmbH
Zweibruckenstrasse 15-25
91301 Forchheim Germany
Phone: 49-9191-81293
Fax:49-9191-81212

Britton Taco Ltd
香港办事处
Acacia & Co
11F,Flat A Ful Yuel Court 83
Ha Heung Road Tokwa Wan Hong Kong
电话:　852-27642836
传真:　852-27646115
产品:压纹流延膜

邯郸瑞凯塑料制品有限公司
地址:河北省邯郸市新兴大街87号
邮编:056004
电话:0310-7025202
传真:0310-7026141
联系人:崔长利
产品:流延压纹膜,衬膜

上海紫华企业有限公司
地址:上海市闵行区北松路999号
邮编:201111
电话:021-64090322
传真:021-64090612
法人代表:王虹 联系人:王国辉
产品:PE压纹流延膜,透气膜

武进市唯爽卫生用品有限公司
地址:江苏省武进市南郊坂上镇南街
邮编:213165
电话:0519-6731337
传真:0519-6731337
法人代表:储银忠、联系人:储振行
产品:流延膜,衬膜,离型纸

武进第二塑料彩印厂
地址:江苏省常州市南郊礼加镇
邮编:213176
电话:0519-6231271
联系人:庄新华
产品:流延膜,包装袋

南通嘉宏塑胶有限公司
地址:江苏省南通市开发区振兴路8号
邮编:226009
电话:0513-3596307
传真:0513-3596756
联系人:郑博仁
产品:流延膜

诸暨市华厦塑胶总厂
(详见包装材料部分)

温州市毅力包装有限公司
(详见PE打孔膜部分)

温州市瓯海南堡塑料制品厂
(详见PE打孔膜部分)

中国石化广州石油化工总厂薄膜厂
地址:广东省广州市黄埔
邮编:510726
电话:020-82387041
传真:020-82124797
联系人:李锦辉
产品:PE流延膜

金威龙实业股份有限公司
地址:广东省广州市海珠区南石路12号
邮编:510285
电话:020-84337951
传真:020-84364447
法人代表:陈清流 联系人:梁贵有
产品:压纹流延膜

佛山市万嘉塑胶有限公司
地址:广东省佛山市汾江北路38号之三
邮编:528000
电话:0757-2817193
传真:0757-2817163
法人代表:梁永红 联系人:吴乃标
产品:PE流延膜,PE流延膜卫生巾内袋,尿裤流延膜(带尿湿显示),无纺布桥式打孔膜面料

佛山塑料七厂
地址:广东省佛山市轻工三路7号
邮编:528000
电话:0757-2214727
传真:0757-2217295
法人代表:梁灿 联系人:全杏莲
产品:压花流延膜,衬膜,包装袋

佛山市鹏联卫生材料有限公司
佛山市环市镇鹏联卫生材料厂
地址:广东省佛山市佛罗公路中段(联谊酒家侧)
邮编:528000
电话:0757-2811438
传真:0757-2817956
法人代表:陈健 联系人:许伟雄
产品:PE流延压花膜,PE打孔膜基材,纸尿裤PE膜

汕头市(金园)东龙包装材料厂
地址:广东省汕头市汕樟金埕路4号
邮编:515041
电话:0754-8668218
传真:0754-8668318
联系人:马俊庭
产品:CPP/CPE 流延膜,压花流延膜,包装袋

汕头市新华食品包装材料厂
地址:广东省汕头市珠池路头珠湖工业区
邮编:515000
电话:0754-8886193
传真:0754-8886192
联系人:吴惠业
产品:压花薄膜

顺德市北区塑料厂
地址:广东省顺德市伦教镇永丰工业区中路
邮编:528300
电话:0765-7837809
联系人:霍鉴昌
产品:流延膜

●胶带及离型纸
Adhesive tape,release paper

美国3M公司
Personal Care and Related Products Division
3M Center,Building 220-9W-08 St.Paul,MN 55144-1000 U.S.A.
3M中国有限公司
地址:上海市娄山关路55号新虹桥大厦10层
邮编:200335
电话:021-62753535
传真:021-62752343
联系人:黄克宁
产品:胶带

美国Avery Dennison (Ltd)
250 Chester Street Painsville Chio 44077 U.S.A.
艾利(中国)有限公司
地址:上海市漕溪路250号银海大楼A座10层
邮编:200233
电话:021-64821208
传真:021-64821210
联系人:刘举文
产品:胶带

法国索菲罗胶带工业公司
Sofilaur Tape Industries
Rue De La Zamin-F59160 Capinghem France
中国联络处
地址:上海市番禺路37弄7号延和大厦21楼C座
邮编:200052
电话:021-62111044
传真:021-65257372
联系人:虞敏敏
产品:胶带

联合造纸包装材料(香港)有限公司(UPM)
产品:离型纸(详见纸浆部分)

意大利PALAZZO S.R.L
S.S dei Giovi,14-20082 Binasco (MI),Italy
Phone:02-9052903
Fax:02-9052857
产品:离型纸

天津市宁河县雨花纸业有限公司
地址:天津市宁河县芦台镇
邮编:301500
电话:022-25573133
传真:022-25573133
联系人:陶云
产品:离型纸

上海华洲纺印包装材料厂
地址:上海市浦东新区江镇华州路2858号
邮编:201202
电话:021-58933064
传真:021-58938570
法人代表:崔汉生　联系人:柴珂达
产品:护翼卫生巾条状双面胶带,医用透气胶带等一次性粘贴材料,各类离型纸,热熔压敏胶,PE无纺布透气复合材料

上海正扬实业有限公司
地址:上海市虹口区汶水东路181弄2号办公楼2302室
邮编:200437
电话:021-65168703
传真:021-65168703
法人代表:陈悬弦
联系人:陈忠麟
产品:双面胶带,尿裤随意贴

上海橡胶制品研究所特种胶带厂
地址:上海市番禺路381号
邮编:200052
电话:021-62811028
传真:021-62816790
法人代表:高伟民　联系人:唐耀平
主要产品:离型纸NRP系列,卫生巾双面胶带 WJD系列

上海马可胶粘制品有限公司
地址:上海市青浦县赵巷镇赵重路127号
邮编:201703
电话:021-59754641
传真:021-59754117
法人代表:徐学卿　联系人:刘生才
产品:离型纸,双面胶带,热熔胶

上海惠龙特种胶粘材料有限公司
地址:上海市江西中路457号3楼
邮编:200002
电话:021-63237533
传真:021-63299099
法人代表:应增础　联系人:周丽萍
产品:卫生巾用双面胶带,婴儿尿裤胶带,卫生巾背胶,两用胶,结构胶,婴儿尿裤结构胶,PE压花流延膜

上海四环复合材料有限公司
地址:上海市沪青平公路卫家角东侧
邮编:201702
电话:021-59763891
传真:021-59763891
法人代表:胡晓堤
联系人:侯汉武
主要产品:离型纸,涂塑餐盒纸板,纸杯纸板及印刷

常州永盛包装有限公司
地址:江苏省常州市三角场老常焦路8号
邮编:213003
电话:0519-5310002
传真:0519-5322401
联系人:孙华
产品:双面胶带,离型纸,热熔胶

南京舒雅乐纸制品有限公司
地址:江苏省南京市中华门外陶吴镇
邮编:211151
电话:025-2736846
传真:025-2736418
法人代表:邢佑东　联系人:邢佑东
产品:离型纸,热熔胶,卫生巾

南京江宁县雨花纸业公司
地址:江苏省江宁县城东新北路14号
邮编:211100
电话:025-2281181
传真:025-2281181
法人代表:陶波　联系人:陶洪
产品:离型纸

南京斯克尔卫生制品有限公司
地址:江苏省南京市江宁县东善乡水阁
邮编:211153
电话:025-2741603
传真:025-2741604
法人代表:梁维龙　联系人:赵家国
产品:离型纸

南京金利源纸品厂
地址:江苏省南京市中华门外宁芜路油坊桥6号
邮编:210041
电话:025-2406515
传真:025-2406515
法人代表:邱胜童
产品:离型纸,衬膜

南京江宁县顺天纸业有限责任公司
地址:江苏省南京市中华门外陶吴镇
邮编:211151
电话:025-2736654
联系人:陶孝华
产品:离型纸

南京康尔洁纸品公司
地址:江苏省南京市雨花台区共青团路望江矶188号
邮编:210012
电话:025-2410296
传真:025-2402122
法人代表:葛语哲　联系人:李寿玉
产品:离型纸,卫生纸,衬膜,无纺布

江苏省锡山市泾达衬膜厂
地址:江苏省无锡市张泾镇粮站内
邮编:214194
电话:0510-3791536
传真:0510-3791536
联系人:王世荣
产品:离型纸,衬膜

武进市唯爽卫生用品有限公司
(详见PE流延膜部分)

锡山市文化卫生用品厂
地址:江苏省锡山市张泾镇石村
邮编:214194
电话:0510-3791429
传真:0510-3791072
联系人:糜宏伟
产品:胶带,离型纸

余杭市华盛复合纸厂
地址:浙江省杭州市西郊余杭镇仓前灵东
邮编:311121
电话:0571-8665779
传真:0571-8611111
法人代表:蔡连法　联系人:王家如
产品:离型纸,牛皮包胶纸

余杭华茂复合材料厂
地址:浙江省杭州市西郊余杭镇叉路口黄山关
邮编:311121
电话:0571-8663223
传真:0571-8662526
法人代表:蔡锦原
产品:离型纸

浙江金狮集团温州新丰复合材料公司
地址:浙江省苍南县金乡镇营房工业区
邮编:325805
电话:0577-4593213
联系人:陈嘉福
产品:离型纸

浙江西湖化学品有限公司
(详见热熔胶部分)

余杭市余杭广联复合材料厂
地址:浙江省余杭市余杭镇
邮编:311121
电话:0571-8661162
法人代表:喻善睦
产品:离型纸

义乌市光电纸制品厂
地址:浙江省义乌市城中北路9号
邮编:322000
电话:0579-9032908
传真:0579-5541116
法人代表:楼亚震
产品:离型纸

建亚保达(厦门)卫生器材有限公司
地址:福建省厦门市香江花园明珠阁24C
邮编:361000
工厂电话:0592-5738880
传真:0592-5736660
办事处电话:0592-5131607
传真:0592-5133952
法人代表:江成贤　联系人:曹剑峰
产品:离型纸,经销卫生巾衬膜

福州信诺卫生巾材料有限公司
地址:福建省福州市仓山区螺洲杜园
邮编:350019
电话:0591-3496913
经理:黄献民
产品:离型纸

济南万信纸业有限公司
(详见绒毛浆部分)

广东省顺德市勒流造纸厂
地址:广东省顺德市勒流镇东风西闸
邮编:528322
电话:0765-5566430
传真:0765-5565049
法人代表:吴家如
产品:离型纸

广东省芬兰馨实业有限公司卫生材料公司
地址:广东省四会市大沙镇大布
邮编:526241
电话:0758-3663833
传真:0758-3663833
联系人:穆范飞
产品:离型纸,热熔胶

顺德勒流锦丰胶粘纸厂
地址:广东省顺德市勒流镇锦丰
邮编:528322
电话:0765-5562779
法人代表:郭应福
产品:离型纸

成都双流中和双狮特种纸厂
地址:四川省双流县中和镇
邮编:610200
电话:028-5642622
联系人:张同密
产品:离型纸

●热熔胶
Hot melt adhesives

法国阿托-芬得利胶粘剂公司上海办事处
地址:上海市襄阳南路175号环中商厦5E
邮编:200031
电话:021-64727790
传真:021-64727658
联系人:耿铮

国民淀粉化学有限公司
National Starch & Chemical Ltd.
Rm.513-514,5/F,Tower 1,Cheung Sha Wan Plaza,833
Cheung Sha Wan Rd.,
Kowloon,Hong Kong
电话: 852-27457799
传真: 852-27457063
国民淀粉化学(广东)有限公司
广州办事处
地址:广东省广州市东风东路836号东峻广场2座
2702室
电话:020-87615092
传真:020-87605440
联系人:吴少明
国民淀粉化学(广东)有限公司北京办事处
地址:北京市北辰东路8号汇宝大厦B1515/1517室
邮编:100101
电话:010-64993861
传真:010-64993949
联系人:薛葳嶙

美国富乐公司
H.B.Fuller Company
富乐(中国)粘合剂有限公司
地址:广东省广州经济技术开发区锦绣南路碧华街10号
邮编:510730
电话:020-82218283
传真:020-82214818
联系人:陈曙光

北京金源东和化学有限责任公司
地址:北京市朝阳区惠新西街21号恒信大厦九层
邮编:100029
电话:010-64943583
传真:010-64943587
联系人:范新宇
业务:代理日本宇部列克森公司热熔胶

上海华洲纺印包装材料厂
(详见胶带部分)

上海向华制胶有限公司
地址:上海市浦东新区孙桥军民路82号
邮编:201203
电话:021-58570626
传真:021-58574808
联系人:邹永其
产品:热熔胶

上海浦东申欣制胶厂
地址:上海市浦东新区孙桥镇中心路158号
邮编:201203
电话:021-58574971
传真:021-58570618
联系人:丁龙兴
产品:热熔胶,不干胶

上海舒欣制胶有限公司
地址:上海市南汇县康桥开发区横沔新镇北首
邮编:201319
电话:021-58131943
传真:021-58131655
法人代表:顾陆军
产品:热熔胶

江苏省扬中市大鹏化工厂
地址:江苏省扬中市长旺镇会龙桥
邮编:212216
电话:0511-8522356
联系人:王双林
产品:热熔胶

宜兴市分水第三助剂厂
地址:江苏省宜兴市分水镇中兴路
邮编:214264
电话:0510-7551970
传真:0510-7551869
法人代表:郑洪波 联系人:郑洪波
产品:热熔胶,结构胶

扬中市江洲卫生用品厂
(详见一次性卫生用品企业名录)

杭州城西胶业有限公司
地址:浙江省杭州市西湖区龙坞工业园区
邮编:310024
电话:0571-7421225
传真:0571-7421225
法人代表:葛如勤 联系人:葛如勤
产品:卫生巾用热熔性压敏胶及尿布胶

浙江西湖化学品有限公司
地址:浙江省杭州市西湖区三墩荡横头
邮编:310030
电话:0571-8951089
传真:0571-8957989
法人代表:张旭 联系人:张弘
产品:卫生巾、尿裤用热熔胶,医用热熔压敏胶,涂布用压敏胶,热敏胶, 双面胶带

浙江省衢州市助剂厂热熔胶分厂
地址:浙江省衢州市乌溪桥
邮编:314000
电话:0570-3071318
联系人:蒋炳生
产品:热熔胶

浙江省瑞安市联大热熔胶厂
地址:浙江省瑞安市汀田镇寨下公园西路23号
邮编:325206
电话:0577-5506788
联系人:林绍弟
产品:热熔胶

贵阳大分子工程研究所
地址:贵州省贵阳市新寨路毕山村77号
邮编:550002
电话:0851-5794967
联系人:员战奎
产品:热熔胶

兴华(惠州)粘合剂有限公司
地址:广东省博罗县石湾镇江滨西路1号
邮编:516127
电话:0752-6610101
传真:0752-6610102
联系人:姚丽莎
产品:热熔胶

广州经济技术开发区慧达精细化工有限公司
地址:广东省广州开发区创业路科技园
邮编:510730
电话:020-82223979
传真:020-82223972
法人代表:孙春花　联系人:李新华
产品:卫生巾热熔胶,封箱热熔胶,大,小字体墨水,固体热墨轮

●高吸水树脂SAP及复合纸
Super absorbable polymer (SAP) and absorbable paper

美国凯姆代尔国际公司
Chemdal Corporation
1500 west Shure Drive 6/F Arlington Heights,Illinois,60004 U.S.A.
Phone:847-8187700
Fax:847-8187705

三菱化学香港有限公司上海办事处
(详见PE流延膜部分)

日本三洋化成工业株式会社
代理商:日本株式会社东棉北京事务所
地址:北京市朝阳区呼家楼京广中心38层
邮编:100020
电话:010-65973335
传真:010-65978558
联系人:赵天刚

日本荒川化学工业株式会社
代理商:日本三井物产株式会社
地址:北京市建国门外大街1号国贸大厦34层
邮编:100004
电话:010-65054702
传真:010-65055193
联系人:尹芊

日本住友精化株式会社
代理商:日本伊腾忠株式会社北京办事处
地址:北京市建国门外1号国贸大厦32层
电话:010-65051126
传真:010-65053538
联系人:陆卫

日本触媒化学工业株式会社
代理商:北京华立瑞康有限公司
地址:北京市西城区金融大街27号投资广场B座1203
电话:010-66211554
传真:010-66212556
联系人:傅珂

法国SNF S.A
41 Rue Jean-Huss
42028 St.Etienne Cedex 1 France
北京智洁絮凝剂有限公司
地址:北京市顺义区顺通路山子坟
邮编:101300
电话:010-89492052
传真:010-89492053
法人代表:何内皮克　联系人:刘京京
上海办事处
地址:上海市曲阳路800号上海商务中心902A
邮编:200437
电话:021-65555017
传真:021-65559624
广州办事处
地址:广东省广州市东风中路448号成悦大厦17层J室
邮编:510030
电话:020-83150451
传真:020-83150450
产品:SAP,聚丙烯酰胺(絮凝剂,卫生纸分散剂)

德国斯托侯森 Stockhausen
Postfach 570 D-47705 Krefeld Baekerpfad 25 Germany
492151-381880
492151-381292
代理商:香港德盛贸易公司
(详见纸浆部分)

北京东方化工厂
地址:北京市通州区张辛庄
邮编:101149
电话:010-69544901-6668
传真:010-69575304
联系人:程玉明
产品:高纯度丙烯酸

北京市高精树脂厂
地址:北京市顺义区南法信晨光工业区
邮编:101300
电话:010-69471351
传真:010-69471351
法人代表:梁银　联系人:司昌华
产品:高吸水树脂SAP

唐山博亚科技工业开发有限责任公司
地址:河北省唐山市唐钱路
邮编:063000
电话:0315-2980045
传真:0315-2980040
法人代表:杨广俊　联系人:李洪
产品:博亚牌高分子吸收体(SAP)

抚顺市顺城植物保护剂厂
地址:辽宁省抚顺市顺城区上寺水库东
邮编:113123
电话:0413-6101265
联系人:张军
产品:SAP

上海雅洁复合材料有限公司
地址:上海市浦东新区杨高北路5385号
邮编:201206
电话:021-58341787
传真:021-58341787
法人代表:金立平 联系人:张龙法
产品:各种复合型SAP高吸水复合纸,无纺布复合纸,无尘纸复合纸,湿强纸复合纸

上海鸿昌吸水纸实业有限公司
地址:上海市闸北区彭越浦路96号甲20号
邮编:200072
电话:021-56655787
传真:021-56655787
法人代表:阮伊男 联系人:朱培钟
产品:SAP复合纸,用于生产超薄卫生巾,卫生护垫,WH无尘纸系列,SQ 湿强纸系列,RF无纺布系列,WS卫生纸系列

上海美芬娜卫生用品有限公司
地址:上海市青浦县徐泾蟠龙路800号4#厂房
邮编:201701
电话:021-59844070
传真:021-59844071
法人代表:木下信二郎 联系人:李红
产品:高分子吸水纸,无尘纸,加工卫生巾,卫生护垫,及卫生材料生产设备的咨询服务

江苏省吴江市浦江树脂厂
地址:江苏省吴江市北厍镇西路3号
邮编:2152214
电话:0512-3242912
传真:0512-3241577
法人代表:张福观
产品:SAP

无锡海龙卫生材料有限公司
地址:江苏省无锡市新区旺庄春潮村
邮编:214028
电话:0510-5212508
传真:0510-5212508
法人代表:魏银龙 联系人:郁仁荣
产品:海龙牌SAP,丝薄卫生巾吸水片

浙江精细化工发展公司
地址:浙江省衢州市经济开发区
邮编:324002
电话:0570-3082843
传真:0570-3082846
法人代表:付雪芳
产品:SAP

福州利胜制衣有限公司
(详见纸浆部分)

厦门象屿荣安进出口有限公司
(详见纸浆部分)

山东省东营市华隆集团化工厂
地址:山东省东营市垦利县王营工业区
邮编:257506
电话:0546-8744188
传真:0546-8743780
法人代表:曲植棕 联系人:郝建业
产品:高分子吸水树脂SAP

广东长粤贸易有限公司
(详见纸浆部分)

广西柳州市日用化工厂
地址:广西柳州市北鹊路12号
邮编:545001
电话:0772-2514358
联系人:林永禧
产品:SAP

香港(独资)重庆永银化工发展有限公司
(详见PE打孔膜部分)

兰州立信工贸有限公司
地址:甘肃省兰州市东岗东路1667号金和商厦110号
邮编:730020
电话:0931-8656728
传真:0931-8669359
法人代表:师进 联系人:金鑫
产品:高分子吸水树脂SAP,GR-28型用于卫生巾,纸尿裤,尿垫,SAP复合纸,农业用抗旱保水剂SSAP,GR-18型

●化学助剂
Chemical addtives

日本日华化学株式会社
NICCA CHEMICAL CO.,LTD JAPAN
产品:卫生纸剥离剂,消泡剂,起皱剂

日本住友精化株式会社
产品:卫生纸PEO分散剂

日本三井赛特
Mitsui-cytec,Ltd
Torii Nihonbashi Bldg,6th Floor
3-4-1 Nihonbashi-honcho,chuo-ku,
Tokyo 103-0023,Japan
Phone:03-3231-6062
Fax:03-3231-6080
产品:卫生纸分散剂,絮凝剂

日本日华化学株式会社,住友精化株式会社,日本三井赛特
代理:日本池上交易株式会社
北京事务所
地址:北京市西城区地安门西大街38号金台饭店417室
邮编:100035
电话:010-63096703
传真:010-63096703
联系人:张涛
上海事务所
地址:上海市漕宝路1555号大上海国际花园伦敦苑6号楼101室
邮编:201101
电话:021-64592548
传真:021-64592548
联系人:吴刚

法国SNF S.A
(详见SAP部分)

北京康泰隆化工有限责任公司
地址:北京市朝阳区十里堡北里1号恒泰大厦611-612室
邮编:100025
电话:010-65035961
传真:010-65035963
法人代表:刘杰 联系人:于璐
业务:销售美国柔软剂

瑞士科莱恩国际有限公司
Clariant International Ltd.
Clariant UK Ltd.Business Unit Paper
Calverley Lane Leeds LS18 4RP United Kingdom
Phone:44-113-2584646
Fax: 44-113-2398381
北京代表处
地址:北京市东城区富华大厦D座3A
邮编:100027
电话:010-65542113-2118(6线)
传真:010-65542126
联系人:刘敬萍
产品:卫生纸用染料,柔软剂,剥离剂,起皱剂,粘缸剂,荧光增白剂及荧光增白剂的消除剂

美国氰特(香港)公司上海代表处
地址:上海市仙霞路318-322号鑫达大厦1804室
邮编:200335
电话:021-62095258
传真:021-62095260
法人代表:陈文鉴 联系人:徐忠恺
产品:PAREZ 631NC 生活用纸暂时湿强剂,PAREZ 617-2生活用纸永久湿强剂, CYNOL760生活用纸柔软剂和剥离剂,POLYFLEX微粒助留系统

Elf atochem S.A
法国埃尔夫阿托化学上海代表处
地址:上海市淮海中路283号香港广场28楼
邮编:200021
电话:021-63863028
传真:021-63906660
联系人:张皓
产品:纸餐具防水防油剂

日本明成化学工业株式会社
日本京都市右京区西京极中泽町1番地
Phone:075-3128105
Fax:075-3141150
上海代表处
地址:上海市漕溪北路1200号华亭宾馆5030室
邮编:200030
电话:021-64391484
传真:021-64810419
联系人:牛守华
产品:卫生纸化学助剂:聚乙烯醚造纸分散剂,柔软剂,剥离剂,湿强剂,起皱剂,脱墨剂,树脂障碍控制剂、纸餐具防水防油剂

3M中国有限公司
地址:上海市娄山关路55号新虹桥大厦10层
邮编:200336
电话:021-62753535-2135
传真:021-62190698
联系人:夏韵
北京办事处
地址:北京市朝阳区光华路7号汉威大厦东区20层
邮编:100004
电话:010-65613336
传真:010-65610188
联系人:韦宇波
产品:Scotchban TM纸品防护剂,用于纸餐具防油防水助剂,也可用于纸板, 纸袋纸,标签,纸箔防止油脂,溶剂,污渍渗透.

广州住友商事有限公司
地址:广东省广州市天河北路233号中天广场39楼
邮编:510610
电话:020-87520068
传真:020-87520371
联系人:朱世会
业务:代理分散剂,纸餐具防水防油剂

汽巴精化(中国)有限公司上海分公司
地址:上海市桂平路471号4号楼3楼
邮编:200233
电话:021-64851911
传真:021-64859566
联系人:许海燕
产品:天来宝系列造纸增白剂,普加索系列造纸调色染料,氟化学品抗油抗脂剂, 卫生纸柔软剂,湿纸巾杀菌剂

日本大金工业株式会社
代理商:传化集团杭州华洋化工有限公司
地址:浙江省萧山经济技术开发区传化科技工业园
邮编:311231
电话:0571-2696688
传真:0571-2696488
联系人:林天和
业务:经销纸餐具防水防油剂,食品包装纸用防油剂

北京市海淀区凯晨化工电子技术开发部
地址:北京市中关村928楼402号
邮编:100080
电话:010-62566974
联系人:黄启华
产品:纸餐具防油防水助剂

北京清华永昌化工有限公司
地址:北京市清华大学工物馆313室
邮编:100084
电话:010-62784791
传真:010-62784791
联系人:王迁
产品:纸餐具防水防油助剂

北京吉富精细化学有限责任公司
地址:北京市大兴县京开路西红门立交桥西宏欣路1号
邮编:100076
电话:010-60261495
传真:010-60264122
联系人:黄元真
产品:杀菌剂,防腐剂

天津市启迪商贸有限公司
地址:天津市河东区六纬路大直沽福泽公寓19号楼1门101号
邮编:300170
电话:022-24132185
传真:022-24132185
法人代表:胡镝　联系人:张小奇
业务:经销各种造纸助剂

石家庄市通力化工厂
地址:河北省石家庄市红旗大街59号
邮编:050051
电话:0311-3823890
传真:0311-3823890
法人代表:郑铁山　联系人:吕建明
产品:PAE-LT 湿强剂,MPC-LT造纸蒸煮剂,DTPA-LT金属螯合剂,DIA-LT脱墨剂,AF-LT消泡剂

长春市大地精细化工厂
地址:吉林省长春市人民大街159号
邮编:130022
电话:0431-5682536
传真:0431-5689440
法人代表:周伟平
产品:造纸分散剂, SAP

延吉新东亚化学有限公司
地址:吉林省延吉市延南街长洁胡同9号
邮编:133001
电话:0433-2854111
传真:0433-2824416
联系人:尹松云
业务:代理韩国卫生纸分散剂

上海联胜化工有限公司
地址:上海市浦东顾路上川路5569号
邮编:201209
电话:021-58633248
传真:021-58631497
法人代表:黄胜雄　联系人:储根初
产品:分散剂PEO,经销造纸化学助剂

上海新达化工厂
地址:上海市浦东新区周川公路6049号
邮编:201205
电话:021-58942136
传真:021-58942136
法人代表:奚建达　联系人:汪玉根
产品:造纸及纸餐具专用湿强剂,防油剂,防水剂,剥离剂,导热油系列

上海宝山合成洗涤剂厂
地址:上海市宝山月浦镇月罗路581号
邮编:200941
电话:021-56933160
传真:021-56935835
产品:造纸毛毯、造纸网清洗剂,脱墨剂

杭州市化工研究所
地址:浙江省杭州市湖墅区长板巷石灰坝7号
邮编:310014
电话:0571-8314811
传真:0571-8314435
联系人:姚献平
产品;湿强剂,柔软剂,分散剂,剥离剂,粘合剂

青岛宏大包装辅料厂
地址:山东省青岛市小白干路中段(曲戈庄)
邮编:266100
电话:0532-7895618
传真:0532-7896175
联系人:王吉祥
产品:纸餐具防水防油剂

郑州市道纯化工技术公司
地址:河南省郑州市农业路27号
邮编:450002
电话:0371-3844691
联系人:李良如
产品:造纸化学助剂

广州市东山区中联科工贸发展公司
地址:广东省广州市盘福路朱紫后街1号省糖纸公司大院109室
邮编:510180
电话:020-81361834
传真:020-81361834
法人代表:陈崇文　联系人:钟毓晖
业务:销售造纸助剂,分散剂PEO,增白剂,剥离剂,增强剂,脱黄剂,铜网, 聚酯网,毛毯,进口及国产木浆,卫生纸

越峰化工有限公司
广州办事处
地址:广东省广州市新港中路489号广发新村C1幢206室
邮编:510310
电话:020-84206048
传真:020-83826206
联系人:李令军
门市批发部:广东省番禺市大石富泰贸易商行
地址:广东省番禺市大石镇科技电子城6街9号
邮编:511430
电话:020-84786324
业务:经销造纸助剂,剥离剂,粘合剂,柔软剂,消泡剂,湿强剂,干强剂,絮凝剂,SAP等

广州市精细化学工业公司
地址:广东省广州市海珠区宝岗路32号
邮编:510240
电话:020-84417656
传真:020-84449844
法人代表:韦行通
产品:干强剂,分散剂,助滤剂

万江汇华染纸原料购销部
地址:广东省东莞市万江新华工业村B座3号铺
邮编:511711
电话:0769-2272839
传真:0769-2172089
法人代表:林泉　联系人:林森
业务:经销化学助剂

四川省绵竹强信化工厂
地址:四川省绵竹市区紫岩街南段
邮编:618200
电话:0838-6590454
传真:0838-6200812
法人代表:韩纪军　联系人:何泽兴
产品:强信牌化学助剂:废纸粉状脱墨剂,QX2000造纸分散剂,助留增强剂, 纸张泡柔剂

PU海绵及松紧带
PU foam rubber,elastic band

FULFIEX
P.O.Box 4549 Middletown,Rhode Island 02840
Phone:401-8467350
Fax:401-8490600
福力士(新加坡)有限公司
73A Joo Koon Circle Jurong,Singapore 629092
Phone:65-862-4901
Fax:65-862-5040
产品:松紧带

3M公司
产品:PU海绵
(详见胶带部分)

马来西亚Filatilastex
产品:松紧带
代理商:香港德盛贸易公司(详见纸浆部分)

日本/美国 Inoac
产品:PU海绵
代理商:香港德盛贸易公司(详见纸浆部分)

包装材料
Package materials

顺昶塑胶股份有限公司
(详见PE流延膜)

京马包装(北京)公司
地址:北京市永安里灵通观甲25号新民生写字楼201座
邮编:100022
电话:010-65918632
传真:010-65918652
联系人:成叶
产品:包装袋

石家庄荣华塑料制品有限公司
地址:河北省石家庄市石岗路杜北桥北侧
邮编:050061
电话:0311-7772639
传真:0311-7753004
联系人:王双平
产品:卫生巾衬膜,包装袋

大连大诺印刷包装有限公司
地址:辽宁省大连市甘井子区华北路431号
邮编:116037
电话:0411-6588828
传真:0411-6599687
联系人:李淑珍
产品:包装袋

营口市兴达塑料制品厂
地址:辽宁省营口市体育场八区1-2号
邮编:115003
电话:0417-2821380
传真:0417-2821380
法人代表:吕仁生
产品:衬膜,包装袋

联宾塑胶工业有限公司(上海)
地址:上海市吴中路1739号
邮编:201103
电话:021-64061772
传真:021-64061776
法人代表:江胜吉　联系人:黄芳草
产品:高低密度PE袋,卫生用品袋

上海紫泉包装有限公司
地址:上海市闵行区七莘路1055号
邮编:201100
电话:021-64922442
传真:021-64924373
法人代表:沈雯　联系人:周洁碧
产品:包装袋,薄膜标签

上海聚利合塑料彩印有限公司
地址:上海市闵行区沪闵路1738号
邮编:201109
电话:021-64901647
传真:021-64902089
联系人:陆宗祜
产品:包装袋

上海豪毅实业有限公司
地址:上海市徐汇区漕溪北路38号上海实业中心南楼18楼C座
邮编:200030
电话:021-64687320
传真:021-64687321
联系人:朱桦
产品:包装袋

泰格包装(上海)有限公司
地址:上海市松江工业区宝胜路10号
邮编:201650
电话:021-57741151
传真:021-57741152
联系人:周巍
产品:印刷包装材料

诸暨市华厦塑胶总厂
地址:浙江省诸暨市城关浣东路88号
邮编:311800
电话:0575-7222370
传真:0575-7220740
法人代表:郭永才　联系人:汤海其
产品:各种印刷包装袋,卫生巾袋,各种规格颜色全电脑分切PE衬膜,流延膜

浙江义乌神星塑料制品有限公司
地址:浙江省义乌市前洪开发区
邮编:322000
电话:0579-5675108
传真:0579-5361570
联系人:李肃清
产品:包装材料

杭州骏龙塑料包装有限公司
地址:浙江省杭州市西湖区西溪路788号
邮编:310023
电话:0571-5220331
传真:0571-5220675
法人代表:王永尧　联系人:王静
产品:卫生巾,纸尿裤,纸巾包装袋

杭州人民玻璃厂复合彩色印刷分厂
地址:浙江省杭州市莫干山路949号
邮编:310011
电话:0571-8190787
传真:0571-8091200
联系人:吴建强
产品:包装袋

佛山塑料七厂
(详见PE流延膜部分)

汕头市新华食品包装材料厂
(详见PE流延膜部分)

深圳豪艺塑料有限公司
地址:广东省深圳市宝安区公明田寮工业区
邮编:518132
电话:0755-7198535
传真:0757-7190040
联系人:刘敏聪
产品:包装袋

重庆吉星包装厂
地址:重庆市石桥铺柏村34号
邮编:630039
电话:023-68624029
传真:023-68618136
联系人:聂吉祥
产品:包装材料

骏龙塑料包装
地址:四川省成都市武候区机投镇南街41号
邮编:610205
电话:028-5719082
传真:028-5719311
总经理:王永尧
产品:包装材料

设备器材生产或供应企业
Manufacturers and suppliers of equipment
(sorted by general category, type of equipment)

●一次性卫生用品设备
Disposable product hygiene machinery

意大利发明家公司
Fameccanica.Data S.P.A.
Via Aterno,98
66020 Sambuceto di San Giovanni Teatino (Chieti) Italy
Phone:39-08545531
Fax:39-0854553261
Sales & Marketing Director Donato Carriero
Finished product production equip:
Absorbent pads;baby diapers;adult incontinence;impregnated wipes;feminine pads;disposable bibs（卫生巾机，尿裤机，湿纸巾机）
远东地区代理商：日本东棉株式会社
Far Eastern Contact:
Tomen Corporation
4-2,Akasaka 6 Chome,Minato-ku,Tokyo 107,Japan
Mr.Mark M.Igarashi
Phone:81-3-5562-6221
Fax:81-3-5562-6225
日本东棉株式会社北京事务所
地址：北京市朝阳区呼家楼京广中心38层
邮编：100020
电话：010-65973335
传真：010-65978558
联系人：马旭明

美国PCMC纸产品加工机械公司
（见卫生纸加工设备部分）

GDM SPA-Nuova Red Div.
Viale G.B.Zanotti 54
Gropello Cairoli(PV) 27027 Italy
Phone:39-382-815-801
Fax:39-382-815-874
Fabio Zampollo Sales Engineer
Production equip:Baby diapers;adult incontinence;underpads;feminine pads.(卫生巾机，尿裤机，护理垫机）

GDM SPA-Tekma Div.
via per ripalta arpina 5
1-26102 Castelleone MI Italy
Phone:39-374-350700
Fax:39-374-350668
Pierangelo Mandotti
Production equip:
Absorbent pads;baby diapers;adult incontinence;feminine pads.
（婴儿尿裤机，成人尿裤机，卫生巾机）

意大利GD中国有限公司
香港湾仔港湾道二号香港艺术中心15楼
电话：852-25960727
传真：852-25111068
联系人：姚党荣

Caldiroli SrL
Via Giolitti 19
21053 Castellanza (VA) Italy
Phone:39-331-500590
Fax:39-331-505840
Dino Caldiroli General Manager
Production equip:absorbent pads;baby diapers;adult incontinenec;feminine pads;underpads.(卫生巾机，尿裤机，护理垫机）

Promea SrL.Caldiroli SrL
意大利普罗米公司，意大利卡尔迪罗莱公司杭州办事处
地址：浙江省杭州市清泰街507号富春大厦12-C
邮编：310009
电话：0571-7024322
传真：0571-7818530
联系人：寿泓
业务：代理打孔膜设备，PE流延膜设备，各种打孔膜，PE膜，妇女卫生巾机，卫生护垫机，成人尿裤机及失禁床垫机

意大利CCE公司
Cellulose Converting Equipment
Svincolo Autostrada
66020 Sambuceto (CH) Italy
Phone:39-85-446-0222
Fax:39-85-446-0956
Walter Cestaro Sales Manager
Production equip:baby diapers;adult incontinenec;feminine pads;disposable bibs;underpads.(卫生巾机，尿裤机，护理垫机）

意大利Diatec公司
Diatec S.r.L
via penne,139/A
66013 Chieti scalo Italy
Phone:39-871-560900
Fax:39-871-560080
Stefano Romanelli General Manager
Production equip:absorbent pads;baby diapers;adult incontinence;feminie pads;underpads(卫生巾机，尿裤机，护理垫机）
亚洲办事处
台湾台北市仁爱路三段30-3号
886-2-7542808
886-2-3258319

德国W+D公司
Winkler+Dunnebier KG
Postfach 23 61
D-56562 Neuwied Germany
Phone:49-2631-840
Fax:49-2631-84680
Andrea Allar Manager of Sales Department
Finished product production equip:
absorbent pads;adult incontinence;baby diapers, impregnated wipes;feminine pads/pantiliners(卫生巾机，尿裤机及卫生纸后加工设备)

OPTIMA-Maschinenfabrik
Postfach 100520
Phone:49-791-50-600
Fax:49-791-51-835
Bernard Buehler
Production equip:
Packaging machinery for soft disposable paper products like sanitary napkins, baby diapers, tissue and toilet rolls.（卫生巾、婴儿尿裤、纸巾、卫生纸等生活用纸产品包装机械　）

BICMA Hygiene technologie GmbH
Im bannen 69
D-56727 Mayen Genmany
Phone:49-2651-94294-0
Fax:49-2651-94294-94
Thomas spurzem General Manager
Product equip :absorbent pads;adhesive bandages;adult incontinence;baby diapers;feminine pads;filters;flat goods & laminated products(尿裤机，卫生巾机)

瑞典FCM公司
Fibre Converting Machinery AB
Box 515
19525 Marsta Sweden
Phone:46-859123175
Fax:46-859119770
P.O.Wiberg Sales Manager
Production equip;absorbent pads;baby diapers ;adult incontinence;feminine pads.(卫生巾机，尿裤机)

Technipro
Parc D ' Activite Lavoisier
Rue Laplace
59494 Petite Foret
France
Phone:33-3-27458010
fax:33-3-27368032

日本株式会社瑞光
Zuiko Corporation
15-21,Minamibefu Seitsu
Osaka 566 Japan
Phone:81-6-340-2215
Fax:81-6-340-4182
Yukio Yoshioka General Manager of Sales
Production equip:
absorbent pads;baby diapers;adult incontinence;face masks;feminine pads;cosmetic puffs(卫生巾机，尿裤机，护理垫机)
代理商：日本秋子公司
地址：日本大阪市中央区本町1-5-7-204
电话：（06）6263-1742
传真：（06）6263-1047
联系人：大圆睦郎
株式会社瑞光　客户服务部
地址：广东省深圳市南山区南油大道华英大厦313室
深圳市瑞硕电子有限公司
邮编：518054
电话：0755-6408599
传真：0755-6644879
联系人：袁让平

日本纸工机株式会社
Nihon shikohki co.Ltd
1783-2 Mobira Kasaoka-city
O Kayama-ken Japan zip.714
Phone:08656-6-4417
Fax:08656-6-4419
Haruo Manabe
代理商：东洋油墨亚洲有限公司
香港火炭坳背湾街57-58号利达工业中心五楼
电话：852-26935663
传真：852-26935127
联系人：黄瑞华
产品：卫生巾机（直条型，护翼型），卫生护垫机，纸尿裤机（儿童，成人），湿纸巾制造机，包装机，包装袋用油墨，热熔胶，离型纸，双面胶带

韩国斗逸株式会社
Dooil Corporation
Rm4 370-8,Hapjung-/Dong,Mapo-Gu,Seoul,Korea
Phone:82-2-3141-4447
Fax:82-2-325-2483
Pyun,Yong
Production equip:feminine pads (卫生巾机)

台湾康那香企业股份有限公司
台湾110 台北市信义路4段456号27楼
电话：886-2-23459909-258
传真：886-2-23456299
联系人：徐秋景
产品：无纺布，卫生巾，尿裤设备

日本东亚机工株式会社
Toa Kikoh Co.Ltd
1779-kinogo-cho kanonji-city
kagawa-prefecture Japan 768
Phone:0875-27-8811
Fax:0875-27-8810
Kunihiro Tabuchi
Production equip:feminine pads.(卫生巾机)

台湾智琦机械工业股份有限公司
地址：台湾新竹县竹北市联兴里马麟厝26号
电话：886-35-527987
传真：886-35-518288
联系人：陈松锡
产品：卫生巾机，尿裤机，卫生纸后加工设备

台湾华亿工业股份有限公司
地址：台湾台北县瑞芳镇中山路340号
电话：886-2-4979876-7
传真：886-2-4976174
产品：卫生巾机，尿裤机

北京中科微公司科果卫生保健用品厂
地址：北京市房山区崇各庄乡果各庄村
邮编：102401
电话：010-60321451
传真：010-68155568
法人代表：王先业　联系人：种翠玲
产品：卫生巾机，折包机，尿片机，卫生巾机专用热封，切断，纠偏，差速器等零部件

天津市海雄机电技术有限公司
地址：天津市河北区张兴庄大道70号
邮编：300402
电话：022-26711623
传真：022-26350386
法人代表：王立民　联系人：贾军
产品：直条护翼卫生巾生产线系列，卫生护垫机系列，独立单个包装机

丹东北方机械有限公司
地址：辽宁省丹东市振安区胜利街
邮编：118008
电话：0415-6222346
传真：0415-6224025
法人代表：曹贵杰　联系人：沈冬辉
产品：360G卫生巾生产线（全自动三折小包），F270粉碎机组（二级粉碎），CH-2积绒机（等量给料），妇女卫生巾

丹东丰蕴机械厂
地址：辽宁省丹东市振兴区大偏岭路55号
邮编：118008
电话：0415-6195685
传真：0415-3144507
法人代表：曲丰蕴
产品：卫生巾机

抚顺圣洁工贸有限公司
地址：辽宁省抚顺市新抚区高山路100号
邮编：113006
电话：0413-7587437
传真：0413-7678496
法人代表：黄际春　联系人：张福财
产品：卫生巾，卫生护垫，输液贴及创伤贴的专用设备设计制造，卫生巾，卫生护垫产品，经销打孔膜，无纺布，离型纸，热熔胶

上海唯尔福机械设备工程有限公司
地址：上海市云雾山路551/11/103
邮编：200051
电话：021-62590723
传真：021-62748234
联系人：蔡三民
产品：卫生巾机

上海日昕工贸有限公司
地址：上海市四平路198号轻工国际大厦501室
邮编：200080
电话：021-65078343
传真：021-65078347
法人代表：牟华成　联系人：韩梅
业务：对边机（用于卫生巾设备），表面张力测试笔，无纺布，热熔胶

上海桃浦化工机械有限公司
地址：上海市真南路2165号
邮编：200331
电话：021-62505984
传真：021-62505984
法人代表：李关民　联系人：李关民
产品：WSJNB-93型卫生巾、尿布两用机，WSJU-95型卫生巾制造机，WSJ-97型护翼型卫生巾制造机

常州市东风卫生机械设备制造厂
地址：江苏省常州市武青路190-2号
邮编：213003
电话：0519-8112181
传真：0519-5311801
法人代表：朱有贵　联系人：恽自安
产品：卫生巾机，尿片机，卫生护垫机

常州新区新桥卫生机械厂
地址：江苏省常州市新区新桥镇
邮编：213121
电话：0519-5910508
法人代表：万里达　联系人：金伟国
产品：直条型、护翼型卫生巾机，卫生护垫机，卫生巾单片包装机，二级粉碎机

金湖县机械电器配件厂
地址：江苏省金湖县淮胜镇汕河街10号
邮编：211626
电话：0517-6546259
传真：0517-6546254
联系人：杨汉忠
产品：卫生巾机

常州胜新卫生设备有限公司
地址：江苏省常州新区新桥镇
邮编：213032
电话：0519-5910035
传真：0519-5910035
法人代表：袁春平
产品：卫生巾机，尿布机

常州市永盛纸业机械设备厂
地址：江苏省常州市竹林南路7号
邮编：213021
电话：0519-5315089
传真：0519-5315677
法人代表：叶正华　联系人：叶正喻
产品：系列普通、护翼型卫生巾生产线，卫生护垫生产线，产妇母乳罩生产线，单片三折包装机，系列成人纸尿裤专用生产线

张家港市沪港机电设备厂
地址：江苏省张家港市三兴镇
邮编：215624
电话：0520-8570629
传真：0520-8570561
法人代表：张勇　联系人：张勇
产品：卫生巾设备，卫生护垫设备，尿裤、护理垫设备，医用敷料机，制帽机，口罩机，成型刀具，各种分切刀片

金湖金铭卫生用品有限公司机械厂
地址：江苏省金湖建设西路123号
邮编：211600
电话：0517-6887110
传真：0517-6883787
联系人：伍光玉
产品：卫生巾机

金湖县宏达轻工机械厂
地址：江苏省金湖高级职业中学院内
邮编：211600
电话：0517-6886127
传真：0517-6884944
联系人：季丰林
产品：卫生巾机，尿片机

金湖县宏大轻工机械厂
地址：江苏省金湖县园林路288号
邮编：211600
电话：0517-6889234
传真：0517-6889234
法人代表：季兵奎
产品：卫生巾机

金智纸品设备有限公司
地址：江苏省金湖县城建设东路25号输油泵厂
邮编：211600
电话：0517-6886764
联系人：张来东
产品：卫生巾机，尿布机

江苏金湖县卫生设备厂
地址：江苏省金湖县城中路418号
邮编：211600
电话：0517-6886227
传真：0517-6886227
联系人：陈帮团
产品：卫生巾机

武进市施安卫生用品有限公司
地址：江苏省武进市横林镇北
邮编：213101
电话：0519-8781208
联系人：张国兴
产品：卫生巾机，尿片机

南京国圣纸业机械厂
地址：江苏省南京市江宁县城大街东路33号
邮编：211100
电话：025-2191137
传真：025-2191137
法人代表：唐闻国 联系人：唐闻国
产品：卫生护垫机，护翼卫生巾机，直条卫生巾机，直条、护翼两用卫生巾机及三用型卫生巾机，盘纸分切机，凹版印刷机，卫生纸复卷打孔机，压花面巾纸机，压花、印刷餐巾纸机

杭州余宏精工机械有限公司
地址：浙江省杭州市瓶窑镇
邮编：311115
电话：0571-8541156
传真：0571-8543365
总经理：李世锦 联系人：许蔚
产品：护翼卫生巾机，直条卫生巾机，卫生护垫机，小包装机

温州市瓯海轻工机械六厂
地址：浙江省温州市新桥镇高翔工业区
邮编：325006
电话：0577-8411571
传真：0577-8411571
法人代表：邵汉增 联系人：徐一森
产品：卫生巾机

余杭市杭威纸业制造有限公司
地址：浙江省杭州市西郊余杭镇
邮编：311121
电话：0571-8662279
联系人：胡昆明
产品：卫生巾机

瑞安市瑞丰机械厂
地址：浙江省瑞安市汀田镇金前
邮编：325206
电话：0577-5502796
法人代表：蔡志昭 联系人：蔡志昭
产品：卫生巾设备，二级粉碎装置，卫生护垫设备，小包装机等

安庆市恒昌机器有限责任公司
地址：安徽省安庆市渡江路
邮编：246003
电话：0556-5510793
传真：0556-5522593
法人代表：吕兆荣 联系人：孙晓君
产品：卫生巾机，卫生护垫机，尿片机

福州兴创轻工机械技术开发公司
地址：福建省福州市铜盘路左海名苑
邮编：350003
电话：0591-7829330
传真：0591-7829330
法人代表：赖雪月 联系人：赵旭展
产品：护翼卫生巾机，卫生护垫机，一次性马桶垫机，婴儿围巾机，卫生乳罩衬套机，面巾纸机，餐巾纸机，压花卷筒卫生纸机，盒装面巾纸机，纸模餐盒机，纸杯机，纸碗成型机

福建诚信妇幼用品机械有限公司
地址：福建省三明市碧湖工业区
邮编：365000
电话：0598-8259557
传真：0598-8264115
法人代表：林金表 联系人：林敦利
产品：卫生巾机

泉州培新机械制造实业有限公司
地址：福建省泉州市浮桥后坑工业区
邮编：362000
电话：0595-2458888
传真：0595-2356781
法人代表：谢秋林 联系人：谢须阳
产品：卫生巾机（护翼、直条、圆头），卫生护垫机，面巾纸、餐巾纸、卫生卷纸加工机

泉州市新达机械制造有限公司
地址：福建省泉州市西郊丰州镇武荣工业区
邮编：362333
电话：0595-6785978
传真：0595-6782978
法人代表：李海波　联系人：李海波
产品：全自动卫生巾机，全自动护翼丝薄卫生巾机，卫生护垫机，压花卷筒纸机，迷你型纸巾机

泉州市五星机械有限公司
地址：福建省泉州市远太大厦706室
邮编：362000
电话：0595-2988011
传真：0595-2986083
联系人：傅炳煌
产品：餐巾纸机，卫生巾机

泉州市汉威机械制造有限公司
地址：福建省泉州市浮桥工业区
邮编：362000
电话：0595-2488588
传真：0595-2487588
法人代表：林秉正　联系人：黄向明
产品：卫生巾设备，卫生护垫机，卫生纸后加工设备

永昌机械设备有限公司
地址：福建省晋江市池店雁潭工业区
邮编：362212
电话：0595-5985389
传真：0595-5983155
联系人：谢继华
产品：卫生巾机，卫生护垫机

泉州明辉轻工机械有限公司
地址：福建省泉州市鲤城区浮桥黄石工业区
邮编：362000
电话：0595-2455948
传真：0595-2456948
法人代表：吴育明　联系人：吴育明
产品：护翼卫生巾机，卫生护垫机，系列餐巾纸机，卫生纸复卷打孔机，盘纸分切机

广州兴世贸易有限公司
地址：广东省广州市环市东路472号粤海大厦21楼G-1
邮编：510075
电话：020-87779688-2122
传真：020-87788374
法人代表：林颖宗
产品：设计、制造、改装卫生巾机

中山市中加机械厂（加中卫生用品厂）
地址：广东省中山市大涌镇青岗工业区
邮编：528476
电话：0760-7723066
传真：0760-7726866
联系人：余志洲
产品：卫生巾机，卫生巾

南海市佩安婷卫生用品实业有限公司
地址：广东省南海市罗村街边工业区
邮编：528226
电话：0757-6447418-18
传真：0757-6447418
法人代表：谢润宽　联系人：梁修辉
产品：卫生巾设备

中国核工业总公司峨眉特种汽车改装厂
地址：四川省峨眉山市2号信箱经销部
邮编：614200
电话：0833-5522834-2209
传真：0833-5522834
法人代表：刘文龙　联系人：屈根录
产品：WJS200型卫生巾生产线，WJS130/200型卫生巾婴儿尿巾两用生产线

重庆华渝电气仪表总厂
地址：重庆市江北区南桥寺
邮编：400021
电话：023-67660411
传真：023-67660402
法人代表：陈继久　联系人：曹向前
产品：卫生巾机，卫生护垫机，尿裤机，护理垫机

泉州市东湖轻工机械厂
地址：福建省泉州市区仁风河岸134号
邮编：362000
电话：0595-2784179
传真：0595-2787311
法人代表：纪佳兴　联系人：王泽聪
产品：压花螺旋打孔卷筒纸机系列，全自动妇女卫生巾机及护垫机系列，自动折叠纸巾机系列，四方巾机及原纸分切机系列，抽式盒装面巾机

瑞典山特维克国际有限公司
AB Sandvik International
北京代表处硬质材料部
地址：北京市朝阳区东三环北路5号发展大厦317室
邮编：100004
电话：010-65908600
传真：010-65908610
法人代表：Mr.Anders Hagglund
联系人：白紫光
产品：用于卫生巾、纸尿裤、创口贴等一次性卫生用品的硬质合金旋转模切刀

广州市冶金工业研究所
地址：广东省广州市北郊加禾
邮编：510440
电话：020-86626451-8108
传真：020-86628206
法人代表：蔡曾清　联系人：陈东方
产品：承担设计、制作各种形状的硬质合金卫生巾切刀，寿命3000万片以上

佛山嘉瑞特殊纸品机械有限公司
地址：广东省南海市乐安充美村联星大道北26号汽校对面
邮编：528227
电话：0757-6481744
传真：0757-6489475
法人代表：何永朗　联系人：关泰昌
业务：销售德国瑞柏（SCHOBER）各种材质成型刀具。瑞柏公司螺杆加压防震高精密刀架，翻磨各种进口刀具，平面传动带及输送带

成都飞机设计研究所试验工厂
地址：四川省成都市武侯祠大街89号
邮编：610041
电话：028-5509402
传真：028-5509401
法人代表：胡济川 联系人：张红
产品：卫生巾刀具用各种成型刀具，卫生护垫成型刀具，卫生巾机各种热压辊（压槽，压花）

金湖县绝缘制品厂
地址：江苏省金湖县城跃进路9号
邮编：211600
电话：0517-6882383
传真：0517-6882383
法人代表：潘育友 联系人：路兰成
产品：J105，J106，J108系列卫生巾机专用集电环及刷架，环氧玻璃丝布层压板棒管，提供新品设计异型定制

扬州市环威胶带厂
地址：江苏泰兴市刁铺镇许河路7号
邮编：225423
电话：0523-6161157
产品：同步带

镇江市南方胶带制造公司（南方胶带厂）
地址：江苏省扬中市新坝镇
邮编：212211
电话：0511-8411470
传真：0511-8411470
联系人：文成国
产品：同步带

浙江三门县春光同步带厂
地址：浙江省三门县高见
邮编：317102
电话：0576-3117071
传真：0576-3117071
联系人：叶继挺
产品：同步带，平皮带，带轮

浙江省宁波市北郊机械变速器厂
地址：浙江省宁波市庄市双桥
邮编：315201
电话：0574-7604606
法人代表：陈连胜
产品：变速器

多米诺喷码技术有限公司
Domino Coding Ltd
Beijing Tianzhu Airport Industrial Zone 12 Tianzhu West St.Beijing,101312
010-64576618
010-64576619

●热熔胶机
Hot melt adhesives machinery

美国诺信有限公司
Nordson Corporation
11475 Lakefield Drive Technology Park/Johns Creek Duluth,Georgia 30136 U.S.A.
Phone:404-4973400
Fax:404-4973588
Robert Haack
诺信（香港）有限公司（亚洲北区总部）
香港新界沙田小沥源安心街11号华顺广场708室
电话：852-26872828
传真：852-26874748
联系人：谭宗焕
诺信（中国）有限公司
地址：上海市浦东新金桥路828号
邮编：201206
电话：021-58542345
传真：021-58549150
联系人：白志英
诺信中国有限公司北京办事处
地址：北京市朝阳区东三环南路48号北人大酒店1601/1602室
邮编：100022
电话：010-67716600-1601/1602
传真：010-67730945
联系人：初明

美国ITW玳纳特公司
ITW Dynatec
31 Volunteer Drive Hendersonville TN 37075
Phone:1 615 824 3634
Fax:1 615 264 5248
ITW玳纳特（香港）有限公司
香港荃湾横窝仔街16-26号顺力工业大厦25楼6室
电话：852-24089256
传真：852-24062532
上海办事处
地址：上海市仙霞路470弄20号120室
邮编：200335
电话：021-62085952
传真：021-62754861
联系人：焦勇

瑞士乐百得公司
Robatech AG
Weyermuh Lestrasse 19
CH-5630 Muri/Switzerland
Phone:41-56-675-7700
Fax:41-56-675-7701
乐百得（中国）有限公司
香港新界葵涌华星街16-18号保盈工业大厦6楼B座
电话：852-24287344
传真：852-24275988
广州办事处
地址：广东省广州市东湖西路72号梅花楼503室
邮编：510100
电话：020-83791174
传真：020-83796781
产品：热熔胶喷涂系统，热熔胶宽面喷涂/滚涂系统，冷胶喷涂系统

美国J&M Laboratories
12 J&M Drive Dawsonville,GA 30534 U.S.A.
Phone:010-706-2161520
Fax:010-706-2161517
J&M中国办事处
地址：北京市法华寺街136号东南商务中心2411房
邮编：100061
电话：010-67117042
传真：010-67117094
联系人：陈立新

厦门久骥化工机械有限公司
地址：福建省厦门市杏林区杏林东路58号高蒲综合大楼
邮编：361022
电话：0592-6254118
传真：0592-6256433
法人代表：林壁堂 联系人：陈丽慧
产品：热熔胶机系列产品，2T15系列，25A系列热熔胶机，压敏热熔胶（棒状，粒状，块状）环氧树脂系接著剂，EVO瞬间接著剂

●卫生纸机
Tissue paper machine

美国比洛伊特公司
Beloit Corporation
One St.Lawrence Avenue Beloit,Wiscousin 53511-6270 U.S.A.
Phone:608-3653311
Fax:608-3647013
比洛伊特亚太有限公司北京办事处
地址：北京市朝阳区光华路12号科伦大厦A407室
邮编：100020
电话：010-65932921
传真：010-65932920
法人代表：游智琼 联系人：范瑞云
产品：各种规格先进卫生纸机，制浆设备，二次纤维生产线

芬兰维美德公司（卫生纸机分部）
Valmet-Karlstad AB
Axel Johnsons Vag6 Box 1014 S-651
15 Karlstad Sweden
Phone:46-54171000
Fax:46-54171246
北京办事处
地址：北京市东四十条立交桥港澳中心办公楼7层760室
邮编：100027
电话：010-65011595
传真：010-65012588
联系人：汤伟

奥地利安德里茨公司
Andritz AG
Statteggerstrasse 18 A-8045 Graz,Austria
Phone:43-3166902-0
Fax:43-3166902-415
北京办事处
北京市朝阳区北辰东路18号中航技大厦1604房间
邮编：100101
电话：010-64940637
传真：010-64940638
联系人：孔莉

意大利切利公司
A.Celli S.p.A
Via Romana Ovest,212 55016
Porcari (Lu) Italy
Phone:39-058321171
Fax:39-0583-299340
Dr.Ing.Fabio Capuano
切利公司中国联络处
地址：上海市平凉路988号上海市纺织科学研究院无纺室
邮编：200082
电话：021-64366090
传真：021-64366090
联系人：薛晗林
产品：整套卫生纸生产线，分切复卷机，薄型无纺布卷绕机，分切复卷机

意大利欧弗公司
Over Meccanica S.p.A.
Via Torricelli,25 1-37136
Verona Italy
Phone:045-8281111-Tx 480220
Fax:045-508320
P.O.Box 518

日本川之江株式会社
Kawanoe Zoki Co.Ltd
1514 Kawanoe-cho,Kawanoe City,Ehime,Japan
Phone:0896-580111
Fax:0896-582864
Sales Manager石田宽
中国代理
加商株式会社大连事务所
地址：辽宁省大连市中山广场4号大连宾馆202室
邮编：116021
电话：0411-2639701
传真：0411-2642666
联系人：唐松真人
加商株式会社上海事务所
地址：上海市茂名南路58号锦泰办公楼510室
邮编：200020
电话：021-64723822
传真：021-64729075
联系人：沈德明
产品：卫生纸机，卫生纸加工设备，卫生巾机

韩国卫生纸造纸机械公司
Korea Dragon Engineering Inc.
Shin Togok B/D 3F
425-3 Togok 2-Dong Gangnam-Gu Seoul,Korea
Phone:02-34617262/3
Fax:02-34617261

德国福来司拿纺织机械制造有限公司
Fleissner
D-63328 Egelsbach
Bei Frankfurt/Main Germany
Phone:0049-6103-4010
Fax:0049-6103-410440
产品：无尘纸设备，滤纸干燥设备
北京代表处
地址：北京市朝阳区亮马桥路50号燕莎中心写字楼C310A
邮编：100016
电话：010-64651040
传真：010-64651042
联系人：李红文

上海中联公司太仓造纸机械一厂
地址：江苏省太仓市王秀镇
邮编：215426
电话：0520-3855469
传真：0520-3855180
法人代表：陈雪江　联系人：陈雪江
产品：中高速卫生纸机，不锈钢螺旋立片式圆网笼（国家专利），气控卫生纸复式起皱刀，1092mm~2362mm中高档卫生纸机，车速150~200m/min，圆网成形器

天津市造纸机械厂
地址：天津市河北区王串场革新道重光路12号
邮编：300250
电话：022-26320771
传真：022-26320671
法人代表：盛鸣
产品：卫生纸机

保定市晨光机械厂
地址：河北省保定市新保满路东段
邮编：071051
电话：0312-3173150
传真：0312-3172452
法人代表：侯金明　联系人：韩忠贵
产品：卫生纸机，复卷打孔机，造纸废水处理设备

辽阳造纸机械厂分厂
地址：辽宁省辽阳市文圣区东兴路65号
邮编：111000
电话：0419-3151448
传真：0419-3151668
法人代表：王洪斌　联系人：梁迎春
产品：1575mm卫生纸机（5t/d），1850mm卫生纸机（15t/d），卷纸机，水力碎浆机

丹东市造纸机械厂
地址：辽宁省丹东市浪头街429号
邮编：118008
电话：0415-6155381
传真：0415-6155448
联系人：赵清仁
产品：卫生纸机

杭州轻通仪器开发公司
地址：浙江省杭州市舟山东路66号
邮编：310015
电话：0571-8283324
传真：0571-8026010
法人代表：吕俊来　联系人：吕俊来
产品：YQ-Z-48A白度颜色测定仪，YQ-Z-48B白度仪，WZL-300卧式电脑纸张拉力机，ZDL-500电脑纸张定量仪

山东诸城市造纸机械厂
地址：山东省诸城市密州路26号
邮编：262200
电话：0536-6213740
传真：0536-6213221
法人代表：王金聚　联系人：王金云
产品：废纸脱墨设备，卫生纸机

沁阳市造纸设备厂
地址：河南省沁阳市建设路南段
邮编：454550
电话：0391-5611696
传真：0391-5611636
产品：制浆设备，卫生纸机

福建省轻工业机械厂
地址：福建省南平市黄林路6号
邮编：353000
电话：0599-8806112
传真：0599-8806416
联系人：邱秀民
产品：废纸脱墨设备，打浆设备

湖北省通山轻机厂
地址：湖北省通山县罗汉湾3号
邮编：437600
电话：0715-2394533
传真：0715-2394532
法人代表：孔凡稼　联系人：王兴汉
产品：废纸处理设备，干法造纸机，卫生纸后加工设备

简阳市轻工机械厂
地址：四川省简阳市北门汽车站旁
邮编：641400
电话：0832-7222209
传真：0832-7222430
联系人：毛锦平
产品：制浆设备，卫生纸机

江苏海门市造纸毛毯厂
地址：江苏省海门市三条桥
邮编：226132
电话：0513-2662800
传真：0513-2662688
联系人：倪正兴
产品：造纸毛毯

亚普敦造纸用品工业（昆山）有限公司
地址：江苏省昆山市城北镇紫竹路
邮编：215316
电话：0520-7792874
传真：0520-7792875
联系人：童高峰
产品：造纸机干网，成形网，毛毯

广州市东山区中联科工贸发展公司
（详见化学助剂部分）

●卫生纸加工设备
Converting machinery for tissue paper

意大利百利怡公司
Fabio Perini S.p.A
Via Per Mugnano 889 1-55100 Lucca Italy
Phone:39-05839725
Fax:39-05839727751
产品：卫生纸分切、复卷机
艾高分部Echo Vantage
产品：卫生纸折叠机

意大利卡马迪公司
Casmatic
Via Fattori 4-6 I-40033 Casalecchio di Reno Bologna Italy
Phone:051-595111
Fax:051-595181
产品：卫生纸包装机械
百利怡中国有限公司
香港湾仔港湾道23号鹰君中心十二字楼1209室
电话：852-28277287
传真：852-28277326
联系人：叶秋葵
上海代表处
地址：上海市黄浦区西藏中路18号港陆广场3205B室
邮编：200001
电话：021-53852108
传真：021-53852109

美国PCMC纸产品加工机器公司
Paper Converting Machine Co.
2300 South Ashland Avenue
P.O. Box 19005
Green Bay WI 54307-9005 U.S.A.
Phone:414-4945601
Fax:414-4948865
Sales Manager:Frank Jocewicz
产品：卫生纸后加工设备，包装设备，卫生巾机，湿纸巾机，尿裤机等
美国PCMC纸产品加工机器公司
远东股份有限公司北京办事处
地址：北京市朝阳区惠新西街21号，北京恒信大厦五层5018室
邮编：100013
电话：010-64928279
传真：010-64972641
联系人：杨华

美国贝廷公司
C.G.Bretting Manufacturing Co.Inc
P.O.Box 113 3401 East Main Street Ashland Wisconsin U.S.A. 54806
Phone:715-6825231
Fax:715-6824128
产品：卫生纸分切复卷设备，各类餐巾纸折叠、包装设备
代理商：高华印刷器材有限公司
香港铜锣湾新宁道8号民安广场第一期12楼
电话：852-28810883
传真：852-28821330
联系人：容支厦
上海办事处
上海市宁海东路200号申鑫大厦1112室
电话：021-63741903
传真：021-63741904
联系人：黄新颜

德国HOBEMA公司
Hobema
P.O.Box 500240 D-41528 Dormagen Germany
Robert-Bosch-Strabe 24 D-41541 Dormagen Gernmany
Phone::02133-7961
Fax:02133-73351
产品：卫生纸折叠机

德国W+D公司
（详见一次性卫生用品设备部分）

德国森宁公司
Christian Senning
Verpackung smaschinen GmbH& Co.
Kalmsweg 10 D-28239 Bremen Germany
Phone:0421-694620
Fax:0421-640965
产品：卫生纸包装机械

日本石津制作所株式会社
Imc International Inc
日本国769-16香川县三丰郡大野原町大字福田原241-1
中文专线81-875278672
Phone:81-875-277999
Fax:81-875-277966
产品：卫生纸加工机械
联系人：罗山茂

法国DCM公司
DCM
45 avenue des Guilleraies -BP406 F-92004 Nanterre Cedex France
Phone:33-1-41375270
Fax:33-1-41375271
产品：卫生纸折叠机械

台湾泰舜企业有限公司
台湾五股乡24822五权二路33号
电话：886-2-22993666-7
传真：886-2-22993668
产品：卫生纸后加工机械
联系人：王永树

北京机械工业学院附属工厂
地址：北京市德外清河小营
邮编：100085
电话：010-62913401
联系人：刘有助
产品：卫生纸复卷打孔机

南京国圣纸业机械厂
（详见一次性卫生用品设备部分）

连云港市机电设备总厂
地址：江苏省连云港市新浦区康泰南路55号
邮编：222004
电话：0518-5412245
传真：0518-5413716
法人代表：董玉娟 联系人：王勤生
产品：餐巾纸压花折叠机，印花压花折叠机，压花复卷打孔机，分切机，卷纸芯机，盒装面巾纸机，面巾纸机，钢辊，卫生护垫机

连云港市新浦向阳纸品机械设备厂
地址：江苏省连云港市新浦朝阳桥东首船舶修造厂院内
邮编：222004
电话：0518-5505466
传真：0518-5505466
法人代表：姜静荣 联系人：姜静荣
产品：纸巾压花折叠机，医用无纺布折叠机，复卷打孔机

福州兴创轻工机械技术开发公司
（详见一次性卫生用品设备部分）

泉州市东湖轻工机械厂
（详见一次性卫生用品设备部分）

泉州市汉威机械制造有限公司
（详见一次性卫生用品设备部分）

泉州培新机械制造实业有限公司
（详见一次性卫生用品设备部分）

山东沂春机械股份有限公司
地址：山东省费县胜利街
邮编：273400
电话：0539-5221136
传真：0539-5221036
法人代表：李宗海　联系人：侯荣法
产品：卫生纸加工设备，卫生巾、尿布设备

山东造纸机械厂
地址：山东省济南市荷花路65号
邮编：250100
电话：0531-8265149
传真：0531-8263129
联系人：李刚
产品：卫生纸打孔复卷机，分切机

山东诸城市汇川机械厂
地址：山东省诸城市郝戈庄镇驻地
邮编：262226
电话：0536-6591383
传真：0536-6591383
法人代表：石洪军　联系人：石洪军
产品：压花复卷打孔机，自分离型高速盘纸分切机，加拿大式气动刮刀，疏解除膜除砂机

东莞市沙田东江机械制造厂
地址：广东省东莞市沙田镇民田工业区
邮编：511773
电话：0769-8862099
传真：0769-8862066
法人代表：曾一鸣　联系人：郭初
产品：卫生纸机及后加工设备

东莞市佳鸣造纸机械研究所
地址：广东省东莞市沙田镇民田工业区
邮编：511773
电话：0769-8862099
传真：0769-8862066
法人代表：曾一鸣　联系人：郭初
产品：研制开发卫生纸机，纸加工机械，污水处理设备

新力机械制造厂
地址：广东省南海市桂城区南约工业区内
邮编：528000
电话：0757-6228792
传真：0757-6228792
法人代表：吴兆广　联系人：吴兆广
产品：卫生纸打孔复卷机，分切机，压花纸巾机

南海市桂城南约德昌五金机械厂
地址：广东省南海市桂城镇佛平路
邮编：528200
电话：0757-6221066
传真：0757-6338179
法人代表：陆德昌　联系人：李君怡
产品：压花复卷打孔机，盒装面巾机，纸巾折叠机，迷你纸巾机

广州誉生机械有限公司
地址：广东省广州市天河区龙口中路173号华天国际广场西苑11A1室
邮编：510630
电话：020-38733021
传真：020-38733021
法人代表：黄学哲　联系人：黄学哲
产品：三色印刷纸手帕机，纸杯成型机，一次性纸制品机械

柳州市维特纸品加工印刷设备厂
地址：广西柳州市西江路北二巷10号
邮编：545005
电话：0772-3130130
传真：0772-3130130
法人代表：曹扬　联系人：郑向敏
产品：压花、印花纸巾机，包装机

江阴市利港羊毛辊厂
地址：江苏省江阴市利港镇黄丹街
邮编：214444
电话：0510-6631152
传真：0510-6634541
法人代表：杨环武　联系人：沈利华
产品：系列羊毛纸、羊毛布压花软辊，用于餐巾纸、卷筒纸压花，系列羊毛纸压光辊

武进市广宇花辊厂
地址：江苏省武进市马杭镇广电路
邮编：213162
电话：0519-6701036
传真：0519-6702056
法人代表：余克　联系人：余克
产品：各种辊筒：压花辊，橡胶辊，光辊，轧辊，传动辊

武进市网纹辊制造厂
地址：江苏省常州市南门外漕桥镇
邮编：213171
电话：0519-6211771
传真：0519-6211051
联系人：刘力军
产品：压花辊，各种辊筒

连云港市玉荣钢花辊制造有限公司
地址：江苏省连云港市新浦民主东路10-4号
邮编：222002
电话：0518-5451280
传真：0518-5469179
联系人：宋敬俊
产品：压花辊

郑州精艺花辊制造有限公司
地址：河南省郑州市黄河饭店3号楼302室
邮编：450052
电话：0371-7971005-3302
传真：0371-7430802
法人代表：李福全 联系人：周志仟
产品：餐巾纸压花辊，PE膜打孔辊，小护垫梅花花辊

●纸餐具设备
Machine for Paper Tableware

冰岛喜福登纸浆模塑机器设备有限公司
北京办事处
地址：北京市安定门外大街183号京宝花园北段N704室
邮编：100011
电话：010-64262641
传真：010-64262741
联系人：安泓
产品：纸模餐具设备

Achievement International Co.Ltd
8/F CRE Centre,889 Cheung Sha Wan Road,Kowloon Hongkong
Phone:852-27457388
Fax:852-27457288

Peerless Machine & Tool Corporation
1804 west 2nd street,P.O.Box 385
Martion,Indiana 46952 U.S.A.
Phone:317-662-2586
Fax:317-662-6067
日本兼松产业机械株式会社营业一部
（美国Peerless公司中国代理）

美国PMC纸加工设备公司
Paper Machinery Corporation
8900 West Bradley Road Milwaukee
Wisconsin 53224 U.S.A.
Phone:414-3548050
Fax:414-3548614
台北分公司
地址：台湾台北市忠孝东路四段250号4楼之2
联系人：宋鸿武
产品：纸杯加工机械

中国包装总公司台湾传奇国际有限公司北京办事处
地址：北京市朝阳区朝内大街130号
邮编：100010
联系人：李建京
业务：代理台湾传奇公司纸餐具设备

Markhorse Holland bv
Lage Inkweg 4,7772 BA Hardenberg,Holland
P.O.Box 204
7770 AE Harberberg ,Holland
Phone:31-5232-61841
Fax:31-5232-63699

荷兰马荷斯机械厂新加坡办事处
地址：新加坡槟榔路9号13-21室（邮区238459）
电话：0065-4450947
传真：0065-4450947
联系人：陈永耀
产品：纸模餐具设备

Leotech Vanleer
Zuidelijke Industrieweg 3-7 Postbus/P.O.Box/B.P.5
N1-8800 AA Franeker AA 8800
Netherlands
Phone:31-517-399399
Fax:31-517-392981

凡雷尔利欧技术公司北京代表处
地址：北京市亚运村五洲大酒店580室
邮编：100101
电话：010-6491588
传真：010-64933734
联系人：钟桂民
业务：经销纸模餐具设备

北京宇海工贸公司
地址：北京市丰台区岳各庄371号
邮编：100071
电话：010-63834128
法人代表：吴均
产品：纸板餐盒设备

北京富邦纸制品有限公司
地址：北京市海淀区半壁店59号
邮编：100039
电话：010-68272268
传真：010-68215088
联系人：简绰娟
主要产品：纸杯设备

北京汇鑫机械厂
地址：北京市左安门外分钟寺
邮编：100075
电话：010-67611327
法人代表：祁元会
产品：纸模餐具设备

辽宁省轻工机械设计研究所
地址：辽宁省沈阳市皇姑区崇山西路3号
邮编：110036
电话：024-86896614
联系人：柏桂芳
产品：纸模餐具设备

沈阳市北国机械厂
地址：辽宁省沈阳市皇姑区阳山路11号
邮编：110034
电话：024-86520520
法人代表：崔允杰
产品：纸杯成型机

沈阳韩星纸杯机械有限公司
地址：辽宁省沈阳市大东区东北大马路309号
邮编：110044
电话：024-88205835
传真：024-88205735
法人代表：宋同令 联系人：张胜利
产品：纸杯成型机

东北大学
地址：辽宁省沈阳市皇姑区长江街163号2门
邮编：110031
电话：024-86840304
传真：024-86840674
联系人：张继宁
产品：纸模餐具设备

大连轻院建拓技术开发公司
地址：辽宁省大连市中山区保定街2号
邮编：116001
电话：0411-2714067
传真：0411-2714067
法人代表：张运展
产品：纸模餐盒设备

大连绿洲食品包装有限公司丹东分公司
地址：辽宁省丹东市沿江开发区B区35号楼203室
邮编：118000
电话：0415-3127248
传真：0415-3127238
联系人：柯琪芳
产品：纸模餐具生产线

大连绿山包装有限公司
地址：辽宁省大连市人民路61号15层
邮编：116001
电话：0411-2650998
传真：0411-2632737
法人代表：龙锋 联系人：林杨
产品：全自动纸模餐具生产线，全自动工业品内包装生产线，纸模餐具、纸模工业品内包装

吉林市金昌纸塑制品有限公司
地址：吉林省吉林市吉林大街270号（工字楼）
邮编：132011
电话：0432-2553712
传真：0432-2553712
法人代表：刘晓梅
产品：纸饭盒、纸碟、纸盘等产品成型机

上海市轻工机械技术研究所
地址：上海市天通庵路465号
邮编：200071
电话：021-56978290
联系人：王国成
产品：纸餐盒成型机

上海轻工机械股份有限公司钟表机械厂
地址：上海市中兴路373号
邮编：200071
电话：021-6970771
传真：021-56635319
法人代表：陈鹤鸣 联系人：袁晶
产品：各种规格纸杯成型机，纸加工刀具

中国包装新技术开发包宁公司
地址：江苏省南京市水西门西止马营52号
邮编：210004
电话：025-2233722
传真：025-2209596
法人代表：薛昌昕
产品：纸模餐盒、方便面碗设备

南京三泰特种纸品包装有限公司
地址：江苏省南京市御道街53号
邮编：210007
电话：025-4485273
传真：025-6639466
法人代表：陈旭
产品：纸模餐盒设备

无锡市芦庄塑料机械厂
地址：江苏省无锡市蠡园乡长桥朱通边1号
邮编：214081
电话：0510-5100104
法人代表：滕国鸣 联系人：郭寅生
产品：纸杯成型机，纸餐盒成型机

宜兴市机电排灌实业公司
地址：江苏省宜兴市宜城镇酒滨北路332号
邮编：214207
电话：0510-7933386
传真：0510-7933386
联系人：蹇德平
产品：纸模餐盒成型机

中铁铁隆苏州纸容器有限公司
地址：江苏省苏州新区滨河路徐思桥
邮编：215011
电话：0512-8251461
传真：0512-8251461
法人代表：张凤康
产品：纸模餐盒成型机

瑞安市印刷机械厂
地址：浙江省瑞安市新堂街22号
邮编：325200
电话：0577-5624773
传真：0577-5622376
法人代表：杨卫国
产品：纸餐盒纸碟成型机

浙江瑞安市东方纸杯机械厂
地址：浙江省瑞安市飞云镇远东路9号
邮编：325207
电话：0577-5562786
传真：0577-5562786
联系人：蔡桂平
产品：纸杯生产设备

温州市绿色包装机械制造有限公司
地址：浙江省温州市人民中路湖滨东楼二楼32号
邮编：325000
电话：0577-8378111
传真：0577-8254251
法人代表：吕建国
产品：纸模餐具设备

中国轻工总会杭州机械设计研究所
地址：浙江省杭州市体育场路71号
邮编：310004
电话：0571-5186714-65
传真：0571-5186432
联系人：吴其叶
产品：纸模餐具设备

宁海精工机械厂
地址：浙江省宁海强蛟镇（峡山镇）
邮编：315612
电话：0574-5198522
传真：0574-5198599
联系人：尤德贤
产品：纸餐盒生产线

杭州包装食品机械厂
地址：浙江省杭州市笕桥路21号
邮编：310021
电话：0571-5141417
传真：0571-5141342
法人代表：裘国光
产品：纸餐盒设备

泉州培新机械制造实业有限公司
地址：福建省泉州市浮桥后坑工业区
邮编：362000
电话：0595-2456588
传真：0595-2456781
法人代表：谢秋林
产品：纸模餐盒，方便面碗设备

泉州市远东机械有限公司
地址：福建省泉州市浮桥东浦工业区远东大厦
邮编：362000
电话：0595-2486998
传真：0595-2481678
法人代表：苏炳龙
产品：纸模餐盒成型机

新乡市第二机床厂
地址：河南省新乡市北干道东段405号
邮编：453002
电话：0373-3384798
传真：0373-3384799
法人代表：尚新生
产品：纸模餐盒设备

开封第二机械厂
地址：河南省开封市自由路东段15号
邮编：475000
电话：0378-5950078
传真：0378-5954804
法人代表：时风梧
产品：纸杯成型机

武汉高科新技术有限公司
地址：湖北省武汉市武昌中南路14号
邮编：430000
电话：027-87894181
联系人：周琳
产品：纸餐盒成型机

中国电子进出口广东公司东升纸托厂
地址：广东省东莞市樟木头镇
邮编：511741
电话：0769-7712176
传真：0769-7717836
法人代表：李云飞
产品：纸模餐具设备

广东源隆纸浆模塑机械有限公司
地址：广东省广州市白云区同和镇永泰工业区
邮编：510440
电话：020-86659307
传真：020-88648822
联系人：梁炬
产品：YLC系列半自动暨全自动纸浆模塑餐具成套生产线，YL系列纸浆模塑工业品包装成套生产线，YL/C系列纸浆模塑工业品包装/餐具兼容型成套生产线，YLFA系列纸浆模塑餐具防水防油添加剂

深圳七环公司
地址：广东省深圳市嘉宾路21号楼水运大厦3楼东座
邮编：518010
电话：0755-5583792
传真：0755-5894626
联系人：秦学昌
产品：纸模餐盒设备

广州威尔特包装设备公司
地址：广东省广州市天河区车陂路黄州工业区九幢
邮编：510660
电话：020-82311725
传真：020-38798135
联系人：杨泉
产品：纸模餐盒设备

重庆汉渝通用设备厂
地址：重庆市渝中区大坪袁家岗1号
邮编：400042
电话：023-68816013
传真：023-68810633
法人代表：曾常青
产品：纸模餐盒设备

广州誉生机械有限公司
地址：广东省广州市天河区龙口中路173号华天国际广场西苑11A1室
邮编：510630
电话：020-38733021
传真：020-38733021
法人代表：黄学哲　联系人：黄学哲
产品：系列纸杯成型机械，三色杯壁纸印刷冲剪机，三色印刷纸手帕机械，其他一次性纸制品机械

生活用纸经销
Sellers of tissue paper and disposable hygiene products

东莞龙升行
地址:广东省东莞市宏远副食品综合市场C2前5号
邮编:511700
电话:0769-2811740
传真:0769-2811740
联系人:袁富昌
业务:营销批发生活用纸

四川省成都日杂总公司纸品分公司
地址:四川省成都市东御街8号二楼
邮编:610016
电话:028-6663593
传真:028-6658704
联系人:杜为民
业务:营销批发生活用纸

四川省日用杂品总公司纸品分公司
地址:四川省成都市锣鼓巷122号
邮编:610017
电话:028-6620913
传真:028-6618267
联系人:刘跃
业务:营销批发生活用纸

长沙正和百货有限公司
地址:湖南省长沙市书院路457号
邮编:410002
电话:0731-5134271
传真:0731-5129619
法人代表:熊继杰 联系人:刘永志
业务:营销批发生活用纸

长沙市和业贸易有限公司
地址:湖南省长沙市五一西路2号
邮编:410005
电话:0731-4424955
传真:0731-4424955
法人代表:肖献球 联系人:肖建华
业务:营销批发生活用纸

中国生活用纸行业三资企业名录

NAMELIST OF RELEVANT SINO-FOREIGN JOINT VENTURES OF HOUSEHOLD PAPER INDUSTRY

(6)

中国生活用纸行业三资企业名录

The Namelist of Relevant Sino-foreign Joint Ventures of Household Paper Industry

合资方名称	合资企业名称	状况	产品	企业地址	邮编
美国环球公司	派尼尔环球纸品有限公司	投产	卫生纸，餐面巾纸	北京市德外西三旗东	100085
美国	北京爱华妇幼卫生制品有限公司	投产	卫生纸，餐面巾纸	北京市海淀区西三旗东路	100085
瑞典FCM公司	北京埃克森纸制品有限公司	投产	婴儿纸尿片	北京市石景山区苹果园东口	100041
美国Kimberly-Clark	金佰利中国投资公司	投产	卫生巾，婴儿尿裤，卫生纸	北京市朝阳区光华路7号汉威大厦东区27-28层	100020
台湾	北京得佑医洁制品公司	投产	看护垫	北京市丰台区三路居252号	100073
香港金融公司	北京京融纸容器有限公司	投产	纸杯	北京市丰台区角门甲64号	100077
日本岛田公司	北京兴岛纸制品有限公司	筹建	尿裤，护垫	北京市密云县云西工业区	101509
台湾福瑞得国际股份有限公司	天津百利纸品有限公司	投产	卫生巾	天津市塘沽区新港2号院	300456
美国百事威，日本大亚公司	天津百惠纸品有限公司	投产	卫生巾	天津市北辰区延吉道东头	300400
日本白十字	天津中医学院	投产	成人尿片	天津市西青经济开发区4支路与吉祥北路交口处	300381
香港励港国际贸易公司	麦吉克(天津)纸业有限公司	投产	餐巾纸，纸抹布	天津市河西区宁波道10号	300202
台湾	邯郸金发纸业有限公司	投产	面巾纸，餐巾纸	河北省邢台市高庄桥	054001
加拿大	山西太原东方卫生保健品发展公司	投产	卫生巾	山西省太原市河西区公园路8号	030024
台湾娇联	沈阳东联日用品有限公司	投产	卫生巾	辽宁省沈阳市经济技术开发区青山湖街11号	110141
香港宏吉有限公司	抚顺宏顺妇女卫生巾有限公司	投产	卫生巾	辽宁省抚顺市新抚区粮栈路2号	113008
台湾，新加坡	沈阳松阳纸器有限公司	投产	纸杯，纸餐盒	辽宁省沈阳市经济技术开发区	110014
冰岛Silfurtun	吉林造纸厂	投产	纸餐具	吉林省吉林市林荫路9号	132002
台湾	大庆欧迪特纸器有限公司	投产	卫生巾，纸杯，纸餐盒	黑龙江省大庆市红岗区解放五街	163459
台湾智琦	哈尔滨晶琦纸业有限公司	投产	湿纸巾，纸杯	黑龙江省哈尔滨 市	150080
韩国	延边韩吉制纸有限公司	投产	卫生纸	吉林省图门市图珲路224号	133100
韩国	延边驰承纸业有限公司	投产	卫生纸，餐巾纸	吉林省龙井市开山屯	133417
美国Johnson& Johnson	强生(中国)有限公司	投产	卫生巾	上海市闽行东川路3285号	200240
台湾全日美有限公司	全日美实业（上海）有限公司	投产	婴儿尿裤，卫生巾	上海市松江县新桥工业区民益路7号	201612
新加坡美通咨理有限公司	上海唯尔福(集团)有限公司	投产	卫生巾，尿裤	上海市天山路351号	200035
日本大昭和纸工产业株式会社	上海大昭和国际纸业有限公司	投产	卫生纸	上海市浦东星火开发区275号	201419
美国Kimberly-Clark	上海金佰利纸业有限公司	投产	卫生纸及后加工产品	上海市漕宝路509号新漕河泾大厦14楼	200233
新加坡永联纸业有限公司	上海东宝永联纸业有限公司	投产	餐巾纸，面巾纸	上海市肇嘉浜路393号兴南花园怡苑D座6楼	200023
日本花王	上海花王有限公司	投产	妇女卫生巾	上海市延安西路2200号国贸中心2202	200335

合资方名称	合资企业名称	状况	产品	企业地址	邮编
日本尤妮佳(株)	上海尤妮佳有限公司	投产	妇女卫生巾	上海市宁海东路200号申鑫大厦2501	200021
新加坡佳通集团	上海佳通纸制品有限公司	投产	婴儿尿裤	上海市闵行区沧源路1000号	200240
英国斯米克公司 美国孚特豪公司	上海斯米克华洁纸业有限公司	投产	卫生卷纸,餐巾纸,手帕纸,面巾纸	上海市浦东新区顾路斯米克工业园	201289
美国	上海纸杯有限公司	投产	纸杯,纸盘	上海市徐家汇路500号	200232
台湾梁记贸易公司	上海坤龙卫生用品有限公司	投产	卫生巾	上海市淮海中路1202号	200031
美国Paragon	好孩子百瑞康卫生用品有限公司	投产	纸尿裤	江苏省昆山市经济技术开发区	215331
台湾永丰余	永丰余纸业(昆山)有限公司	投产	卫生纸及后加工系列产品	江苏省昆山市城北镇永丰余路	215316
台湾荣成纸业	苏州荣成纸业有限公司	投产	卫生纸及后加工系列产品	江苏省苏州市新区狮山新苑15幢	215011
印尼金光集团	金红叶纸业(苏州工业园区)有限公司	投产	卫生纸	江苏省苏州市工业园区胜浦标准厂房第7号厂房	215126
Pransfield	江阴启祥纸业有限公司	筹建	卫生纸及后加工产品	江苏省江阴市华西村	214421
台湾正荣	正荣日用品(南京)有限公司	投产	卫生巾	江苏省南京市宁丹路(铁心桥镇)	210012
香港	昆山锦泉卫生用品有限公司	投产	卫生纸,卫生巾	江苏省昆山市新镇镇东	215337
台湾嘉宝	常熟五洲纸业有限公司	投产	卫生纸后加工产品	江苏省常熟市碧溪镇碧中路93号	215500
瑞士Texsan	杭州泰克森卫生纸品有限公司	投产	婴儿尿裤	浙江省杭州市莫干路1091号	310012
意大利Caldiroli	浙江浪潮迪诺卫生用品有限公司	投产	医院护理垫	浙江省杭州市萧山	311205
美国	浙江采风卫生用品有限公司	投产	卫生巾	浙江省杭州市西郊余杭镇叉路口	311121
新加坡永联制衣有限公司	嘉善永泉纸业有限公司	投产	卫生纸	浙江省嘉善县魏塘镇城北南署	314100
香港丰伟公司	浙江温州宝蝶妇幼用品公司	投产	卫生巾	浙江省温州市黄屿三羊工业开发区	325014
美国	浙江健士霸集团帝邦洁品有限公司	投产	卫生巾	浙江省黄岩市青年西路184号	310028
台湾巨人,香港金升	安徽金徽纸业有限公司	投产	卫生纸,餐巾纸,面巾纸	安徽省和县陋室宾馆	238200
台湾智琦	安徽铜陵博发纸业有限公司	投产	面巾纸,湿纸巾	安徽省铜陵市石城路	244000
日本大昭和株式会社	安徽珠光保健卫生纸有限公司	投产	卫生巾	安徽省蚌埠市珠城路42号	233040
香港	恒安集团有限公司	投产	卫生巾,婴儿尿裤	福建省晋江市恒安工业城	362261
香港宏兴贸易公司	福建晋江舒雅妇幼用品有限公司	投产	卫生巾及生产设备	福建省晋江市池店雁潭工业区	362212
日本大昭和株式会社	福建明港实业有限公司		卫生巾		
日本大昭和株式会社	福建厦门同安联华有限公司		卫生巾	福建省厦门市同安县南门路25号	361100
澳大利亚	南安恒利纸品有限公司	投产	卫生巾	福建省南安市省新工业区	302300
新加坡佳通集团	福建莆田佳通纸制品有限公司	投产	卫生巾	福建省莆田江口镇海星街	351115
菲律宾独资	聚龙(泉州)轻工有限公司	98年投产	卫生巾,婴儿尿裤纸餐具	福建省泉州市清蒙科技工业园区	362005
香港泰程有限公司	江西兴达纸业有限公司	投产	卫生纸,餐面巾纸	江西省南昌市北京东路彭桥工业区	330029

合资方名称	合资企业名称	状况	产品	企业地址	邮编
澳门超培贸易公司	山东济南鲁澳纸业有限公司	投产	卫生巾	山东省济南市中区济微路37号	250022
香港华鲁公司	潍坊鲁光生活用纸有限公司	投产	卫生巾，餐面巾纸	山东省潍坊市民主街30号	261041
意大利CCE公司	威海信威卫生材料制品有限公司	投产	卫生巾，婴儿尿裤	山东省威海市烟台路	264209
台湾唐京纸业股份有限公司	青州唐京纸业有限公司	投产	纸杯，纸饭盒	山东省青州市青州中路7号	262500
美国星桥公司	莱州通亚纸业有限公司	投产	卫生纸，吸水纸湿强纸	山东省莱州市造纸总厂	261400
台湾信合纺织有限公司	临沂市兰山区卫生巾厂	投产	卫生巾	山东省临沂市北圆路88号	276005
美国杜摩尔国际公司	淄博美尔娜化妆品有限公司	投产	卫生巾，湿纸巾	山东省淄博市张店付山	255084
香港华润公司	烟台华润卫生用品有限公司	投产	卫生巾	山东省烟台市经济技术开发区长江路180号	264006
香港盟威公司	山东兰海妇女用品有限公司	97年投产	卫生巾	山东省淄博市沂源县城沿河东路北首100号	256100
台湾中司木业公司	开封黄河卫生制品有限公司	投产	卫生巾		
日本大昭和株式会社	河南汇源卫生用品有限公司	投产	卫生巾		
香港中银集团公司	漯河银河公司	投产	卫生纸及系列产品	河南省漯河市湘江路东段	462000
香港广安公司	漯河健而美公司	投产	卫生巾，消毒湿纸巾	河南省漯河市建设路	462000
意大利莫洛尼公司	河南三门峡美乐有限公司	投产	卫生巾	河南省三门峡市黄河西路	472000
香港百祥贸易公司	河南漯河天祥纸品有限公司	投产	卫生纸及餐面巾纸	河南省漯河市人民东路1号	462000
台湾	河南舒美洁品有限公司	投产	卫生巾	河南省南阳市光武西路2号	473006
美国康骏发展有限公司	河南永康卫生材料有限公司	投产	卫生巾	河南省漯河市铁东开发区湘江路东段	462000
香港丰隆公司	湖北黄石挹丰实业有限公司	投产	卫生巾	湖北省黄石市沈下路楠竹林	435000
香港丰隆公司	湖北鄂州花丽实业有限公司				
意大利Caldiroli	湖北黄梅县迷你卫生用品有限公司	投产	卫生巾，婴儿尿裤	湖北省黄梅县	436507
德国奔特色公司	湖北活力美洁时清洁纸品发展公司	投产	卫生巾	湖北省沙市江津中路2号	434000
德国远东公司	武汉远东公司	投产	纸手帕，纸杯，纸筷子	湖北省武汉市武昌珞瑜路196号	430070
香港丝宝集团国际有限公司	湖北丝宝集团卫生用品公司	投产	卫生巾	湖北省武汉市黄浦大街丝宝国际大厦	430014
Pransfield	广州祥威纸业有限公司	筹备	卫生纸及后加工产品	广东省广州市从化太平开发区工业大道5号	510990
美国Kimberly-Clark	广州金佰利纸业有限公司	投产	卫生纸后加工产品	广东省广州市经济技术开发区创业路同兴大厦3楼	510730
美国P&G	广州宝洁纸品有限公司	投产	卫生巾	广东省广州市经济技术开发区滨河路1号	510730
香港立成企业(集团)有限公司	广州宝乐制品有限公司	投产	婴儿尿裤	广东省广州市天河东路17号304室	510620
香港商报	广东佛山威龙卫生用品有限公司	投产	卫生巾	广东省佛山市大道大桥南端	528000
香港康锦公司	广东南海西樵宝儿用品有限公司	投产	婴儿尿裤	广东省佛山市卫同路71号南座4楼	528000
美国中南公司	广东东莞中南纸业有限公司	投产	卫生巾，婴儿尿裤	广东省东莞市樟木头镇裕丰管理区裕丰工业区	518029

合资方名称	合资企业名称	状况	产品	企业地址	邮编
香港姿庭有限公司	东莞姿庭生活用品有限公司	投产	卫生巾及面巾纸纸手帕	广东省东莞市桥头桥丰工业城	511738
香港民兴行贸易公司	东莞利良纸巾制品公司	投产	餐巾纸,面巾纸	广东省东莞市石龙镇红棉路16号	511721
香港DSG公司	中山瑞德卫生纸品有限公司	投产	婴儿纸尿裤	广东省中山市沙朗镇金昌工业路	528411
澳门旭日贸易有限公司	中山海灵保健制品有限公司	投产	卫生巾	广东省中山市中山三路怡华商业中心613	228403
香港恒信兴业公司	中山恒信日用品有限公司	98年投产	卫生纸及后加工产品	广东省中山市民品镇	528411
台湾安德利公司	广东威宝造纸企业有限公司	投产	卫生纸及后加工产品	广东省新会市三江镇白庙工业区	529142
香港粤能集团	广东新会维康纸容器有限公司	投产	冷热饮杯	广东省新会市会城镇东成里1座	529100
Pransfield	广东启祥纸业有限公司	筹建	卫生纸纸浆	广东省新会市三江白庙工业区	529142
香港	广东瑞兴婴儿用品有限公司	投产	婴儿尿裤	广东省封开县江口镇工家路105号	526500
香港永畅发展有限公司	广东顺德兴华工业公司大良卫生用品厂	投产	卫生巾	广东省顺德县大良镇石洛路13号	528300
香港华凌公司	珠海香凌轻纺公司	投产	卫生巾	广东省珠海市前山新涌工业区华城大厦	519070
日本干登世	珠海纸业厂	投产	卫生巾	广东省珠海市唐家湾第一工业区	519080
澳门惠龙贸易商行	珠海洁尔康有限公司	投产	卫生巾	广东省珠海市唐家工业路5号	519080
台湾达永公司	惠东县联基工业有限公司	投产	卫生巾	广东省惠东县平深路太阳坳	516300
香港日畅公司	番禺日畅纸巾制品有限公司	投产	卫生纸后加工产品	广东省番禺市沙头小罗塘	511490
印尼金光集团	金钰(清远)卫生纸有限公司	投产	卫生纸后加工产品	广东省清远经济开发实验区阳光新城15号	511517
香港	万益纸巾(深圳)有限公司	投产	卫生纸,面巾纸	广东省深圳市龙岗镇龙西第二工业区	518000
香港瑞麒公司	佛山瑞麒婴儿用品有限公司	投产	婴儿尿裤	广东省佛山市普澜路石头路段	528041
香港瑞麒公司	南海瑞麒婴儿用品有限公司	投产	婴儿尿裤	广东省南海市南庄镇龙津管理区	528219
香港丰隆公司	广东顺德乐从美雅卫生巾厂	投产	卫生巾	广东省顺德市乐从镇沿江路	528300
香港利隆公司	广东开平长利高档卫生用品厂	投产	卫生巾	广东省开平市长沙圆路162号	529300
香港翡翠塑料投资有限公司	高明市高洁纸业有限公司	投产	卫生纸	广东省高明市高明镇沿江路24号	528500
香港韩泉有限公司	广东阳泉纸业制品有限公司	投产	卫生纸及后加工产品	广东省阳西县城工业区	529800
香港	广西贵港市南耀保健品有限公司	投产	卫生巾	广西贵港市县东街11号	537100
香港智务国际有限公司 桂龙发展有限公司	广西柳州两面针集团 惠好卫生用品有限公司	投产	卫生巾	广西柳州市长风路2号	545001
香港王氏胶片公司	广西侨凤卫生制品有限公司	投产	卫生巾	广西南宁市华侨投资区	530105
香港日佳纸业有限公司	南宁科宝纸业有限公司	投产	卫生纸及后加工产品	广西南宁市七星路137号区外贸大院西六楼	530012
台湾超扬公司	重庆艾薇亚卫生用品有限公司	投产	卫生巾,餐巾纸	重庆市南岸弹子石文化馆70号	630061
香港	重庆舒乐卫生用品有限公司	投产	婴儿尿裤	重庆市江北区建新东路312号	630023

合资方名称	合资企业名称	状况	产品	企业地址	邮编
台湾新竹交通运输股份公司	重庆华盛卫生纸业制品有限公司	投产	卫生巾	重庆市巴南区南泉龙洞湾	630056
香港	重庆渝港卫生制品有限公司	投产	卫生巾	重庆市渝中区大坪虎头岩1号	630042
香港	兴运实业(成都)有限公司	投产	卫生巾	四川省成都市外南永丰路南一线高新区12A1B1C1	610041
香港达迅汽车公司	贵州坤润保健用品有限公司	投产	卫生巾	贵州省贵阳市南明区图云关90号	550005
香港	贵阳久美企业发展公司	投产	卫生巾	贵州省贵阳市外环东路227号	550001
香港华香龙有限公司	西安魔妮纸品有限公司	投产	卫生纸,餐巾纸,卫生巾	陕西省西安市红庙坡朱宏路南口马乎沱	710016
澳门	西安澳周无纺布实业有限公司	投产	婴儿尿裤	陕西省西安市周至县物资局院内	710400
香港海雄集团	兰州春晖纸制品有限公司	投产	卫生巾	甘肃省兰州市五泉路162号	730000
台湾丽世贸易有限公司	西安台陵日用制品实业有限公司	投产	卫生巾,卫生纸	陕西省西安市高陵县城东方红东路	710200

中国生活用纸企业引进技术及设备情况（1993~1998年）

LIST OF IMPORTED TECHNOLOGY AND EQUIPMENT IN CHINA HOUSEHOLD PAPER INDUSTRY (1993~1998)

(7)

中国生活用纸企业引进技术及设备情况(1993~1998年)

List of Imported Technology and Equipment in China Household Industry(1993~1998)

企业名称	引进内容	引进时间	引进国(地区)及公司
北京埃克森纸制品有限公司	婴儿尿布生产设备2台	1995	瑞典FCM
北京中杰旅游纸品公司	立式餐巾纸制造机1台	1994	
北京派尼尔纸制品厂	袖珍包面纸制造机1台	1993	台湾泰舜
	袖珍包面纸包装机1台		
	盒装面纸制造机1台		
	平型湿纸巾制造机1台		
北京金佰利个人卫生用品有限公司	妇女卫生巾生产设备1台(护翼型)	1995	美国Joa
原北京造纸十一厂	婴儿尿裤生产设备1台	1996	法国
	妇女卫生巾生产设备1台	1982	日本瑞光(株)
	妇女卫生巾生产设备1台	1982	台湾
	餐巾纸面巾纸加工单机设备	1984	香港京泰公司
	妇女卫生巾包装机	1984	香港厚兴公司
北京造纸四厂	餐巾纸加工设备	1984	台湾
北京造纸五厂	餐巾纸制造机1台	1996	台湾泰舜
	截断机1台	1996	台湾泰舜
	全自动卷筒卫生纸制造机1套	1996	台湾泰舜
	800m/min高速卫生纸分切复卷机1台	1997	台湾泰舜
	盒面巾纸制造机1台	1996	台湾泰舜
	袖珍包面巾纸制造机1台	1996	台湾泰舜
	纸餐盒生产设备1套	1996	美国ICE、台湾允享等产品组合
	卫生卷纸包装机1套	1996	日本川之江
北京市绢花厂	卫生护垫生产设备1台	1991	日本东亚机工
(设备已转让广东增城雅姿公司)	妇女卫生巾生产设备1台	1991	台湾
原北京保健卫生巾厂	妇女卫生巾生产设备2台	1984	日本瑞光
北京京融纸容器有限公司	纸杯生产设备1台		美国PMC
	纸杯生产设备2台		韩国
北京瑞赛伦健康科学有限公司	卫生卷纸制造机	1996	台湾泰舜
	湿纸巾制造机1套	1994	台湾泰舜

企业名称	引进内容	引进时间	引进国(地区)及公司
北京医科大学第三医院 芙露尔皮肤用品联合厂	妇女卫生巾生产设备	台湾	
北京兴岛纸制品有限公司	卫生护垫生产设备1台 尿裤生产设备	1998	日本瑞光二手机
天津百利纸品有限公司	妇女卫生巾生产设备1台	1994	台湾亨宇
天津津嘉保健用品有限公司	平型湿纸巾制造机1台	1993	台湾泰舜
天津励港公司	平型湿纸巾制造机1台	1993	台湾泰舜
天津杏林白十字公司	成人纸尿布生产设备1台	1995	日本
天津百惠纸品有限公司	妇女卫生巾生产设备3台	1987	日本瑞光
天津宏业纸制品加工厂	卫生卷纸分切复卷机1台	1988	台湾泰舜
	餐巾纸加工机1台	1988	台湾泰舜
	盒巾纸加工机	1988	台湾泰舜
	卫生纸机关键部件1套	1988	日本田岛铁工所
天津市日商卫生保健用品有限公司	妇女卫生巾生产设备2台	1998	意大利Fameccanica二手机
麦吉克(天津)纸业有限公司	湿纸巾制造机1台	1998	台湾泰舜
	餐巾纸制造机1台	1998	台湾泰舜
	压花复卷机1台	1998	韩国
	面巾纸制造机1台	1998	香港
河北安国市造纸厂	妇女卫生巾生产设备1台	1993	日本
	妇女卫生巾生产设备1台	1985	台湾
河北沧州	盒装面纸制造机1台		
	自动封盒包装机1台	1992	台湾泰舜
	餐巾纸自动封口包装机1台		
	妇女卫生巾生产设备1台	1992	台湾
石家庄市造纸厂	餐巾纸加工设备	1985	日本,香港
	湿纸巾加工设备	1986	香港
	三折叠纸巾机	1986	日本
	婴儿尿布加工设备	1986	香港
	妇女卫生巾生产设备1台	1984	日本东亚机工
金佰利-舒而美集团公司	妇女卫生巾生产设备 (护翼型,八字型)3台	1993	意大利CCE
	妇女卫生巾生产设备(护翼)7台	1996~1997	意大利CCE

企业名称	引进内容	引进时间	引进国(地区)及公司
邢台市金发纸业有限公司	面巾纸制造机1台	1990	德国W+D
	面巾纸制造机1台	1990	台湾
	餐巾纸制造机1台	1990	台湾泰舜
河北容城县大发纸品厂有限公司	盒装面纸制造机1台	1996	台湾泰舜
	自动封盒包装机1台	1996	台湾泰舜
	餐巾纸制造机1台	1997	台湾泰舜
	全自动工业用卫生纸/厨房纸巾复卷	1997	台湾泰舜
	打孔压花机1台		
河北保定大发纸厂	全自动卷筒卫生纸复卷打孔机1台	1998	台湾泰舜
山西洪洞县纸厂	妇女卫生巾生产设备1台	1996	日本瑞光
内蒙古昭君集团有限公司	妇女卫生巾生产设备(护翼型)1台	1997	意大利Caldiroli
抚顺宏顺卫生巾公司	妇女卫生巾生产设备1台(护翼型)	1994	韩国斗逸
沈阳东联日用品有限公司	妇女卫生巾生产设备4台	1993~1995	台湾亨宇
	妇女卫生巾生产设备2台(护翼型)	1995	日本
原辽宁锦州女儿河纸厂	妇女卫生巾生产设备1台	1985	日本瑞光
	压花手帕纸制造机	1988	香港
辽宁抚顺市造纸厂	妇女卫生巾生产设备TSN400	1985	日本东亚机工
	妇女卫生巾生产设备	1984	日本
	全自动湿纸巾制造机	1987	台湾泰舜
	妇女卫生巾三折叠小包装生产线		日本
辽宁沈阳市人民纸厂	妇女卫生巾生产设备1台	1984	德国Bikoma
	卫生纸分切机	1984	香港厚兴
	妇女卫生巾生产设备	1984	
	全自动餐巾纸制造机	1984	
辽宁沈阳兴华造纸厂	压纹餐巾纸机	1987	台湾
辽宁大连造纸厂	妇女卫生巾生产设备1台	1985	德国Bikoma
	妇女卫生巾生产设备2台	1984	香港厚兴
长春可耐尔卫生保健品厂	婴儿尿裤生产设备1台	1995	意大利Diatec
吉林长春市纸袋厂	妇女卫生巾生产设备1台	1995	日本瑞光
吉福纸浆模制品公司	纸浆模塑餐盒生产设备1台	1997	冰岛喜福登公司

企业名称	引进内容	引进时间	引进国(地区)及公司
哈尔滨呼兰县利达纸业有限公司	妇女卫生巾生产设备1台	1994	台湾泰舜
	袖珍包面纸包装机	1994	台湾泰舜
	妇女卫生巾单片自动包装机1台	1994	台湾泰舜
	平型湿纸巾制造机	1994	台湾泰舜
哈尔滨晶琦纸业有限公司	湿餐巾制造机1台	1994	台湾智琦
	面巾折叠机1台		
	一次性纸杯生产设备1台		
哈尔滨国民实业公司	妇女卫生巾生产设备1台	1995	台湾
大庆欧迪特纸品有限公司	妇女卫生巾生产设备1台	1995	意大利
	纸餐盒生产设备1台	1995	台湾友利
上海唯尔福集团有限公司	妇女卫生巾生产设备1台(护翼型)	1995	意大利Caldiroli
	婴儿尿裤生产设备1台		美国PCMC公司(二手机)
全日美(上海)实业有限公司	婴儿尿裤生产设备1台	1994	日本
	妇女卫生巾生产设备1台	1994	台湾
	婴儿尿裤生产设备1台	1997	日本
上海添儿福保健用品有限公司	婴儿尿裤生产设备1台	1993	加拿大二手机
强生(中国)有限公司	妇女卫生巾生产设备2台(护翼型)	1995~1997	德国W+D
上海铃兰卫生用品有限公司	妇女卫生巾生产设备2台	1993	日本
上海金佰利纸业公司	卫生纸机1台	1994	芬兰Valmet
	卫生卷纸加工机	1995	台湾
	面纸加工机		
	盒装面巾纸加工机		
	袖珍包面纸生产线		
	餐巾纸加工机		
上海华伦造纸厂	湿纸巾盒装面纸制造机	1989	台湾
上海月月舒妇女用品有限公司	妇女卫生巾生产设备(护翼型)2台	1996~1998	意大利Caldiroli
上海花王有限公司	妇女卫生巾生产设备(护翼型)1台	1996	日本瑞光
上海尤妮佳有限公司	妇女卫生巾生产设备(护翼型)1台	1996	日本
上海佳通纸制品有限公司	婴儿尿裤生产设备1台	1997	意大利Fameccanica
	盒装压花面纸制造机1台	1997	台湾泰舜

企业名称	引进内容	引进时间	引进国(地区)及公司
	自动封盒包装机2台		
	全自动卷筒卫生纸复卷打孔印刷机1台		
	800m/min高速卫生纸分切复卷机1台		
原上海纸盒七厂	妇女卫生巾生产设备1台	1986	台湾
	湿纸巾机1台	1987	日本
上海日立行卫生用品有限公司	餐巾纸加工机1台	1991	台湾
	手帕纸加工机1台	1991	台湾
上海东宝永联纸业有限公司	餐巾纸制造机	1993	台湾
	盒装面纸制造机1台	1993	台湾
	袖珍包装机1台	1993	意大利
	袖珍包面纸、手帕纸制造机1台	1993	台湾
上海松江纸厂	全自动卫生卷纸复卷压花打孔机1台	1995	台湾泰舜
	400m/min卫生纸分条复卷机1台	1995	台湾泰舜
上海斯米克华洁纸业有限公司	卫生卷纸加工设备1台	1996	美国
	印刷餐巾纸生产设备 (折叠机印刷机)1套	1996	美国
	盒装面巾纸生产设备1套 (折叠机,封盒机)	1996	台湾泰舜
	手帕纸包装机1台	1996	意大利
	手帕纸折叠机1台	1996	台湾泰舜
江苏新沂卫生用品有限公司	妇女卫生巾生产设备1台	1993	台湾智琦
	餐巾折叠机1台	1993	
江苏金湖造纸厂	妇女卫生巾生产设备2台		台湾
	妇女卫生巾生产设备1台		德国
豪之杰(南京)	盒装面纸制造机1台	1997	台湾泰舜
	自动封盒包装机2台		
江苏南京永红造纸厂	妇女卫生巾生产设备1台	1985	台湾
江苏连云港造纸厂	分切复卷机	1986	香港纸业
	卫生纸机	1987	意大利Over

企业名称	引进内容	引进时间	引进国(地区)及公司
	湿纸巾加工机	1987	香港Kailing
	妇女卫生巾生产设备	1985	德国
	折叠机2台	1984	日本新生贸易(株)
江苏兴化市洁尔舒卫生巾厂	妇女卫生巾生产设备		
江苏南京蕾蒂卫生用品有限公司	妇女卫生巾生产设备1台		台湾
正荣日用品(南京)有限公司	妇女卫生巾生产设备1台	1995	台湾
常州礼加卫生用品有限公司	妇女卫生巾生产设备1台(护翼型)	1996	意大利Caldiroli
常熟五洲纸业公司	卫生卷纸制造机	1995	台湾
	面巾纸制造机		
	餐巾纸制造机		
江阴启祥纸业有限公司	长网造纸机1台	1997	奥地利Voith
	湿抄机1台	1997	加拿大Hymac
	长网造纸机1台	1997	美国Beloit
	卫生纸后加工设备8台	1997	美国Pcmc
永丰余纸业(昆山)有限公司	长网造纸机1台	1998	意大利A.celli
	1000~1200m/min高速卫生纸分切复卷机1台	1997	台湾泰舜
	全自动卷筒卫生纸复卷打孔机1台		
	截断机1台		
苏州荣成纸业有限公司	长网卫生纸机1台	1997	意大利Recard
	复卷压花机	1997	意大利A.celli
	卫生卷纸加工机2台	1998	台湾泰舜
	盒装面巾纸制造机1台	1998	日本
	盒装面巾纸制造机1台	1998	台湾
	手帕纸加工机1台	1998	韩国
	800m/min高速卫生纸分切复卷机1台	1998	台湾泰舜
好孩子百瑞康卫生用品有限公司	纸尿裤生产设备2台	1998	美国PCMC
金红叶纸业(苏州工业园区)有限公司	长网卫生纸机2台	1997	奥地利Andritz
杭州浪潮迪诺卫生用品有限公司	医院护理垫生产设备1台	1993	意大利Caldiroli
杭州泰克森卫生纸品有限公司	婴儿尿裤生产设备1台	1995	意大利Caldiroli
浙江采风卫生用品有限公司	妇女卫生巾生产设备1台	1991	台湾

企业名称	引进内容	引进时间	引进国(地区)及公司
温州蜡纸厂	餐巾纸生产设备	1985	香港
浙江温州包装品综合厂	妇女卫生巾生产设备1台	1985	意大利普劳士公司
浙江余杭造纸厂	妇女卫生巾生产设备1台	1986	泰国卫生品制造公司
	妇女卫生巾生产设备1台	1982	意大利
杭州雅妮娜卫生用品公司	妇女卫生巾生产设备1台(护翼型)	1997	意大利Fameccanica
台州友谊卫生用品有限公司	妇女卫生巾生产设备1台(护翼型)	1996	意大利Caldiroli
宁波欧亚纸业有限公司	妇女卫生巾生产设备1台(护翼型)	1996	意大利Caldiroli
浙江健士霸集团帝邦洁品有限公司	妇女卫生巾生产设备1台(护翼型)	1996	日本瑞光
义乌市华美卫生用品有限公司	妇女卫生巾生产设备1台(护翼型)	1997	意大利Caldiroli
嘉善永泉纸业有限公司	卫生纸机2台	1997~1998	台湾泉宁
	分切复卷机2台		
	分切机1台		
诸暨造纸厂	卫生卷纸制造机2台		台湾
	餐巾纸制造机1台		
	面巾纸制造机1台		
安徽铜陵博发纸业有限公司	湿纸巾制造机1台	1993	台湾智琦
	盒装面巾纸制造机1台		
安徽宿县造纸厂	压花餐巾纸制造机	1986	台湾
安徽泾县月光纸业有限公司	妇女卫生巾生产设备1台	1992	台湾
安徽安庆高河造纸厂	妇女卫生巾生产设备1台	1986	日本东亚机工
安徽珠光保健卫生纸有限公司	妇女卫生巾生产设备1台		
安徽金徽纸业有限公司	卫生纸机1台	1993	台湾巨人
	面巾制造机1台	1993	台湾巨人
福建恒安集团有限公司	妇女卫生巾生产设备(护翼型)2台	1993	日本纸工机
	妇女卫生巾生产设备(护翼型)1台	1996	意大利Fameccanica
	婴儿纸尿裤生产设备1台	1996	意大利Fameccanica
	妇女卫生巾生产设备(护翼型)2台	1996	日本纸工机
	妇女卫生巾生产设备(护翼型)4台	1996~1997	意大利Fameccanica
	妇女卫生巾生产设备(护翼型)2台	1997	日本瑞光
	婴儿尿裤生产设备1台	1998	日本纸工机

企业名称	引进内容	引进时间	引进国(地区)及公司
福建甘蔗镇闽侯卫生巾厂	妇女卫生巾生产设备	1984	德国Bikoma
厦门华厦生活纸有限公司	高级生活用纸生产线二手设备	1984	香港南海兴业投资有限公司
福建恒利纸品有限公司	妇女卫生巾生产设备(护翼型)1台	1996	意大利Caldiroli
	妇女卫生巾生产设备(护翼型)1台	1997	意大利Fameccanica
福建石狮	袖珍包面纸制造机2台	1993	台湾泰舜
福建莆田佳通纸品有限公司	妇女卫生巾生产设备2台	1995	德国Bikoma(二手机)
	妇女卫生巾生产设备(护翼型)1台	1996	意大利Fameccanica
	盒装面巾纸制造机1台	1996	台湾泰舜
	自动封盒包装机2台	1996	台湾泰舜
	卷筒卫生纸制造机	1995	台湾全利公司
聚龙(泉州)轻工有限公司	妇女卫生巾生产设备2台	1998	日本瑞光
	婴儿纸尿裤生产设备1台	1998	日本瑞光
	纸杯制造机1台	1998	台湾铋晟
	纸餐盒制造机1台	1998	台湾铋晟
漳浦县光阳纸业有限公司	卫生纸打孔复卷机1台		意大利百利怡
	迷尔型纸巾折叠机5台		台湾泰舜
	盒装面巾纸巾制造机2台		台湾泰舜
	妇女卫生巾生产设备(护翼型)1台		意大利CCE
	方型面巾纸制造机3台		台湾泰舜
	卫生纸机2台		德国
江西兴达纸业有限公司	盒装面纸制造机1台	1993	台湾泰舜
	袖珍包面纸制造机1台		
	自动封盒包装机1台		
	餐巾,面巾纸包装设备	1993	意大利
江西广丰月兔卫生用品有限公司	面巾纸制造机1台		台湾泰舜
	卷筒卫生纸制造机1台		意大利百利怡
江西赣州金凤股份有限公司	盒装面巾纸制造机1台	1992	台湾
	小包面巾纸制造机2台		
	复卷打孔机1台		
威海信威卫生材料制品有限公司	婴儿尿裤生产设备1台	1993	意大利CCE

企业名称	引进内容	引进时间	引进国(地区)及公司
	妇女卫生巾生产设备1台(护翼型)	1993	意大利CCE
	医院护理垫机1台	1993	意大利CCE
山东青岛舒洁纸品厂	盒装面纸制造机1台	1993	台湾泰舜
	自动封盒包装机1台	1993	台湾泰舜
山东烟台造纸厂	干法卫生纸机	1983	德国
	妇女卫生巾生产设备1台	1984	日本
山东青岛造纸厂	餐巾纸加工机	1985	台湾
山东泰安造纸厂	面巾纸制造机2台	1988	台湾影城
	餐巾纸制造机1台		
山东黄台造纸厂	妇女卫生巾生产设备1台	1986	日本
济南鲁澳纸业有限公司	卫生巾生产设备1台	1990	台湾
诸城三合高级生活用纸制造公司	倾斜型短长网卫生纸机		
烟台华润卫生用品有限公司	妇女卫生巾生产设备2台	1996	日本瑞光二手机
山东潍坊造纸总厂	餐巾折叠机	1994	台湾
	美容纸加工机	1994	韩国
	卫生纸机1台	1987	日本川之江
	餐巾纸压花机	1985	日本
	面巾纸制造机	1983	香港
	卫生卷纸生产线1条		意大利百利怡
山东济南造纸厂	餐巾纸加工设备	1988	日本吉永
山东兰海卫生用品厂	妇女卫生巾生产设备2台(护翼型)	1997	意大利 Caldiroli
河南美乐纸品有限公司	妇女卫生巾生产设备1台	1993	意大利
	妇女卫生巾生产设备1台	1993	台湾
漯河纸业集团股份有限公司	卫生纸机1台	1994	意大利Over
	平型湿纸巾制造机2台	1993	台湾泰舜
	800m/min高速卫生纸分切复卷机1台	1994	台湾泰舜
	全自动工业用卫生纸/厨房纸巾复卷	1994	台湾泰舜
	打孔压花机1台		
	妇女卫生巾生产设备1台	1995	意大利
	餐巾纸制造机等	1987	台湾泰舜

企业名称	引进内容	引进时间	引进国(地区)及公司
河南陕县化纤厂	妇女卫生巾生产设备1台	1984	香港
郑州造纸厂	妇女卫生巾生产设备1台	1984	香港
开封黄河卫生制品有限公司	妇女卫生巾生产设备2台	1993	台湾智琦
南阳市舒美洁品有限公司	妇女卫生巾生产设备1台	1992	台湾智琦
郑州市股份卫生巾纸厂	妇女卫生巾生产设备1台	1986	意大利
河南郑州月月舒公司	妇女卫生巾生产设备1台(护翼型)	1997	意大利Caldiroli
原黄梅县迷你卫生纸品有限公司	婴儿尿裤生产设备1台	1994	意大利Caldiroli
	妇女卫生巾生产设备1台	1994	意大利Caldiroli
湖北云梦县造纸厂	纸巾折叠机,包装机	1985	德国
湖北蒲圻荆泉纸厂	餐巾纸生产线	1985	台湾
武汉新华造纸厂	妇女卫生巾生产设备1台	1984	台湾
湖北宜昌造纸厂	压花机	1983	德国克莱
湖北胜新造纸厂	面巾纸包装机	1987	台湾长助
	面巾纸制造机	1987	台湾长助
	湿纸巾制造机	1987	台湾长助
	餐巾纸折叠机	1987	意大利Cassoli
	餐巾纸包装机	1987	意大利Omet
湖北孝感市卫生纸厂	卫生纸机1台	1991	意大利百利怡
武汉丝宝集团卫生用品公司	妇女卫生巾生产设备1台(护翼型)	1997	意大利Fameccanica
武汉远东公司	纸餐盒生产线1条	1996	德国
	纸盘子生产线1条	1996	德国
	纸杯生产线1条	1996	韩国
	纸手帕生产线1条	1996	意大利Omet
	纸筷子生产线1条	1997	荷兰
湖北省枝江造纸厂	面巾纸制造机		台湾
湖北蒲圻市星汇造纸厂	分切机1台		台湾
	餐巾纸压花机1台		
	卷筒卫生纸制造机1台		
常德恒安纸业有限公司	卫生纸机1台	1997	奥地利Andritz
	压光复卷机	1997	德国

企业名称	引进内容	引进时间	引进国(地区)及公司
	卫生卷纸生产设备2台	1997	意大利百利怡
	餐巾纸制造机	1997	意大利百利怡
	自动封盒包装机2台	1996	台湾泰舜
	袖珍面巾纸制造机	1997	美国PCMC
	自动封盒包装机4台	1997	台湾泰舜
	袖珍包面纸机4台	1997	台湾泰舜
	盒面巾纸制造机2台	1997	台湾泰舜
	盒面巾纸制造机2台	1996	台湾泰舜
湖南新化县造纸二厂	妇女卫生巾生产设备1台	1985	香港
湖南涟源皱纹卫生纸厂	餐巾纸生产设备	1985	香港
湖南宁乡县造纸厂	妇女卫生巾生产设备1台		台湾
湖南省造纸公司	妇女卫生巾生产设备1台	1984	香港
湖南株州淦田纸厂	香巾纸折叠压花机	1984	香港
广州宝洁纸品有限公司	妇女卫生巾生产设备	1992~1997	日本
广州宝乐婴儿制品厂有限公司	婴儿尿裤生产设备1台	1994	日本纽朗
广东佛山威龙卫生用品公司	妇女卫生巾生产设备1台(护翼型)	1992	德国W+D
	妇女卫生巾生产设备1台	80年代	台湾
	妇女卫生巾生产设备2台	80年代	日本
广东顺德立荣公司	盒装面纸制造机1台	1993	台湾泰舜
	自动封盒包装机1台		
	袖珍包面纸包装机2台		
	袖珍包面纸包装机1台		
	盒装面纸制造机1台		
广东南海西樵宝儿用品有限公司	婴儿尿裤生产设备1台	1994	意大利Fameccanica
东莞中南造纸厂有限公司	婴儿尿裤生产设备1台	1994	意大利Caldiroli
	妇女卫生巾生产设备1台(护翼型)	1997	日本瑞光
	婴儿尿裤生产设备1台	1997	日本瑞光
广东佛山瑞麒婴儿用品有限公司	婴儿尿裤生产设备1台	1992	意大利
广东南海瑞麒婴儿用品有限公司	婴儿尿裤生产设备1台		意大利
广州花县新源卫生用品有限公司	妇女卫生巾生产设备1台		马来西亚

企业名称	引进内容	引进时间	引进国(地区)及公司
广东顺德大良卫生用品厂	妇女卫生巾生产设备2台	1993	日本瑞光
广东顺德洁美卫生用品厂	妇女卫生巾生产设备2台		台湾
广东顺德立荣公司	盒装面纸制造机1台	1993	台湾泰舜
	自动封盒包装机1台		
	袖珍包面纸制造机2台		
	盒装面纸制造机1台		
广东顺德乐从美雅卫生巾厂	妇女卫生巾生产设备1台		台湾
广东顺德伦教莉莉卫生用品厂	妇女卫生巾生产设备1台		
广东开平长利高档卫生用品厂	妇女卫生巾生产设备1台	1986	日本
	婴儿尿裤生产设备1台	1984	意大利Caldiroli
广东维达纸业股份有限公司	卫生纸机1台	1993	日本川之江
	卫生纸机1台	1994	日本川之江
	妇女卫生巾生产设备2台(1台护翼型)	1993	日本东亚机工
	全自动打孔纸卷机1台	1993	意大利百利怡
	半自动打孔纸卷机1台	1993	意大利Echo
	迷你型纸巾折叠机10台	1993	日本吉永铁工
	封口机10台	1993	日本吉永铁工
	卫生卷纸自动大包装生产线1条	1993	意大利Cassoli
	餐巾纸制造机(1/8折)1台	1993	台湾泰舜
	立式餐巾纸制造机2台	1993	
	400m/min卫生纸分条机1台	1994	
	800m/min卫生纸分条复卷机1台	1995	
	800/mmin卫生纸分条复卷机1台	1998	
	800m/min卫生纸分条复卷机1台	1998	
	储存架1台	1994	
	盒装面纸制造机7台	1993-1998	
	立式餐巾纸制造机2台	1995	
	裁断机1台	1995	
	全自动卷筒卫生纸/厨房纸巾反卷打洞点对点压花机1台	1995	

企业名称	引进内容	引进时间	引进国(地区)及公司
	全自动卷筒卫生纸/厨房纸巾反卷打洞点对点压花机1台	1996	台湾泰舜
	妇女卫生巾生产设备(护翼型)1台	1997	德国W+D
	妇女卫生巾包装机	1997	德国Optima
	半自动纸巾生产线2条	1996	德国W+D,Senning
	全自动纸巾生产线1条	1996	德国W+D,Senning
	卫生纸机1台	1998	美国Beloit
	餐巾纸制造机6台	1997	土耳其PMSL
	高速压花分切机1台	1997	
	全自动卷筒卫生纸复卷、打孔、分切、压花印刷机1台	1996	台湾泰舜
	全自动卷筒卫生纸复卷、打孔、分切、压花印刷机1台	1998	台湾泰舜
广东三江纸厂	400m/min卫生纸分切复卷机1台	1997	台湾泰舜
广东新会爱尔保洁用品厂	妇女卫生巾生产设备2台	1993	日本瑞光二手机
广东新会维康纸容器有限公司	纸杯成型机2台	1993	美国PMC
广东高明纸业公司	卫生纸机	1992	台湾富发公司
	盒装面巾纸制造机1台		
	面巾纸折叠机1台		
	压花餐巾纸制造机1台		
	压花卫生纸制造机1台		
广东阳泉纸业制品有限公司	卫生纸机1台		台湾
	卫生纸加工设备		
	盒装面纸制造机1台	1993	台湾泰舜
	自动封盒包装机1台		
	螺旋形纸管卷管机1台		
	盒装面纸制造机3台		
广东深圳信威纸品厂	妇女卫生巾生产设备1台	1984	香港
	妇女卫生巾生产设备1台(护翼型)	1995	日本
	面巾纸制造机		

企业名称	引进内容	引进时间	引进国(地区)及公司
广东珠海纸业厂	妇女卫生巾生产设备1台	1984	日本板田
	面巾纸加工设备1台	1984	日本
	面巾纸加工设备1台	1996	日本
	妇女卫生巾生产设备1台	1996	日本东亚机工
广东珠海唐家卫生巾厂	妇女卫生巾生产设备1台	1988	台湾
广东珠海洁尔康有限公司	妇女卫生巾生产设备1台	1992	日本川之江二手机
珠海市香凌轻纺有限公司	妇女卫生巾生产设备(护翼型)1台	1994	日本瑞光
	妇女卫生巾生产设备(护翼型)1台	1997	台湾
广东番禺	袖珍包面纸制造机1台	1993	台湾泰舜
	袖珍包面纸包装机1台		
广东东莞姿庭生活用品有限公司	妇女卫生巾生产设备2台	1995	日本瑞光
	妇女卫生巾生产设备1台	1993	意大利二手机
	妇女卫生巾生产设备1台(护翼型)	1997	美国PCMC
	纸手帕生产设备1台	1995	台湾泰舜二手机
	面巾纸生产设备1台	1995	意大利
	卫生护垫机1台	1998	意大利
广东四会卫生用品厂	妇女卫生巾生产设备1台	1993	日本
	妇女卫生巾生产设备1台	1993	台湾
广东信宜福利卫生纸厂	妇女卫生巾生产设备1台		台湾
广东湛江兆丰保健纸品有限公司	妇女卫生巾生产设备2台		台湾
广东廉江卫生巾厂	妇女卫生巾生产设备2台		台湾
广东珠海华发纸品厂	妇女卫生巾生产设备2台		台湾
广东丝洁纸业有限公司	卫生纸加工设备	1994	
汕头市新业集团爱护洁护理用品厂有限公司	婴儿尿裤机1台	1998	意大利GDM
江门丽达纸业有限公司	卫生纸机1台		台湾众维
番禺日畅纸巾制品有限公司	盒装面巾自动生产线5条		日本
	压花纸手巾全自动生产线1条		香港冠兴机械设备制造厂
	压光迷你巾全自动生产线2条		
	压光卷纸全自动生产线3条		

企业名称	引进内容	引进时间	引进国(地区)及公司
	湿纸巾自动生产线1条		
	餐巾生产线3条		
金钰(清远)卫生纸有限公司	卫生纸后加工设备	1996~1997	分别从日本IMC公司及意大利德国引进
东莞瑞麒公司	婴儿纸尿裤生产线1台	1998	意大利GDM
莲花山造纸厂	袋装香水纸巾折叠机	1983	香港
佛山威利纸品公司	妇女卫生巾生产设备1台	1983	台湾钢大
	妇女卫生巾生产设备1台	1987	台湾北洋电机
广州市华侨纸厂	香纸巾折叠机,制造机	1983	日本
	妇女卫生巾生产设备	1984	台湾
国营澄海保健用品厂	妇女卫生巾生产设备1台	1985	德国Bikoma
广东信宜纸厂	香纸巾折叠机	1985	台湾
广东始兴康雅纸品厂	妇女卫生巾生产设备1台	1984	台湾
广东曲江江城卫生巾厂	妇女卫生巾生产设备1台	1984	台湾
广东普宁造纸厂	妇女卫生巾生产设备1台	1985	德国Bikoma
	压花、印花机	1985	台湾
广东增城市雅姿卫生用品有限公司	妇女卫生巾生产设备(护翼型)1台	1996	泰国
	婴儿尿裤生产设备1台	1996	德国二手机
	妇女卫生巾护垫生产设备1台	1996	日本东亚机工
中山恒信日用品有限公司	卫生纸机2台	1997	台湾
	800m/min高速卫生纸分条复卷机加压光一色印刷机1台	1997	台湾泰舜
	全自动工业用卫生纸/厨房纸巾反卷压花打洞机1台		
	手帕纸制造机1台		
	盒装面纸制造机2台		
	自动封盒包装机2台		
	卫生纸后加工设备	1997	意大利百利怡
中山瑞德卫生纸品有限公司	婴儿纸尿裤生产设备1台	1995	意大利Fameccanica二手机
	婴儿纸尿裤生产设备1台	1997	意大利Nuova Red二手机
广东威宝造纸企业有限公司	1092mm卫生纸机1台	1989	台湾
	迷你型纸巾制造机	1990	台湾
	盒装面巾纸制造机	1990	台湾

企业名称	引进内容	引进时间	引进国(地区)及公司
广东惠东县联基工业有限公司	妇女卫生巾生产设备2台(护翼型)	1994	台湾
万益纸巾(深圳)有限公司	盒装面巾纸制造机		香港
南宁科宝纸业公司	盒装纸巾制造机1台	1984	日本
	妇女卫生巾生产设备1台	1984	台湾
	纸巾制造机1台	1984	韩国
	纸巾制造机1台	1984	日本
	纸巾制造机1台	1984	台湾
	卷纸机1台	1984	意大利
南宁龙邦迷尔生活用纸厂	复卷打孔机1台	1984	日本
柳州惠好卫生用品有限公司	妇女卫生巾生产设备2台(护翼型1台)	1996	意大利CCE
	护垫生产设备1台	1996	意大利CCE
柳州市造纸厂	妇女卫生巾生产设备1台	1985	台湾
	卷筒卫生纸打孔分切机1台	1996	日本IMC二手机
	盒装面巾纸制造机1台	1996	日本IMC二手机
	妇女卫生巾小包装设备1台		日本
	妇女卫生巾大包装设备1台		德国Optima
海南华侨日用品厂	盒装面巾纸制造机1台	1994	台湾泰舜
	自动封盒包装机1台	1994	台湾泰舜
	妇女卫生巾生产设备1台(护翼型)	1995	日本
海南定安纸厂	妇女卫生巾生产设备	1984	台湾
重庆艾薇亚卫生用品公司	妇女卫生巾生产设备3台	1993~1996	台湾
	餐巾纸制造机1台	1993	台湾
原四川皎娇工贸公司(已转让)	妇女卫生巾生产设备2台	1993	日本
	妇女卫生巾生产设备1台	1993	台湾
四川成都市造纸公司	餐巾纸加工机	1985	香港奇兴
四川重庆卫生巾厂	妇女卫生巾生产设备1台	1987	德国Bikoma
四川夹江卫生巾厂	妇女卫生巾生产设备1台	1985	台湾
重庆舒乐卫生用品公司	婴儿尿裤生产设备1台	1996	美国PCMC二手机
云南昆明造纸厂	盒装面纸制造机1台	1993	台湾泰舜
	自动封盒包装机	1993	台湾泰舜

企业名称	引进内容	引进时间	引进国(地区)及公司
	袖珍包面纸制造机	1993	台湾泰舜
	妇女卫生巾生产设备1台	1985	台湾
云南大康工贸公司	纸巾加工机	1995	德国W+D
陕西兴平造纸厂	生活用纸加工设备	1986	香港飞达
陕西渭南市造纸厂	生活用纸包装机不可失	1988	德国Senning
西安澳周无纺布实业有限公司	婴儿尿裤生产设备1台	1995	台湾二手机
甘肃平凉市造纸厂	妇女卫生巾生产设备1台	1985	台湾钢大
兰州春晖卫生巾厂	妇女卫生巾生产设备1台	1985	台湾钢大
宁夏青铜峡造纸厂	妇女卫生巾生产设备	1985	日本
宁夏宁成卫生制品有限公司	妇女卫生巾生产设备		台湾
宁夏吴忠县瑞特纸业公司	干法造纸设备	1994	丹麦MJ,瑞典川木赛尔
	复膜印花机	1994	德国
宁夏美洁纸业股份有限公司	盒装面纸折叠机2台	1999	台湾泰舜
	封盒机3台		
	手帕纸折叠机1台		
乌鲁木齐市第二造纸厂	妇女卫生巾生产设备1台	1985	日本
新疆乌鲁木齐市纸品厂	湿纸巾制造机2台	1994	台湾泰舜

产品标准

CHINESE STANDARD OF PRODUCTS

(8)

国家技术监督局发布
1995－12－15 批准
1996－07－01 实施

中华人民共和国国家标准

GB 15979－1995

一次性使用卫生用品卫生标准

Hygienic standard for disposable sanitary products

1 主题内容与适用范围

本标准规定了一次性使用卫生用品的产品卫生标准、消毒效果评价标准、生产环境与消毒过程卫生要求、检验方法及包装要求。

本标准适用于国内从事一次性使用卫生用品的生产、销售部门或单位，也适用于经销进口一次性使用卫生用品的部门或单位。

2 术语

2.1 一次性使用卫生用品

使用一次后即丢弃的、与人体接触并为人体生理卫生或卫生保健目的而使用的各种日常用品，如薄膜(或乳胶)手套、餐巾、纸巾、口罩、妇女经期卫生用品、尿布等排泄物卫生用品、避孕工具等，在本标准中简称为“卫生用品”。

2.2 普通级产品

未经本标准所规定的产品最终消毒方法处理的上述卫生用品。

2.3 消毒级产品

经本标准所规定的产品最终消毒方法处理并符合该产品微生物学指标的上述卫生用品。

2.4 抗菌产品

具有抑菌作用的上述卫生用品。

2.5 消毒湿巾

含有消毒药液的、具有杀菌作用的餐巾、纸巾、拭巾等一次性使用卫生用品。

3 产品卫生标准

3.1 外观必须整洁，符合该卫生用品固有性状，不得有异常气味与异物。

3.2 不得对皮肤与粘膜产生不良刺激、引起过敏反应及其他损害作用，使用过程中不得析出有毒害的物质。

3.3 产品须符合下表微生物学指标。

3.4 抗菌产品除必须达到同类同级产品微生物学标准外，还必须对大肠杆菌与金黄色葡萄球菌的抑制率≥50%，并在室温下至少保持一年。

3.5 经环氧乙烷消毒的卫生用品出厂时，环氧乙烷残留量必须≤250 μg/g。

产品种类	微生物指标				
	初始污染菌 cfu/g[1)]	细菌菌落总数 cfu/g[1)]	大肠菌群	致病性化脓菌[2)]	真菌菌落总数 cfu/g[1)]
餐巾、纸巾、薄膜(乳胶)手套(医用手套除外)等		≤200	不得检出	不得检出	≤20
消毒湿巾[3)]		≤20	不得检出	不得检出	不得检出
口罩					
普通级(common)		≤200	不得检出	不得检出	≤10
消毒级(disinfection)	≤10 000	≤20	不得检出	不得检出	不得检出
妇女经期卫生用品					
普通级(common)		≤200	不得检出	不得检出	≤10
消毒级(disinfection)	≤10 000	≤20	不得检出	不得检出	不得检出
尿布、尿垫等排泄物卫生用品					
普通级(common)		≤200	不得检出	不得检出	≤20
消毒级(disinfection)	≤10 000	≤20	不得检出	不得检出	不得检出
阴道内避孕工具		≤20	不得检出	不得检出	不得检出

注：1) 对吸水树脂类材料制品，其初始污染菌和细菌菌落总数单位为cfu/100 cm²。
2) 致病性化脓菌指绿脓杆菌、金黄色葡萄球菌与溶血性链球菌。
3) 消毒湿巾还必须对大肠杆菌与金黄色葡萄球菌的杀菌率≥90%，并在室温下至少保持一年。

4 生产环境卫生标准

4.1 装配与包装车间空气中细菌菌落总数应≤2 500 cfu/m³。
4.2 生产过程中，工作台表面细菌菌落总数应≤10 cfu/cm²。工人手表面细菌菌落总数应≤300 cfu/只手。

5 消毒效果评价标准

5.1 环氧乙烷消毒：对枯草杆菌黑色变种芽胞(ATCC 9372)的灭活指数应达到10^3。
5.2 电离辐射消毒：对短小杆菌芽胞E601(ATCC 27142)的灭活指数应达到10^3。
5.3 压力蒸气消毒：对嗜热脂肪杆菌芽胞(ATCC 7953、SSIK 31)的灭活指数应达到10^3。

6 样品采集与测试方法

6.1 产品采集与测试方法
6.1.1 产品微生物检测方法：按附录A进行。
6.1.2 产品抑菌和杀菌性能稳定性测试方法：按附录B进行。
6.1.3 产品环氧乙烷残留量测试方法：按附录C进行。
6.2 生产环境采样与测试方法：按附录D进行。

7 生产环境及工作人员卫生要求

7.1 生产区周围环境应整洁，无蚊、蝇等害虫孳生地；生产区内应无蚊、蝇等昆虫。
7.2 生产区应有足够空间与一定分隔，流程合理，不得逆向与交叉，人、物分流，有防尘设施；原料进入与成品出去应订有严格操作规程。
7.3 生产区内地面、墙面、工作台面应平整、光滑、不起尘、便于除尘与清洗消毒，室内安装足够紫外线杀菌灯(30 W / 10 m²)。
7.4 生产过程所产生的粉尘或有毒有害物质必须符合国家有关标准。
7.5 生产区前应设有更衣室、洗手池、消毒池与缓冲区，进入生产区要更衣、更鞋、戴口罩帽子，并清洗和消毒双手。
7.6 原材料与成品仓库应分开，仓库内应干燥、通风、防虫、防鼠并设垫仓板；待检、合格、不合格原材料和成品应严格分开堆放并设明显标志。
7.7 痢疾、伤寒、病毒性肝炎、活动性肺结核、尖锐湿疣、淋病及化脓性或渗出性皮肤病患者或病原携带者不得参与直接与产品接触的生产活动并且应经常保持个人卫生，不得留长发、留指甲，工作时不得戴手饰。
7.8 从事卫生用品生产的人员应定期(每年一次)进行健康检查与卫生知识(包括生产卫生、个人卫生、有关标准与规范)培训，合格者方可上岗。

8 消毒过程卫生要求

8.1 卫生用品消毒级产品最终消毒必须采用环氧乙烷、电离辐射或压力蒸气方法，所用消毒设备必须有产品合格证和卫生许可证。
8.2 根据产品要求与消毒效果评价标准制定消毒程序、技术参数、工作制度，严格按照消毒工艺操作。
8.3 消毒过程必须用相应的物理或化学指示剂和生物指示剂监测，按附录E进行。

9 产品包装要求

9.1 卫生用品包装材料必须无毒、无害、清洁，并有足够密封性与牢固性。如为消毒产品，则消毒处理后产品外观与性能应与消毒处理前无显著差异。
9.2 产品应尽量单件包装，每个最小包装单位内产品数量最多不得超过10件。
9.3 最小包装单位的包装应密封，不漏气，应能耐受正常运输与贮存。
9.4 大小包装均应在醒目位置标上产品级别，并在最小包装四周标上识别产品级别颜色的边框，消毒级标以绿色，普通级标以蓝色。
9.5 每个小包装上均应用中文注明卫生许可证号、产品名称、生产单位、厂址、批号、使用说明与注意事项。每个外包装标明运输与贮存条件及注意事项。
9.6 消毒产品还应在每个小包装上注明消毒方法与有效期限；每个外包装上标明消毒单位及地址、消毒方法、消毒日期(或批号)、有效期限和消毒标记。

附 录 A
产品微生物检测方法
(补充件)

A1 产品采集与样品处理

于同一批号的三个大包装中至少随机抽取15包小包装样品，三分之一用于测试，三分之一留样，三分之一必要时复测用。样品最小包装不应有破裂，检验前不得启开。

在100级净化条件下或超净工作台中用无菌方法至少打开5个小包装，从中随机准确称取10 g样品，剪碎后加入到100 mL灭菌生理盐水中，振打80次或用混匀器充分混匀。每一种样品共取30 g，分别接种3管生理盐水样液。

如被检样液为吸水树脂类材料制品，则用无菌湿棉签涂抹表面100 cm^2面积(与人体接触部位)，剪去与手接触部分棉棒，将棉签放入10 mL无菌生理盐水中振打80次或用混匀器混匀。每种样品平行接种3管。

A2 细菌菌落总数与初始污染菌检测方法

A2.1 操作步骤：待上述样液自然沉降后取上清液作菌落计数。共接种6个平皿，每个平皿中加入1 mL样液，然后用冷却至45℃左右的熔化的营养琼脂15 mL倒入平皿内，混合均匀。待琼脂凝固后翻转平皿置37℃ 培养24 h后，计算平板上的菌落数。当平板上菌落数超过300时应稀释后再计数。

A2.2 菌落计数及结果报告：菌落呈片状生长的平板不宜采用；计数符合要求的平板上的菌落，按式(A1)计算结果：

每克样品细菌菌落总数(cfu/g)＝平板上菌落平均数X10--------------------(A1)

所得结果超过标准值的10%，必须重复检测一次，以两次结果的平均数为最终结果。

当菌落数在100以内时，按实有数报告，大于100时采用二位有效数字。

A3 大肠菌群检测方法

A3.1 操作步骤：取样液的上清液接种乳糖胆盐发酵管。共接种3管，每管接种1 mL样液，置37℃ 培养24 h，如不产酸也不产气，则报告为大肠菌群阴性。

如产酸产气，则划线接种伊红美蓝琼脂平板，置37℃ 培养18～24 h，观察平板上菌落形态。典型的大肠菌落为黑紫色或红紫色，圆形，边缘整齐，表面光滑湿润，常具有金属光泽，也有的呈紫黑色，不带或略带金属光泽，或粉紫色，中心较深的菌落。

挑取可疑大肠菌落1～2个进行革兰氏染色镜检，同时接种乳糖发酵管于37℃培养24 h，观察产气情况。

A3.2 结果报告：凡乳糖胆盐发酵管产酸产气，乳糖发酵管产气，在伊红美蓝平板上有典型大肠菌落，革兰氏染色为阴性无芽胞杆菌，可报告被检样品检出大肠菌群。

A4 绿脓杆菌测试方法

A4.1 操作步骤：取样液5 mL，加入到50 mL SCDLP培养液中，充分混匀，置37℃培养18～24 h。如有绿脓杆菌生长，培养液表面呈现一层薄菌膜，培养液常呈黄绿色或蓝绿色。

从培养液的薄菌膜处挑取培养物，划线接种十六烷三甲基溴化铵琼脂平板，置37℃培养18～24 h，观察菌落特征。绿脓杆菌在此培养基上生长良好，菌落扁平，边缘不整，菌落周围培养基略带粉红色，其他细菌不生长。

挑取可疑菌落涂片作革兰氏染色，镜检为革兰氏阴性菌者应进行下列试验：

氧化酶试验：取一小块洁净的白色滤纸片放在灭菌平皿内，用无菌玻棒挑取可疑菌落涂在滤纸片上，然后在其上滴加一滴新配制的1%二甲基对苯二胺试液，30 s内出现粉红色或紫红色，为氧化酶试验阳性，不变色者为阴性。

绿脓菌素试验：取2～3个可疑菌落，分别接种在绿脓菌素测定用培养基斜面，37℃培养24 h，加入三氯甲烷3～5 mL，充分振荡使培养物中可能存在的绿脓菌素溶解，待三氯甲烷呈蓝色时，用吸管移到另一试管中并加入1 mol/L的盐酸1 mL，振荡后静置片刻。如上层出现粉红色或紫红色即为阳性，表示有绿脓菌素存在。

硝酸盐还原产气试验：挑取被检菌纯培养物接种在硝酸盐胨水培养基中，置37℃培养24 h，培养基小倒管中有气者即为阳性。

明胶液化试验：取可疑菌落纯培养物，穿刺接种在明胶培养基内，置37℃培养24h，取出放于4～10℃，如仍呈液态为阳性，凝固者为阴性。

42℃生长试验：挑取可疑培养物，接种在普通琼脂斜面培养基上，置42℃培养24～48 h，有绿脓杆菌生长为阳性。

A4.2 结果报告：被检样品经增菌分离培养后，证实为革兰氏阴性杆菌，氧化酶及绿脓菌素试验均为阳性者，即可报告被检样品中检出绿脓杆菌。如绿脓菌素试验阴性而液化明胶、硝酸盐还原产气和42℃生长试验三者皆为阳性时，仍可报告被检样品中检出绿脓杆菌。

A5 金黄色葡萄球菌检测方法

A5.1 操作步骤：取样液5 mL，加入到50 mL SCDLP培养液中，充分混匀，置37℃培养24 h。

自上述增菌液中取1～2接种环，划线接种在血琼脂培养基上，置37℃培养24～48 h。在血琼脂平板上该菌菌落呈金黄色，大而突起，圆形，不透明，表面光滑，周围有溶血圈。

挑取典型菌落，涂片作革兰氏染色镜检。金黄色葡萄球菌为革兰氏阳性球菌，排列成葡萄状，无芽胞与荚膜。镜检符合上述情况，应进行下列试验：

甘露醇发酵试验：取上述菌落接种到甘露醇培养液中，置37℃培养24 h，发酵甘露醇产酸者为阳性。

血浆凝固酶试验：玻片法：取清洁干燥载玻片，一端滴加一滴生理盐水，另一端滴加一滴兔血浆，挑取菌落分别与生理盐水和血浆混合，5 min如血浆内出现团块或颗粒状凝块，而盐水滴仍呈均匀混浊无凝固则为阳性，如两者均无凝固则为阴性。凡盐水滴与血浆滴均有凝固现象，再进行试管凝固酶试验。试管法：吸取1∶4新鲜血浆0.5 mL，放灭菌小试管中，加入等量待检菌24 h肉汤培养物0.5 mL。混匀，放37℃温箱或水浴中，每半小时观察一次，24 h之内呈现凝块即为阳性。同时以已知血浆凝固酶阳性和阴性菌株肉汤培养物各0.5 mL作阳性与阴性对照。

A5.2 结果报告：凡在琼脂平板上有可疑菌落生长，镜检为革兰氏阳性葡萄球菌，并能发酵甘露醇产酸，血浆凝固酶试验阳性者，可报告被检样品检出金黄色葡萄球菌。

A6 溶血性链球菌检测方法

A6.1 操作步骤：取样液5 mL加入到50 mL匹克肉汤，37℃培养24 h。

将培养物划线接种血琼脂平板，37℃培养24 h观察菌落特征。溶血性链球菌在血平板上为灰白色，半透明或不透明，针尖状突起，表面光滑，边缘整齐，周围有无色透明溶血圈。

挑取典型菌落作涂片革兰氏染色镜检，应为革兰氏阳性，呈链球状排列的球菌。镜检符合上述情况，应进行下列试验：

链激酶试验：吸取草酸钾血浆0.2 mL(0.01 g草酸钾加5 mL兔血浆混匀，经离心沉淀，吸取上清液)，加入0.8 mL灭菌生理盐水，混匀后再加入待检菌24 h肉汤培养物0.5 mL和0.25%氯化钙0.25 mL，混匀，放37℃水浴中，2 min观察一次(一般10 min内可凝固)，待血浆凝固后继续观察并记录溶化时间。如2 h内不溶化，继续放置24 h后观察，如凝块全部溶化为阳性，24 h仍不溶化为阴性。

杆菌肽敏感试验：将被检菌菌液涂于血平板上，用灭菌镊子取每片含0.04单位杆菌肽的纸片放在平板表面上，同时以已知阳性菌株作对照，在37℃下放置18～24 h，有抑菌带者为阳性。

A6.2 结果报告：镜检革兰氏阳性链状排列球菌，血平板上呈现溶血圈，链激酶和杆菌肽试验阳性，可报告被检样品检出溶血性链球菌。

A7 真菌检测方法

A7.1 操作步骤

定性法：取样液5 mL，加入到50 mL沙氏培养基中，置20～25℃培养7天，逐日观察有无真菌生长。

定量法：取样液上清液接种沙氏琼脂培养基，即每个平皿中放入1 mL样液，共接种6个平皿，每一平皿倾注冷却至45～50℃的约15 mL上述琼脂培养基，随即转动平皿使样品与培养基充分混匀。待琼脂凝固后翻转平皿，置28℃培养72 h后开始观察，共培养观察7天，计算平板上菌落数。

A7.2 结果报告

定性法：如真菌培养管混浊应转种沙氏琼脂培养基，证实有真菌生长，可报告被检样品检出真菌。

定量法：根据平板上的菌落数，按式(A2)计算结果：

每克样品真菌菌落数(cfu/g)＝平板上菌落平均数x10 ---------------- (A2)

所得结果超过标准值的10%，必须重复检测一次，以两次结果的平均数为最终结果。

附 录 B
产品抑菌和杀菌性能与稳定性测试方法
(补充件)

B1 样品采集

于同一批号三个大包装中至少随机抽取20件样品，其中10件留样，5件做抑菌或杀菌性能测试，5件做稳定性测试。

B2 试验菌保存与准备

试验菌采用金黄色葡萄球菌(ATCC 6538)和大肠杆菌(8099或ATCC 25922)。
菌株接种于营养琼脂斜面，置于4℃下保存，每月转种一次。
试验前，将试验菌从保存琼脂斜面上转种，每天转种一次，不超过2～3周。试验时采用24 h新鲜细菌培养物。

B3 稳定性测试条件

B3.1 自然留样：将原包装样品置室温下1年，进行抑菌或杀菌性能测试。
B3.2 加速试验：将原包装样品置54～57℃水浴中14天或37～40℃水浴中3个月，进行抑菌或杀菌性能测试。

B4 中和剂试验

进行杀菌性能测试所选用的中和剂必须能通过以下实验：

实验分以下六组进行：1组：样片染菌5 min + 5 mL中和剂；2组：染菌对照片 + 5 mL中和剂；3组：样片 + 5 mL中和剂 + 染菌对照片；4组：染菌对照片 + 磷酸盐缓冲盐水(PBS)；5组：染菌样片 + 5 mL PBS；6组：培养基对照。

以上六组分别作用10 min后取样1 mL作活菌计数，1组长少量活菌；2组、3组、4组活菌数相似(误差<10%)；5组长少量菌或不长菌；6组无菌生长。

B5 操作步骤

将试验菌24 h斜面培养物用0.3 mol/L PBS洗下，制成菌悬液(要求的浓度为：用其100 μL滴于对照样片上，回收菌数为1×10^4～9×10^4 cfu/片)。

取被试样片1.0 cm×3.0 cm和对照样片(与被试样片同质材料，同等大小，但不含抗菌材料，且经灭菌处理)各4片，分成4组置于4个灭菌平皿中。

取上述菌悬液，分别在每个被试样片和对照样片上滴加100 μL，均匀涂布，开始计时，于2、5、10、20 min用无菌镊分别将它们投入含5 mL PBS(0.03 mol/L，pH 7.2)的试管内(如是杀菌试验，则该试管中含5 mL相应中和剂)，用手振打80次，作适当稀释，然后取其中2～3个稀释度，分别吸取0.5 mL，置于两个平行平皿，用凉至40～45℃的营养琼脂15 mL作倾注，转动平皿，使其充分均匀，凉至琼脂凝固翻转平板，37℃培养24 h，作菌落计数。

以上试验，重复三次，取其平均数。

B6 计算

$$抑(杀)菌率(\%)=\frac{A-B}{A}\times 100 \qquad \text{----------(B1)}$$

式中 A-------对照样品平均回收菌数；
B-------试验样品平均回收菌数。

B7 结果报告

抑菌率≥50%～90%，可以报告产品有抑菌作用；抑菌率≥90%，可以报告产品有较强抑菌作用。

杀菌率≥90%，可以报告消毒湿巾有杀菌作用。

产品经自然留样或加速试验，其抑菌率≥50%或杀菌率≥90%，可以报告该产品的抑菌或杀菌作用在室温下至少保持一年。

附 录 C
产品环氧乙烷残留量测试方法
(补充件)

C1 测试目的

确定产品消毒后启用时间，当产品原料与消毒工艺改变时应予测试。

C2 样品采集

于环氧乙烷消毒后，立即从同一消毒批号的三个大包装中随机抽取一定量小包装样品，采样量至少应满足两次测试用(留一次量在必要时进行复测用)。

分别于环氧乙烷消毒后24 h及以后每隔数天进行残留量测定，直至残留量降至3.5条所规定的标准值以下。

C3 仪器操作条件

仪器：气相色谱仪，氢焰检测器(FID)。

操作条件：

柱：15%丁二酸乙二醇聚酯Chromosorb W HP 60～80目；玻璃柱长2m，ϕ3 mm。

柱温：120℃。

检测器：150℃。

气化器：150℃。

载气量：氮气：35 mL/min。

氢气：35 mL/min。

空气：350 mL/min。

柱前压约为108 kPa。

C4 操作步骤

C4.1 标准配制

用100 mL玻璃针筒从纯环氧乙烷小钢瓶中抽取环氧乙烷标准气(重复放空二次，以排除原有空气)，塞上橡皮头，用10 mL针筒抽取上述100 mL针筒中纯环氧乙烷标准气10 mL，用氮气稀释到100 mL(可将10 mL标准气注入到已有90 mL氮气的带橡皮塞头的针筒中来完成)。用同样方法根据需要再逐级稀释2～3次(稀释1 000～10 000倍)，作三个浓度的标准气体。按环氧乙烷小钢瓶中环氧乙烷的纯度、稀释倍数和室温计算出最后标准气中的环氧乙烷浓度。

计算公式如下：

$$c=\frac{40\times10^{6}}{22.4\times10^{3}\times K}\times\frac{273}{273+t} \quad \text{------------(C1)}$$

式中 c------------标准气体浓度，μg/mL；

K----------稀释倍数；

t------------室温，℃。

C4.2 样品处理

至少取2个最小包装产品，将其剪碎，随机精确称取2 g，放入萃取容器中，加入5 mL丙酮，充分摇匀，放置4 h或振荡30 min待用。

C4.3 分析

待仪器稳定后，在同样条件下，环氧乙烷标准气体各进样0.5 mL，待分析样品各进样2μL。

根据保留时间定性，根据峰面积(或峰高)进行定量计算。

C4.4 计算

以所进环氧乙烷标准气的微克(μg)数对所得峰面积(或峰高)作环氧乙烷工作曲线。

以样品中环氧乙烷所对应的峰面积(或峰高)在工作曲线上求得环氧乙烷的量A(μg)，并以式(C2)求得产品中环氧乙烷的残留量。

$$X=\frac{A}{\frac{m}{V(萃)}\times V(进)} \quad \text{----------------------(C2)}$$

式中 X---------产品中环氧乙烷残留量，μg/g；

A--------从工作曲线中所查得之环氧乙烷量，μg；

m--------所取样品量，g；

V(萃)---萃取液体积，mL；

V(进)---进样量，mL。

附 录 D
生产环境采样与测试方法
(补充件)

D1 空气中细菌菌落采样与测试方法

D1.1 样品采集

在动态下进行。

室内面积不超过30 m²，在对角线上设里、中、外三点，里、外点位置距墙1 m；室内面积超过30 m²，设东、西、南、北、中5点，周围4点距墙1 m。

采样时，将含营养琼脂的平皿(直径9 cm)置采样点(约桌面高度)，打开平皿盖，使平皿在空气中暴露5 min。

D1.2 细菌培养

在采样前将准备好的琼脂培养基置37℃ 培养24 h，取出检查有无污染，将污染培养基剔除。

将已采集的培养基在6 h内送实验室，于37℃ 培养24 h观察结果，计数平板上细菌菌落数。

D1.3 菌落计算

$$空气细菌菌落总数(cfu/m^3)=\frac{平板上平均细菌菌落数\times 50000}{平板面积(cm^2)\times 暴露时间(min)} \quad \text{------------- (D1)}$$

D2 工作台表面与工人手表面细菌菌落采样与测试方法

D2.1 样品采集

工作台：将经灭菌的内径为5 cm x5 cm的灭菌规格板放在被检物体表面，用一浸有灭菌生理盐水的棉签在其内涂抹10次，然后剪去手接触部分棉棒，将棉签放入含10 mL灭菌生理盐水的采样管内送检。

工人手：被检人五指并拢，用一浸湿生理盐水的棉签在右手指曲面，从指尖、指沟处到指端来回涂擦10次，然后剪去手接触部分棉棒，将棉签放入含10 mL灭菌生理盐水的采样管内送检。

D2.2 样品检测

将每支采样管振打80次或用混匀器充分混匀。取1 mL样液，放入灭菌平皿内，倾注营养琼脂。每个样品平行接种两块平皿，置37℃ 培养24 h，计数平板上细菌菌落数。

D2.3 菌落计算

工作台表面：

$$工作台表面细菌菌落总数(cfu/cm^2)=\frac{平板上平均细菌菌落数}{采样面积(cm^2)}\times 10 \quad \text{------------ (D2)}$$

工人手表面：

$$每只手表面细菌菌落总数(cfu/只手)=平板上平均细菌菌落数\times 10 \quad \text{------------(D3)}$$

附 录 E
消毒过程监测方法
(补充件)

E1 环氧乙烷消毒

E1.1 每次消毒过程均须用化学指示剂进行监测，每月用生物指示剂进行监测，只有当消毒工艺符合要求、化学指示剂变色、生物指示剂培养阴性情况下，被消毒物品方可出厂。

E1.2 生物指示剂枯草杆菌黑色变种芽胞(ATCC 9372)的抗力要求：该指示剂，在菌量为5×10^5～5×10^6 cfu/片，环氧乙烷剂量为600±30 mg/L，作用温度为54±2℃，相对湿度为60%±10%条件下，其灭杀90%微生物所需时间D值应为2.6～5.8 min，存活时间≥7.8 min，死亡时间≤58 min。

E1.3 消毒效果评价用微生物指示剂菌量为5×10^3～1×10^4 cfu/片。每一消毒器每次至少布放5片生物指示剂，放于最难杀灭处。消毒完毕，取出指示菌片接种0.5% 葡萄糖肉汤培养液，将未处理阳性对照菌片作相同接种，两者均置37℃ 培养。阳性对照应在24 h内有菌生长。监测样品如连续观察5天全部无菌生长，可报告生物指示剂培养阴性，消毒合格。

E2 电离辐射消毒

E2.1 辐照前必须对每批产品进行初始污染菌检测，应符合3.3条规定。对初始污染菌超过规定的产品进行辐射消毒，应增加消毒剂量。

E2.2 消毒过程必须用经标定的工作计量剂进行监测，达到预定计量，被消毒物品方可出厂。

E2.3 当辐射源、装载模式等发生改变时，必须用生物指示剂进行测试，直至消毒效果达到稳定状态。

E2.4 生物指示剂短小杆菌芽胞E601(ATCC 27142)的抗力要求：该指示剂在菌量为5×10^5～5×10^6cfu/片时，其灭杀90%微生物所需剂量D_{10}值应为1.7 kGy。

E2.5 消毒效果评价用生物指示剂菌量为5×10^3 ～ 1×10^4个/片。每次至少选5箱，每箱产品布放3片生物指示剂，放于最小剂量处。消毒完毕，取出指示菌片接种入0.5%葡萄糖肉汤培养液，将未处理阳性对照菌片作相同接种，两者均置37℃培养。阳性对照应在24 h内有菌生长。监测样品如连续观察5天全部无菌生长，可报告生物指示剂培养阴性，消毒合格。

E3 压力蒸气消毒

E3.1 每次消毒过程必须进行工艺监测，每月用生物指示剂进行监测，只有当消毒温度与时间全部达到要求，生物指示剂培养阴性情况下，被消毒物品方可出厂。
E3.2 生物指示剂嗜热脂肪杆菌芽胞(ATCC 7953或SSIK 31)的抗力要求：在含菌量为5×10^5～5×10^6 cfu/片，在作用温度121℃条件下，其D值应为1.3～1.9 min，存活时间≥3.9 min，死亡时间≤19 min。
E3.3 消毒效果评价用生物指示剂菌量为5×10^3～1×10^4 cfu/片，每一消毒器每次至少布放3～5片生物指示剂。2层灭菌柜设3个点，上层中央部位1个点，下层前、后部位各1个点；3层灭菌柜设5个点，上层与中层的中央部位各1个点，下层前、中、后各1个点。消毒完毕取出指示菌片，接种溴甲酚紫葡萄糖蛋白胨水培养基，将未处理阳性对照菌片作相同接种，两者均置55～60℃ 培养。阳性对照应在24 h内有菌生长。监测样品如连续观察5天全部无菌生长，可报告生物指示剂培养阴性，消毒合格。

附 录 F
培养基与试剂制备
(补充件)

F1 营养琼脂培养基

成分：

蛋白胨	10 g
牛肉膏	3 g
氯化钠	5 g
琼脂	15 g
蒸馏水	1 000 mL

制法：除琼脂外其他成分溶解于蒸馏水中，调pH至7.2～7.4，加入琼脂，加热溶解，分装试管，121℃灭菌15 min后备用。

F2 乳糖胆盐发酵管

成分：

蛋白胨	20 g
猪胆盐(或牛、羊胆盐)	5 g
乳糖	10 g
0.04%溴甲酚紫水溶液	25 mL
蒸馏水	加至1 000 mL

制法：将蛋白胨、胆盐及乳糖溶于水中，校正pH至7.4，加入指示剂，分装每管10 mL，并放入一个小倒管，115℃灭菌15 min，即得。

注：双料乳糖胆盐管除蒸馏水外，其他成分加倍。

F3 乳糖发酵管

成分：

蛋白胨	20 g
乳糖	10 g
0.04%溴甲酚紫水溶液	25 mL
蒸馏水	加至1 000 mL

制法：将蛋白胨及乳糖溶于水中，校正pH至7.4，加入指示剂，分装每管10 mL，并放入一个小倒管，115℃灭菌15 min，即得。

F4 伊红美蓝琼脂(EMB)

成分：

蛋白胨	10 g
乳糖	10 g
磷酸氢二钾	2 g
琼脂	17 g
2%伊红溶液	20 mL
0.65%美蓝溶液	10 mL
蒸馏水	加至1 000 mL

制法：将蛋白胨、磷酸盐和琼脂溶解于蒸馏水中，校正pH至7.1，分装于烧瓶内，121℃灭菌15 min备用，临用时加入乳糖并加热溶化琼脂，冷至50～60℃，加入伊红美蓝溶液摇匀，倾注平板。

F5 SCDLP液体培养基

成分：

酪蛋白胨	17 g
大豆蛋白胨	3 g
氯化钠	5 g
磷酸氢二钾	2.5 g
葡萄糖	2.5 g
卵磷脂	1 g
吐温80	7 g
蒸馏水	1 000 mL

制法：将各种成分混合(如无酪蛋白胨和大豆蛋白胨可用日本多胨代替)，加热溶解，调pH至7.2～7.3，分装，121℃灭菌20 min，摇匀，避免吐温80沉于底部，冷至25℃后使用。

F6 十六烷三甲基溴化铵培养基

成分：

牛肉膏	3 g
蛋白胨	10 g
氯化钠	5 g
十六烷三甲基溴铵	0.3 g
琼脂	20 g
蒸馏水	1 000 mL

制法：除琼脂外，上述各成分混合加热溶解，调pH至7.4～7.6，然后加入琼脂，115℃灭菌20 min，倒平皿。

F7 绿脓菌素测定用培养基斜面

成分：

蛋白胨	20 g
氯化镁	1.4 g
硫酸钾	10 g
琼脂	18 g
甘油(化学纯)	100 mL
蒸馏水	加至1 000 mL

制法：将蛋白胨、氯化镁和硫酸钾加到蒸馏水中，加热溶解，调pH至7.4，加入琼脂和甘油，加热溶解，分装试管，115℃灭菌20 min，制成斜面备用。

F8 明胶培养基

成分：

牛肉膏	3 g
蛋白胨	5 g
明胶	120 g
蒸馏水	1 000 mL

制法：各成分加入蒸馏水中浸泡20 min，加热搅拌溶解，调pH至7.4，5 mL分装试管中，115℃ 灭菌20 min，直立制成高层备用。

F9 硝酸盐蛋白胨水培养基

成分：

蛋白胨	10 g
酵母浸膏	3 g
硝酸钾	2 g
亚硝酸钠	0.5 g
蒸馏水	1 000 mL

制法：将蛋白胨与酵母浸膏加到蒸馏水中，加热溶解，调pH至7.2，煮沸过滤后补足液量，加入硝酸钾和亚硝酸钠溶解均匀，分装到有倒立小玻管的试管中，115℃灭菌20 min备用。

F10 血琼脂培养基

成分：

营养琼脂	100 mL
脱纤维羊血(或兔血)	10 mL

制法：将营养琼脂加热溶化，待凉至50℃左右以无菌操作将10 mL脱纤维血加入后摇匀，倒平皿置冰箱备用。

F11 甘露醇发酵培养基

成分：

蛋白胨	10 g
牛肉膏	5 g
氯化钠	5 g
甘露醇	10 g
0.02%溴麝香草酚蓝溶液	12 mL
蒸馏水	1 000 mL

制法：将蛋白胨、氯化钠、牛肉膏加到蒸馏水中，加热溶解，调pH至7.4，加入甘露醇和溴麝香草酚蓝混匀后，分装试管，115℃灭菌20 min备用。

F12 匹克氏肉汤

成分：

含1%胰蛋白胨的牛心浸液	200 mL
1∶25 000结晶紫盐水溶液	10 mL
1∶800三氮化钠溶液	10 mL
脱纤维兔血(或羊血)	10 mL

制法：上述各成分无菌处理后用无菌操作混合，分装灭菌试管，每管2 mL，冰箱保存备用。

F13 兔血浆

制法：取灭菌3.8%柠檬酸钠1份，加兔全血4份，混匀静置，3 000 r/min离心5 min，取上清，弃血球。

F14 沙氏琼脂培养基

蛋白胨	10 g
葡萄糖	40 g
琼脂	20 g
蒸馏水	1 000 mL

先用700 mL蒸馏水将琼脂溶解，用300 mL蒸馏水将葡萄糖与蛋白胨溶解，然后混合上述两部分，摇匀后分装，115℃灭菌15 min，即得。

定性试验采用沙氏培养液，即除不加琼脂外其他成分与制法同上。

F15 0.5%葡萄糖肉汤培养基

蛋白胨	10 g
氯化钠	5 g
葡萄糖	5 g
肉浸膏	1 000 mL

取胨与氯化钠加入肉浸液内，微温溶解后，调节pH为弱碱性，煮沸，加葡萄糖溶解后，摇匀，滤清，调节pH使灭菌后为7.2±0.2，分装，115℃灭菌30 min，即得。

注：肉浸液制备法：取新鲜牛肉，除去肌腱及脂肪，切细，绞碎后，每1 000 g加水3 000 mL，充分拌匀，在2～10℃ 浸泡20～24 h后，煮沸1 h，滤过，压干肉渣，补足液量，分装，121℃ 灭菌30 min，置冷暗处备用。也可用牛肉浸膏3 g，加水1 000 mL，配成溶液代替。

F16 溴甲酚紫葡萄糖蛋白胨水培养基

蛋白胨	10 g
葡萄糖	5 g
蒸馏水	1 000 mL

调节pH至7.0～7.2，加2% 溴甲酚紫酒精溶液0.6 mL，115℃ 灭菌30 min，即得。

F17 革兰氏染色液

结晶紫染色液：

结晶紫	1 g
95%酒精	20 mL
1%草酸铵水溶液	80 mL

将结晶紫溶解于酒精中，然后与草酸铵溶液混合。

革兰氏碘液：

碘	1 g
碘化钾	2 g
蒸馏水	300 mL

将碘与碘化钾先进行混合，加入蒸馏水少许，充分振摇，待完全溶解后，再加蒸馏水至300 mL。

沙黄复染液：

沙黄	0.25 g
95%酒精	10 mL
蒸馏水	90 mL

将沙黄溶解于酒精中，然后用蒸馏水稀释。

F18 0.03 mol/L磷酸缓冲液

成分：

磷酸氢二钠	2.84 g
磷酸二氢钾	1.36 g
蒸馏水	1 000 mL
pH	7.2～7.4

附加说明：

本标准由中华人民共和国卫生部提出。

本标准由上海市卫生防疫站负责起草。

本标准主要起草人：沈伟、刘育京、黄瑾。

本标准由卫生部委托技术归口单位卫生部传染病防治监督管理办公室负责解释。

中华人民共和国轻工业部发布
1998—04—12批准
1988—08—01实施

中华人民共和国专业标准

ZBY39001-88
QB756-80作废

皱纹卫生纸
Toilet tissues

本标准适用于人民生活卫生的厕所用纸、妇女卫生纸等。

1 产品分类

1.1 皱纹卫生纸分为A等、B等、C等、D等、E等，其中E等不得做为妇女卫生纸使用。

1.2 皱纹卫生纸可分为小卷筒和平切两种型式。小卷筒的卷径、卷高、卷纸长度、卷芯直径，平切纸的幅长、幅宽、包装张数，均应按订货合同规定。

小卷筒纸的卷径、卷高、卷芯直径等规格尺寸偏差不得超过 ±2 mm，偏斜不超过2 mm；卷纸长度偏差 $^{+3}_{0}$ mm。

平切纸幅长、幅宽规格尺寸偏差A等、B等、C等不超过±3 mm，D等、E等不超过±5 mm，偏斜A等、B等、C等不超过3 mm，D等、E等不超过5 mm。

1.3 A等、B等皱纹卫生纸应为双层。

2 技术要求

2.1 皱纹卫生纸技术指标必须符合表1规定。

2.2 按合同要求，可生产各种颜色的皱纹卫生纸。纸张色泽应一致，每批不许有显著差别。

2.3 双层卷筒纸应打针孔，其节距可为135、140 mm等，精确至3 mm。打孔应清晰、易断、整齐。

2.4 纸张皱纹应均匀、细腻。A等、B等皱纹卫生纸在同一纸幅内纵向不许有条形粗纹。

2.5 纸面不许有明显尘埃、死褶、残缺破损、砂子、压溃、硬质块、生草筋等纸病，不许有掉毛、掉粉、掉色现象。

2.6 皱纹卫生纸不得采用垃圾纸等含有病源微生物及有害化学物质的原料。

2.7 有下列情况者可列为二等品。但不得同时超过两项。

2.7.1 定量超过允许偏差2 g/m² 以内者；

2.7.2 白度低于或高于规定2%(绝对值)以内者；

2.7.3 洞眼超过规定20% 以内者；

2.7.4 柔软度超过规定10% 以内者。

表1

指标名称		单位	规定 A等	B等		C等	D等	E等
定量		g/m²	16±1.0 18±1.0 20±1.0	18±1.0 20±1.0	22±2.0 24±2.0	20±2.0 28±2.0 35±2.0	35±2.5 40±2.5 45±2.5	48±4.0 55±4.0
白度		%	85～90	83～88	75～80	≥60	—	
横向吸水性不低于		mm/100s	25			20[1]	20	—
抗张强度纵横平均 ≥		mN	870(800) 970(900) 1 080(1 000)	870(800) 970(900)	1 080(1 000) 1 190(1 800)	1 200(1 100) 1 600(1 500) 1 950(1 800)	1 950(1 800) 2 270(2 100) 3 250(3 000)	2 700 (2 500)
柔软度纵横平均 ≤		mN	150(140) /双层	210(200) /双层	320(300) /双层	480(450) /单层	630(600) /单层	—
细菌不多于	菌落总数	个/g	200			300	400	600
	致病性球菌	个	不得检出					—
	大肠菌群	个/100g	30					—
洞眼不多于	2～5mm	个/m²	5	20	40	50		100
	>5～8mm	个/m²	1	2		3	10	20
	>8mm	个/m²	不许有					
交货水分		%	5.0～8.0			5.0～9.0		

注：1) 用全苇浆生产的C等20 g/m² 皱纹卫生纸吸水性按5 min考核。

3 试验方法

皱纹卫生纸的技术指标应检验加工包装后的最终成品，因此抗张强度可以采用50 mm的拉伸距离进行测试。

3.1 定量 按GB/T 451《纸与纸板尺寸、偏斜度、定量、厚度和紧度的测定》的规定进行测定。

3.2 白度 按GB/T 7974《纸与纸板白度测定法(漫射/垂直法)》或按原GB 1542《纸及纸板白度测定法(45/0定向反射法)》的规定进行测定。但发生争议时以前者方法的测定结果为准。

3.3 吸水性 按GB/T 461《纸及纸板吸收性测定法-毛细吸液高度的测定法》的规定进行测定。

3.4 抗张强度 按GB/T 453《纸与纸板抗张强度和伸长率测定法》的规定进行测定。根据需要可以采用50 mm试样夹距。

3.5 柔软度 按GB/T 8942《纸柔软度的测定法》的规定进行测定。狭缝宽5 mm，A等和B等采用双层，C等和D等采用单层试样进行测定。

3.6 细菌检验

3.6.1 菌落总数 按GB 4789.2《食品卫生微生物学检验 菌落总数测定》的规定进行测定。

3.6.2 致病菌 按GB 4789.10《食品卫生微生物学检验 葡萄球菌检验》，GB 4789.11《食品卫生微生物学检验 溶血性链球菌检验》的规定进行测定。

3.6.3 大肠菌群 按GB 4789.3《食品卫生微生物学检验 大肠菌群测定》的规定进行测定。

3.7 洞眼按下述方法进行测定

用双手钳住单层纸样两角，于眼前迎光观测，数取标准规定范围内的洞眼个数，每份试样测试不少于0.5 m^2。然后换算成每平方米的洞眼数。

3.8 交货水分 按GB/T 462《纸与纸板水分测定法》的规定进行测定。

3.9 小卷筒纸偏斜度测定按下述方法进行

取小卷中的两节纸，以其针孔线为中心线对折，用尺量取两节纸边端的差距，以mm表示。

4 检验规则

4.1 生产厂应保证产品符合本标准的要求，以一次交货数量为一批，每批产品应交付产品合格证书一份。

4.2 用户有权按本标准检查成批产品的质量。在验收检查时，应先检查外部的包装情况，然后从中采取试样进行检验。抽样检验按GB/T 2828《逐批检查计数抽样程序及抽样表》规定进行。

4.3 交收试验项目的分组、检查水平、抽样检查方案及合格质量水平(AQL)按表2规定。

表2 交收试验项目分组及合格质量水平

缺陷类型	指标名称	检查水平	抽样检查方案	AQL
重 缺 陷	柔软度 细菌数	II	二次正常抽样 检查方案	4.0
轻 缺 陷	定 量 水 分 白 度 吸水性 抗张强度 伸长率 洞 眼 外观规格	II	二次正常抽样 检查方案	6.5

4.4 用户对产品质量持有异议，可在到货后三个月内通知生产厂共同复验，或委托共同商定的检验部门进行复验。若不符合本标准规定，则判为批不合格，由生产厂负责处理。

5 标志、包装、运输、贮存

5.1 各卫生纸品种应印有规定商标的塑料或拷贝纸、有光纸等密封包装，要求全封(塑料应热合封口)，封头整齐牢固，不许有破损。

5.2 包装应注明生产厂名、品名、注册商标、重量、日期。外包装按订货合同规定之。

5.3 凡属E等卫生纸应有“厕用”明显标志。

5.4 皱纹卫生纸运输时应采用洁净的运输工具，防止产品污染。

5.5 皱纹卫生纸应存放于干燥、通风、洁净的地方妥善保管，以防雨、雪及潮湿侵入产品影响质量。

附加说明：

本标准由中华人民共和国轻工业部造纸局提出。

本标准由轻工业部造纸工业科学研究所归口。

本标准由天津造纸研究所、天津和平造纸厂负责起草。

自标准实施之日起，原QB 756-80《皱纹卫生纸》作废。

中华人民共和国轻工业部发布
1990—03—27批准
1990—10—01实施

中华人民共和国专业标准

ZBY32032-90

纸巾纸
Paper napkins

1 主题内容与适用范围

本标准规定了纸巾纸的技术规范。

本标准适用于人民生活和卫生用的各种纸面巾、纸餐巾、纸手帕、纸香巾等。

2 引用标准

GB/T 450 纸和纸板试样的采取
GB/T 451.2 纸和纸板定量的测定法
GB/T 453 纸和纸板抗张强度的测定法(恒速加荷法)
GB/T 461.1 纸和纸板毛细吸液高度的测定法(克列姆法)
GB/T 462 纸和纸板水分的测定法
GB/T 465.2 纸和纸板按规定时间浸水后抗张强度的测定法
GB/T 1541 纸和纸板尘埃度的测定法
GB/T 2828 逐批检查计数抽样程序及抽样表
GB 4789.2 食品微生物学检验
GB/T 8940.1 纸和纸板白度测定法(45/0定向反射法)
GB/T 8942 纸柔软度的测定法
GB/T 10342 纸张的包装和标志
GB/T 10739 纸浆、纸和纸板试样处理和试验的标准大气

3 产品分类

3.1 纸巾纸按质量分为A、B、C三等。
3.2 纸巾纸一般为平板或平切折叠，也可为卷筒。其规格应按订货合同规定生产，规格尺寸偏差不得超过±3 mm，偏斜不得超过3 mm，或按合同规定。
3.3 纸巾纸分为普通型和湿强型，亦可压花或印花。
3.4 纸巾纸可分为单层、双层、三层多种。

4 技术要求

4.1 纸巾纸技术指标必须符合表1的规定。
4.2 按合同要求可生产各种颜色的纸巾纸。纸张色泽一致，每批不许有显著差别。
4.3 纸张应起皱，皱纹应均匀细腻，在同一纸幅内不许有纵向条形粗纹。
4.4 纸面应洁净，不许有明显尘埃、死褶、残缺破损、砂子、压溃、硬质块、生草筋等纸病。
4.5 纸张不许有掉色、掉粉、掉毛现象。湿强型纸巾纸经浸湿、浸泡不得掉色。
4.6 纸巾纸不应有令人不愉快的气味。
4.7 纸巾纸不得采用垃圾纸等含有病原微生物及有害化学物的原料。

表1

指标名称			单位	规定					
				A等		B等		C等	
				普通	湿强	普通	湿强	普通	湿强
定量			g/m^2	12.0±1.0 14.0±1.0 16.0±1.0		16.0±1.0 18.0±1.0 20.0±1.0		18.0±1.0 20.0±1.0 22.0±2.0 24.0±2.0	
白度			%	85.0～90.0	78.0～83.0	83.0～90.0	78.0～83.0	≥75.0	≥70.0
横向吸水性 不低于			mm/100s	20					
抗张强度 纵横平均 ≥	$12g/m^2$		mN	650(600)		—		—	
	$14g/m^2$			700(650)		—		—	
	$16g/m^2$			800(750)		800(750)		—	
	$18g/m^2$			—		860(800)		860(800)	
	$20g/m^2$			—		970(900)		970(900)	
	$22g/m^2$			—		—		1100(1 000)	
	$24g/m^2$			—		—		1 200(1 100)	
湿抗张强度 不低于			%	—	25	—	20	—	15
柔软度 双层纵横平均 ≤	$12g/m^2$		mN	85(80	125(120)			—	—
	$14g/m^2$			85(80)	125(120)			—	—
	$16g/m^2$			85(80)	125(120)	170(160)	210(200)	—	—
	$18g/m^2$			—	—	170(160)	210(200)	260(250)	310(300)
	$20g/m^2$			—	—	170(160)	210(200)	260(250)	310(300)
	$22g/m^2$			—	—	—	—	340(330)	395(380)
	$24g/m^2$			—	—	—	—	340(330)	395(380)
细菌	菌落总数	不多于	个/g	200					
	致病性球菌			不得检出					
	大肠菌群		个/100g	30					
洞眼	2～5mm	不多于	个/m^2	5		20		$18～20\ g/m^2$ 25 $22～24\ g/m^2$ 40	
	大于5～8mm		个/m^2	不许有		1		2	
	大于8mm		个/m^2	不许有					
尘埃度	0.2～1.0mm^2	不多于	个/m^2	20		50		200	
	大于1.0～2.0mm^2		个/m^2	不许有		2		4	
	大于2.0mm^2		个/m^2	不许有					
交货水分			%	5.0～8.0		5.0～9.0			

注：纸餐巾除测定致病性球菌外，还得测定肠道致病菌，两者都不得检出。

4.8 有下列情况者可列为二等品，但不得同时超过两项。
4.8.1 定量超过允许误差1.0 g/m²以内者。
4.8.2 白度高于或低于规定2.0%(绝对值)以内者。
4.8.3 洞眼超过规定20%以内者。
4.8.4 吸水性低于规定3 mm以内者。
4.8.5 柔软度超过规定10%以内者。

5 试验方法

纸巾纸的技术指标应检验加工包装后的最终成品。
5.1 定量按GB/T 451.2的规定进行测定，以单层表示结果。
5.2 白度按GB/T 8940.1的规定进行测定。
5.3 吸水性按GB/T 461.1的规定进行测定，原纸应按实际使用层数构成试样进行测试。
5.4 抗张强度按GB/T 453的规定进行测定。双层或多层压花试样应双层或多层测试，然后换算成单层的测定值。
5.5 湿强度按GB/T 465.2的规定进行测定。试样测试前放在80±1°C 的烘箱中烘30 min。可双层或多层(视压花层数)测试，热处理后的纸条双手持其两端，只使中间测试部分浸水，润湿后立即取出，用滤纸吸除表面多余水分后，马上测试。然后换算成单层的测定值。
5.6 柔软度按GB/T 8942的规定进行测定，狭缝宽5 mm，对切成100 mm×100 mm尺寸的双层试样，无论是压花或未压花必须揭开分层后再重叠在一起进行柔软度测试。
5.7 细菌总数按GB 4789.2的规定进行检验。
5.8 致病菌按GB 4789.10、GB 4789.11和GB 4789.3、GB 4789.4测定肠道致病菌的规定进行检验。
5.9 大肠菌群按GB 4789.3的规定进行测定。
5.10 洞眼按下述方法进行测定
将单层纸样用双手钳住纸张两角于眼前迎光观测，数取标准规定范围内的洞眼个数。每份试样测试不少于0.5 m²，然后换算成每平方米的洞眼数。
5.11 小卷筒纸偏斜度按下述方法测定
取小卷中的两节纸，以其针孔线为中心线对折，用尺量取两节纸边端的差距，以mm表示。
5.12 湿强型纸巾纸浸泡掉色试验方法
将一张湿强型纸巾浸入装有 20 °C 蒸馏水的量筒中2 min后，观察水的颜色有无改变。
5.13 气味试验方法
将一张纸巾纸浸入装有 20 °C 蒸馏水的量筒中2 min后，从水中取出纸巾纸在60 cm距离下闻之，在此范围内应没有令人不愉快的气味。
5.14 尘埃度按GB/T 1541的规定进行测定，只测朝外的一面。

6 检验规则

6.1 生产厂应保证产品符合本标准的要求，以一次交货数量为一批，每批产品应附产品合格证书一份。
6.2 用户有权按本标准检查成批产品的质量，在验收检查时，应先检查外部的包装情况，然后从中采取试样进行检验，抽样检验按GB/T 2828规定进行，样本单位为包或卷筒。
6.3 交收检验项目的分组、检查水平、抽样检查方案及合格质量水平(AQL)按表2规定，每批纸的细菌总数可用2～3个混合试样测定，其结果均应满足表1的规定。

表2

<table>
<tr><td rowspan="4">抽样方案
批量</td><td colspan="5">正常二次抽样 检查水平S-3</td><td colspan="2">不合格分类</td></tr>
<tr><td rowspan="3">样本大小</td><td colspan="2">B类不合格品</td><td colspan="2">C类不合格品</td><td rowspan="3">B类不合格</td><td rowspan="3">C类不合格</td></tr>
<tr><td colspan="2">AQL=4.0</td><td colspan="2">AQL=6.5</td></tr>
<tr><td>Ac</td><td>Re</td><td>Ac</td><td>Re</td></tr>
<tr><td>≤50</td><td>3</td><td>0</td><td>1</td><td>0</td><td>1</td><td rowspan="3">柔软度</td><td rowspan="3">定 量
水 分
吸水性
干、湿强度
白 度
外观、规格
掉色、气味</td></tr>
<tr><td>51～3 200</td><td>8
8 （16）</td><td>0
1</td><td>2
2</td><td>0
3</td><td>3
4</td></tr>
<tr><td>3 201～3 500</td><td>13
13（26）</td><td>0
3</td><td>3
4</td><td>1
4</td><td>3
5</td></tr>
</table>

6.4 用户对产品质量持有异议，可在到货后三个月内通知生产厂共同复验，或委托共同商定的检验部门进行复验，如不符合本标准规定，则判为批不合格，由生产厂负责处理。

7 标志、包装、运输、贮存

7.1 各纸巾纸品种应用印有规定商标的塑料、拷贝纸或纸盒等密封包装(塑料应热合封口)，封头整齐牢贴，不许有破损。
7.2 包装应注明生产厂名、品名、注册商标、重量、日期，外包装按订货合同规定。
7.3 纸巾纸运输时应采用洁净的运输工具，防止成品污染。
7.4 纸巾纸应存放于干燥通风洁净的地方妥善保管，以防雨、雪及潮湿侵入产品影响质量。
7.5 搬运时要注意包装完整，不得从高处抛下，损害外包装。
7.6 凡出厂的产品因运输、保管不妥造成产品变质后不得出售，应由有关方面负责。

附加说明：
本标准由中华人民共和国轻工业部造纸工业司提出。
本标准由全国造纸标准化中心归口。
本标准由天津造纸研究所和天津和平造纸厂负责起草。

国家标准局发布
中华人民共和国轻工业部批准
1988—04—12批准
1988—08—01实施

中华人民共和国国家标准

GB 8939-88

卫 生 巾

Sanitary absorbent pads

本标准适用于以絮状木(棉)浆(可含有高吸水添加剂)卫生衬纸、聚乙烯薄膜、无纺布、压敏胶和离型纸等，通过专用包装机成型的妇女卫生用品。

1 产品分类

产品分类及规格如表1所示。

表1

项目 / 类别	长度 L mm	宽度 B mm	条质量 m g
1	270 280 290 300	70 80	11.0
2	210 220 230	60 70 80	7.3
3	170 180 190	60 70	3.0 5.5

注：也可按需方要求的规格尺寸生产。

2 技术要求

2.1 外观：卫生巾应表面洁净、厚薄均匀、手感柔软、封口良好、胶条均匀平直。
2.2 技术性能应符合表2的要求。
2.3 加高吸水添加剂的卫生巾其饱和吸水量，1类在120 g以上，2类在80 g以上，3类在60 g以上时，条质量的公称值可低于表1的规定，允许偏差仍按表2规定。
2.4 卫生巾必须保证无毒性、无刺激性、无过敏性。

3 试验方法

3.1 长度
用钢直尺量卫生巾的全长，量准至1 mm。
3.2 宽度
用钢直尺量卫生巾自然状态时压纹端部的尺寸，量准至1 mm。

表2

指标名称		单位	规定 A等	规定 B等	规定 C等
长度		mm	L ±5%		
宽度		mm	B ±8%	B ±10%	
条质量		g	m ±10%	m $^{+15\%}_{-10\%}$	m $^{+20\%}_{-10\%}$
饱和吸水	不小于	倍	10.5	9.5	9.0
渗透性能 渗入时间 (23℃ 50%r.h.)	不大于	s	18.0	27.0	32.0
渗透性能 正面横向渗扩宽度	不大于	mm	50	—	
渗透性能 渗漏性			无渗漏点		
水分	不大于	%	10		
pH值			5.5～8.0		
菌落总数	不大于	个/g	100	200	400
大肠菌群	小于	个/100 g	30		
葡萄球菌			不得检出		
溶血性链球菌			不得检出		

3.3 条质量

以感量0.01 g天平称量1袋卫生巾的净重，称准至0.1 g，求出卫生巾的平均条质量。

3.4 饱和吸水

取已知质量的卫生巾一条，用铁夹夹住一端封口，并使铁夹夹口与卫生巾纵向处于垂直状态，不许夹住绒毛浆。将卫生巾连同铁夹浸入约10 cm深的室温水中，卫生巾的使用面必须朝上，并轻轻压住卫生巾，使其完全浸没30 s，然后提起铁夹，静止90 s，称其质量。计算卫生巾吸收的水量与条质量的比值。

3.5 渗透性能

3.5.1 取已知质量的卫生巾一条，放在检验台的滤纸上，使用面朝上，按每克卫生巾加入0.8 mL 计算加入猪血量，然后用10 mL移液管吸取所需数量猪血(20±1℃)，使移液管轻轻接触卫生巾中部，小心地将猪血注入卫生巾。当猪血刚接触卫生巾时即开动秒表，至猪血渗过卫生巾表层，液面消失，即为渗入时间。继续静置至60 s，用钢直尺量取正面横向渗扩的最大宽度。然后在卫生巾面上放上重1 kg，底面积与卫生巾有效面积相同的压块，60 s后检查滤纸上有无渗漏点。

3.5.2 移液管需符合如下要求:

10 mL猪血直线流出时间在16±2 s之内。

3.5.3 猪血的防腐防凝固方法:

在容器内预先加入猪血量的0.7%～1.0%的固体EDTA(乙二胺四乙酸二钠)，边放入新鲜猪血边搅拌，密封阴凉处保存。

3.5.4 猪血的粘度范围(4号涂料杯20±1℃): 12.5±0.5s。

3.6 水分

按GB/T 462《纸与纸板水分的测定方法》的规定测定。

3.7 pH值

按照GB 1545《纸浆、纸与纸板水抽出物酸度与碱度的测定法》中pH值测定的规定进行，以20倍去离子水或蒸馏水冷抽提制备抽提液。

3.8 菌落总数

按照GB/T 4789.2《菌落总数的测定》的规定进行。

3.9 大肠菌群

按照GB/T 4789.3《大肠菌群测定》的规定进行。

3.10 葡萄球菌

按照GB/T 4789.10《葡萄球菌检验》规定的方法进行。

3.11 溶血性链球菌

按照GB/T 4789.11《溶血性链球菌检验》规定的方法进行。

4 检验规则

4.1 制造厂必须采取有效措施，切实保证产品质量符合本标准的技术要求。产品须经制造厂技术检查部门检验合格，并附有质量合格证方可出厂。收货方对质量持有异议时，应在到货后3个月内(或按订货合同规定)通知生产厂，共同取样进行复验。当检查项目3、6、8、10、11采用样本字码E，出现2个不合格品的时候，允许用样本字码F重新判定批质量，如不合格，则判为批质量不合格。由生产厂负责处理。

4.2 以一次交货量为一批，但不同型号的产品不能组为一批。

4.3 成品检验

抽样和批质量的判定按照GB/T 2828《逐批检查计数抽样程序及抽样表》的规定进行。抽样方案、样本单位、检查水平、缺陷、合格质量水平见表3。

表3

检查项目	抽样方案	样本单位	检查水平	缺陷		合格质量水平以不合格品率表示
				重	轻	
1 成品贮运箱质量		箱		内容物数量未按规定，箱体破损，底和盖封口不牢	标志不清	4.0
2 小包装质量	一次	袋	S-3	漏封口或破损，内容物未按规定		4.0
3 外观	一次	袋	S-2	脏污，封口不良(饱和吸水试验时封口破裂)	胶条不匀，防粘纸脱落，厚薄不均，烤焦，尘埃，包抄不完整	4.0
4 长	一次	袋	S-2		不符规定	6.5
5 宽	一次	袋	S-2		不符规定	6.5
6 条质量	一次	袋	S-2	平均条质量不符合规定		4.0
7 饱和吸水	一次	袋	S-2		低于规定	6.5
8 渗透性能	一次	袋	S-2	渗入时间超过规定，有渗漏点		4.0
9 水分	一次	袋	S-2		高于规定	6.5
10 pH值	一次	袋	S-2	不符合规定		4.0
11 菌落总数	一次	袋	S-2	菌落总数超过规定		4.0
12 大肠菌群	—	袋	—	大肠菌群大于30个/100 g		合格判定数为0
13 葡萄球菌	—	袋	—	葡萄球菌检出		合格判定数为0
14 溶血性链球菌	—	袋	—	溶血性链球菌检出		合格判定数为0

注：① 检查项目1的抽样方案与检查项目2的抽样方案相同。
② 检查项目3、4、5、7、8、9、10、11各项的试样从项目2样本袋中随机抽取，各检查项目每袋抽出不多于1条的试样。
③ 检查项目12、13、14各项的试样从项目11样本袋中随机抽取，每批不得少于6个。

5 标志、包装、运输、贮存

5.1 标志和包装按原QB 45《纸张的包装和标志》的规定执行。
5.2 卫生巾应妥善保管，以防雨、雪和地面湿气的影响。仓库内防止同污染物品、异味气体一起贮存。
5.3 装卸时不许纸箱从高处扔下。
5.4 运输时应使用有篷和洁净的运输工具。
5.5 运输过程造成包装损坏和产品污染，生产厂不负责任。

附加说明：

本标准由中华人民共和国轻工业部造纸局提出。
本标准由轻工业部造纸工业科学研究所归口。
本标准由杭州市余杭造纸厂、北京造纸十一厂、重庆卫生巾厂负责起草。

GB 8938—88《卫生巾》第2号修改单

本修改单经国家技术监督局于1997年12月10日以技监国标函[1997]291号文批准，自1998年3月1日起实施。

---

(1) 第1章产品分类的内容全部删除。
(2)2.2条中“技术性能 应符合表2的要求”。更改为“技术性能 卫生巾的长度、宽度、条质量的波动范围及技术性能应符合表2的要求”。
(3)2.3条内容全部删除。

刊载于1998年第3期《中国标准化》

关于卫生巾标准的说明

全国造纸工业标准化技术委员会从1996年起组织了GB 8939-88《卫生巾》标准的修订工作，目前报批稿已报国家技术监督局审批等待正式发布。

修订标准在原标准的基础上，对渗透性能及pH值的测定做了较大的修改，用测试溶液代替猪血；对产品规格进行了相应的调整，强调了控制其公称值的允许偏差，并将卫生护垫归入卫生巾系列；提出背胶粘接性能的推荐方法。

修订标准对卫生指标不再另行规定，严格执行卫生部发布的强制性国家标准GB 15979-1995《一次性使用卫生用品卫生标准》。

修订标准未正式发布实施前，除卫生指标外仍执行GB 8938-88《卫生巾》标准和第2号修改单。

中国轻工总会发布
1997—05—20批准
1998—02—01实施
QB/T2294-97

中华人民共和国轻工行业标准

纸杯

前　言

纸杯是一种盛装饮料的器具，而不是量杯，所以不需要计量和刻线。

对纸杯质量要求分等分级，其中A等为国际先进水平，以国外实物测试结果及国外的企标为依据；B等为国际的一般水平，其技术指标略低于A等，但又高于仅能使用的合格水平，C等为合格水平。

本标准由中国轻工总会食品造纸部提出。

本标准由全国造纸标准化中心归口。

本标准由珠海中粤纸杯容器有限公司、中国制浆造纸工业研究所、上海纸杯有限公司起草。

本标准主要起草人：邹爱阳、陈曦、徐道良、杨延忠。

中华人民共和国轻工行业标准

QB/T 2294—97

纸杯

1 范围

本标准规定了食品包装用纸杯的技术要求、试验方法、检验规则及标志、包装、运输、贮存。

本标准适用于表面覆有石蜡或聚乙烯涂层的各类食品包装用纸杯。产品主要用作冷、热饮料和冰淇淋的容器。

2 引用标准

下列标准所包含的条文，通过在本标准中引用而构成为本标准的条文。本标准出版时，所示版本均为有效。所有标准都会被修订，使用本标准的各方应探讨使用下列标准最新版本的可能性。

GB/T 2828-87 逐批检查计数抽样程序及抽样表
GB/T 3561-89 食品包装用原纸卫生标准的分析方法
GB 7189-94 食品用石蜡
GB 9687-88 食品包装用聚乙烯成型品卫生标准
GB/T 10739-89 纸浆、纸和纸板试样处理和试验的标准大气
GB 11680-89 食品包装用原纸卫生标准

3 产品分类

按用途分冷饮杯、热饮杯和冰淇淋杯。

按容量可分为大、中、小三类。

4 技术要求

4.1 外观应符合表1的规定、位置示意图1。

4.2 规格

4.2.1 容量应符合表2规定。

4.2.2 纸杯尺寸偏差应符合表3规定。

4.3 物理性能

4.3.1 所有规格的纸杯，按5.4.1测试时，其底部不应漏水，其侧面不应漏水且不许渗水。

4.3.2 杯身挺度应符合表4的规定。

4.3.3 杯底强度

4.3.3.1 所有规格的纸杯，按5.4.3测试时，不允许有分离现象。

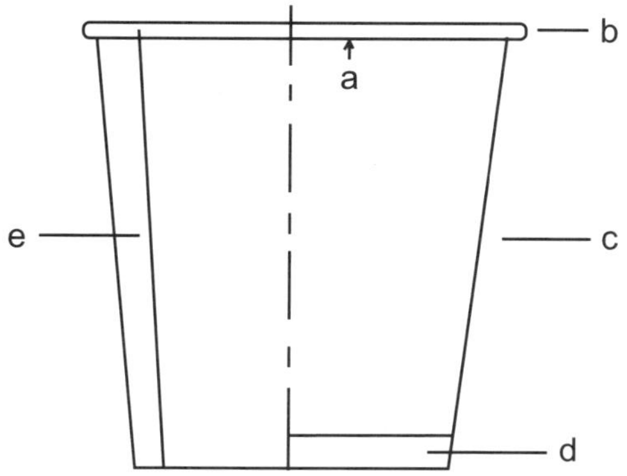

a-杯口；b-卷口；c-杯身；
d-杯底；e-杯身合缝
图1 外观

4.4 卫生指标

4.4.1 纸和杯应符合GB 11680的规定。

4.4.2 PE涂层应符合GB 9687的规定。

4.4.3 石蜡应符合GB 7189的规定。

表1 外观

指标名称 \ 等级		A等	B等	C等
图案印刷	色泽均匀性	均匀、无明显色斑	均匀、无明显色斑	有明显色斑
	图案轮廓	清晰完整	轻微模糊	比较模糊
	套色精度	≤1.0 mm	≤1.3 mm	≤1.5 mm
成型杯	杯口	不凹陷 不起皱	轻微凹陷 不起皱	轻度凹陷 轻微起皱
	杯底边	不露白边 不凹陷	不露白边 轻微凹陷	露白边 轻度凹陷
	上蜡杯蜡层	厚薄均匀 渗透均匀	厚薄不均匀 渗透均匀	厚薄不均匀 渗透不均匀 有白斑
	涂层杯涂层	涂层均匀 无漏涂	涂层均匀 无漏涂	涂层均匀 有少量漏涂

注：无印刷图案杯仅需检查成型杯项目。

5 检验方法

5.1 试验条件

纸杯在测试前，在温度(23±1)℃、相对湿度(50±2)%r.h. 条件下放置至少24 h，并在这一条件下测试，该条件应符合GB/T 10739的规定。

表2 容量

满容量Q mL \ 等级		极限偏差 %		
		A等	B等	C等
小	Q ≤300	±3.5	±4.5	±5.5
中	300 < Q ≤500	± 3.0	±4.0	± 5.0
大	Q > 500	±2.5	±3.5	±4.5

表3 纸杯尺寸偏差

单位：mm

品种 \ 等级		A等	B等	C等
尺寸偏差	杯口外径	±0.3	± 0.4	± 0.5
	底部外径	± 0.2	± 0.3	± 0.4
	纸杯高	± 0.3	± 0.4	± 0.5
	底深	± 0.3	± 0.4	± 0.5

表4 杯身挺度

单位：N

规格mL \ 等级	A等	B等	C等
Q ≤250	≥2.00	≥1.80	≥1.60
250 < Q ≤300	≥2.25	≥2.05	≥1.85
300 < Q ≤400	≥2.50	≥2.30	≥2.10
400 < Q ≤500	≥2.75	≥2.55	≥2.35
500 < Q ≤1 000	≥3.20	≥3.00	≥2.80

5.2 外观

在自然光或日光灯照射下观察整个杯身，并用卡尺量取套色精度。

5.3 规格

5.3.1 容量

5.3.1.1 重量分析法

用天平称量一个空杯的质量m_1，精确到0.1 g，并记录。

将温度（23±1）℃的水装入杯内，至杯内水面最高处与杯口平面相平，再称其质量m_2，并记录。

按下式计算：

$$V=(m_2-m_1)/\rho$$

式中：V——纸杯容量，mL；

m_1——空杯质量，g；

m_2——盛满水的杯的质量，g；

ρ——水的密度，g/mL。

5.3.1.2 容量法

根据纸杯的规格，取相应容量的量筒。

将(23±1)℃室温的水加入杯内至水面最高处与杯口平面相平。

将水小心倒入量筒内，并读数、记录。

5.3.2 纸杯尺寸偏差

用精度为0.02 mm的量具测量，并记录。

5.4 物理性能

5.4.1 泄漏性能

用温度为(23±1)℃的水注入冷饮杯中或用温度为(90±5)℃热水注入热饮杯或冰淇淋杯中，注到离杯口平面约6 mm，然后放在一块干玻璃板或平板上，30 min后，观察玻璃(平)板上是否有水印。

5.4.2 杯身挺度

如图2所示，把试样杯放在挺度试验仪的活动台架上，调节活动台架使压力计的测量端与棘轮装置的端点接近杯子的侧壁，其接触点离杯顶大约在杯高的1/3处。

调节压力计的位置，使压力计测量头刚好垂直接触到杯的侧壁，调节压力计的零点，然后上紧定位螺丝。

转动棘轮把手使其尖端向前移动(9.5±0.5) mm约1 s后，退回把手，记录测力计上的最大示值即为杯身的挺度。

5.4.3 杯底强度

把杯倒置放在平面上，再放1 000 g砝码压10 min，观察杯子的外形及结合部不得发现有任何分离。

5.5 卫生指标

5.5.1 按GB/T 3561的规定进行检验。

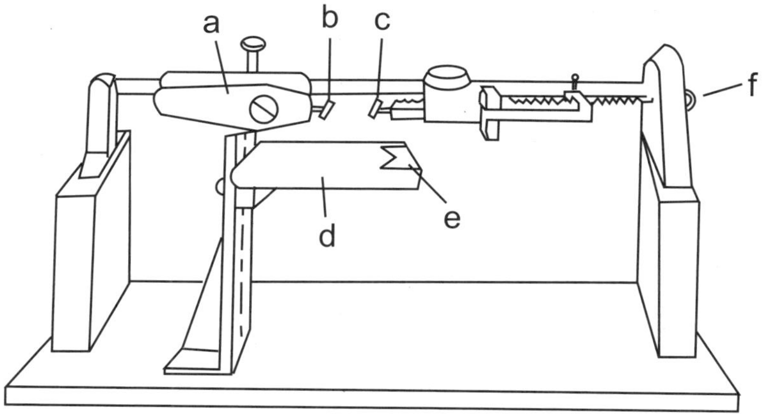

a-测力表；b-左接触头；c-右接触头；d-活动台；e-定位块；f-棘轮把手

图2 纸杯挺度试验仪示意图

6 检验规则

6.1 组批

产品以批为单位进行验收，以同一规格的原料，同一工艺连续生产为一批，每批不得超过10万个。

6.2 抽样

按照GB/T 2828随机抽样，采用二次正常抽样的方案。规格、外观、物理性能的抽样检查水平和合格质量水平，按表5规定进行。

6.3 型式检验

型式检验为首件检验，检验项目为本标准的全部检验项目，有下列情况之一时，一般应进行型式检验。

a) 新产品或老产品转产生产的试制定型；

b) 正式生产后，改变生产工艺或使用新原料生产，而又可能影响产品性能时；

c) 正常生产时，每季至少进行一次型式检验；

d) 停产三个月以上再恢复生产时；

e) 出厂检验结果与上次型式检验有较大差异时；

f) 国家质量监督机构提出进行型式检验的要求时。

6.4 型式检验的判定

型式检验的结果判定按表5进行，有一项不合格，就判为型式检验不合格，如果卫生指标出现一个不合格品，亦判为型式检验不合格。

6.5 交收检验

交收检验的项目为：外观、泄漏性能、杯身强度，抽样合格判定数见表5。

6.6 交收检验的判定

交收检验的判定完全按照型式检验进行。

6.7 每季进行一次卫生指标的检验。

表5
纸杯抽样方案表
二次正常抽样方案
批量≤10万个

项目	检查水平	样本数（个）	合格质量水平							
			AQL=0.65		AQL=2.5		AQL=4.0		AQL=6.5	
			Ac	Re	Ac	Re	Ac	Re	Ac	Re
外观	S—2	8 8（16）	— —	— —	— —	— —	0 1	2 2	— —	— —
纸杯尺寸偏差			— —	— —	— —	— —	— —	— —	0 3	3 4
杯底强度	S—3	20 20（40）	— —	— —	0 3	3 4	— —	— —	— —	— —
容量			— —	— —	— —	— —	1 4	3 5	— —	— —
杯身挺度			— —	— —	— —	— —	— —	— —	2 6	5 7
泄漏性能	S—4	50 50（100）	0 1	2 2	— —	— —	— —	— —	— —	— —

7 标志、包装、运输、贮存

7.1 标志

产品包装外形应有如下标志：

a) 产品名称；

b) 标准号；

c) 净重与毛重；

d) 数量；

e) 外形尺寸(长x宽x高)；

f) 生产厂全称及厂址；
g) 运输与贮存注意事项的标志；
h) 产品批号和生产日期。

7.2 包装

7.2.1 纸杯放在塑料袋里，每一包装箱内应有合格证。

7.2.2 包装应能保证产品在运输过程中，不受损坏，不受外来物的污染。

7.3 运输

在运输过程中应防止重压、倒置、摔跌及坚硬物件的碰撞，应尽量避免在高温下运输。

7.4 贮存

应贮存在通风、阴凉、干燥、无化学品及无毒、无毒物品污染的仓库内，贮存期从生产日期起不超过两年，超过两年必须重新检验，检验合格者才可使用。

中国轻工总会发布
1998—01—16批准
1998—09—01实施
QB/T2341-97

中华人民共和国轻工行业标准

纸 餐 盒

前 言

本标准的技术指标、卫生指标及毒理检验，均是基于纸餐盒自身的特点而制定的。

本标准由中国轻工总会食品造纸部提出。

本标准由全国造纸标准化中心归口。

本标准由中国制浆造纸工业研究所起草。

本标准主要起草人：张少玲、陈曦、朱圣光、刘江毅、陈述。

本标准首次发布。

中华人民共和国轻工行业标准

QB/T 2341—97

纸 餐 盒

1 范围

本标准规定了餐盒纸板和纸餐盒的技术规范。

本标准适用于以植物纤维为主要原料生产的纸餐盒，不适用于覆膜和淋膜的餐盒。

2 引用标准

下列标准所包含的条文，通过在本标准中引用而构成为本标准的条文。本标准出版时，所示版本均为有效。所有标准都会被修订，使用本标准的各方应探讨使用下列标准最新版本的可能性。

GB/T 450-89 纸和纸板试样的采取

GB/T 451.1-89 纸和纸板尺寸及偏斜度的测定法
GB/T 451.2-89 纸和纸板定量的测定法
GB/T 451.3-89 纸和纸板厚度的测定法
GB/T 462-89 纸和纸板水分的测定法
GB/T 1539-89 纸板耐破度的测定法
GB/T 1540-89 纸和纸板吸水性的测定法(可勃法)
GB/T 2679.3-1996 纸和纸板挺度的测定
GB/T 2679.5-1995 纸与纸板耐折度的测定法(MIT耐折度仪法)
GB/T 2679.8-1995 纸和纸板环压强度的测定法
GB/T 2679.10-93 纸和纸板短距压缩强度测定法
GB/T 2828-87 逐批检查计数抽样程序及抽样表
GB/T 3561-89 食品包装用原纸卫生标准的分析法
GB/T 5009.60-1996 食品包装用聚乙烯、聚苯乙烯、聚丙烯成型品卫生标准的分析方法
GB/T 7974-87 纸及纸板白度测定法(漫射/垂直法)
GB/T 10342-89 纸张的包装和标志
GB/T 10739-89 纸浆、纸和纸板试样处理和试验的标准大气
GB 15193.1-94 食品安全性毒理学评价程序

3 技术要求和试验方法

3.1 技术指标

3.1.1 餐盒纸板、纸餐盒的技术指标应分别符合表1、表2的要求，或订货合同的规定。

3.1.2 表1中规定的物理性能、试样制备、处理和试验，应在GB/T 10739规定的温度(23±1)℃和相对湿度(50±2)%标准大气条件下进行。

表1

指标名称			单位	规定	试验方法
定量(G)允差			%	± 5	GB/T 451.2
厚度(T)允差			%	±10	GB/T 451.3
耐折度(横向)	≥		次	15	GB/T 2679.5
耐破度	≥		kPa	850	GB/T 1539
挺度	≥	纵向	mN·m	21.5	GB/T 2679.3
		横向	mN·m	10.0	
*环压强度(横向)	≥		kN/m	2.80	GB/T 2679.8
*短距压缩(横向)			kN/m	5.00	GB/T 2679.10
亮度	≥	印刷面	%	70.0	GB/T 7974
		防油防水面		60.0	
表面吸水	≤	印刷面	g/m^2 (3min)	60.0	GB/T 1540
		防油防水面		25.0	
交货水分			%	8.0±2.0	GB/T 462

注：G——标准的定量；T——标准厚度。
*环压强度与短距压缩两者择一，只要达到相应的指标要求均可判为合格。

3.1.3 餐盒纸板的定量(G)和厚度(T)，是由生产厂依据使用要求来确定的，本标准要求其满足偏差的要求。

3.1.4 餐盒纸板的规格尺寸按GB/T 451.1进行测定，应符合如下要求：787 mm×1092 mm；880 mm×1 230 mm。尺寸偏差不应超过±5 mm，偏斜不大于3 mm。根据合同要求，亦可生产其他规格尺寸的纸板。

3.1.5 由纸板加工成型的纸餐盒应采用符合表1要求的餐盒纸板，纸浆模塑成型与加工折叠而成的纸餐盒均应符合表2要求。

表2

指标名称		单位	规定	试验方法
容积	≥	mL	大号600±25 中号500±25 小号400±10	附录A
耐水(90±5)°C　1h 耐油(150±10)°C　1h		—	不漏水 不漏油	附录A
负重性能 (高度变化)	≤	%	5.0	附录A
盒盖折次	≥	次	15	附录A

3.2 卫生指标

3.2.1 餐盒纸板和纸餐盒应符合表3理化指标和表4微生物指标的要求。

表3

指标名称			单位	规定	试验方法
铅（以Pb计）		≤	mg/kg	5.0	GB/T 3561
砷（以As计）		≤	mg/kg	1.0	GB/T 3561
脱色试验（水、正己烷）			—	阴性	GB/T 3561
荧光物质	254nm及365nm		—	合格	GB/T 3561
	亮度		%	Rf≤2.0	GB/T 7974

注：仲裁时按GB/T 7974规定的方法，Rf≤2.0进行判定。

表4

指标名称		单位	规定	试验方法
大肠菌群	≤	个/100g	30	GB/T 3561
致病菌		—	不得检出	GB/T 3561

3.3 毒理检验

3.3.1 毒理检验时样品的处理按GB/T 5009.60进行，试验方法及结果的判定按GB 15193.1进行。

3.4 外观

3.4.1 餐盒纸板的纸面应光洁均匀，不许有褶子、孔眼及浆疙瘩等影响使用的纸病。

3.4.2 加工或模压的纸餐盒外表颜色应正常，无异味，表面平整光洁。

4 检验规则

4.1 以一次交货为一批，餐盒纸板的样本单位为令或卷，纸餐盒的样本单位为个。

4.2 供方应保证所供应的餐盒纸板或纸餐盒符合本标准的要求，每卷筒(令、箱)应附质量合格证一份。

4.3 交收检验项目为(3.1)中的规定，并按GB/T 2828进行。交收检验抽样方案、检查水平、合格质量水平(AQL)及批质量判定按表5的规定，试样的采取应按GB/T 450进行。

4.4 供方应保证所提供的产品符合卫生指标(3.2)的要求，投产前该产品应进行一次毒理检验(3.3)，毒理检验结果符合GB 15193.1要求的方可投产。在工艺条件、原材物料稳定的连续生产的条件下，每三个月应进行一次卫生指标(3.2)的测定。若工艺条件或其它条件有变动时，应随即进行(3.3)和(3.2)的测定。

4.5 需方有权按本标准的规定进行验收，如对批质量有异议，应在到货后三个月内通知供方共同复验。如不符合本标准的要求，应判批不合格，由供方负责处理；若符合本标准要求，则由需方负责处理。

表5

抽样方案 样本单位 卷、令、个	正常二次抽样 检查水平S-2					不合格分类	
	样本大小	B类不合格品 AQL=6.5 Ac	Re	C类不合格品 AQL=10 Ac	Re	B类不合格	C类不合格
≤150	3	0	1	—	—	负重性能 耐水 耐油 *环压强度 *短距压缩 挺度	定量偏差 厚度偏差 耐折度(横) 耐破度 亮度 交货水分 表面吸水 容积 高度变化 盒盖折次 外观
	3 3（6）	— —	— —	0 1	2 2		
151～35 000	5 5（10）	0 1	2 2	0 3	3 4		

注：*两者择一，只要达到相应的指标要求均可判合格。

5 标志、包装、运输、贮存

5.1 餐盒纸板和纸餐盒的包装及标志按GB/T 10342进行，通常应有内、外两层包装，包装应整洁，数量应准确，或按订货合同的要求进行。

5.1.1 内包装材料必须清洁、无毒、无异味，并具有防尘、防水效能，包装箱内应附有说明性标签，并注明以下内容：

a) 产品名称、种类、注册商标、生产许可证及卫生许可证编号；

b) 生产厂名、产地、批号或生产日期、有效期；

c) 检验合格标记及标准代号。

5.2 餐盒纸板和纸餐盒应妥善保管，以防止雨、雪和地面潮气的影响。

5.3 有关单位在运输和贮存过程中，严防有毒药品和重金属粉尘的污染。

5.4 未经启封的批量产品，其存放保质期应不超过1年。超期产品应按(3.2)的要求重新进行检验，符合标准的方可使用。

附录A
纸餐盒使用性能的测定方法
(标准的附录)

A1 容积测定

在常温下用1 000 mL的量筒，量取相应体积的水倒入纸餐盒中，大号餐盒600 mL、中号餐盒500 mL、小号餐盒400 mL，目测应无水溢出即为合格。

A2 耐水试验

将纸餐盒平放在纸板(或浆板)上，倒入温度(90±5)℃、浓度约5%的NaCl水，再加甲基红指示液1～2滴，高度不应低于20 mm。1 h后将水倒出，观察背面、两侧是否有渗漏痕迹，若没有发现渗漏痕迹即为合格，反之判为不合格。

A3 耐油试验

将(150±10)℃的食用油(花生油、豆油)，用瓷匙加(10±2) mL于纸餐盒中，再将纸餐盒放在一张餐巾纸上。1 h后观察餐巾纸上是否有油点，如无油点则为合格，反之为不合格。

A4 负重性能试验

将纸餐盒平放在平板上盖好盒盖，用金属尺测量纸餐盒的高度(连盖)，精确至1 mm。然后倒入浆砂混合物。盖好盒盖后，在上面放一块200 mm×200 mm×3mm的平板玻璃。再将3 kg砝码置于平板玻璃中央，负重15 s时立即取下砝码及玻璃板，再精确测量上述高度。用下式计算试样的负重性能值：

$$W=\frac{H_0-H}{H_0}\quad 100$$

式中：W——试样负重性能值，%；

H_0——试样高度，mm。

H——试样负重后的高度，mm。

注：对于各种型号纸餐盒所用的浆砂混合物具体如下：

大号餐盒(600 mL)：250 mL水、50 g纸浆及200 g砂子；

中号餐盒(500 mL)：200 mL水、40 g纸浆及160 g砂子；

小号餐盒(400 mL)：150 mL水、30 g纸浆及120 g砂子。

A5 盒盖折次试验

将试样盒盖连续180°角开合15次，观察与盒体连结处应无裂口、开裂。

附　录

APPENDIX

(9)

四城市卫生巾消费行为调查

编者按：《1997~1998消费行为与生活形态年鉴》中刊登了北京、上海、广州、重庆四城市卫生巾消费行为调查资料，现将有关部分摘编如下，供业内人士参考。

1. 最常用品牌排名 / Ranking of the Most Frequently Used Brands

注：本题为多选题，合计百分比超过100% (Multiple answers)

*n*为被调查人数

● 北京(Beijing)

排名	品牌		人次	百分比
1	舒而美	Comfort & Beauty	144	56.5
2	护舒宝	Whisper	104	40.8
3	安尔乐	Anerle	29	11.4
4	高洁丝	Kotex	25	9.8
5	娇爽	Carefree	17	6.7
6	一片云	Soft Cloud	15	5.9
7	安乐	Anle	14	5.5

n=255

● 上海(Shanghai)

排名	品牌		人次	百分比
1	护舒宝	Whisper	130	51.2
2	唯尔福	Welfare	64	25.2
3	娇爽	Carefree	26	10.2
4	苏菲	Sofy	23	9.1
5	兰花棉	Haotie	16	6.3
6	安乐	Anle	15	5.9
7	安尔乐	Anerle	14	5.5

n=254

● 广州(Guangzhou)

排名	品牌		人次	百分比
1	护舒宝	Whisper	116	39.6
2	安乐	Anle	52	17.7
3	娇爽	Carefree	51	17.4
4	妇康	Fukang	45	15.4
5	安尔乐	Anerle	27	9.2
6	倍安日	Nice Day	21	7.2
7	乐而雅	Laurier	13	4.4

n=293

● 重庆(Chongqing)

排名	品牌		人次	百分比
1	舒而美	Comfort & Beauty	144	56.9
2	护舒宝	Whisper	119	47.0
3	安尔乐	Anerle	23	9.1
4	安乐	Anle	19	7.5
5	妮丝爽	Nisishuang	8	3.2
6	高洁丝	Kotex	4	1.6
6	乐芙爽	Lovesome	4	1.6
6	柔柔	Soft	4	1.6

n=253

2.理想品牌排名/Ranking of the Ideal Brands

● 北京(Beijing)

排名	品 牌		人次	百分比
1	护舒宝	Whisper	103	34.1
2	舒而美	Comfort & Beauty	73	24.2
3	高洁丝	Kotex	23	7.6
4	安尔乐	Anerle	17	5.6
5	娇爽	Carefree	14	4.6
6	安乐	Anle	6	2.0
6	佳期	Godcare	6	2.0

n=302

● 上海(Shanghai)

排名	品 牌		人次	百分比
1	护舒宝	Whisper	110	37.5
2	苏菲	Sofy	36	12.3
3	唯尔福	Welfare	31	10.6
4	娇爽	Carefree	21	7.2
5	乐而雅	Laurier	10	3.4

n=293

● 广州(Guangzhou)

排名	品 牌		人次	百分比
1	护舒宝	Whisper	117	36.8
2	娇爽	Carefree	36	11.3
3	倍安日	Nice Day	25	7.9
4	妇康	Fukang	19	6.0
5	安尔乐	Anerle	17	5.3
5	安乐	Anle	17	5.3
7	乐而雅	Laurier	13	4.1

n=318

● 重庆(Chongqing)

排名	品 牌		人次	百分比
1	护舒宝	Whisper	114	39.0
2	舒而美	Comfort & Beauty	80	27.4
3	安尔乐	Anerle	19	6.5
4	安乐	Anle	7	2.4
5	高洁丝	Kotex	5	1.7

n=292

3.女性各年龄层的理想品牌 / Ideal Brands by Age Groups

● 北京(Beijing)

	人数	第一品牌及百分比	第二品牌及百分比	第三品牌及百分比
女性	**302**	**护舒宝 34.1**	**舒而美 24.2**	**高洁丝 7.6**
16~19岁	23	护舒宝 47.8	舒而美 17.4 高洁丝17.4	娇爽 4.3 乐而雅 4.3 佳期 4.3 一片云 4.3
20~24岁	35	护舒宝 42.9	舒而美 31.4	佳期 8.6
25~29岁	36	护舒宝 50.0	安尔乐 13.9	舒而美 11.1 高洁丝 11.1
30~34岁	49	护舒宝 36.7	舒而美 32.7	娇爽 10.2
35~39岁	45	护舒宝 40.0	舒而美 26.7	高洁丝 13.3
40~44岁	40	舒而美 40.0	护舒宝 20.0	安尔乐 10.0
45~49岁	26	护舒宝 50.0	舒而美 23.1	高洁丝 3.8
50岁以上	48	舒而美 8.3	护舒宝 4.2 娇爽 4.2	高洁丝 2.1 安尔乐 2.1

● 上海(Shanghai)

	人数	第一品牌及百分比	第二品牌及百分比	第三品牌及百分比
女性	293	**护舒宝 37.5**	**苏菲 12.3**	**唯尔福 10.6**
16~19岁	24	苏菲 25.0	护舒宝 20.8	娇爽 12.5
20~24岁	32	护舒宝 37.5	苏菲 21.9	乐而雅 9.4 佳期 9.4
25~29岁	37	护舒宝 45.9	苏菲 16.2	唯尔福 8.1 娇爽 8.1

	人数	第一品牌及百分比	第二品牌及百分比	第三品牌及百分比
30~34岁	50	护舒宝 54.0	唯尔福 16.0	苏菲 10.0
35~39岁	44	护舒宝 56.8	苏菲 9.1 唯尔福 9.1 娇爽 9.1	兰花棉 6.8
40~44岁	35	护舒宝 37.1	唯尔福 17.1	苏菲 8.6 娇爽 8.6
45~49岁	23	护舒宝 21.7	唯尔福 13.0	苏菲 8.7 安乐 8.7 安尔乐 8.7
50岁以上	48	护舒宝 12.5	苏菲 6.3 唯尔福 6.3	娇爽 4.2

● 广州(Guangzhou)

	人数	第一品牌及百分比	第二品牌及百分比	第三品牌及百分比
女性	**318**	**护舒宝 36.8**	**娇爽 11.3**	**倍安日 7.9**
16~19岁	50	护舒宝 36.0	娇爽 10.0	妇康 8.0 乐而雅 8.0
20~24岁	46	护舒宝 45.7	倍安日 15.2	娇爽 10.9
25~29岁	63	护舒宝 38.1	娇爽 19.0	倍安日 12.7
30~34岁	46	护舒宝 28.3	安乐 13.0	娇爽 10.9 安尔乐 10.9 倍安日 10.9
35~39岁	41	护舒宝 46.3	娇爽 7.3 妇康 7.3 安乐 7.3 乐而雅 7.3	
40~44岁	30	护舒宝 46.7	妇康 16.7	娇爽 13.3
45~49岁	13	护舒宝 30.8	娇爽 15.4 倍安日 15.4	安尔乐 7.7 妇康 7.7 乐而雅 7.7 安乐 7.7
50岁以上	29	护舒宝 13.8	妇康 10.3	安乐 6.9

● 重庆(Chongqing)

	人数	第一品牌及百分比	第二品牌及百分比	第三品牌及百分比
女性	**292**	**护舒宝 39.0**	**舒而美 27.4**	**安尔乐 6.5**
16~19岁	43	护舒宝 37.2	舒而美 32.6	安尔乐 4.7 安乐 4.7 乐而雅 4.7
20~24岁	53	护舒宝 56.6	舒而美 13.2 安尔乐 13.2	安乐 5.7
25~29岁	32	护舒宝 53.1	舒而美 31.3	安尔乐 6.3
30~34岁	33	护舒宝 38.4	舒而美 30.3	安尔乐 9.1
35~39岁	35	护舒宝 42.9	舒而美 28.6	安尔乐 11.4
40~44岁	32	护舒宝 40.6	舒而美 37.5	高洁丝 3.1 白天鹅 3.1
45~49岁	27	舒而美 40.7	护舒宝 29.6	安尔乐 3.7 安乐 3.7 柔柔 3.7 丹宁 3.7
50岁以上	37	舒而美 16.2	护舒宝 8.1	舒蓓 2.7

4.女性各年龄层的品牌习惯 / Brand Habit by Age Groups

注：1=平时固定使用一个牌子，从不更改(Used in only one brand)

2=比较固定的用一两个牌子，有时会换一下(Used in one or two brands)

3=基本上没有固定，随机购买(No brand preference)

● 北京(Beijing)

	人数	1	2	3
女性	255	23.9	70.6	5.5
16~19岁	23	13.0	82.6	4.3
20~24岁	35	22.9	65.7	11.4
25~29岁	35	20.0	80.0	0.0
30~34岁	49	22.4	73.5	4.1
35~39岁	44	25.0	72.7	2.3
40~44岁	39	33.3	59.0	7.7
45~49岁	20	25.0	60.0	15.0
50岁以上	10	30.0	70.0	0.0

● 上海(Shanghai)

	人数	1	2	3
女性	254	29.5	64.2	6.3
16~19岁	22	13.6	77.3	9.1
20~24岁	32	12.5	78.1	9.4
25~29岁	37	32.4	62.2	5.4
30~34岁	50	36.0	62.0	2.0
35~39岁	44	27.3	70.5	2.3
40~44岁	33	24.2	66.7	9.1
45~49岁	18	50.0	38.9	11.1
50岁以上	18	50.0	38.9	11.1

● 广州(Guangzhou)

	人数	1	2	3
女性	293	18.8	71.3	9.9
16~19岁	49	18.4	69.4	12.2
20~24岁	46	21.7	69.6	8.7
25~29岁	61	13.1	77.0	9.8
30~34岁	44	25.0	70.5	4.5
35~39岁	39	20.5	66.7	12.8
40~44岁	30	16.7	66.7	16.7
45~49岁	12	8.3	83.3	8.3
50岁以上	12	25.0	75.0	0.0

● 重庆(Chongqing)

	人数	1	2	3
女性	253	29.6	64.8	5.5
16~19岁	42	23.8	71.4	4.8
20~24岁	52	26.9	67.3	5.8
25~29岁	31	29.0	67.7	3.2
30~34岁	32	25.0	71.9	3.1
35~39岁	35	40.0	54.3	5.7
40~44岁	28	39.3	53.6	7.1
45~49岁	23	34.8	52.2	13.0
50岁以上	10	10.0	90.0	0.0

5.女性各年龄层该类商品的来源/Sources of Obtaining the Products by Age Groups

● 北京(Beijing)

	人数	自己买	妈妈买	姐妹买	朋友买	单位发	其他
女性	256	87.1	5.1	1.2	0.0	5.9	0.8
16~19岁	23	47.8	47.8	0.0	0.0	0.0	4.3
20~24岁	35	91.4	0.0	2.9	0.0	5.7	0.0
25~29岁	35	85.7	0.0	2.9	0.0	11.4	0.0
30~34岁	49	93.9	2.0	0.0	0.0	4.1	0.0
35~39岁	45	88.9	0.0	0.0	0.0	11.0	0.0
40~44岁	39	100.0	0.0	0.0	0.0	0.0	0.0
45~49岁	20	80.0	5.0	5.0	0.0	10.0	0.0
50岁以上	10	90.0	0.0	0.0	0.0	0.0	10.0

● 上海(Shanghai)

	人数	自己买	妈妈买	姐妹买	朋友买	单位发	其他
女性	250	74.8	8.4	0.0	0.0	16.4	0.4
16~19岁	22	45.5	45.5	0.0	0.0	9.1	0.0
20~24岁	32	68.8	25.0	0.0	0.0	6.3	0.0
25~29岁	36	86.1	5.6	0.0	0.0	8.3	0.0
30~34岁	49	81.6	0.0	0.0	0.0	18.4	0.0
35~39岁	44	65.9	2.3	0.0	0.0	31.8	0.0
40~44岁	32	87.5	0.0	0.0	0.0	12.5	0.0
45~49岁	18	77.8	0.0	0.0	0.0	22.2	0.0
50岁以上	17	76.5	0.0	0.0	0.0	17.6	5.9

● 广州(Guangzhou)

	人数	自己买	妈妈买	姐妹买	朋友买	单位发	其他
女性	293	82.6	11.6	1.0	0.7	3.8	0.3
16~19岁	48	39.6	56.3	2.1	0.0	0.0	2.1
20~24岁	46	89.1	6.5	4.3	0.0	0.0	0.0
25~29岁	61	96.7	1.6	0.0	1.6	0.0	0.0
30~34岁	44	93.2	0.0	0.0	2.3	4.5	0.0
35~39岁	40	87.5	0.0	0.0	0.0	12.5	0.0
40~44岁	30	83.3	3.3	0.0	0.0	13.3	0.0
45~49岁	11	81.8	18.2	0.0	0.0	0.0	0.0
50岁以上	13	100.0	0.0	0.0	0.0	0.0	0.0

● 重庆(Chongqing)

	人数	自己买	妈妈买	姐妹买	朋友买	单位发	其他
女性	253	86.6	9.9	0.0	0.0	3.2	0.4
16~19岁	42	59.5	38.1	0.0	0.0	2.4	0.0
20~24岁	52	84.6	13.5	0.0	0.0	1.9	0.0
25~29岁	31	90.3	3.2	0.0	0.0	6.5	0.0
30~34岁	32	93.8	0.0	0.0	0.0	6.3	0.0
35~39岁	35	97.1	2.9	0.0	0.0	0.0	0.0
40~44岁	28	92.9	0.0	0.0	0.0	7.1	0.0
45~49岁	23	95.7	0.0	0.0	0.0	0.0	4.3
50岁以上	10	100.0	0.0	0.0	0.0	0.0	0.0

6.女性各年龄层使用时的关心因素 / Conceres in Using the Products by Age Groups

注：本题为多选题，合计百分比超过100%(Multiple answers)

● 北京(Beijing)

	人数	触感舒服	吸水性强	厚度	长度	宽度	有隔离网面	粘贴牢固	其他
女性	256	70.7	85.9	8.2	20.7	16.0	28.1	33.6	0.4
16~19岁	23	69.6	82.6	4.3	34.8	8.7	30.4	21.7	0.0
20~24岁	35	74.3	91.4	5.7	14.3	28.6	31.4	37.1	0.0
25~29岁	35	77.1	77.1	0.0	28.6	11.4	31.4	42.9	0.0
30~34岁	49	69.4	87.8	12.2	18.4	12.2	32.7	28.6	0.0
35~39岁	45	64.4	82.2	8.9	17.8	20.0	28.9	33.3	0.0
40~44岁	39	71.8	97.4	17.9	17.9	15.4	20.5	35.9	0.0
45~49岁	20	65.0	75.0	5.0	25.0	15.0	20.0	30.0	5.0
50岁以上	10	80.0	90.0	0.0	10.0	10.0	20.0	40.0	0.0

●上海(Shanghai)

	人数	触感舒服	吸水性强	厚度	长度	宽度	有隔离网面	粘贴牢固	其他
女性	253	63.2	83.8	5.9	19.4	8.3	29.6	28.1	0.0
16~19岁	21	76.2	76.2	0.0	33.3	14.3	19.0	33.3	0.0
20~24岁	32	62.5	93.8	9.4	21.9	12.5	37.5	31.3	0.0
25~29岁	37	54.1	81.1	2.7	10.8	5.4	43.2	40.5	0.0
30~34岁	50	58.0	88.0	6.0	18.0	2.0	28.0	28.0	0.0
35~39岁	44	68.2	75.0	6.8	18.2	4.5	20.5	15.9	0.0
40~44岁	33	66.7	81.8	9.1	24.2	15.2	27.3	18.2	0.0
45~49岁	18	66.7	88.9	11.1	22.2	5.6	27.8	38.9	0.0
50岁以上	18	61.1	88.9	0.0	11.1	16.7	33.3	27.8	0.0

● 广州(Guangzhou)

	人数	触感舒服	吸水性强	厚度	长度	宽度	有隔离网面	粘贴牢固	其他
女性	295	65.4	85.1	6.8	16.6	4.7	33.9	33.2	1.7
16~19岁	49	73.5	79.6	10.2	22.4	2.0	34.7	34.7	2.0
20~24岁	46	67.4	80.4	4.3	8.7	8.7	43.5	45.7	0.0
25~29岁	61	70.5	85.2	11.5	16.4	1.6	41.0	37.7	3.3
30~34岁	44	59.1	84.1	4.5	22.7	0.0	34.1	18.2	0.0
35~39岁	40	45.0	90.0	2.5	17.5	10.0	30.0	32.5	2.5
40~44岁	30	66.7	90.0	3.3	10.0	6.7	20.0	40.0	3.3
45~49岁	12	58.3	91.7	0.0	0.0	16.7	25.0	25.0	0.0
50岁以上	13	92.3	92.3	15.4	30.8	0.0	15.4	7.7	0.0

●重庆(Chongqing)

	人数	触感舒服	吸水性强	厚度	长度	宽度	有隔离网面	粘贴牢固	其他
女性	253	62.1	79.4	9.1	13.4	9.5	25.7	27.3	0.8
16~19岁	42	54.8	78.6	11.9	21.4	19.0	28.6	14.3	2.4
20~24岁	52	61.5	86.5	9.6	7.7	9.6	32.7	28.8	0.0
25~29岁	31	74.2	80.6	3.2	22.6	3.2	29.0	29.0	0.0
30~34岁	32	59.4	87.6	9.4	12.5	9.4	25.0	25.0	0.0
35~39岁	35	65.7	68.6	14.3	8.6	11.4	11.4	34.3	2.9
40~44岁	28	75.0	67.9	3.6	10.7	7.1	17.9	32.1	0.0
45~49岁	23	43.5	82.6	4.3	17.4	4.3	30.4	30.4	0.0
50岁以上	10	60.0	80.0	20.0	0.0	0.0	30.0	30.0	0.0

7.女性各年龄层购买时的考虑因素 / Considerations in Purchasing by Age Groups

注：本题为多选题，合计百分比超过100%(Multiple answers)

●北京(Beijing)

	人数	有名的牌子	价格适中	包装吸引人	广告影响	品质好
女性	256	28.9	57.4	2.3	12.5	72.7
16~19岁	23	17.4	47.8	0.0	13.0	87.0
20~24岁	35	25.7	60.0	2.9	20.0	85.7
25~29岁	35	22.9	45.7	2.9	17.1	82.9
30~34岁	49	36.7	51.0	2.0	8.2	71.4
35~39岁	45	28.9	68.9	2.2	11.1	53.3
40~44岁	39	30.8	74.4	2.6	10.3	76.9
45~49岁	20	30.0	50.0	5.0	10.0	50.0
50岁以上	10	40.0	40.0	0.0	10.0	80.0

续上表(continued)

	人数	有优惠条件	售货员介绍	朋友推荐	购买方便	单位发的	其他
女性	256	5.1	2.3	2.7	24.6	9.8	2.0
16~19岁	23	0.0	0.0	8.7	8.7	0.0	0.0
20~24岁	35	0.0	0.0	5.7	25.7	8.6	2.9
25~29岁	35	5.7	0.0	0.0	14.3	14.3	2.9
30~34岁	49	10.2	4.1	2.0	20.4	4.1	0.0
35~39岁	45	4.4	2.2	2.2	33.3	17.8	4.4
40~44岁	39	10.3	2.6	2.6	38.5	5.1	0.0
45~49岁	20	0.0	5.0	0.0	30.0	20.0	5.0
50岁以上	10	0.0	10.0	0.0	10.0	10.0	0.0

●上海(Shanghai)

	人数	有名的牌子	价格适中	包装吸引人	广告影响	品质好
女性	253	25.3	41.9	3.2	11.1	63.6
16~19岁	22	27.3	40.9	0.0	22.7	81.8
20~24岁	32	15.6	46.9	3.1	18.8	75.0
25~29岁	36	30.6	33.3	0.0	11.1	77.8
30~34岁	50	28.0	32.0	4.0	12.0	58.0
35~39岁	44	36.4	40.9	6.8	2.3	47.7
40~44岁	33	21.2	54.5	6.1	12.1	57.6
45~49岁	18	11.1	55.6	0.0	0.0	77.8
50岁以上	18	16.7	44.4	0.0	11.1	44.4

续上表(continued)

	人数	有优惠条件	售货员介绍	朋友推荐	购买方便	单位发的	其他
女性	253	6.3	0.4	5.9	16.6	20.9	2.0
16~19岁	22	0.0	0.0	4.5	13.6	9.1	0.0
20~24岁	32	6.3	0.0	9.4	9.4	12.5	0.0
25~29岁	36	5.6	0.0	2.8	19.4	11.1	0.0
30~34岁	50	6.0	0.0	6.0	20.0	18.0	4.0
35~39岁	44	6.8	0.0	6.8	13.6	36.4	0.0
40~44岁	33	15.2	0.0	9.1	12.1	24.2	3.0
45~49岁	18	0.0	0.0	5.6	27.8	22.2	11.1
50岁以上	18	5.6	5.6	0.0	22.2	33.3	0.0

● 广州(Guangzhou)

	人数	有名的牌子	价格适中	包装吸引人	广告影响	品质好
女性	294	23.8	47.3	3.4	14.3	71.8
16~19岁	49	18.4	57.1	4.1	28.6	65.3
20~24岁	46	32.6	34.8	0.0	13.0	69.6
25~29岁	61	24.6	42.6	3.3	14.8	82.0
30~34岁	44	22.7	50.0	6.8	9.1	68.2
35~39岁	40	20.0	42.5	5.0	12.5	70.0
40~44岁	29	20.7	58,6	3.4	3.4	69.0
45~49岁	12	0.0	75.0	0.0	8.3	75.0
50岁以上	13	53.8	30.8	0.0	15.4	76.9

续上表(continued)

	人数	有优惠条件	售货员介绍	朋友推荐	购买方便	单位发的	其他
女性	294	6.8	1.0	11.9	20.4	7.5	2.7
16~19岁	49	4.1	2.0	18.4	24.5	4.1	2.0
20~24岁	46	4.3	2.2	10.9	28.3	6.5	0.0
25~29岁	61	8.2	0.0	16.4	18.0	4.9	3.3
30~34岁	44	6.8	0.0	11.4	22.7	4.5	2.3
35~39岁	40	10.0	2.5	10.0	22.5	17.5	0.0
40~44岁	29	10.3	0.0	0.0	10.3	10.3	10.3
45~49岁	12	8.3	0.0	8.3	8.3	16.7	0.0
50岁以上	13	0.0	0.0	7.7	7.7	0.0	7.7

●重庆(Chongqing)

	人数	有名的牌子	价格适中	包装吸引人	广告影响	品质好
女性	253	22.5	45.8	2.4	15.4	65.2
16~19岁	42	23.8	35.7	2.4	23.8	66.7
20~24岁	52	25.0	42.3	0.0	13.5	61.5
25~29岁	31	22.6	41.9	3.2	16.1	71.0
30~34岁	32	6.3	50.0	0.0	18.8	71.9
35~39岁	35	22.9	45.7	8.6	14.3	57.1
40~44岁	28	35.7	64.3	0.0	3.6	50.0
45~49岁	23	21.7	47.8	4.3	13.0	78.3
50岁以上	10	20.0	50.0	0.0	20.0	80.0

续上表(continued)

	人数	有优惠条件	售货员介绍	朋友推荐	购买方便	单位发的	其他
女性	253	3.2	1.2	5.9	20.6	4.0	2.0
16~19岁	42	0.0	2.4	2.4	21.4	2.4	0.0
20~24岁	52	3.8	0.0	9.6	19.2	0.0	1.9
25~29岁	31	0.0	3.2	9.7	16.1	6.5	3.2
30~34岁	32	0.0	3.1	6.3	9.4	9.4	3.1
35~39岁	35	11.4	0.0	5.7	25.7	0.0	5.7
40~44岁	28	7.1	0.0	0.0	32.1	10.7	0.0
45~49岁	23	0.0	0.0	8.7	13.0	0.0	0.0
50岁以上	10	0.0	0.0	0.0	40.0	10.0	0.0

8.女性各年龄层最近一次的使用量 / The Amount in the Most Recent Usage by Age Groups

●北京(Beijing)

	人数	31片以上	21~30片	11~20片	10片及以下	没有用
女性	294	2.4	1.7.3	44.2	22.4	13.6
16~19岁	23	0.0	13.0	65.2	21.7	0.0
20~24岁	35	5.7	22.9	57.1	14.3	0.0
25~29岁	36	8.3	13.9	61.1	13.9	2.8
30~34岁	49	2.0	28.6	42.9	26.5	0.0
35~39岁	44	2.3	22.7	43.2	31.8	0.0
40~44岁	38	0.0	18.4	44.7	36.8	0.0
45~49岁	26	0.0	11.5	42.3	23.1	23.1
50岁以上	43	0.0	2.3	11.6	9.3	76.7

● 上海(Shanghai)

	人数	31片以上	21~30片	11~20片	10片及以下	没有用
女性	286	2.8	13.3	50.0	22.4	11.5
16~19岁	24	0.0	12.5	66.7	12.5	8.3
20~24岁	32	3.1	18.8	53.1	25.0	0.0
25~29岁	37	0.0	10.8	62.2	27.0	0.0
30~34岁	50	4.0	16.0	60.0	20.0	0.0
35~39岁	43	2.3	18.6	46.5	32.6	0.0
40~44岁	34	8.8	5.9	55.9	26.5	2.9
45~49岁	22	4.5	27.3	22.7	27.3	18.2
50岁以上	44	0.0	2.3	29.5	9.1	59.1

● 广州(Guangzhou)

	人数	31片以上	21~30片	11~20片	10片及以下	没有用
女性	309	2.6	16.5	51.5	23.6	5.8
16~19岁	50	2.0	20.0	54.0	22.0	2.0
20~24岁	44	6.8	9.1	61.4	22.7	0.0
25~29岁	63	3.2	34.9	38.1	20.6	3.2
30~34岁	45	0.0	15.6	46.7	35.6	2.2
35~39岁	39	2.6	12.8	64.1	20.5	0.0
40~44岁	29	3.4	3.4	58.6	34.5	0.0
45~49岁	13	0.0	15.4	53.8	23.1	7.7
50岁以上	26	0.0	0.0	42.3	7.7	50.0

● 重庆(Chongqing)

	人数	31片以上	21~30片	11~20片	10片及以下	没有用
女性	289	3.8	12.5	39.4	31.8	12.5
16~19岁	43	0.0	9.3	60.5	27.9	2.3
20~24岁	53	5.7	17.0	49.1	26.4	1.9
25~29岁	32	6.3	21.9	50.0	18.8	3.1
30~34岁	33	9.1	18.2	30.3	39.4	3.0
35~39岁	35	5.7	11.4	37.1	45.7	0.0
40~44岁	31	3.2	12.9	35.5	38.7	9.7
45~49岁	27	0.0	3.7	29.6	51.9	14.8
50岁以上	35	0.0	2.9	11.4	14.3	71.4

9.重度消费者的人口分布 / Demographics of the Heavy Users

● 北京(Beijing)

	人数	16~19岁	20~24岁	25~29岁	30~34岁	35~39岁	40~44岁	45~49岁	50岁以上
女性	58	5.2	17.2	13.8	25.9	19.0	12.1	5.2	1.7
30片以上	7	0.0	28.6	42.9	14.3	14.3	0.0	0.0	0.0
20~30片	51	5.9	15.7	9.8	27.5	19.6	13.7	5.9	2.0

● 上海(Shanghai)

	人数	16~19岁	20~24岁	25~29岁	30~34岁	35~39岁	40~44岁	45~49岁	50岁以上
女性	48	6.5	15.2	8.7	21.7	19.6	10.9	15.2	2.2
30片以上	8	0.0	12.5	0.0	25.0	12.5	37.5	12.5	0.0
20~30片	40	7.9	15.8	10.5	21.1	21.1	5.3	15.8	2.6

● 广州(Guangzhou)

	人数	16~19岁	20~24岁	25~29岁	30~34岁	35~39岁	40~44岁	45~49岁	50岁以上
女性	59	18.6	11.9	40.7	11.9	10.2	3.4	3.4	0.0
30片以上	8	12.5	37.5	25.0	0.0	12.5	12.5	0.0	0.0
20~30片	51	19.6	7.6	43.1	13.7	9.8	2.0	3.9	0.0

● 重庆(Chongqing)

	人数	16~19岁	20~24岁	25~29岁	30~34岁	35~39岁	40~44岁	45~49岁	50岁以上
女性	47	8.5	25.5	19.1	19.1	12.8	10.6	2.1	2.1
30片以上	11	0.0	27.3	18.2	27.3	18.2	9.1	0.0	0.0
20~30片	36	11.1	25.0	19.4	16.7	11.1	11.1	2.8	2.8

10.女性各年龄层使用时白天与晚上有无区别 / Day-time and Night-time Differences in Using the Products by Age Groups

● 北京(Beijing)

	人数	有区别	没有区别
女性	256	63.3	36.7
16~19岁	23	65.2	34.8
20~24岁	35	77.1	22.9
25~29岁	35	80.0	20.0
30~34岁	49	81.6	18.4
35~39岁	45	42.2	57.8
40~44岁	39	35.9	64.1
45~49岁	20	60.0	40.0
50岁以上	10	70.0	30.0

●上海(Shanghai)

	人数	有区别	没有区别
女性	254	59.1	40.9
16~19岁	22	63.6	36.4
20~24岁	32	68.8	31.3
25~29岁	37	56.8	43.2
30~34岁	50	64.0	36.0
35~39岁	44	59.1	40.9
40~44岁	33	45.5	54.5
45~49岁	18	44.4	55.6
50岁以上	18	66.7	33.3

●广州(Guangzhou)

	人数	有区别	没有区别
女性	295	61.4	38.6
16~19岁	49	65.3	34.7
20~24岁	46	65.2	34.8
25~29岁	61	67.2	32.8
30~34岁	44	59.1	40.9
35~39岁	40	62.5	37.5
40~44岁	30	50.0	50.0
45~49岁	12	33.3	66.7
50岁以上	13	61.5	38.5

●重庆(Chongqing)

	人数	有区别	没有区别
女性	253	50.6	49.4
16~19岁	42	54.8	45.2
20~24岁	52	59.6	40.4
25~29岁	31	54.8	45.2
30~34岁	32	56.3	43.8
35~39岁	35	34.3	65.7
40~44岁	28	42.9	57.1
45~49岁	23	56.5	43.5
50岁以上	10	20.0	80.0

11.女性各年龄层白天的使用类型 / Types Used in Daytime by Age Groups

● 北京(Beijing)

	人数	普通型	普通护翼型	普通加长型	加长护翼型	其他
女性	255	34.9	50.6	7.8	6.7	0.0
16~19岁	23	30.4	52.2	8.7	8.7	0.0
20~24岁	35	25.7	60.0	5.7	8.6	0.0
25~29岁	35	20.0	60.0	8.6	11.4	0.0
30~34岁	48	27.1	66.7	4.2	2.1	0.0
35~39岁	45	48.9	24.4	13.3	13.3	0.0
40~44岁	39	43.6	46.2	10.3	0.0	0.0
45~49岁	20	45.0	45.0	5.0	5.0	0.0
50岁以上	10	50.0	50.0	0.0	0.0	0.0

● 上海(Shanghai)

	人数	普通型	普通护翼型	普通加长型	加长护翼型	其他
女性	248	38.3	46.4	10.1	4.0	1.2
16~19岁	22	36.4	45.5	9.1	9.1	0.0
20~24岁	32	12.5	71.9	9.4	3.1	3.1
25~29岁	35	37.1	54.3	2.9	5.7	0.0
30~34岁	48	41.7	31.3	20.8	4.2	2.1
35~39岁	42	38.1	54.8	7.1	0.0	0.0
40~44岁	33	39.4	39.4	18.2	3.0	0.0
45~49岁	18	72.2	27.8	0.0	0.0	0.0
50岁以上	18	44.4	38.9	0.0	11.1	5.6

● 广州(Guangzhou)

	人数	普通型	普通护翼型	普通加长型	加长护翼型	其他
女性	278	24.5	56.8	10.4	8.3	0.0
16~19岁	47	17.0	61.7	8.5	12.8	0.0
20~24岁	43	18.6	65.1	9.3	7.0	0.0
25~29岁	57	14.0	75.4	5.3	5.3	0.0
30~34岁	41	24.4	53.7	14.6	7.3	0.0
35~39岁	36	30.6	38.9	19.4	11.1	0.0
40~44岁	30	50.0	36.7	3.3	10.0	0.0
45~49岁	11	36.4	63.6	0.0	0.0	0.0
50岁以上	13	30.8	30.8	30.8	7.7	0.0

● 重庆(Chongqing)

	人数	普通型	普通护翼型	普通加长型	加长护翼型	其他
女性	252	40.1	45.2	8.3	6.3	0.0
16~19岁	42	35.7	54.8	4.8	4.8	0.0
20~24岁	52	36.5	48.1	3.8	11.5	0.0
25~29岁	31	48.4	38.7	9.7	3.2	0.0
30~34岁	32	28.1	46.9	15.6	9.4	0.0
35~39岁	35	40.0	51.4	8.6	0.0	0.0
40~44岁	27	55.6	29.6	11.1	3.7	0.0
45~49岁	23	39.1	39.1	8.7	13.0	0.0
50岁以上	10	50.0	40.0	10.0	0.0	0.0

12.女性各年龄层晚上的使用类型 / Types Used at Night by Age Groups

● 北京(Beijing)

	人数	普通型	普通护翼型	普通加长型	加长护翼型	其他
女性	255	18.0	23.5	12.2	45.9	0.4
16~19岁	23	8.7	21.7	17.4	52.2	0.0
20~24岁	35	5.7	28.6	14.3	51.4	0.0
25~29岁	35	8.6	14.3	5.7	68.6	2.9
30~34岁	48	8.3	25.0	14.6	52.1	0.0
35~39岁	45	35.6	17.8	8.9	37.8	0.0
40~44岁	39	35.9	33.3	10.3	20.5	0.0
45~49岁	20	20.0	20.0	20.0	40.0	0.0
50岁以上	10	10.0	30.0	10.0	50.0	0.0

● 上海(Shanghai)

	人数	普通型	普通护翼型	普通加长型	加长护翼型	其他
女性	249	22.5	22.1	9.6	44.2	1.6
16~19岁	22	27.3	4.5	0.0	59.1	9.1
20~24岁	32	6.3	28.1	0.0	65.6	0.0
25~29岁	35	25.7	17.1	5.7	51.4	0.0
30~34岁	49	24.5	24.5	10.2	40.8	0.0
35~39岁	42	21.4	23.8	21.4	33.3	0.0
40~44岁	33	27.3	21.2	12.1	36.4	3.0
45~49岁	18	38.9	27.8	11.1	22.2	0.0
50岁以上	18	11.1	27.8	11.1	44.4	5.6

●广州(Guangzhou)

	人数	普通型	普通护翼型	普通加长型	加长护翼型	其他
女性	284	16.2	19.4	8.8	54.9	0.7
16~19岁	47	12.8	12.8	12.8	59.6	2.1
20~24岁	45	8.9	13.3	4.4	73.3	0.0
25~29岁	59	10.2	15.3	8.5	64.4	1.7
30~34岁	42	23.8	26.2	7.1	42.9	0.0
35~39岁	37	16.2	27.0	8.1	48.6	0.0
40~44岁	30	26.7	20.0	16.7	36.7	0.0
45~49岁	11	36.4	36.4	0.0	27.3	0.0
50岁以上	13	15.4	23.1	7.7	53.8	0.0

●重庆(Chongqing)

	人数	普通型	普通护翼型	普通加长型	加长护翼型	其他
女性	252	27.0	24.2	13.1	35.7	0.0
16~19岁	42	21.4	33.3	11.9	33.3	0.0
20~24岁	52	15.4	23.1	13.5	48.1	0.0
25~29岁	31	32.3	16.1	12.9	38.7	0.0
30~34岁	32	18.8	31.3	15.6	34.4	0.0
35~39岁	35	37.1	28.6	17.1	17.1	0.0
40~44岁	27	40.7	7.4	11.1	40.7	0.0
45~49岁	23	34.8	13.0	8.7	43.5	0.0
50岁以上	10	30.0	50.0	10.0	10.0	0.0

国外卫生纸生产、消费现状及发展趋势

The production/consumption and development trends of tissue paper on global

生活用纸的消费领域不同于其他纸种。它直接面对消费者，在某种程度上属于生活必需品，尤其在经济发达国家已成人们的自然消费习惯。在过去的20多年里，生活用纸一直在稳步地发展，年增长率保持在4%左右，不像其他纸和纸板会受到周期性的市场影响。1971年至1996年的25年间，全球生活用纸从610万吨增长到1700万吨。据PPI推测，1997年卫生纸的产量达到1920万吨，产值超过400亿美元。年产量超过50万吨的国家有英国、意大利、法国、加拿大、美国、日本、巴西、墨西哥和中国等，其中，美国卫生纸产量达到584.5万吨,我国居第二为199万吨,日本171.6万吨位居第三。世界各国卫生纸的生产极不平衡，从“PPI”年报上可以看出，意大利是卫生纸的主要出口国，1997年出口量达到43.7万吨,净出口量为38.50万吨。出口量大于进口量的有瑞典、波兰、斯洛伐克、土耳其、巴西、墨西哥、韩国、印尼等国家，进口略大于出口的有英国、法国、西班牙、美国等国家。而东欧一些国家如南斯拉夫、保加利亚、罗马尼亚、克罗地亚、拉脱维亚、捷克、匈牙利等国家都需大量进口卫生纸解决市场不足，非洲的大部分国家卫生纸消耗量低，生产较少。表1为1997年世界部分国家/地区卫生纸的产量和进出口量。

表1　　1997年世界部分国家/地区卫生纸产量、进出口量　　单位：万吨

国家或地区	产量		净增加	进口量		增加量	出口量		增加量
	1996年	1997年		1996年	1997年		1996年	1997年	
英国	59.6	63.5	3.9	23.4	25.4	2.0	2.2	3.2	1.0
瑞典	29.7	29.2	-0.5	3.0	3.1	0.1	15.2	15.3	0.1
意大利	54.9	63.6	8.7	4.9	5.2	0.3	35.5	43.7	8.2
法国	50.8	53.4	2.6	19.4	21.1	1.7	14.7	15.5	0.8
西班牙	30.2	35.8	5.6	23.8	27.4	3.6	15.3	16.4	1.1
俄罗斯	8.2	9.0	0.8	0	0		0	0	
丹麦	0	0		7.2	7.5	0.3	0	0	
捷克	2.3	2.5	0.2	0.3	3.9	3.6	0.3	0.6	0.3
加拿大	60.5	61.4	0.9	10.4	10.9	0.5	9.8	8.0	-1.8
美国	569.5	584.5	15.0	12.6	17.0	4.4	9.8	8.6	-1.2
日本	164.8	171.6	6.8	0	0		0	0	
印尼	9.2	9.6	0.4	0.1	0.1	0	1.1	1.2	0.1
韩国	30.8	33.2	2.4	0	0		0.3	0.4	0.1
台湾	25.0	26.7	1.7	2.9	2.7	-0.2	2.7	2.9	0.2
越南	0.9	0.9	0	0	1.8	1.8	0	0	
香港	0	0		2.1	2.1	0	1.1	1.0	0.1
巴西	54.9	56.5	1.6	0.5	0.2	-0.3	3.4	2.9	0.5
墨西哥	49.3	59.5	10.2	3.7	2.1	1.6	6.3	7.6	1.3

从70年代起,世界卫生纸的年增长率在4%左右,预计到2010年增长率将下降到3%左右(见表2)。但是，到2010年，全世界仍需新增卫生纸产量近1000万吨，也就是说每年需增加5.4米幅宽的大型卫生纸机10~12台或中等规模的卫生纸机20~25台。

在未来新增加的近1000万吨卫生纸中，“PPI”的预测认为北美、西欧、拉美将成为主要增长地区，约570万吨是由上述3个地区的国家生产的，中国是卫生纸增长的热点地区，被专门列为第4个高增长区，预计增长142万吨（见表3）。

表2 全世界卫生纸消费量增长率

年度	%
1971~1976	4.0
1976~1981	5.3
1981~1986	3.8
1986~1991	4.0
1991~1996	3.8
1996~2000	3.5
2000~2005	3.3
2005~2010	3.1

表3 全世界各国家、地区卫生纸增长量(百万吨)

国家、地区	1981~1996年	1996~2010
北美	2.03	1.90
西欧	1.90	1.98
日本	0.72	0.58
拉美	0.82	1.84
中国	0.69	1.42
亚洲远东地区	0.66	0.95
其他地区	0.57	1.21
全世界	7.4	9.88

根据EU咨询公司的资料介绍,1996年世界人均生活用纸量3公斤,但消费水平差距很大,北美人均年生活用纸消耗21公斤,而非洲人均仅0.36公斤。生活用纸消费与经济发展及人们的生活水平密切相关。美国、加拿大和瑞典的人均生活用纸量最高，在20公斤左右，见图1；其次为西欧，南欧正逐步接近西欧水平。在亚洲，日本和台湾地区的人均消费水平最高，达13公斤。1997年，全球生活用纸的市场销售额达400亿美元。

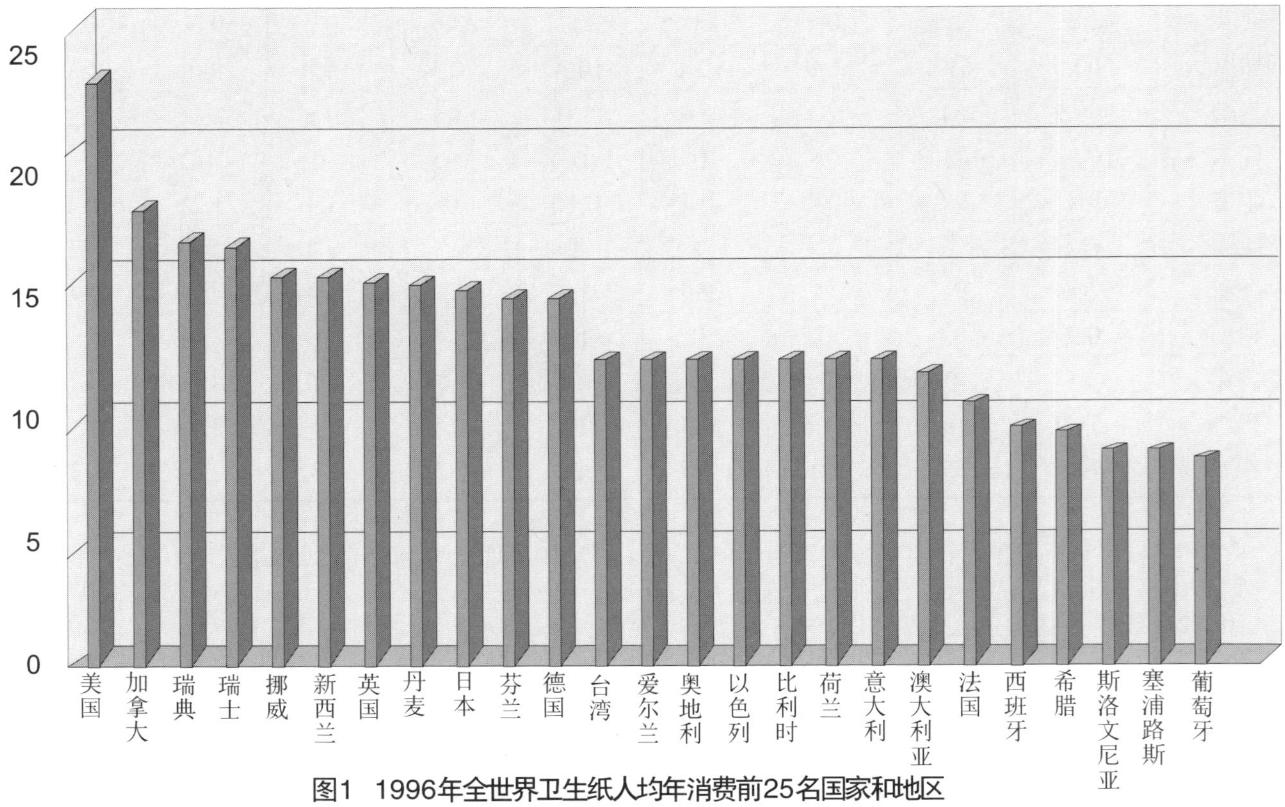

图1 1996年全世界卫生纸人均年消费前25名国家和地区

到2000年全世界各地区的消费量、生产量是不同的（见图2），西欧、亚洲远东地区是供过于求，北美卫生纸需求将大大超过生产的增长，其他国家和地区基本消费略大于生产，市场发展潜力和空间较大。

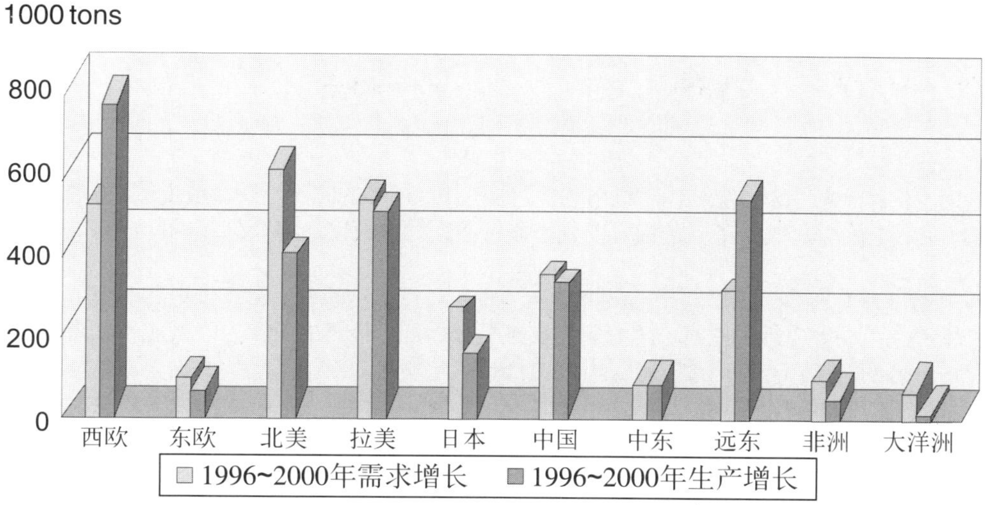

图2 1996~2000年世界各地区/国家卫生纸生产和需求增长预测

在卫生纸的消费中，家庭用占70%，公共场所用占30%，从结构来看，厕用卫生纸仍占主导，约占卫生纸量的55%以上。在不同的区域卫生纸消费结构有所不同。对纸巾来说，特别是厨房用纸巾，北美和西欧是其主要消费市场；而面巾纸的消费在日本和其他亚洲国家所占比例较高。

全球约有700多家卫生纸生产厂，卫生纸机1400多台，总生产能力1900万吨/年，这不包括年产量2000吨以下的小厂，特别是中国的众多小企业。虽然卫生纸生产厂家很多。但随着市场的发展变化，竞争也日趋激烈，产品质量和生产效率是竞争的焦点。一些大公司之间发生了兼并和重组。全球大的卫生纸市场基本上被几家大公司所瓜分。世界排名前5位的公司控制着全球45%的产量，排名前10位的公司控制53%的世界产量。最近的兼并更加剧了这种集中控制趋势。见表4。

在西欧市场上，SCA纸业公司、金佰利Kimberly-Clark和福特詹姆斯Fort James公司对市场的控制程度远远高于其他公司。占市场份额的47%。

在北美卫生纸市场上，几大巨头公司对市场的控制要高于西欧。美国5大公司控制市场份额的78%，加拿大5大公司占市场份额88%，墨西哥3大公司控制市场份额更高，达92%。在北美，金佰利Kimberly-Clark与斯柯特Scott,詹姆斯 里沃James River与福特 哈沃Fort Howard的兼并，形成了两大巨头公司，控制着市场46%的份额。将来控制集中化的程度会进一步加剧，生产厂家将变得更少，生产规模会变得更大。

表4 1997年全世界卫生纸生产能力分布表

生产厂商	产量比例%
Kimberly-Clark	16.9
Fort James	13.7
Procter &Gamble	6.5
SCA	4.6
Georgia Pacific	2.9
Kruger Tissue	2.2
Nippon Paper	1.8
Daio	1.6
其他厂商	49.8

据预测，全球卫生纸的年增长率将从4%降到3%，但从长远发展来看，卫生纸的市场需求仍然看好。卫生纸替代品对卫生纸的威胁很有限，主要替代品有无尘纸和无纺布，对工业用擦拭卫生纸有替代作用。

未来全球卫生纸增长的驱动力主要是：

*在世界上几个地区，随着一批发展中国家的经济继续改善，人民的生活水平将上一台阶，由于非手纸类卫生纸的大量使用，将加速卫生纸的增长。

*在发达国家，很明显各种卫生纸都在向高质量方面发展。这些变化将刺激人们使用更多的卫生纸。

在提高质量方面，北美和西欧所走的路径有所不同，但目标是一致的，即更高的柔软性、更高的吸水性和更好的强度。欧洲主要是通过增加层数来提高上述“三高”性能。某些欧洲国家3~4层结构厕用卫生纸市场消费比例（%）如下：

瑞士	84
奥地利	63
德国	60
比利时	16
荷兰	15

在中欧，厕用卫生纸一般为3~4层结构，纸巾为3层结构并带精美的印刷设计，最近传统的2层厨房用卫生纸已被吸水性更好的3层卫生纸所取代。多层结构可以利用各种不同的原料使最终产品获得良好的柔软、吸水和强度性质。

在北美，主要通过开发新的、超柔软产品来提高产品质量和总经济效益。重点是提高双层卫生纸的质量、或者采用热风穿透干燥提高单层卫生纸的质量。这对于提高纸机和后加工设备的效率、降低成本非常有利，并可获得良好的经济效益。另一方面，这一方式需要在产品开发方面投入重资，只有国际上一些大公司才可以承受这笔费用。宝洁P&G公司和金佰利 Kimberly-Clark公司已开发出新的结构良好的卫生纸，其湿强度、吸水性和柔软性特别优异，并可节省20%的纤维用量。

从北美和西欧的卫生纸发展来看，对卫生纸的质量要求决定着选择什么样的设备和技术方案，它是第一位的因素。

卫生纸的质量对生产厂商来说变得越来越重要，是其竞争力最为重要的内涵。一些大公司生产的高质量卫生纸成为全球同行业追求的标准。因此，厂商比以往任何时候都更加重视纸幅成形和纸幅结构，匀度要非常均匀，上网浆料不能出现条痕。对于多层流浆箱，各层浆料要均匀，并且要保持高纯度。纤维均匀分布和高纯度分层是最大限度地利用纤维强度以及获得良好柔软性的基础。

多层流浆箱20年前即已投放市场，新一代多层流浆箱在结构和性能上有更多显著的优点。采用稀释方法可以更精确地控制纸机横幅定量、匀度和纤维取向。横幅定量调节可控制在约60mm的很小范围；比传统唇板开度调节量（100~150mm）要小许多。更重要的是这种局部定量调节，不会影响横幅纤维取向，这对于保持横幅稳定的纵横抗张强度比十分重要。

卫生纸机在结构方面的最大变化，是采用了热风穿透干燥技术TAD。这是高级卫生纸生产的一项最新技术，TAD技术生产的产品松厚度高，纸质有更强的织物感。良好的松厚度意味着更有效地使用了纤维，定量可降低，或在同样定量下，使产品质量获得提高。因为TAD纸机减少了湿压，使成纸松厚度比传统干起皱方法高75%。取消湿压对干燥能耗有负影响。典型的新月型成形器在湿压区之后，干度可达到40%，每公斤成纸只需蒸发1.5公斤水分。TAD纸机的干燥部之前的纸幅干度仅25%，每公斤成纸需要蒸发3公斤水分。因此，TAD纸机的干燥能力要比传统纸机高一倍。有两种方法可以补偿这一高能耗，一是优质优价；二是降低成纸定量，但仍保持良好的成纸性能。

TAD纸机生产出的纸具有松厚度高、柔软性和吸水性好的特点，目前市场上最好的薄页卫生纸和纸巾纸是采用TAD技术生产的。TAD使热风强制通过纸幅达到脱水的目的，然后，在后续工艺过程中一直保持这一松厚结构。蜂窝热风烘缸对松厚结构的形成和保持起着至关重要的作用。它的独特结构设计允许开孔率达85%~90%，TAD单位面积的干燥能力要比传统方式高得多。因此TAD卫生纸机有较高的生产能力。

卫生纸的质量对竞争、生存变得越来越重要。一些大公司更重视成形和纸幅结构，采用新技术，如稀释式横幅控制多层流浆箱和TAD技术，生产高质量卫生纸。通过兼并、联合使市场集中化控制，这是竞争和发展的需要，将来生产厂家会逐步减少，但规模会增大。世界各地区经济发展水平不同，卫生纸的消费结构有差别，对质量的要求也不同。不应盲目追求，而应更多地考虑当地的经济发展水平，因地制宜地生产适销对路产品。

参考文献

1.Tissue giants prepare to fight for market share by Esko Untela PPI 1998 March
2.Valmet Tissue Making '98

美国卫生纸行业的现状和发展趋势

Situation and trends of tissue paper industry in USA

美国卫生纸行业目前的特征是：企业相互兼并、产量不断增加，生产速度不断提高，循环纤维用量增大。

卫生纸工业具有高额利润和稳定的增长率，在过去的几年中，价值80亿美元的卫生纸工业经过激烈地竞争而走向统一。1995年SCOTT纸业公司和金佰利公司进行了价值94亿美元的合并，另外还有CHESAPEAKE公司和加拿大CASCADES公司的合并。1997年年中，FORT HOWARD公司和JAMES RIVER公司完成了58亿美元的合并，建成一个新的卫生纸厂FORT JAMES。

卫生纸用于一次性卫生用品如厕所纸、擦拭纸、面巾纸和餐巾纸，主要对象是普通消费者和公共场所消费，因此也被称为“家用品”市场，卫生纸普通销售占整个卫生纸贸易额的63%，其中包括如超市和药房等地零售方式出售。公共场所消费卫生纸也被叫作“外出”市场，还保持着37%的份额，批发给清洁公司、饭店、办公楼、餐馆、工厂、学校和政府部门。

厕所纸占整个销售的41%，其次是擦拭纸33%，餐巾纸14%，面巾纸6%，其他6%。在1996年约40亿美元的商业市场中，卫生纸的美国国内销售约220万吨，比1984年以来的平均数提高了2.3%。擦拭纸占公共场所消费的44%，其次是厕所纸30%，餐巾纸24%，面巾纸2%。

产量/生产能力

据美国FOREST &PAPER ASSN统计，美国卫生纸工业1996年的开工率估计为94.2%,产量660万吨,比前一年增长1.4%。相对来讲,1994年和1995年的生产能力增加很少。但是，主要的生产商预言从1997年到2000年生产能力将逐步提高，增长率1997年为2.5%,1998年为2.3%,1999年近4%,据AF &PA公司最新数据显示,这是90年代以来的最高增长率。开工率预计会保持在93%。

1997年，K-C公司通过纸机改造和增加新纸机，增加了10万吨产能。而P&G公司计划从1998年到2000年增加产能13万吨。合并以前,FORT HOWARD 公司和JAMES RIVER公司分别宣布在今后的2年中要通过改造和新增纸机而使产能增加6万吨。现在还不清楚合并对于他们的计划将有何影响。其他的生产商也会在今后的几年中增加产能，这包括GEORGIA-PACIFIC公司和MARCAL PAPER MILLS。

展望

1997年上半年浆价的变化不大，使得卫生纸的价格在1997年大部分时间里会保持稳定。预计在1997年末和1998年初，价格将受到浆价的影响，但进入1998年后，商品浆价格情况仍不明朗。K-C公司出售浆厂会引起浆价的波动。由于有反托拉斯法的限制，FORT HOWARD公司与JAMES RIVER的合并将是最后一个，大公司都希望转向海外市场谋求发展。

预测/千吨

美国

年度	1998	1997	1996
产量	6480	6349	6264
增长率/%	2.1	1.4	0.9
产能	6977	6818	6654
增长率/%	2.3	2.5	1.5
设备利用率/%	92.9	93.1	94.2
进口量	n.a.	183	138
出口量	n.a.	100	108

加拿大

年度	1998	1997	1996
产量	n.a.	n.a.	669
增长率/%	n.a.	n.a.	-1.9
产能	n.a.	787	773
增长率/%	n.a.	1.8	0.3
设备利用率/%	n.a.	n.a.	86.5
进口量	n.a.	n.a.	108
出口量	n.a.	n.a.	104

注:e=估计　n.a.=未得到

美国主要生产商排名

	年生产能力/千吨	市场份额/%
1.金佰利公司	1565	21.0
2.Fort Howard 1	1190	16.0
3.Procter & Gamble	1060	14.0
4.James River 1	995	13.0
5.Georgia-Pacific	595	7.9
6.Chesapeake	310	4.1
7.Kruger 2	278	3.7
8.American Tissue	260	3.4
9.Perkins Paper 3	198	2.6
10.Jomar Mgmt.4	150	2.0
总计	7356	

排名前5位的公司占市场份额71.4%
排名前10位的公司占市场份额87.2%
注:资料来源:AF&FA,CPPA
1.FORT HOWARD公司和JAMES RIVER公司于1997年合并。
2. 包括以前SCOTT纸业公司的生产能力。
3. CASCADES公司拥有PERKINS纸业公司的77.5%。
4 .JOMAR MANAGMENT拥有SHELBY TISSUE和 SHEPHERD TISSUE两家公司。

一、技术难度使新的投资者却步

美国的卫生纸市场是一个一体化的市场,仅个人消费领域的销售额就超过了60亿美元,而总销售额估计超过90亿美元,它应该能够吸引新投资者。但至今只是大公司变得更大。在过去的10年中，只有两个小的生产商进入这一市场。为什么一个增长率高于2.5%的市场不能吸引新的投资者呢?技术、销售和对品牌的忠诚都构成了巨大的障碍。一项成功地运作，最低要求:

（1）速度——在造纸工业中，卫生纸纸机的车速是最高的。纸机速度低，生产商在竞争中就会被抛在后面。
（2）再生纤维——大量使用各类再生纤维需要工厂具有相应的经验和适应性。
（3）了解市场——在个人消费和公共场所消费两个领域，生产商应了解用户的需求并能对市场变化作出快速反应。
（4）销售艺术——成品必须按特定的送货时间表送到各个大商店、超级市场及酒店、写字楼。
（5）包装方式——同一产品有单卷、多包和大包多种包装形式.
（6）引人入胜的印花和包装——卫生纸通过艺术绘画印花和精美包装标明品位。

上述各项无一不是成功所必须的

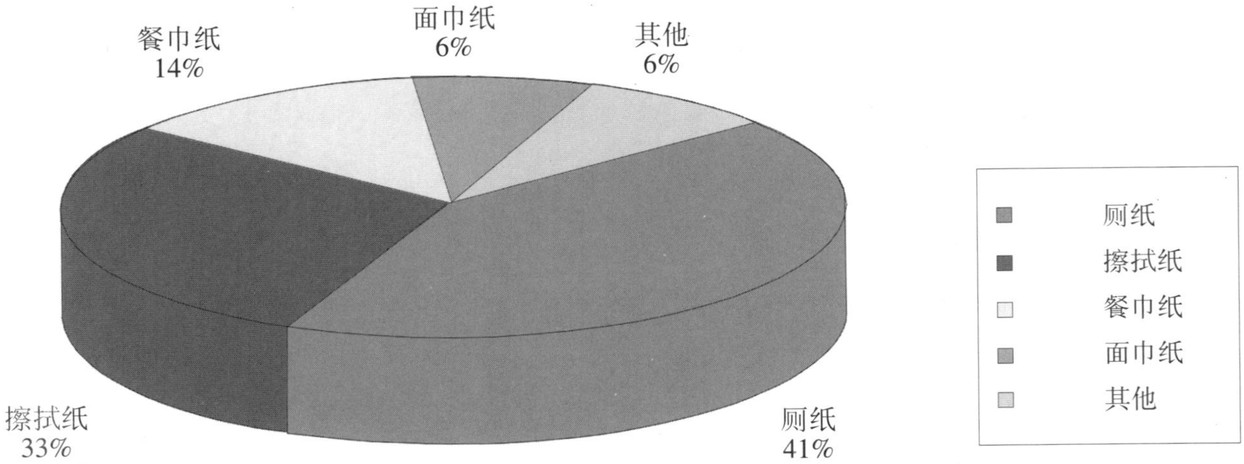

图1 1996年美国用于个人消费和公共场所消费的卫生纸的市场情况。卫生纸生产厂的平均开机率为92%

在造纸行业中，卫生纸纸机的车速处于领先地位，而且近年来在化学和机械技术方面也取得了很大进展。20年前，一台较好的卫生纸机的车速是610米/分。现在大多数新纸机的车速已能达到1830米/分或更高，在美国俄亥俄州MIDDIETOWM的BAY WES纸厂，创造了纸机连续运转车速为2043米/分的新记录。

卫生纸纸机具有高速能力的关键是具有直径为4.6~5.5米，幅宽3.6~6.1米的扬克式烘缸，这种铸铁或不锈钢的缸体能在不到1秒钟的时间里使高速运行的纸页干燥。纸页进入烘缸时的水分一般大于50%，烘缸由蒸汽加热。由于连续地向烘缸表面喷洒了起皱粘合剂，尽管烘缸的切线速度为一英里/分或更高，纸页仍能保持在烘缸的表面。

当纸页绕过扬克烘缸 300° 时，被起皱刮刀以锐角刮下。在陡直角度下强烈的剥离张力，在无剥离剂的情况下会使纸页断头。剥离剂的作用是使起皱的纸页与烘缸分离.随着纸机的正常车速超过1830米/分，这种高车速与化学品的平衡作用会显得更为重要。重要的起皱参数有：

（1）横向交键——用量适当以确保沿烘缸表面涂层均匀一致

（2）粘合强度——用量适当以使纸页在干燥过程中不脱缸，但到达起皱刮刀后不能影响分离。

高车速使起皱操作本来很小的余地变得更小了。当纸机车速接近2135米/分的时候,正确用量的交键剂，加上适量的粘合剂，将更加重要。

二、卫生纸使用再生纤维量处于领先

卫生纸的生产在使用再生纤维量上处于遥遥领先的地位。目前在卫生纸的纤维原料中再生纤维所占比例已达60%，许多用于公共场所消费的产品中，再生纤维的用量已经达到或接近100%。在10年前，造纸厂可以挑选最好的首次使用后的再生纤维，现在他们发现对再生纤维原料已无多大的选择余地，而且前者价格要高得多。在再生纤维原料的质量和数量变得更加不可预测的情况下，使用再生纤维的工厂找到了继续生产出一流产品的方法。在擦拭纸市场上，湿强剂可以增加纤维的强度——增加纸的附加价值。当浆料需要更高的强度时，还可以使用干强剂。

三、卫生纸所面临的技术挑战

在个人消费市场上，柔软度、吸收性和强度，是消费者用以评价卫生纸类产品的关键尺度。高档卫生卷纸的柔软度从来就没有上限，在这类产品中，位居榜首的产品的柔软水平在不断提高。对于普通类品牌来说，所面临的挑战是保持可以接受的柔软度,增加再生纤维的用量并提高抄纸过程效率。

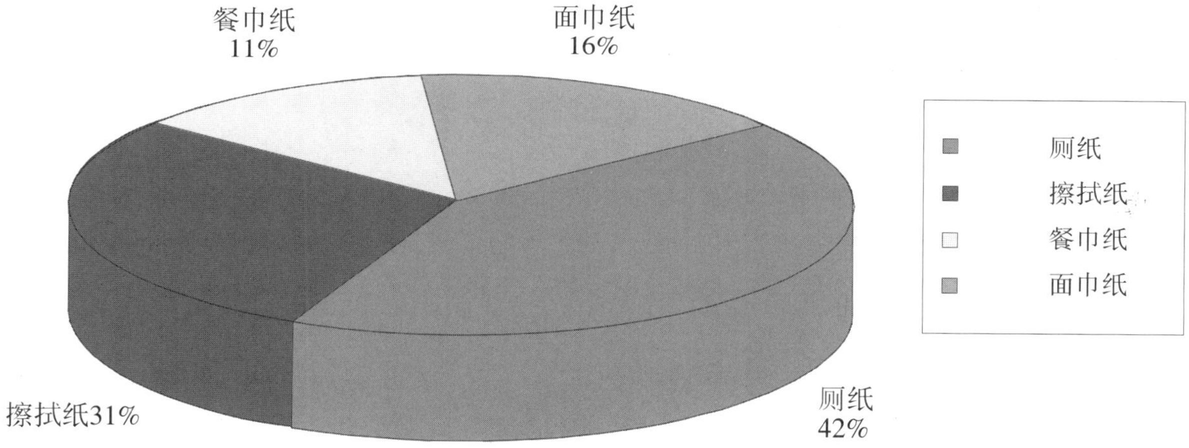

图2 美国卫生纸中个人消费市场的年销售额为60亿美元

高档卫生卷纸把吸收性和强度作为促销的手段。更高的强度和更好的吸收性仍然是未来发展的目标。湿强剂可在剧烈地清洁工作中保持擦拭纸不破。最好的擦拭纸甚至可替代汽车修理厂里的擦拭布，或用来擦窗子，并且常常洗净后重新使用。

四、 开发非永久性湿强剂和粘斑消除技术是当务之急

在市场中的集团消费领域，对擦拭纸的要求是：用户用其擦手时强度要高，用过后即能分解。在学校、火车站和餐馆里，擦拭纸被扔入便桶而导致阻塞问题——一个造成使用不便且产生额外经济负担的问题。使用非永久性湿强剂以后，擦拭纸在被丢入水中后短时间内就会分解，使这些纤维像厕纸一样可以冲掉。

使用再生纤维的纸厂急需的除非永久性湿强剂外，还有消除粘斑的技术。粘斑是经重新制浆后仍留在纤维上的任何粘合剂，粘斑能使纸页产生孔洞。研究一种实用的工艺或化学助剂以消除粘斑将能大大提高所有使用再生纤维的纸厂的产品质量，特别是大量依靠再生纤维生产公共场所消费产品的质量。

五、 公共场所消费和个人消费领域的分离

传统上，卫生纸市场在公共场所消费市场和个人消费市场之间有一个分界线。个人消费产品是从超级市场、便利商店和大型商场的货架上购买的。公共场所消费产品的购买常常是价格因素大于性能和品牌因素。如按吨计算，个人消费占擦拭纸市场的60%，卫生纸市场的65%。

柔软度、吸收性和性能推动着个人消费市场的发展。柔软的擦拭纸和面巾纸居销售榜首。大多数高档的用于个人消费的卫生纸都不使用再生纤维；然而，事情也在发生变化。现在，柔软的长纤维原料在高档品牌中已逐渐降低到了辅助地位。再说普通品牌，为了缓解成本的压力，其浆料中再生纤维的量将继续增加。松厚度的改善也有助于成本的降低。在两个市场领域里，即使当价格下降的时候，质量也将是重要的。事实上，对质量和稳定性的重视是卫生纸市场的一个标志。

当高档和普通两者品牌间竞争激烈时，产品的价格倾向于反映产品的需求和生产成本。从1989~1993年，削价以建立市场份额变成了规律。提高产品性能主导着当今的个人消费市场，并将继续保持这一市场前进的动力。

用于个人消费的高档擦拭纸品牌，使用与卫生纸相同的高强度长纤维原料并加入湿强剂以达到强度与吸收性的最佳平衡。而普通品牌的擦拭纸则使用更多的再生纤维和不同的湿强剂配方以降低成本。

用于个人消费的面巾纸，使用高档纤维原料及添加剂以获得消费者所要求的柔软度水平。为进一步区分他们的产品，多数生产商在其产品上增加了装饰图案。印刷在纸盒上的富有戏剧性的图案给人一个很深的印象，并有助于高档品牌的销售。有的面巾纸加入了保湿剂和芦荟以保护敏感的皮肤。

餐巾纸的范围很广，从在柔软性上可与面巾纸竞争的高档品牌，到具有较高强度水平的产品，在产品和包装上加垫、染色、压花和印花的综合效果使高档品牌在市场上具有特殊的地位。普通品牌加垫、印花较少，颜色单一，印花简单并且使用了再生纤维以降低成本。

六、 公共场所消费强调服务和价值

作为一般规律，用于公共场所消费的产品是用于个人消费的产品市场的剩余部分。用于公共场所消费的产品从使用相当数量的再生纤维开始，然后逐步过渡到100%的使用再生纤维。用于公共场所消费的产品出售的是价值、稳定性和服务。生产公共场所消费产品的公司生产普通产品，并且在很多情况下，直销他们的产品。他们也同销售产品和具备售后服务的批发商合作。

当用于公共场所消费的产品不提供用于个人消费的高档品牌所具有的柔软性和吸收性时，用于个人消费的普通品牌和用于公共场所消费的高档品牌间的分界线在某种程度上变得模糊起来。普通品牌的生产厂，不论用于个人消费的还是用于公共场所消费的，每吨成品所使用的再生纤维比市场中其他任何产品都多。他们具有处理再生纤维的专长，能从中获得最大利益。

七、卫生纸的发展趋势

在卫生纸市场上兼并是一个需要注意的趋势。在最近一个时期卫生纸市场是健康的，预计将保持2.5%~2.8%的年增长率。

除一个健康的国内市场外，大型卫生纸生产商正在积极拓展亚洲和南半球的市场，为下一世纪的增长打好基础。纸的销售量随着文明程度的提高而增加，据预测，对经验丰富且有扩展愿望的企业来说，亚洲市场具有巨大的发展潜力。

虽然卫生纸在再生纤维的使用上处于造纸工业的领先地位，其他环境问题将会成为一个问题，使用印花将会因此而受到限制。AOX和TOC问题将会使现今使用的一些化工原料受到限制，或引发对无公害产品的需求。废纸处理中纸厂废水的封闭循环和固体废弃物的倾倒费，将刺激生产商根据自已的具体情况解决这些问题。

造纸企业对设备生产商和化工原料生产商的要求将会更多。在毛毯方面，供应商会生产新的产品以满足纸机车速达到甚至超过2135米/分的需要。为提高干燥能力和改善产品性能，热风干燥技术在造纸行业中将得到快速推广。多数新的卫生纸纸机将安装这种预干燥设备，许多旧式纸机也将应用这一新型技术进行改造。使用热风干燥的优点是使纸页在进入扬克式烘缸之前降低水分。其他的革新措施还有匀度提高和纸页控制技术。

对于化工原料的需求将包括：

（1）非永久性湿强剂—— 可用于数种产品。

（2）粘斑的清除—— 再生纤维浆料中包含了越来越多的无法中和的粘合剂。

（3）电荷中和剂—— 一种可以与污染物的结合，使它们变得无害的添加剂。

（4）干强度—— 提高干强度是一个复杂的问题，必须根据具体工厂的化学系统、浆料组成和市场需要寻求解决方案。

（5）新型起皱工艺—— 现在使用的起皱化工原料可适用于目前有记录的最高车速。在起皱方面，进一步提高车速、增加抄宽和其它潜在的挑战将迫使生产商继续研制新的起皱化工原料。

尽管卫生纸行业是成熟的，它的发展仍像一个新兴工业，它变化快，要求供应商要灵活、创新。卫生纸行业在用户意识、质量和不断创新上，处于造纸行业的领先地位。以上3条也是对未来准备与高档卫生纸生产商做生意的供应商的需要，卫生纸生产商及其原料供应商将继续面临新的挑战。

译自Tappi Journal, July 1996

日本一次性卫生用品的市场

Market of disposable hygiene products in Japan

(日本卫生材料工业连合会公布资料)

近年来，日本纸尿裤和妇女卫生用品市场迅速发展。婴儿纸尿裤市场因为职业妇女家务劳动时间减少，而传统布制尿裤要洗涤和干燥花费时间而增加了纸尿布的使用；成人纸尿布市场则因日本国内人口老龄化趋势和失禁症病人的增加而扩大；妇女经期卫生用品由于普及率已达100%，虽然有妇女初潮年龄普遍提前和更年期的推迟而增加用量的因素，但由于卫生巾档次提高，品种增加，质量改善后，单片使用时间延长，因此卫生巾消费量逐年减少。

一、妇女卫生巾

年度	数量/亿片	与前一年比
1993年	95.6	-
1994年	95.9	100.3%
1995年	95.2	99.2%
1996年	88.5	93.0%
1997年1~7月	43.4	-

占有日本市场的主要公司(1998年2月末数据)

1位	UNICHARM（尤妮佳有限公司）	28%
2位	花王公司	25%
3位	P&G公司	14%
4位	资生堂公司	8%

1位名牌	BODYFIT	(UNICHARM公司)
2位名牌	LORIE YAWARAKA(SOFT)MESH	(花王公司)
3位名牌	SOFI(苏菲)SARA SIDE-GAZZER	(UNICHARM公司)

二、婴儿尿裤

数　量

	1996年	1997年	与前一年比
裤型	60.61亿片	64.19亿片	106%

注：无直条型

质　量

	1996年	1997年	与前一年比
裤型	25.85万吨	26.63万吨	103%

注：无直条型

说明：

从1999年开始准备将裤型分为“可粘型胶带尿布”和“可穿型裤衩尿布”做统计。

据1998年2月统计：可粘型胶带尿布占62.5%，可穿型裤衩尿布占37.5%。

占有日本市场的主要公司(1998年2月末统计)

1位	UNICHARM公司	58%
2位	花王公司	19%
3位	P&G公司	5%
1位名牌	MOONY POWER SLIM	(UNICHARM公司)
2位名牌	MOONY-MAN POWER SLIM	(UNICHARM公司)
3位名牌	SUPER MELIISE	(花王公司)

三、成人尿布

数　量

	1996年	1997年	与前一年比
直条型	4.08亿片	3.94亿片	96%
裤型	2.97亿片	3.58亿片	120%
其他	9.48亿片	11.34亿片	119%
合计	16.53亿片	18.88亿片	114%

质　量

	1996年	1997年	与前一年比
直条型	2.73万吨	2.62万吨	96%
裤型	3.6万吨	3.93万吨	109%
其他	3.45万吨	4.16万吨	121%
合计	9.76万吨	10.7万吨	110%

以上数据说明：

①直条型明显地向裤型转移。

②“其他”主要是互换垫片。

③从1999年开始准备将裤型分为“可粘型胶带尿布”和“可穿型裤衩尿布”做统计。

四、日本纸尿裤的市场规模(1994年~1998年)

1.据日本卫生材料工业连合会发表的1994~1998年纸尿裤的市场规模情况如下(预测数据):

			1994年	1995年	1996年	1997年	1998年
婴儿用	对象人口/千人		3597	3588	3600	3600	3600
	渗透率/%		81.0	82.4	83.6	84.6	85.5
	消费片数/百万片		5236	5297	5401	5466	5524
	质量/吨		240856	238365	243045	245970	248580
	1片的质量/克		46.0	45.0	45.0	45.0	45.0
成人用	对象人口/千人	全瘫	954	995	1036	1077	1118
		其他	200	200	200	200	200
	渗透率/%		41.3	45.3	48.7	51.4	53.6
	消费片数/百万片		1218	1383	1538	1677	1805
	质量/吨		75516	85746	95356	103974	111910
	1片的质量/克		62.0	62.0	62.0	62.0	62.0

说明：以上为1995年的预测数据，因此1996年和1997年的数据与前列数据有差异

2.婴儿用纸尿裤的预测

[对象年龄]0~36个月

[对象人口]根据“推算日本将来的人口”(厚生省平成4年推算)和实际成绩的背离率，出生人口采用1989年~1993年的确定出生数。1994年~1998年为120万人。

[市场规模]对象人口1人1天使用片数为4.9片，1年之间使用的为消费总数。

[消费片数]以生产数量为消费片数进行计算。根据过去几年的生产数量(消费片数)的增长率预测当年以后的消费片数。

[1片的质量]根据实际成绩，考虑到今后的薄型、轻量化及新生儿用量的增加，预计1994年为46克，1995年以后为45克。

3.成人用纸尿裤的预测

[对象人口]采用通过“根据处于低出生率社会的并合典型的医疗分析”(平成3年日本医师会委托调查研究)，对在家和医院的全瘫老人的推算。对此再加上不到65岁的需要纸尿裤的20万人。

[市场规模]对象人口1人1天使用片数为7片，1年之间使用的为消费总数。

[消费片数]以生产数量为消费片数进行计算。根据过去几年的生产数量(消费片数)的增长率预测当年以后的消费片数。

[1片的质量]根据1993年的实际成绩，1994年以后的重量定为62克。

1998年纸浆、废纸、纸及纸板进出口量

Import and export of pulp,wastepaper,paper and paperboard

1998年纸浆及废纸进口量统计表

单位：万吨

产品名称	1997年	1998年	1998年比1997年增减/%
纸浆及废纸合计	315.98	411.40	30.1
一、纸浆	154.16	219.93	42.7
1.机械木浆	13.34	23.01	72.4
2.化学溶解浆	9.53	7.79	-18.3
3.硫酸盐木浆	110.58	161.87	46.3
其中：未漂针叶浆	9.46	14.96	58.1
未漂非针叶浆	1.60	0.74	-53.4
漂白针叶浆	60.01	73.80	22.9
漂白非针叶浆	39.51	72.36	83.1
4.亚硫酸盐木浆	17.97	24.39	35.7
其中：未漂针叶浆	0.62	0.82	32.0
未漂非针叶浆	0.57	0.17	-69.9
漂白针叶浆	10.03	9.08	-9.4
漂白非针叶浆	6.75	14.33	111.9
5.半化学木浆	1.48	0.87	-41.0
6.其他纸浆	1.26	2.01	59.9
二、废纸	161.82	191.47	18.2
1.未漂牛皮纸及瓦楞纸废纸	56.85	72.04	26.5
2.漂白印刷废纸	4.01	4.43	9.6
3.含机木浆废纸（旧报纸）	68.90	90.83	31.7
4.其他废纸	32.06	24.17	-24.6

1998年纸及纸板、纸制品进口量统计表

单位：万吨

产品名称	1997年	1998年	1998年比1997年增减/%
纸及纸板、纸制品合计	619.57	627.94	1.35
一、纸及纸板	552.43	577.20	4.50
1.新闻纸	45.34	23.64	-47.86
2.印刷书写纸	23.97	34.72	44.84
3.轻量涂布纸	3.41	1.55	-54.55
4.铜版纸	79.43	98.48	23.98
5.卷烟纸	0.51	0.61	19.60
6.羊皮纸、描图纸、半透明纸	1.00	1.29	29.00
7.复写纸、无碳复写纸、拷贝纸	1.19	1.55	30.25
8.卫生纸及生活用纸	1.96	3.38	72.45
9.牛皮纸及纸袋纸	64.77	60.25	-6.98
10.牛皮卡纸及牛皮箱纸板	116.76	126.37	8.23
11.涂布白纸板	42.34	54.24	28.11
12.未涂布白纸板	35.00	34.14	-2.46
13.瓦楞原纸	96.62	99.08	2.55
14.其他纸及纸板	40.13	37.90	-5.56
二、纸制品	67.14	50.74	-24.43

1998年纸浆及废纸出口量统计表

单位：万吨

产品名称	1997年	1998年	1998年比1997年增减/%
纸浆及废纸合计	2.57	2.78	7.6
一、纸浆	2.22	1.98	-10.8
1.机械木浆	0.07	0.01	-80.0
2.化学溶解浆	0.01	0.35	2644.5
3.硫酸盐木浆	1.06	0.75	-29.0
其中：未漂针叶浆	0.28	0.01	-97.3
未漂非针叶浆	0.12	0.11	-8.9
漂白针叶浆	0.10	0.28	169.7
漂白非针叶浆	0.55	0.36	-34.9
4.亚硫酸盐木浆	0.49	0.21	-56.3
其中：未漂针叶浆	0.02	-	-
未漂非针叶浆	0.10	-	-
漂白针叶浆	0.35	0.00	-99.0
漂白非针叶浆	0.02	0.21	814.1
5.半化学木浆	0.00	0.00	-91.0
6.其他纸浆	0.59	0.65	9.1
二、废纸	0.35	0.80	128.7
1.未漂牛皮纸及瓦楞纸废纸	0.00	0.59	43131.7
2.漂白印刷废纸	0.01	-	-
3.含机木浆废纸（旧报纸）	0.02	0.03	7.5
4.其他废纸	0.32	0.19	-41.4

1998年纸及纸板、纸制品出口量统计表

单位：万吨

产品名称	1997年	1998年	1998年比1997年增减/%
纸及纸板、纸制品合计	97.42	94.15	-3.4
一、纸及纸板	26.92	29.57	9.84
1.新闻纸	0.26	0.96	269.23
2.印刷书写纸	2.89	2.93	1.38
3.轻量涂布纸	0.03	0.00	-28055.17
4.铜版纸	2.21	5.22	136.20
5.卷烟纸	0.68	0.59	-13.24
6.羊皮纸、描图纸、半透明纸	1.45	1.23	-15.86
7.复写纸、无碳复写纸、拷贝纸	1.00	0.88	-12.0
8.卫生纸及生活用纸	5.51	5.85	6.17
9.牛皮纸及纸袋纸	1.69	1.37	-18.94
10.牛皮卡纸及牛皮箱纸板	1.21	0.66	-45.46
11.白纸板	0.70	1.47	110.0
12.涂布白纸板	2.41	2.32	-3.73
13.瓦楞原纸	3.19	2.83	-11.29
14.其他纸及纸板	3.69	3.27	-11.38
二、纸制品	70.50	64.58	-8.40

中国人口、社会发展和经济背景的有关数据

The information of Chinese population,social development and economic background

以下资料来源《中国统计年鉴1998》

Figures are based on《China statistical yearbook》

人口数及构成（年底数）

POPULATION AND IT'S COMPOSITION (YEAR-END)

本表各年人口包括中国人民解放军现役军人数据，未包括港澳台人口数据。

Figures in this table including military personnel,excluding HongKong,Macao and Taiwan personnel

单位：万人 (10000 person)

年份 Year	总人口 Total Population	按性别分 Grouped by Sex				按城乡分 Grouped by Residence			
		男 Male		女 Female		市镇总人口 Urban		乡村总人口 Rural	
		人口数 Population	比重(%) Proportion	人口数 Population	比重(%) Proportion	人口数 Population	比重(%) Proportion	人口数 Population	比重(%) Proportion
1952	57482	29833	51.90	27649	48.10	7163	12.46	50319	87.54
1957	64653	33469	51.77	31184	48.23	9949	15.39	54704	84.61
1962	67295	34517	51.29	32778	48.71	11659	17.33	55636	82.67
1965	72538	37128	51.18	35410	48.82	13045	17.98	59493	82.02
1970	92992	42686	51.43	40306	48.57	14424	17.38	68568	82.62
1975	92420	47564	51.47	44856	48.53	16030	17.34	76390	82.66
1978	96259	49567	51.49	46692	48.51	17245	17.92	79014	82.08
1980	98705	50785	51.45	47920	48.55	19140	19.39	79565	80.61
1985	105851	54725	51.70	51126	48.30	25094	23.71	80757	76.29
1986	107507	55581	51.70	51926	48.30	26366	24.52	81141	75.48
1987	109300	56290	51.50	53010	48.50	27674	25.32	81626	74.68
1988	111026	57201	51.52	53825	48.48	28661	25.81	82365	74.19
1989	112704	58099	51.55	54605	48.45	29540	26.21	83164	73.79
1990	114333	58904	51.52	55429	48.48	30191	26.41	84142	73.59
1991	115823	59466	51.34	56357	48.66	30543	26.37	85280	73.63
1992	117171	59811	51.05	57360	48.95	32372	27.63	84799	72.37
1993	118517	60472	51.02	58045	48.98	33351	28.14	85166	71.86
1994	119850	61246	51.10	58604	48.90	34301	28.62	85549	71.38
1995	121121	61808	51.03	59313	48.97	35174	29.04	85947	70.96
1996	122389	62200	50.82	60189	49.18	35950	29.37	86439	70.63
1997	123626	63131	51.07	60495	48.93	36989	29.92	86637	70.08
1998	124810					37942	30.40	86868	69.60

注：1982~1989年数据是根据1982年、1990年两次人口普查数据调整的，1990年以后数据是人口变动抽样调查数，其余年份数据为户籍统计数。（下表同）

a)Figures for 1982~1989 the annual were estimated based on the 1982 and 1990 National Population Censuses.Since 1990,figures were estimated based on the annual National Sample Survey on Population Change.Other figures were taken from the annual report of the Minstry of Public Security (The next table is the same).

人口出生率、死亡率、自然增长率（年底数）

BIRTH RATE，DEATH RATE AND NATURAL GROWTH RATE OF POPULATION（YEAR-END）

单位：‰

年份 Year	全国 National			市镇 City			县 County		
	出生率 Birth Rate	死亡率 Death Rate	自然增长率 Natural Growth Rate	出生率 Birth Rate	死亡率 Death Rate	自然增长率 Natural Growth Rate	出生率 Birth Rate	死亡率 Death Rate	自然增长率 Natural Growth Rate
1952	37.00	17.00	20.00						
1957	34.03	10.80	23.23	44.48	8.47	36.01	36.01	11.07	21.74
1962	37.01	10.02	26.99	35.46	8.28	27.18	27.18	10.32	26.95
1965	37.88	9.50	28.38	26.59	5.69	20.90	20.90	10.06	29.47
1970	33.43	7.60	25.83						
1975	23.01	7.32	15.69	14.71	5.39	9.32	9.32	7.59	16.58
1978	18.25	6.25	12.00	13.56	5.12	8.44	8.44	6.42	12.49
1980	18.21	6.34	11.87	14.17	5.48	8.69	8.69	6.47	12.35
1985	21.04	6.78	14.26						
1986	22.43	6.86	15.57						
1987	23.33	6.72	16.61						
1988	22.37	6.64	15.73						
1989	21.58	6.54	15.04	16.73	5.78	10.95	23.27	6.81	16.46
1990	21.06	6.67	14.39	16.14	5.71	10.43	22.80	7.01	15.79
1991	19.68	6.70	12.98	15.49	5.50	9.99	21.17	7.13	14.04
1992	18.24	6.64	11.60	15.47	5.77	9.70	19.09	6.91	12.18
1993	18.09	6.64	11.45	15.37	5.99	9.38	19.06	6.89	12.17
1994	17.70	6.49	11.21	15.13	5.53	9.60	18.84	6.80	12.04
1995	17.12	6.57	10.55	14.76	5.53	9.23	18.08	6.99	11.09
1996	16.98	6.56	10.42	14.47	5.65	8.82	18.02	6.94	11.08
1997	16.57	6.51	10.06	14.52	5.58	8.94	17.43	6.90	10.53
1998	16.30	6.50	9.53						

全国分年龄和性别人口（1995年10月1日）

POPULATION BY AGE AND SEX（OCTOBER 1ST,1995）

本表是1995年1%人口抽样调查数据，抽样比为1.04%。
Figures in this table are from the sampling survey in 1995.The sample proportion is 1.04%.

年龄(岁) Age	合计(人) Total (person)	男 Male	女 Female	性别比(女=100) Sex Ratio (Female=100)
总计 Total	12366952	6294901	6072051	103.67
0~4	901256	488560	412696	118.38
0	172308	92746	79562	116.57
1	149659	81965	67694	121.08
2	176120	96520	79600	121.26
3	188911	102719	86192	119.17
4	214258	114610	99648	115.01
5~9	1320225	692121	628104	110.19
5	269053	142744	126309	113.01
6	269091	140809	128282	109.77
7	258517	135324	123193	109.85
8	280753	146619	134134	109.31
9	242811	126625	116186	108.98
10~14	1084741	563047	521694	107.93
10	224016	116222	107794	107.82
11	203234	105485	97749	107.91
12	211852	110184	101668	108.38
13	241613	125444	116169	107.98
14	204026	105712	98314	107.52
15~19	912734	469837	442897	106.08
15	188956	97944	91012	107.62
16	202060	104670	97390	107.48
17	178302	91601	86701	105.65
18	166616	85230	81386	104.72
19	176800	90392	86408	104.61
20~24	1080610	535303	545307	98.17
20	182449	90781	91668	99.03
21	198485	97569	100916	96.68
22	217540	106959	110581	96.72
23	229840	114046	115794	98.49
24	252296	125948	126348	99.68
25~29	1257801	626178	631623	99.14
25	262479	129739	132740	97.74
26	254907	126726	128181	98.86
27	266519	132914	133605	99.48
28	222316	110868	111448	99.48
29	251580	125931	125649	100.22
30~34	1090887	546709	544178	100.47
30	250244	125367	124877	100.39
31	241765	120752	121013	99.78
32	285183	143824	141359	101.74
33	196715	98795	97920	100.89
34	116980	57971	59009	98.24
35~39	859345	439150	420195	104.51
35	150701	76385	74316	102.78
36	139968	71603	68365	104.74
37	181141	93240	87901	106.07
38	203826	104505	99321	105.22
39	183709	93417	90292	103.46
40~44	916950	465029	451921	102.90
40	202816	103563	99253	104.34
41	194547	98671	95876	102.92
42	181798	92057	89741	102.58
43	181502	91846	89656	102.44
44	156287	78892	77395	101.93
45~49	685194	350151	335043	104.51
45	155341	79490	75851	104.80
46	148735	76573	72162	106.11
47	130893	66963	63930	104.74
48	130855	66982	63873	104.87
49	119370	60143	59227	101.55
50~54	524123	269428	254695	105.78
50	113515	57803	55712	103.75
51	106693	54827	51866	105.71
52	100909	51884	49025	105.83
53	99102	50875	48227	105.49
54	103904	54039	49865	108.37
55~59	475776	246614	229162	107.62
55	98846	51318	47528	107.97
56	88569	45525	43044	105.76
57	98604	51519	47085	109.42
58	95288	49669	45619	108.88
59	94469	48583	45886	105.88
60~64	429181	219026	210155	104.22
60	95184	48132	47052	102.30
61	86962	44366	42596	104.16
62	92130	47541	44589	106.62
63	80342	40630	39712	102.31
64	74563	38357	36206	105.94
65~69	337823	168389	169434	99.38
65	81579	41245	40334	102.26
66	67872	33904	33968	99.81
67	70571	35288	35283	100.01
68	61532	30456	31076	98.00
69	56269	27496	28773	95.56
70~74	242721	114915	127806	89.91
70	59869	28897	30972	93.30
71	52078	24987	27091	92.23
72	46391	21975	24416	90.00
73	43787	20463	23324	87.73
74	40596	18593	22003	84.50
75~79	142224	61986	80238	77.25
75	36751	16313	20438	79.82
76	31131	14096	17035	82.75
77	27608	11948	15660	76.30
78	25304	10773	14531	74.14
79	21430	8856	12574	70.43
80~84	72345	28302	44043	64.26
80	20209	8187	12022	68.10
81	17039	6843	10196	67.11
82	14059	5432	8627	62.97
83	11226	4188	7038	59.51
84	9812	3652	6160	59.29
85~89	25506	8258	17248	47.88
85	7726	2622	5104	51.37
86	6404	2137	4267	50.08
87	4856	1517	3339	45.43
88	3579	1095	2484	44.08
89	2941	887	2054	43.18
90~94	6458	1682	4776	35.22
90	2281	596	1685	35.37
91	1507	420	1087	38.64
92	1182	310	872	35.55
93	890	211	679	31.08
94	598	145	453	32.01
95~99	941	182	759	23.98
95	424	86	338	25.44
96	185	44	141	31.21
97	174	19	155	12.26
98	109	25	84	29.76
99	49	8	41	19.51
100及以上 100and over	111	34	77	44.16

四次全国人口普查人口基本情况（年中数）

BASIC STATISTICS ON NATIONAL POPULATION CENSUS IN1953，1964，1982 AND 1990（MIDDLE OF YEAR）

本表未包括港澳台和中国人民解放军现役军人数据。
Data in this table excluded the military personnel as well as the population of Hong Kong,Macao and Taiwan.

单位：万人 (10000 persons)

指　标	Item	1953	1964	1982	1990
总人口	**Total Population**	58260	69122	100391	113051
男	Male	30179	35479	51528	58182
女	Female	28081	33643	48863	54869
育龄妇女（15~49岁）	Women at Childbearing Age(Age 15~49)	13314	15161	24849	30635
总户数（万户）	**Total Number of Households**	13411	15671	22115	27862
家庭户（万户）	Family Households			22008	27691
集体户（万户）	Non-family Households			107	171
各年龄组人口	**Population by Age**				
0~6岁	Age 0~6	11700	13542	13456	15548
7~14岁	Age 7~14	8884	14525	20269	15752
劳动年龄人口	Population within Working Age	29983	34149	55087	67903
男60、女55岁以上人口	Males Aged 60 and Females Aged 55 and Over	5170	5407	9304	11684
民族人口	**Nationality Population**	58260	69122	100391	113051
汉族	Han Nationality	54728	65130	93667	103919
少数民族	Minority Nationalities	3532	3992	6724	9132
15岁及以上人口	**Marital Status of Population Aged 15 and Over**			66548	81751
未婚	Unmarried			19012	20541
有配偶	Married			42376	55737
丧偶	Widowed			4764	4989
离婚	Divorced			396	484
6岁及以上人口	**Population Aged 6 and Over by Educational Level**		55542	88979	99409
大学本科	University		287	604	614
大学专科	Three Years College				962
中专	Specialized Secondary School				1728
高中	Senior Secondary School		912	6653	7260
初中	Junior Secondary School		3235	17820	26339
小学	Primary School		19582	35534	42021
不识字或识字很少	Illiterate and Semi-Illiterate		31526	28368	20485
在业人口	**Employed Population**			52150	64724
不在业人口	**Unemployed Population**			14516	17026
市镇县人口	**Population of Cities,Towns and Counties**	58260	69122	100391	113051
市	City			14525	21122
镇	Town	7726	9455	6106	8492
县	County	50534	59667	79760	83437

注：1.劳动年龄人口指男16~59岁，女16~54岁人口。
2.各年龄组人口中缺15岁人口和年龄不详人口数，加总不等于总人口。
3.1964年分文化程度人口是7岁及以上文化程度人口。不识字或识字很少人口中包括不在校儿童，未包括475万文化程度不详人口。

a)Working age range refers to 16~59 years for men and 16~54 years for women.
b)Population by age:The sum of the population of the age groups is not equal to the total population,because the population aged 15 1s not shown and there is population whose true age is un known.
c)Population by educational level:Data in 1964 refer to population aged 7 and over.Illiterate and semi-illiterate population includes children not in school.The data exclude 4.75 million persons whose education levels are unknown.

各地区总人口和出生率、死亡率、自然增长率（1997年）

TOTAL POPULATION AND BIRTH RATE, DEATH RATE AND NATURAL GROWTH RATE BY REGION（1997）

地区 Region	年底总人口（万人）Total Population (year-end) (10000 persons)	出生率 Birth Rate (‰)	死亡率 Death Rate (‰)	自然增长率 Natural Growth Rate (‰)
全国 National Total or Average	123626	16.57	6.51	10.06
北京 Beijing	1240	7.91	6.02	1.89
天津 Tianjin	953	9.98	6.95	3.03
河北 Hebei	6525	13.11	6.82	6.29
山西 Shanxi	3141	16.18	6.06	10.12
内蒙古 Inner Mongolia	2326	15.21	6.96	8.25
辽宁 Liaoning	4138	11.78	6.38	5.40
吉林 Jilin	2628	12.22	5.42	6.80
黑龙江 Heilongjiang	3751	12.02	5.17	6.85
上海 Shanghai	1457	5.50	6.80	-1.30
江苏 Jiangsu	7148	11.43	6.84	4.59
浙江 Zhejiang	4435	11.41	6.48	4.93
安徽 Anhui	6127	15.80	6.50	9.30
福建 Fujian	3282	12.41	6.09	6.32
江西 Jiangxi	4150	17.43	6.56	10.87
山东 Shandong	8785	11.28	6.65	4.63
河南 Henan	9243	13.97	6.30	7.67
湖北 Hubei	5873	14.81	6.69	8.12
湖南 Hunan	6465	12.59	6.99	5.60
广东 Guangdong	7051	16.90	5.40	11.50
广西 Guangxi	4633	15.93	6.40	9.53
海南 Hainan	743	19.18	5.62	13.56
重庆 Chongqing	3042	13.60	7.36	6.24
四川 Sichuan	8430	15.75	7.00	8.75
贵州 Guizhou	3606	22.15	7.67	14.48
云南 Yunnan	4094	20.82	7.91	12.91
西藏 Tibet	248	23.90	7.90	16.00
陕西 Shaanxi	3570	13.91	6.29	7.62
甘肃 Gansu	2494	17.22	6.20	11.02
青海 Qinghai	496	21.80	6.95	14.85
宁夏 Ningxia	530	18.90	5.43	13.47
新疆 Xinjiang	1718	19.66	6.55	13.11

注：1.全国总人口包括现役军人数，分地区数字中则未包括。
2.全国数据未包括香港特别行政区、台湾省和澳门地区的人口数据。
3.全国数据根据抽样误差和调查误差进行了修正。

a) The military personnel were included in the national total population, but excluded in the regional total population.
b) The national total population excluded the population of Hong Kong, Macao and Taiwan.
c) The national total population was readjusted on the basis of the samlpe error and investigate error.

各地区人口年龄构成和负担系数

POPULATION AGE COMPOSITION AND DEPENDANCY RATIO BY REGION

本表是1997年人口变动抽样调查数据，抽样比为1.016‰。
Data in this table are obtained from the Sample Survey on Population Changes in 1997. The sampling fraction is 1.016‰.

地区 Region	人口数(人) Population				(%)	总负担系数	
	合计 Total	0-14岁 Age 0-14	15-64岁 Age 15-64	65岁及以上 Age 65 and Over	Dependency Ratio (%)	负担少儿系数 Children Dependency Ratio	负担老年系数 The Aged Dependency Ratio
全　国 National Total	**1242799**	**310404**	**844919**	**87476**	**47.09**	**36.74**	**10.35**
北　京 Beijing	12850	2120	9598	1131	33.88	22.09	11.79
天　津 Tianjin	9678	1934	6929	815	39.68	27.91	11.77
河　北 Hebei	66283	16918	44959	4406	47.43	37.63	9.80
山　西 Shanxi	31908	8675	21245	1987	50.19	40.83	9.35
内蒙古 Inner Mongolia	23611	5832	16570	1209	42.49	35.20	7.29
辽　宁 Liaoning	42039	7984	30771	3283	36.62	25.95	10.67
吉　林 Jilin	26697	5574	19469	1654	37.13	28.63	8.50
黑龙江 Heilongjiang	38108	8342	28009	1757	36.06	29.78	6.27
上　海 Shanghai	14913	2324	10766	1823	38.52	21.59	16.93
江　苏 Jiangsu	72562	15593	50555	6415	43.53	30.84	12.69
浙　江 Zhejiang	45051	8704	32177	4170	40.01	27.05	12.96
安　徽 Anhui	62199	15576	42407	4216	46.67	36.73	9.94
福　建 Fujian	33321	9431	21513	2377	54.88	43.84	11.05
江　西 Jiangxi	42158	11394	28288	2476	49.03	40.28	8.75
山　东 Shandong	89178	20748	61418	7012	45.20	33.78	11.42
河　南 Henan	93916	25098	62400	6418	50.51	40.22	10.28
湖　北 Hubei	59677	16292	39846	3540	49.77	40.89	8.88
湖　南 Hunan	65670	16158	44716	4797	46.86	36.13	10.73
广　东 Guangdong	71580	20509	45850	5220	56.12	44.73	11.39
广　西 Guangxi	47115	13454	30071	3590	56.68	44.74	11.94
海　南 Hainan	7560	2361	4715	483	60.32	50.08	10.24
重　庆 Chongqing	30904	7234	21142	2527	46.17	34.22	11.95
四　川 Sichuan	85642	19963	58855	6824	45.51	33.92	11.59
贵　州 Guizhou	36631	10722	23860	2049	53.52	44.94	8.59
云　南 Yunnan	41589	11338	27678	2573	50.26	40.96	9.29
西　藏 Tibet	2479	825	1519	135	63.17	54.29	8.88
陕　西 Shaanxi	36269	10020	24127	2122	50.33	41.53	8.80
甘　肃 Gansu	25340	6964	17166	1209	47.61	40.57	7.04
青　海 Qinghai	5035	1446	3359	231	49.90	43.04	6.86
宁　夏 Ningxia	5384	1590	3563	231	51.11	44.63	6.48
新　疆 Xinjiang	17453	5280	11377	796	53.41	46.41	7.00

注：总负担系数是指0~14岁和65岁及以上人口占15~64岁人口的比重，0~14岁人口为少年儿童人口，65岁及以上人口为老年人口。
a) The dependency ratio refers to the proportion of the number of people aged 0~14 and 65 and over to the number of people aged 15~64. The children refers to the people aged 0~14, and the aged refers to the people and 65 over.

国民经济和社会发展总量与速度指标

指　　标	Item	1985
人口与就业	Population and Employment	
人口（万人）	Population (10 000persons)	
年底总人口	Year-end Population	105851
市镇人口	Urban	25094
乡村人口	Rural	80757
男性人口	Male	54725
女性人口	Female	51126
就业（万人）	Employment (10 000 persons)	
从业人员数	Employment	49873
#职工人数	Staff and Workers	12358
城镇登记失业人数	Registed Unemployed in Urban Areas	238.5
宏观经济	Macroeconomic Indicator	
国民核算（亿元）	National Accounting (100 million yuan)	
国民生产总值	Gross National Product	8989
国内生产总值	Gross Domestic Product	8964
支出法国内生产总值	Gross Domestic Expenditures	8792
#最终消费	Total Consumption	5773
居民消费	Resident Consumption	4589
政府消费	Public Consumption	1184
资本形成总额	Total Investment	3386
固定资本形成	Fixed Assets	2641
存货增加	Stock	745
固定资产投资（亿元）	Investment in Fixed Assets(100 million yuan)	
全社会固定资产投资总额	Total Investment in Fixed Assets	2543.2
#国有单位	State-Owned Units	1680.5
集体单位	Collective-Owned Units	327.5
个体经济	Individuals	535.2
财政（亿元）	Public Finance(100 million yuan)	
国家财政收入	Government Revenue	2004.8
国家财政支出	Government Expenditures	2004.3
物价总指数（上年=100）	Price Indices(preceding year=100)	
商品零售价格总指数	General Retail Price Index	108.8
居民消费价格总指数	General Consumer Price Index	109.3
农产品收购价格总指数	General Farm and Sideline Products Purchasing Price Index	108.6
利用外资（亿美元）	Utilization of Foreign Capital(USD 100 000 000)	
签定利用外资协议额	Amount of Foreign Capital for Utilization Through Signed Contracts or Agreements	98.7
实际利用外资额	Amount of Foreign Capital Actually Utilized	46.5
能源生产与消费（万吨标准煤）	Production and Consumption of Energ(10 000 tons of SCE)	
能源生产总量	Total Energy Production	85546
能源消费总量	Total Energy Consumption	76682
产业	Industries	
农业	Agriculture	
农林牧渔业总产值（亿元）	Gross Output Value of Farming Foresty,Animal Husbandry and Fishery(100 million yuan)	3619.5
工业	Industry	
工业总产值（亿元）	Gross Industrial Output Value(100 million yuan)	9716.5
国内商业	Domestic Trade	
社会消费品零售总额（亿元）	Total Retail Sales of Consumer Goods(100 million yuan)	3801
对外经济贸易	Foreign Trade	
进出口总额（亿美元）	Total Exports and Imports(USD 100 million)	696.0
进口额	Imports	422.5
出口额	Exports	273.5
国际旅游	International Tourism	
来华旅游人数（万人）	Number of Tourists from Abroad(10 000 persons)	1783
旅游外汇收入（亿美元）	Foreign Exchange Earnings from Tourism(USD 100 million)	12.5
教育、科技、文化	Education,Science and Technology and Culture	
教育	Education	
在校学生数（万人）	Students Enrollment(10 000 persons)	
普通高等学校	Institutions of Higher Education	170.3
中等学校	Secondary Schools	5092.6
小学	Primary Schools	13370
国家用于教育支出（亿元）	Government Expenditures on Education(100 million yuan)	226.8

PRINCIPAL AGGREGATE INDICATORS ON NATIONAL ECONOMIC AND SOCIAL DEVELOPMENT AND THEIR RELATED INDICIES AND GROWTH RATES

总量指标 Aggregate Data				速度指标（%） Indices and Growth Rates						
1990	1995	1996	1997	指数 Index （1997比以下各年）(1997 as percentage of the following years)				平均增长速度 Average Annual Growth Rate		
				1985	1990	1995	1996	1986~1990	1991~1995	1991~1997
114333	121121	122389	123626	116.8	108.1	102.1	101.0	1.6	1.2	1.1
30191	35174	35950	36989	147.4	122.5	105.2	102.9	3.8	3.1	2.9
84142	85947	86439	86637	107.3	103.0	100.8	100.2	0.8	0.4	0.4
58904	61808	62200	63131	115.4	107.2	102.1	101.5	1.5	1.0	1.0
55429	59313	60189	60495	118.3	109.1	102.0	100.5	1.6	1.4	1.3
63909	67947	68850	69600	139.6	108.9	102.4	101.1	5.1	1.2	1.2
14059	14908	14845	14668	118.7	104.3	98.4	98.8	2.6	1.2	0.6
383.2	519.6	552.8	570.0	239.0	148.7	109.7	103.1	9.9	6.3	5.8
18598	57495	66851	73453	301.0	205.8	119.1	108.5	7.9	11.6	10.9
18548	58478	67885	74772	306.9	210.2	119.2	108.8	7.9	12.0	11.2
18320	59405	69366	76077	865.3	415.3	128.1	109.7	15.8	26.5	22.6
11365	34529	41040	44768	775.5	393.9	129.7	109.1	14.5	24.9	21.6
9113	27839	33188	36118	787.1	396.3	129.7	108.8	14.7	25.0	21.7
2252	6691	7852	8650	730.6	384.1	129.3	110.2	13.7	24.3	21.2
6444	23877	26867	28564	843.6	443.3	119.6	106.3	13.7	29.9	23.7
4732	20301	23336	25698	973.0	543.1	126.6	110.1	12.4	33.8	27.3
1712	3577	3531	2866	384.7	167.4	80.1	81.2	18.1	15.9	7.6
4517.0	20019.3	22913.5	24941.1	980.7	552.2	124.6	108.8	12.2	34.7	27.6
2986.3	10898.2	12006.2	13091.7	779.0	438.4	120.1	109.0	12.2	29.6	23.5
529.5	3289.4	3651.5	3850.9	1175.8	727.3	117.1	105.5	10.1	44.1	32.8
1001.2	2560.2	3211.2	3429.4	640.8	342.5	134.0	106.8	13.3	20.7	19.2
2937.1	6242.2	7408.0	8651.1	431.5	294.5	138.6	116.8	7.9	16.3	16.7
3083.6	6823.7	7937.6	9233.6	460.7	299.4	135.3	116.3	9.0	17.2	17.0
102.1	114.80	106.1	100.8	297.3	183.3	106.9	100.8	10.1	11.4	9.0
103.1	117.1	108.3	102.8	337.1	204.1	111.3	102.8	10.6	12.9	10.7
97.4	119.9	104.2	95.5	315.0	191.8	99.5	95.5	10.4	14.0	9.8
120.9	1032.1	816.1	610.6	618.6	505.0	59.2	74.8	4.1	53.6	26.0
102.9	481.3	548.0	644.1	1385.2	625.9	133.8	117.5	17.2	36.1	30.0
103922	129034	132616	131989	154.3	127.0	102.3	99.5	4.0	4.4	3.5
98703	131176	138948	142000	185.2	143.9	108.3	102.2	5.2	5.9	5.3
7662.1	20340.9	23428.7	24587.7	207.6	164.6	114.9	105.1	4.8	7.4	7.4
23924.4	91893.8	99595.3	113732.7	666.4	358.9	131.9	113.1	13.2	22.2	20.0
7250	20620	24774	27299	241.6	205.4	123.8	109.3	3.3	10.7	10.8
1154.4	2808.6	2898.8	3250.6	467.0	281.6	115.7	112.1	10.6	19.5	15.9
533.5	1320.8	1388.3	1423.6	336.9	266.8	107.8	102.5	4.8	19.9	15.1
620.9	1487.8	1510.5	1827.0	668.0	294.3	122.8	121.0	17.8	19.1	16.7
2746	4639	5113	5759	323.0	209.7	124.1	112.6	9.0	11.1	11.2
22.2	87.3	102.0	120.7	965.6	543.7	138.3	118.3	12.2	31.5	27.4
206.3	290.6	302.1	317.4	186.4	153.9	109.2	105.1	3.9	7.1	6.3
5105.4	6191.5	6635.7	6995.2	137.4	137.0	113.0	105.4	0.1	3.9	4.6
12241	13195	13615	13995	104.7	114.3	106.1	102.8	1.7	1.5	1.9
462.5	1193.8							15.3	20.9	

指标	Item	1985
科技	Science and Technology	
科学家、工程师数 （万人）	Number of Scientists and Engineers(10 000 persons)	
研究与发展经费支出 （亿元）	Expenditures on Research and Development(100 million yuan)	
技术市场成交额 （万元）	Volume of Transaction in Technical Markets(10 000 yuan)	
文化	Culture	
出版数量	Publications	
图书 （亿册.张）	Number of Books Published(100 million copies)	66.7
杂志 （亿册）	Number of Magazines Issued(100 million copies)	25.6
报纸 （亿份）	Number of Newspapers Issued(100 million copies)	199.8
家庭、生活、环境	Family,People's Livelihood and Environment	
家庭	Family	
家庭总户数（万户）	Total Number of Households(10 000 households)	23804
城镇居民平均每户家庭人口（人）	Average Household Size in Urban Areas(person)	3.9
农村居民平均每户家庭人口（人）	Average Household Size in Rural Areas(person)	5.1
生活	People's Livelihood	
城镇居民人均可支配收入 （元）	Per Capita Anuual Disposable Income of Urban Households (yuan)	739
农村居民人均纯收入 （元）	Per Capita Net Income of Rural Residents(yuan)	398
城乡储蓄存款余额 （亿元）	Outstanding Amount of Saving Deposits in Urban and Rural Areas(100 million yuan)	1622.6
工资和福利	Wages and Welfare	
工资总额 （亿元）	Total Wages(100 million yuan)	1383
职工平均工资 （元）	Average Wage of Staff and Workers(yuan)	1148
职工保险福利费 （亿元）	Insurance and Welfare Funds for Staff and Workers (100 million yuan)	331.6
离休、退休、退职职工人数（万人）	Number of Retired & Resigned Staff and Workers(10 000 persons)	1637
离退休、退职职工保险福利费（亿元）	Insurance and Welfare Funds for Retired Staff and Workers (100 million yuan)	149.8
卫生	Health Care	
医院、卫生院 （个）	Number of Hospitals	59614
医生 （万人）	Number of Doctors(10 000 persons)	141.3
医院、卫生院床位数 （万张）	Number of Hospital Beds(10 000 units)	222.9

注：1.本表总量指标中的价值量指标均按当年价格计算。
2.本表速度指标中，国民生产总值、国内生产总值、物价指数、农林牧渔业总产值、工业总产值、社会消费品零售总额、城乡居民收入、工资总额、平均工资均按可比价格计算。

总量指标 Aggregate Data				速度指标（%） Indices and Growth Rates						
				指数 Index（1997比以下各年）(1997 as percentage of the following yeas)				平均增产速度 Average Annual Growth Rate		
1990	1995	1996	1997	1985	1990	1995	1996	1986~1990	1991~1995	1991~1997
	155.4	168.7	166.6			107.2	98.8			
	349.0	404.7	481.9			138.1	119.1			
750969	2683447	3002045	3513718			130.9	117.0		29.0	24.7
56.4	63.2	71.6	73.1	109.6	129.6	115.7	102.1	-3.3	2.3	3.8
17.9	23.4	23.1	24.4	95.3	136.3	104.3	105.6	-6.9	5.5	4.5
160.5	178.9	179.5	186.5	93.3	116.2	104.2	103.9	-4.3	2.2	2.2
27738	31676	32008	32890	138.2	118.6	103.8	102.8	3.1	2.7	2.5
3.5	3.2	3.2	3.2	82.1	91.4	100.0	100.0	-2.1	-1.8	-1.3
4.8	4.5	4.4	4.4	86.3	91.7	97.8	100.0	-1.2	-1.3	-1.2
1510	4283	4839	5160	194.5	157.4	107.4	103.4	4.3	7.9	6.7
686	1578	1926	2090	162.7	140.6	114.0	104.6	3.0	4.3	5.0
7034.2	29662.3	38520.8	46279.8	2852.2	657.9	156.0	120.1	34.1	33.4	30.9
2951	8100	9080	9405	189.4	146.8	103.5	100.5	5.2	7.2	5.6
2140	5500	6210	6470	156.9	139.3	104.8	101.1	2.4	5.8	4.8
937.9	2361.3	2725.3	3043.5	255.6	149.5	114.9	108.3	11.3	5.4	5.9
2301	3094	3212	3351	204.7	145.6	108.3	104.3	7.0	6.1	5.5
472.4	1541.8	1817.8	2068.3	384.5	201.7	119.6	110.4	13.8	11.0	10.5
62454	67807	67964	67911	113.9	108.7	100.2	99.9	0.9	1.7	1.2
176.3	191.8	194.1	198.5	140.5	112.6	103.5	102.3	4.5	1.7	1.7
262.4	283.6	286.6	290.3	130.2	110.6	102.4	101.3	3.3	1.6	1.5

a)The data in value terms in the table are calculated at current prices.
b)The indices and growth rates of the follow indicators are calculated at comparable prices:GNP,GDP,price indices,gross output value of farming,forestry,animal husbandry and fishery,gross output value of industry,total retail sales,per capita income of urban and rural residents,wages.

改革开放前后国民经济和社会发展主要指标和增长速度

TWENTY YEARS' MAIN INDICATORS AND GROWTH RATES ON NATIONAL ECONOMIC AND SOCIAL DEVELOPMENT SINCE REFORM AND OPENNING

指标		Item	1952	1978	1997	年平均增长速度 Average Annual Growth Rate	
						1953~1978	1979~1997
人口与就业		**Population and Employment**					
人口	(万人)	**Population (10 000 persons)**					
年底总人口		Year-end Population	57482	96259	123626	2.0	1.3
市镇人口		Urban	7163	17245	36989	3.4	4.1
乡村人口		Rural	50319	79014	86637	1.8	0.5
就业	(万人)	**Employment(10 000 persons)**					
经济活动人口		Economically Active Population	21106	40682	70580	2.6	2.9
从业人员数		Employment	20729	40152	69600	2.6	2.9
职工人数		Staff and Workers	1603	9499	14668	7.1	2.3
宏观经济		**Macroeconomic Indicator**					
国民核算	(亿元)	**National Accounting(100 million yuan)**					
国内生产总值		Gross Domestic Product	679	3624.1	74772.4	6.1	9.8
第一产业		Primary Industry	342.9	1018.4	13968.8	2.1	5.0
第二产业		Secondary Industry	141.8	1745.2	36770.3	11.0	11.9
工业		Industry	119.8	1607	31752.3	11.5	12.0
建筑业		Construction	22.0	138.2	5018.0	7.2	10.8
第三产业		Tertiary Industry	194.3	806.5	24033.3	5.5	10.6
#交通运输仓储邮电通信业		Transportation,Storage,Postal and Telecommunications Services	29.0	172.8	4525.5	7.5	10.1
批发和零售贸易餐饮业		Wholesale,Retail Trade and Catering Services	80.3	265.5	6281.5	4.3	9.6
人均国内生产总值	(元)	Per Capital GDP(yuan)	119	397	6079	4.0	8.4
固定资产投资	(亿元)	**Investment in Fixed Assets (100 million yuan)**					
基本建设		Capital Construction	43.56	500.99	9917.02	9.8	17.0
更新改造		Innovation	1.15	167.73	3921.94	22.1	18.0
财政	(亿元)	**Public Finance(100 million yuan)**					
国家财政收入		Government Revenue	183.70	1132.26	8651.14	7.2	11.3
国家财政支出		Government Expenditures	176.00	1122.09	9233.56	7.4	11.7
能源生产与消费	(万吨标准煤)	**Production and Consumption of Energy (10 000 tons of SCE)**					
能源生产总量		Total Energy Production	5192	62770	131989	10.5	4.0
能源消费总量		Total Energy Consumption	5411	57144	142000	9.9	4.9
产业		**Industries**					
农业		**Agriculture**					
农林牧渔业总产值	(亿元)	Gross Output Value of Farming Foresty, Animal Husbandary and Fishery (100 million yuan)	461	1397	24588	2.7	6.6
工业		**Industry**					
工业总产值	(亿元)	Gross Industrial Output Value (100 million yuan)	349	4237	113733	11.4	14.9
机制纸及纸板产量	(万吨)	Output of Paper and Paperboards (10 000 tons)	37.0	439.0	2733.2	10.0	10.1
国内商业		**Domestic Trade**					
社会消费品零售总额	(亿元)	Total Retail Sales of Consumer Goods (100 million yuan)	262.7	1264.9	27298.9	5.4	9.6
对外经济贸易		**Foreign Trade**					
进出口总额	(亿美元)	Total Exports and Imports (USD 100 million)	19.4	206.4	3250.6	9.5	15.6
进口额		Imports	11.2	108.9	1423.6	9.1	14.5
出口额		Exports	8.2	97.5	1827.0	10.0	16.7
生活		**Life**					
全国居民消费水平		Per Capita Consumption	80	184	2936	2.3	7.3
农民		Farmer	65	138	1930	1.8	7.2
非农业居民		Nonfarmer	154	405	6048	3.0	6.2
城乡储蓄存款余额	(亿元)	Outstanding Amount of Saving Deposits in Urban and Rural Areas(100 million yuan)	8.6	210.6	46279.8	13.1	32.8
职工工资总额	(亿元)	Total Wages(100 million yuan)	68.3	568.9	9405.3	8.5	15.9
职工平均工资	(元)	Average Wage of Staff and Workers(yuan)	445	615	6470	1.2	4.2
卫生		**Health Care**					
医院、卫生院	(个)	Number of Hospitals	3540	64421	67911	11.8	0.3
医生	(万人)	Number of Doctors(10 000 persons)	42.5	103.3	198.5	3.5	3.5
医院、卫生院床位数	(万张)	Number of Hospital Beds(10 000 units)	16.0	185.6	290.3	9.9	2.4
绿地面积	(公顷)	Areas of Green Land(hectare)		81735	682238		11.8

注：1.本表总量指标中的价值量指标均按当年价格计算。
2.本表速度指标中，国内生产总值及农林牧渔业总产值、工业总产值、社会消费品零售总额、职工平均工资指标均按可比价格计算。

a)The date in value terms in the table are calculated at current prices.

b)The indices and growth rates of the follow indicators are calculated at comparable prices:GDP,gross output value of farming, fororestry,animal husbandry and fishery,gross output value of industry,total retail sales and average wage of staff and workers.

各地区国内生产总值和指数

GROSS DOMESTIC PRODUCT AND ITS INDICES BY REGION

本表绝对数按当年价格计算，指数按可比价格计算。
Absolute figures in this table are calculated at current prices while indices are calculated at comparable prices.

地区 Region	国内生产总值（亿元） Gross Domestic Product (100 million yuan)				指数（上年=100） Indices (preceding year=100)			
	1994	1995	1996	1997	1994	1995	1996	1997
北　京 Beijing	1084.03	1394.89	1615.73	1810.09	113.5	112.4	109.2	109.6
天　津 Tianjin	725.14	920.11	1102.40	1240.40	114.3	114.9	114.3	112.1
河　北 Hebei	2187.49	2849.52	3452.97	3953.78	114.9	113.9	113.5	112.5
山　西 Shanxi	853.77	1092.48	1308.01	1480.13	109.4	111.1	111.0	110.5
内蒙古 Inner Mongolia	681.92	832.88	984.78	1094.52	110.1	109.1	112.7	109.7
辽　宁 Liaoning	2461.78	2793.37	3157.69	3490.06	111.2	107.1	108.6	108.9
吉　林 Jilin	936.78	1129.20	1337.16	1446.91	114.3	109.7	113.7	109.2
黑龙江 Heilongjiang	1618.63	2014.53	2402.58	2708.46	108.7	109.6	110.5	110.0
上　海 Shanghai	1971.92	2462.57	2902.20	3360.21	114.3	114.1	113.0	112.7
江　苏 Jiangsu	4057.39	5155.25	6004.21	6680.34	116.5	115.4	112.2	112.0
浙　江 Zhejiang	2666.86	3524.79	4146.06	4638.24	120.0	116.7	112.7	111.1
安　徽 Anhui	1488.47	2003.58	2339.25	2669.95	120.6	114.3	114.4	112.7
福　建 Fujian	1685.34	2160.52	2583.83	3000.36	121.7	115.2	115.4	114.5
江　西 Jiangxi	948.16	1205.11	1517.26	1715.18	117.0	114.5	113.4	111.5
山　东 Shandong	3872.18	5002.34	5960.42	6650.02	116.3	114.2	112.2	111.2
河　南 Henan	2224.43	3002.74	3661.18	4079.26	113.8	114.8	113.9	110.4
湖　北 Hubei	1878.65	2391.42	2970.20	3450.24	115.2	114.6	113.2	113.0
湖　南 Hunan	1694.42	2195.70	2647.16	2993.00	111.0	110.9	112.2	110.8
广　东 Guangdong	4240.56	5381.72	6519.14	7315.51	119.0	114.9	110.7	110.6
广　西 Guangxi	1241.83	1606.15	1869.62	2015.20	116.0	115.3	110.3	109.0
海　南 Hainan	330.95	364.17	389.53	409.86	116.0	104.3	104.8	106.7
重　庆 Chongqing			1179.09	1350.10			111.2	111.0
四　川 Sichuan	2777.88	3534.00	2985.15	3320.11	111.1	110.0	110.1	110.2
贵　州 Guizhou	521.17	630.07	713.70	792.98	108.5	107.5	108.9	109.0
云　南 Yunnan	973.97	1206.68	1491.62	1644.23	111.6	111.2	110.4	109.4
西　藏 Tibet	45.84	55.98	64.76	76.98	115.6	117.9	113.2	111.5
陕　西 Shaanxi	816.58	1000.03	1175.38	1326.04	108.1	109.0	110.2	110.0
甘　肃 Gansu	451.66	553.35	714.18	781.34	110.4	109.9	111.5	108.5
青　海 Qinghai	138.24	165.31	183.57	202.05	108.2	108.0	108.6	109.0
宁　夏 Ningxia	133.97	169.75	193.62	210.92	108.2	109.0	118.1	107.6
新　疆 Xinjiang	673.68	825.11	912.15	1050.14	110.9	109.0	106.4	111.0

居民消费水平
HOUSEHOLD CONSUMPTION

本表绝对数按当年价格计算，指数按可比价格计算。
Absolute figures in this table are calculated at current prices,while indices are calculated at comparable prices.

年份 地区 Year Region	绝对数（元）Value(yuan) 全国 居民 All Households	农村居民 Agricultural Households	城镇居民 Non-agricultural Households	城乡消费水平对比（农村居民=1）Urban/Rural Consumption Ratio (Agricultural Households=1)	指数（上年=100）Index(Preceding year=100) 全国 居民 All Households	农村居民 Agricultural Households	城镇居民 Non-agricultural Households	指数（1978=100）Index(1978 =100) 全国 居民 All Households	农村居民 Agricultural Households	城镇居民 Non-agricultural Households
1978	184	138	405	2.9	104.1	104.3	103.3	100.0	100.0	100.0
1980	236	178	496	2.8	108.7	108.8	106.3	115.8	115.5	111.9
1985	437	347	802	2.3	113.1	114.1	108.2	181.3	194.4	147.5
1987	550	417	1089	2.6	105.6	104.3	108.7	200.0	207.9	172.0
1988	693	508	1431	2.8	107.4	106.0	108.9	214.9	220.4	187.3
1989	762	553	1568	2.8	99.5	99.2	98.4	213.8	218.8	184.4
1990	803	571	1686	3.0	103.4	100.3	107.5	221.0	219.5	198.1
1991	896	621	1925	3.1	108.3	106.7	109.3	239.4	234.2	216.6
1992	1070	718	2356	3.3	112.9	109.8	115.4	270.3	257.2	249.9
1993	1331	855	3027	3.5	108.1	106.1	108.9	292.2	272.8	272.1
1994	1781	1138	3979	3.5	106.5	106.5	104.1	311.2	290.6	283.3
1995	2311	1479	5044	3.4	108.9	109.6	105.9	338.8	318.6	300.0
1996	2726	1816	5634	3.1	109.0	113.5	102.8	369.3	361.6	308.4
1997	2936	1930	6048	3.1	103.2	103.4	101.3	381.1	373.9	312.4
北　京 Beijing	4557	2661	5524	2.1	105.5	104.3	105.3			
天　津 Tianjin	4699	2679	6211	2.3	111.8	109.8	112.3			
河　北 Hebei	2151	1641	4468	2.7	108.8	105.2	113.1			
山　西 Shanxi	1985	1247	4172	3.3	104.1	102.0	104.8			
内蒙古 Inner Mongolia	2127	1527	3310	2.2	105.9	105.7	105.5			
辽　宁 Liaoning	3468	1883	5425	2.9	107.7	108.9	108.0			
吉　林 Jilin	2940	1609	4665	2.9	109.0	104.5	110.1			
黑龙江 Heilongjiang	3210	1702	5059	3.0	103.0	103.0	102.8			
上　海 Shanghai	8699	5421	9984	1.8	106.3	105.1	106.1			
江　苏 Jiangsu	3382	2644	5436	2.1	107.8	106.1	108.9			
浙　江 Zhejiang	3670	2744	7561	2.8	104.5	104.1	103.4			
安　徽 Anhui	2275	1796	4429	2.5	114.3	118.5	106.0			
福　建 Fujian	3826	3330	5846	1.8	112.1	112.3	110.8			
江　西 Jiangxi	1930	1569	3200	2.0	104.3	103.1	106.6			
山　东 Shandong	2722	1868	5124	2.7	111.5	111.9	110.2			
河　南 Henan	1842	1418	3906	2.8	106.7	105.0	108.2			
湖　北 Hubei	2559	1741	4768	2.7	104.5	103.4	104.3			
湖　南 Hunan	2390	1851	4746	2.6	105.6	105.6	104.3			
广　东 Guangdong	4523	2916	8108	2.8	104.8	108.2	100.8			
广　西 Guangxi	2025	1435	4847	3.4	99.8	99.0	100.2			
海　南 Hainan	2458	1802	4458	2.5	102.6	103.6	99.5			
重　庆 Chongqing	2211	1388	5646	4.1	106.6	103.6	108.0			
四　川 Sichuan	2050	1555	4470	2.9	108.6	108.8	106.3			
贵　州 Guizhou	1479	1075	3974	3.7	98.0	98.0	96.7			
云　南 Yunnan	1982	1477	5002	3.4	103.6	103.5	104.1			
西　藏 Tibet	1471	939	4744	5.1	105.1	100.8	110.6			
陕　西 Shaanxi	1835	1188	4356	3.7	108.8	110.5	106.1			
甘　肃 Gansu	1629	975	4397	4.5	101.2	96.1	104.8			
青　海 Qinghai	1965	1153	3886	3.4	95.8	98.5	93.9			
宁　夏 Ningxia	1852	1241	3479	2.8	100.7	98.2	103.6			
新　疆 Xinjiang	2615	1891	3328	1.8	102.9	99.1	105.3			

注：1.城乡消费水平对比，没有剔除城乡价格不可比的因素。
2.广东省的数据没有和第三产业普查数据衔接。
a)The effect of price differentials between urban and rural areas has not been removed in the calculation of the urban/rural consumption ratio.
b)Data of Guangdong Province are not consistent with the data obtained from the First Tertiary Industry Census.

各地区最终消费及构成（1997年）

FINAL CONSUMPTION EXPENDITURE AND IT ' S COMPOSITION BY REGION（1997）

本表按当年价格计算。

Data in value terms in this table are calculated at current prices.

地区 Region	最终消费（亿元）Final Consumption Expenditure (100 million yuan)	居民消费 Household Consumption	农村居民 Agricultural Households	城镇居民 Non-agricultural Households	政府消费 Government Consumption	最终消费=100 Final Consumption Expenditure=100: 居民消费 Household Consumption	政府消费 Government Consumption	居民消费=100 Household Consumption Expenditure=100: 农村居民 Agricultural Households	城镇居民 Non-agricultural Households
北京 Beijing	703.36	492.88	97.25	395.63	210.48	70.1	29.9	19.7	80.3
天津 Tianjin	554.40	422.52	103.09	319.43	131.88	76.2	23.8	24.4	75.6
河北 Hebei	1740.18	1399.02	874.51	524.51	341.16	80.4	19.6	62.5	37.5
山西 Shanxi	852.46	620.47	291.42	329.05	231.99	72.8	27.2	47.0	53.0
内蒙古 Inner Mongolia	639.84	496.29	236.46	259.83	143.55	77.6	22.4	47.6	52.4
辽宁 Liaoning	1877.85	1419.79	425.90	993.89	458.06	75.6	24.4	30.0	70.0
吉林 Jilin	928.35	772.85	238.84	534.01	155.50	83.2	16.8	30.9	69.1
黑龙江 Heilongjiang	1522.62	1200.54	350.39	850.15	352.08	77.3	22.7	29.2	70.8
上海 Shanghai	1423.63	1135.24	199.15	936.09	288.39	79.7	20.3	17.5	82.5
江苏 Jiangsu	3020.94	2417.77	1390.51	1027.26	603.17	80.0	20.0	57.5	42.5
浙江 Zhejiang	2004.31	1619.00	977.74	641.26	385.31	80.8	19.2	60.4	39.6
安徽 Anhui	1612.49	1383.75	893.87	489.88	228.74	85.8	14.2	64.6	35.4
福建 Fujian	1619.60	1239.84	866.27	373.57	379.76	76.6	23.4	69.9	30.1
江西 Jiangxi	1030.36	796.77	504.29	292.48	233.59	77.3	22.7	63.3	36.7
山东 Shandong	3293.88	2384.46	1207.38	1177.08	909.42	72.4	27.6	50.6	49.4
河南 Henan	2154.98	1696.54	1083.22	613.32	458.44	78.7	21.3	63.8	36.2
湖北 Hubei	1785.40	1496.82	743.16	753.66	288.58	83.8	16.2	49.6	50.4
湖南 Hunan	1956.22	1540.67	970.95	569.72	415.55	78.8	21.2	63.0	37.0
广东 Guangdong	4109.34	3172.80	1412.50	1760.30	936.54	77.2	22.8	44.5	55.5
广西 Guangxi	1317.67	936.65	548.93	387.72	381.02	71.1	28.9	58.6	41.4
海南 Hainan	222.33	176.82	97.63	79.19	45.51	79.5	20.5	55.2	44.8
重庆 Chongqing	827.15	670.51	339.75	330.76	156.64	81.1	18.9	50.7	49.3
四川 Sichuan	2065.60	1689.39	1064.02	625.37	376.21	81.8	18.2	63.0	37.0
贵州 Guizhou	652.57	529.65	331.11	198.54	122.92	81.2	18.8	62.5	37.5
云南 Yunnan	983.77	806.33	514.51	291.82	177.44	82.0	18.0	63.8	36.2
西藏 Tibet	47.88	35.75	19.62	16.13	12.13	74.7	25.3	54.9	45.1
陕西 Shaanxi	884.58	656.35	338.33	318.02	228.23	74.2	25.8	51.5	48.5
甘肃 Gansu	516.84	405.68	196.38	209.30	111.16	78.5	21.5	48.4	51.6
青海 Qinghai	132.67	97.64	40.26	57.38	35.03	73.6	26.4	41.2	58.8
宁夏 Ningxia	130.72	97.02	47.27	49.75	33.70	74.2	25.8	48.7	51.3
新疆 Xinjiang	640.26	465.12	166.84	298.28	175.14	72.6	27.4	35.9	64.1

城乡居民家庭人均收入及指数

PER CAPITA ANNUAL INCOME OF URBAN AND RURAL HOUSEHOLD AND THE RELATED INDEX

年份 Year	农村居民家庭人均纯收入（元）		城镇居民家庭人均可支配收入（元）	
	Per Capita Annual Net Income of Rural Household (yuan)	指数 Index (1978=100)	Per Capita Annual Disposable Income of Urban Households (yuan)	指数 Index (1978=100)
1978	133.6	100.0	343.4	100.0
1980	191.3	139.0	477.6	127.0
1985	397.6	268.9	739.1	160.4
1986	423.8	277.6	899.6	182.5
1987	462.6	292.0	1002.2	186.9
1988	544.9	310.7	1181.4	182.5
1989	601.5	305.7	1375.7	182.8
1990	686.3	311.2	1510.2	198.1
1991	708.6	317.4	1700.6	212.4
1992	784.0	336.2	2026.6	232.9
1993	921.6	346.9	2577.4	255.1
1994	1221.0	364.4	3496.2	276.8
1995	1577.7	383.7	4283.0	290.3
1996	1926.1	418.2	4838.9	301.6
1997	2090.1	437.4	5160.3	311.9

城镇居民家庭基本情况（1997年）

项目	Item	全国 All Cities and County Town	按城市规模分(Grouped by Size) #特大城市 Especially Large Cities	#大城市 Large Cities	#中等城市 Medium-Sized Cities
调查户数（户）	Number of Households Surveyed(household)	37890	7600	5250	6750
比重（%）	Proportion(%)	100.00	20.06	13.86	17.81
平均每户家庭人口（人）	Average Household Size(person)	3.19	3.13	3.14	3.18
平均每户就业人口（人）	Average Number of Employees per Household (person)	1.83	1.80	1.77	1.85
平均每户就业面（%）	Percentage of Employed Persons per Household(%)	57.41	57.41	56.18	58.13
平均每一就业者负担人数（包括就业者本人）（人）	Number of Persons Supported by Each Employee (including the employee himself or herself) (person)	1.74	1.74	1.78	1.72
平均每人全部年收入（元）	Per Capita Annual Income(yuan)	5188.54	6555.86	5302.66	4927.07
平均每人可支配收入（元）	Per Capita Disposable Income(yuan)	5160.32	6524.37	5277.01	4900.57
平均每人消费性支出（元）	Per Capita Annual Living Expenditure(yuan)	4185.64	5475.73	4251.91	3956.73

城镇居民家庭平均每人全年消费性支出及构成（1997年）

单位：元

项目	Item	总平均 Average	最低收入户 lowest Income Households (first decile)	#困难户 Difficult Households (first five percent)
消费性支出	Total Living Expenditures	**4185.64**	**2333.00**	**2148.00**
食品	Food	1942.59	1332.22	1237.37
#粮食	Grain	238.11	222.78	217.89
肉禽及其制品	Meat,Poultry and Related Products	459.56	317.42	290.45
蛋类	Eggs	73.55	57.99	55.26
水产品	Aquatic Products	140.98	89.02	79.89
奶及奶制品	Milk and Dairy Products	41.41	20.54	18.75
衣着	Clothing	520.91	220.71	186.76
#服装	Garments	328.17	126.85	104.75
家庭设备用品及服务	Household Facilities,Articles and Services	316.89	95.82	90.28
#耐用消费品	Durable Consumer Goods	173.35	34.05	31.62
医疗保健	Medicine and Medical Services	179.68	95.10	92.43
交通通讯	Transportation and Communications	232.90	84.18	69.33
娱乐教育文化服务	Recreation,Education and Cultural Services	448.38	208.24	191.06
#文娱用耐用消费品	Durable Consumer goods for Recreational Use	112.50	14.35	10.22
居住	Residence	358.64	227.39	219.34
#住房	Housing	148.66	72.19	70.07
杂项商品	Miscellaneous Commodities	185.65	69.34	61.43

各地区城镇居民平均每人全年家庭收入来源（1997年）

PER CAPITA ANNUAL SOURCES OF INCOME IN URBAN RESIDENTS BY REGION（1997）

单位：元 (yuan)

地区 Region	可支配收入 Disposable Income	实际收入 Real Income	国有单位职工收入 Income of Staff & Workers in State-Owned Units	集体单位职工收入 Income of Staff & Workers in Collective Owned Units	其他经济类型单位职工全部收入 Income of Staff & Workers in Other Types of Ownership	财产性收入 Income from Property	转移收入 Transfer Income
全　国 National Total	5160.32	5188.54	3221.49	380.95	133.26	124.39	947.78
北　京 Beijing	7813.16	7861.74	4564.41	358.25	397.08	103.93	1976.35
天　津 Tianjin	6608.39	6621.47	3717.96	202.93	286.67	119.77	1792.48
河　北 Hebei	4958.67	4982.43	3334.64	227.86	23.09	136.72	1028.69
山　西 Shanxi	3989.92	4007.86	2671.12	178.15	3.43	85.87	866.07
内蒙古 Inner Mongolia	3944.67	3968.09	2326.93	166.02	27.61	100.69	808.10
辽　宁 Liaoning	4518.10	4547.23	2624.50	547.07	91.88	46.63	843.25
吉　林 Jilin	4190.58	4206.04	2735.76	281.57	19.00	21.38	823.99
黑龙江 Heilongjiang	4090.72	4110.08	2368.69	218.52	42.82	34.76	981.19
上　海 Shanghai	8438.89	8475.50	3987.13	503.09	905.57	68.72	2268.56
江　苏 Jiangsu	5765.20	5807.35	3071.83	738.02	166.23	145.92	1386.23
浙　江 Zhejiang	7358.72	7366.19	4208.20	797.44	249.08	192.79	1260.13
安　徽 Anhui	4599.27	4619.95	2847.94	492.43	129.99	61.79	722.32
福　建 Fujian	6143.64	6201.00	3374.60	587.59	193.19	187.63	1091.25
江　西 Jiangxi	4071.32	4090.74	2787.22	259.27	8.28	143.39	665.06
山　东 Shandong	5190.79	5217.18	3900.54	538.17	81.13	118.93	473.62
河　南 Henan	4093.62	4111.54	2784.72	201.14	21.79	181.96	739.91
湖　北 Hubei	4673.15	4693.82	3139.38	337.49	30.42	144.59	746.36
湖　南 Hunan	5209.74	5248.93	3928.46	351.20	40.17	112.03	668.10
广　东 Guangdong	8561.71	8615.86	4816.65	819.11	577.63	421.09	1138.60
广　西 Guangxi	5110.29	5139.52	3450.16	202.77	17.24	289.24	709.72
海　南 Hainan	4849.93	4917.55	3306.13	144.51	34.35	86.10	756.45
重　庆 Chongqing	5322.66	5343.12	3914.15	434.99	85.26	51.30	613.03
四　川 Sichuan	4763.26	4787.86	3265.72	349.09	102.46	145.58	638.18
贵　州 Guizhou	4441.91	4458.29	2967.83	165.77	17.81	45.39	947.46
云　南 Yunnan	5558.29	5616.21	3970.36	409.29	41.23	138.86	805.21
西　藏 Tibet							
陕　西 Shaanxi	4001.30	4022.20	2634.10	136.89	17.02	172.51	890.28
甘　肃 Gansu	3592.43	3613.43	2500.58	158.57	6.31	21.05	833.04
青　海 Qinghai	3999.36	4015.50	2961.86	130.48	0.16	21.17	663.81
宁　夏 Ningxia	3836.54	3863.65	2371.39	170.89	15.30	41.64	859.71
新　疆 Xinjiang	4844.72	4878.52	3574.40	116.05	10.08	77.06	850.27

生活用纸专业委员会副主任委员单位介绍

恒 安 集 团

HENGAN GROUP

恒安公司创办于1985年，经过14年来稳步快速地发展，目前总注册资金达10亿元，整体规模拥有117条卫生巾护垫及婴儿纸尿裤生产线。恒安集团现已发展成为一个集科工贸于一体，以生产妇幼卫生用品为主，涉及纤棉服饰、电子玩具、纸制品、塑料、房地产、金融等领域，具有综合性、多功能、外向型的现代化企业集团，自1993年底组建集团以来，已在全国各地建有32家紧密层成员企业，员工达10000多名。公司先后被列入全国大型一档乡镇企业和500大外商投资工业企业，并被评为“中国明星企业”。

恒安始终恪守着“立足市场，以质取胜”的经营方针，不断地开拓创新、锐意进取。从而确保产品质量不断上水平、上档次。1996年3月恒安集团在国内同行中率先荣获ISO9002质量体系和产品质量认证证书。而产品的质量与科学技术是息息相关的，“加大科技投入”始终是恒安发展的主题之一。十几年来，恒安不断地开发科学技术，完善生产设备，并且获得国家农业部授予的“八五”期间科技进步先进单位。在恒安事业的发展中，恒安人团结一致、齐心协力，创造了骄人的业绩。多年来，“安乐”、“安尔乐”卫生巾产量与销售额高居全国之首。

目前，恒安集团已通过进一步资产重组，“恒安国际集团有限公司”在香港挂牌上市，使企业的经营、管理迈上一个新台阶，为企业的发展带来新的机遇。

今后，恒安将进一步利用集团品牌优势，发挥规模效益，使企业素质再度升华，更好地奉献社会，造福人民大众。

广东维达纸业股份有限公司

维达纸业公司的前身是新会日用工业品厂，始建于1985年。系从生活用纸的简单后加工开始起家，专业研究、开发、生产高档卫生用纸、妇女卫生巾两大类产品，也已有14年历史。除在新会总部设有造纸厂外，近年还在上海、湖北兼并和收购两间造纸生产基地。整个企业发展迄今，年营业额已逾5亿人民币，产销网点遍及全中国。

广东维达纸业股份有限公司已于1997年12月25日获得中国兴轻质量体系认证中心和中国轻工质量认证中心的认证，成为中国卫生纸行业首家通过ISO9000认证的企业。维达牌产品已广为使用者及消费者所喜爱。

1998年引进了一台速度为2200米/分，日产生活原纸100吨以上，具有世界先进水平的薄页造纸机，并预计在1999年10月份投产。届时，维达纸业的总产量将达到6.5万吨/年，到公元2000年将造纸能力提升到10万吨/年，营业额15亿元。

在今后前进的道路上，维达公司仍执着于“勇于开拓、不断创新”的维达精神，坚持“以质量加服务为首一、价格竞争为首二”的经营理念，以为客户提供满意的产品为己任，积极向规模化、集团化、国际化目标迈进。为人类文明再创新贡献!

上海唯尔福（集团）有限公司

中新合资的上海唯尔福（集团）有限公司（原名为上海申美有限公司），初建于1986年10月。由于企业在经营活动中所获得的卓越的社会效益和经济效益，使得本企业生产经营的规模日益扩大，并得到了政府的支持。1994年12月，经国家工商行政管理总局核准，企业正式更名为“上海唯尔福（集团）有限公司”，成为上海第4家外资企业集团。

以上海唯尔福（集团）有限公司为核心企业的唯尔福集团“科、工、贸、商”四位一体，经营范围涉及羽绒、羽绒制品和服装、服饰，妇女卫生巾，尿布、尿裤，医用敷料，生活用纸，消毒剂，鞋帽，化妆品，针棉织品，皮革制品，热熔胶，无纺布，包装机械设备以及相关的技术咨询和服务。

以“唯尔福”为注册商标的各类商品深受广大消费者的青睐。其中，被上海市技术监督局命名为《上海名牌》的唯尔福牌消毒灭菌妇女卫生巾（系列），已荣登上海卫生巾市场之榜首，并名列全国同行业之前茅。企业的海外合作伙伴以发展到了：新加坡、日本、台湾、美国、澳大利亚、新西兰、意大利、泰国、香港、德国、波兰、乌克兰、俄罗斯、格鲁吉亚等国家和地区。

目前，唯尔福集团已拥有几十家企业，并在山东、吉林、江苏、湖北、广西、浙江、云南、贵州等地建立了自己的拓展基地。

上海唯尔福（集团）有限公司在企业发展的同时，也十分注重发挥企业的社会功能，与社会各界协作，共同建设“唯尔福社会工程”，努力为社会服务，并建立了全国第一条妇女儿童心理咨询热线——“唯尔福热线”。

上海唯尔福（集团）有限公司，愿与所有的合作者携手共创美好的明天!

邯郸新欣卫生用品有限公司

邯郸新欣卫生用品有限公司是邯郸新雅妇幼用品厂（控股）和香港润凯投资有限公司合资生产妇女卫生用品的企业，原邯郸金佰利舒而美集团总经理、中国生活用纸专业委员会副主任李鸿志任公司的董事长。公司拥有全国卫生巾行业一流的技术专家、管理精英、员工队伍和营销网络。

邯郸新欣卫生用品有限公司座落在邯郸市高新技术开发区，拥有全国卫生巾行业先进的全封闭型的现代化的厂房设施，90年代国际先进的卫生巾生产线。

生产的特日欣卫生巾自1997年5月上市以来，迅速形成系列化。产品有标准型、护翼型、超薄型、夜用型、卫生护垫等5大类20个品种。产品以高品质、低价位、高贵不贵闻名全国，仅半年多时间产品就销售到全国28个省市自治区，深受消费者的青睐。1997年7月份特日欣卫生巾被中国生活用纸委员会定为特别推荐品牌，1997年底，据国家统计局公布，特日欣卫生巾销量已 进入全国同行业前10名。1998年3.15前夕，特日欣卫生巾被中国消费者协会定为推荐商品。

邯郸新欣卫生用品有限公司以求名则求质量名，求名则求万世名为企业的根本宗旨，以造福妇女，发展民族卫生用品产业为己任，公司的目标是特日欣创中国名牌，为中国的妇女卫生保健事业作出重大的贡献。

广东中顺纸业集团有限公司

广东中顺纸业集团有限公司是国内颇具规模的专业生产高级纸巾纸、卫生纸、妇女卫生巾、洗涤用品等系列产品的实体公司，产品质量达国家A级标准，有32 个注册商标品牌，产品畅销全国各地，部分还远销欧美、港澳等国家和地区。现拥有4间专业生产厂和2间深加工企业，总占地面积60000多平方米。广东中顺纸业集团有限公司多年来承蒙社会各界人士的大力支持，产品销量在全国名列前茅，公司出品的“月尔爽”妇女卫生巾是广东省妇联唯一推荐产品。

广东中顺纸业集团公司走多元化发展道路，相继向社会推出一系列洗涤用品贡献给社会各阶层人士，如“洁友”牌全新配方高效洗衣粉及高级沐浴乳等产品。

除此之外，该公司在生产经营发展的同时，积极参与有益社会的活动，成立了广东中顺洁柔体育舞蹈俱乐部和广东中顺洁柔舞蹈队，该队在第七届全国体育舞蹈锦标比赛中总分居全国第一，夺得了冠军，为广东省争光，也为提高企业的文化水平和发展体育事业作出了一定的贡献。另外，在支持社会公益老人事业、慈善事业等方面也尽了一点绵力。

广东中顺纸业集团有限公司得到了省市各级有关领导的关怀和支持，经有关部门审核，已于1998年3月份晋升为省级企业，今后将以崭新的姿态，为振兴民族工业、提高人民生活水平作出更多的贡献！希望社会各界人士继续鼎立支持！